[房地产经营管理丛书]

物业管理

（修订第二版）◎ 季如进/主编

FANGDICHAN

首都经济贸易大学出版社

修订第二版说明

2007 年《中华人民共和国物权法》的正式颁布和生效以及《物业管理条例》的修订，使我国物业管理的法律体系更加完备，物业管理的定位更加准确，物业管理进一步规范化。为适应这一情况，作者对原书进行了相应修改。

本次修订重点对物业管理的基本概念（第一章第一节）、业主（第二章）做了补充和修改；同时新增加了"物业管理的行业管理"（第四章）、"物业管理的基本理论"（第十五章）和"物业管理师制度"（第三章第三节）等相关内容；此外，对有关术语做了调整，以便与《中华人民共和国物权法》和《物业管理条例》相衔接。

本次修订由季如进主持，北京新奥物业管理公司的李菁同志参与了修订的全过程。清华大学房地产研究所硕士研究生薛新弟做了大量工作，张东旭、吴桐两位研究生做了部分工作。

本书在编写和修订过程中，得到了业内和社会上许多朋友的热忱关注和支持，在此一并表示感谢。

作者

2007 年 11 月

前言

从1981年3月10日我国内地第一家物业管理公司在深圳成立，到1994年4月建设部33号令《城市新建住宅小区管理办法》的发布，再到2003年6月国务院379号令《物业管理条例》的颁布与实施，物业管理伴随着我国改革开放的历程一路同行，在我国走过了从出现到推广，再到规范发展的成长过程；人们对物业管理也从最初的模糊认识，到半信半疑，直到虽仍不满意，但也离不开了。目前，物业管理已经成为具有相当规模的新兴行业，其市场不断拓宽，实施越来越规范，市场竞争越来越激烈。物业管理已经得到政府、广大人民群众以及社会各界的高度重视和极大关注。

物业管理是与房地产综合开发的生产方式相配套的综合管理，是与随着我国住房制度改革的深化而出现的产权多元化相衔接的统一管理，是与社会主义市场经济体制相适应的社会化、专业化、市场化的管理。物业管理建立在物权与人权两个理论基础之上，这两个理论好比铁路的两条铁轨；物业管理有业主和物业管理企业两个实施主体，它们又好比火车两侧的轮子，只有默契配合，物业管理才能发展得更快、更好，载着我们沿着全面加快建设小康社会的道路走向美好的明天。

物业管理在我国的出现不是偶然的。改革开放以来，神州大地经历了，并正在经历着社会转型、体制转轨、企业转制、观念转变的巨大变化。这一时期是以社会主义市场经济体制的全面建立和完善为其时代特征的。市场经济是个大学校，我们每一个人都在这个大学校里自觉或不自觉地学习。从这个角度来看，在物业管理的发展过程中，目前出现的各类问题、矛盾和纠纷就不难理解了。

多年来，政府部门的重视和引导、广大人民群众的积极参与、物业管理企业的努力探索，共同促进了对物业管理理论的研究、对物业管理本质的认识和在实践中的探索。作者有幸参与了这一过程，并在多年的教学、研究与实践中有了一些心得，历时数载，写就此书，希望能在促进全面、正确理解和认识物业管理，推动物业管理健康、规范、可持续发展方面起到些许作用。

本书的编写力求突出理论与实践的统一。一方面，注重从理论上剖析物业管理的本质，强调这一新兴行业的个性特征，如物业管理区别于一般服务行业的特性，业主的三个层次和业主应具备的三种意识，物业管理企业区别于一般企业的特点，物业服务合同与一般委托合同的差异，物业管理招投标与通常招投标的区别等；另一方面，强调物业管理实施过程中的可操作性，即各环节的操作要点，如物业服务合同的分类与签订要点，业主大会、业主委员会的议事程序和注意事项，物业管理招、投、评标的要点，物业接管验收的要点，物业服务收费包干制与酬金制的区别及测算要点等。

全书由季如进主编并统稿，在编写过程中，清华大学房地产研究所的同事和研究生们给予了多方支持，参与编写的人员有：李平（第一、十章），阮小健（第二章），李菁（第四、五、九章），吴公†α（第六章），李昂（第七、八、十二章），沈悦（第十一章）。北京建工学院的郭立副教授参与了全书大纲的讨论，并编写了第三章。

作　者

2004 年 9 月

序

房地产，是一种稀缺的资源、重要的生产要素（如土地、厂房）和基本的生活资料（如住宅），是一种人们十分重视、十分珍惜的财产。在市场经济中，房地产还是一种商品，成为良好的投资对象。随着经济的发展、社会的进步和人口的增长，人们对房地产的需求会日益增加。由房地产开发、咨询、估价、经纪、物业管理等组成的房地产业，是国民经济的一个重要产业，并已经成为国民经济的支柱产业。

房地产业在我国是一个既古老又年轻的产业。说其古老，是早在3 000多年前的青铜器铭文中，就有关于田地交换和买卖的记载。100 多年前，在上海，近代房地产业开始得到迅速发展。说其年轻，是所有这些以旧制度为基础的房地产业，随着中华人民共和国的建立而迅速消失了。本应以新制度的新型房地产业取而代之，却由于理论和认识上的禁锢，迟迟未能实现。直至 20 世纪 80 年代，在改革开放的背景下，随着推行房屋商品化政策，改革住房制度和土地使用制度，现代房地产业在我国才开始兴起。

现代房地产业在我国的兴起，虽然是近 20 多年的事，但其发展迅猛。2003 年，全国房地产开发投资首次突破 1 万亿元。房地产业对国民经济和人民生活的影响日益显著，为世人所瞩目。1992 年和 1993 年，我国曾一度出现“房地产热”，1993 年后国家开始实施“宏观调控”，1998 年提出把住宅建设培育为新的经济增长点，2003 年 8 月，国务院 18 号文件将房地产业定位为国民经济的支柱产业。据不完全统计，目前，全国有房地产开发企业约 2.7 万家，从业人员 100 多万人；房地产估价机构 3 000 多家，从业人员 10 多万人，其中取得房地产估价师执业资格的人员有 2 万多人；房地产经纪机构约 3 万家，从业人员 30 多万人；物业管理企业达 2 万多家，从业人员 200 多万人。

随着我国社会主义市场经济的稳步发展，房地产投资活动也日益活跃，房地产业对拉动经济增长和提高人民生活水平发挥了重要作用。我们相信，在改革开放大潮中崛起的中国房地产业，将在我国社会主义市场经济发展中日益显示出其重要性。但同时我们也不能不承认，房地产是一种特殊的物品，房地产业是一个特殊的产业，从事房地产经营管理需要具备房地产方面的广博的知识、丰富的经验和良好的职业道德，而我国目前的房地产市场尚处在发育阶段，有待进一步规范和完善，人们的房地产投资行为还带有一定的盲目性，高素质的房地产经营管理人才还很缺乏。

为使广大房地产投资者、经营者、管理者充分了解和认识我国的房地产制度，掌握房地产投资、开发、估价、营销、物业管理、金融、会计等方面的知识，避免房地产投资的盲目性，提高房地产专业服务水平和质量，我们曾在 1993 年编辑出版了《房地产开发经营指南》丛书。该丛书出版后得到了广大读者的欢迎，其中有的书连续重印十几次。鉴于近年来我国房地产业的迅速发展、制度政策环境的重大变化、房地产理论研究的不断深入，我们对原丛书进行了调整与修订，并增加了部分书目，使其更加适应市场与读者的需要。我们希望尽自己所能，为我国房地产业的持续、健康、规范发展作出一份贡献。

现呈现在读者面前的《房地产经营管理》丛书包括《房地产制度》、《房地产经济学》、《房地产投资分析》、《房地产开发》、《房地产估价》、《房地产营销》、《物业管理》、《房地产金融》、《房地产会计》，由中国房地产估价师与房地产经纪人学会、清华大学、中国人民大学、首都经济贸易大学、东北财经大学、中国工商银行、中国信达资产管理公司等单位的专家、学者编写。我们希望这套丛书能对读者有所帮助，能对我国房地产业走向成熟、发达起到积极的作用。

丛书编辑委员会

2004 年 9 月

目 录

物 业 管 理

CONTEST

DI第一章 YIZHANG 物业管理概论

物　业　管　理

第一节　物业管理的基本概念

一、物业与物业管理基本概念

（一）物业

1. 物业的含义。“物业”一词是由英文“Estate”或“Property”翻译而来的，其含义为“财产、资产、拥有物、房地产”等，它是一个广义的范畴。从物业管理的角度来说，物业是物业管理的物质对象，是指各类房屋及其附属的设备、设施和相关场地。各类房屋可以是建筑群，如住宅小区、工业小区，也可以是单体建筑，如一幢高层或多层住宅楼、写字楼、商业大厦、宾馆、停车场等。附属的设备、设施和相关场地是指与上述建筑物相配套或为建筑物的使用者服务的室内外各类设备、市政公用设施和与之相邻的场地、庭院、干道等。同时，物业也是单元房地产的称谓，如一个住宅单元。同一宗物业，往往分属一个或多个产权所有者。由此可见，一宗物业首先要界定其范围，即产权的界限。

2. 物业的分类。物业可以从不同的角度进行分类，如按建筑结构形式、层数、产权形式等。各国对此没有统一的分类标准，从物业管理的角度出发，根据物业使用功能的不同，物业可以分为以下4类：①居住物业。这是指以居住为主要功能的物业，包括：住宅小区、单体住宅楼、公寓、别墅等。②商业物业。这是指以收益性经营活动为主要功能的物业，包括：综合楼、写字楼、商业中心、酒店、康乐场所等，以及以收益性办公服务为主要功能的其他物业，如办公楼。③工业物业。这是指以生产经营活动为主要功能的物业，包括工业厂房、仓库等。④其他用途物业。这是指除上述3项物业以外的其他物业，如车站、机场、医院、学校等。

（二）物业管理

1. 物业管理的含义。随着我国物业管理行业的发展，我们对物业管理全面、正确的理解和认识也在不断深化。

（1）《城市新建住宅小区管理办法》的提法。物业管理最早的官方提法出自《城市新建住宅小区管理办法》〔建设部令第33号（1994）〕：

“第二条　本办法所称住宅小区管理，是指对住宅小区内的房屋建筑及其设备、市政公用设施、绿化、卫生、交通、治安和环境容貌等管理项目进行维护、修缮与整治。

第四条　住宅小区应当逐步推行社会化、专业化的管理模式。由物业管理公司统一实施专业化管理。”

早期的物业管理是作为房地产开发建设的延伸而出现的，主要体现为住宅小区的售后管理。该办法指出了物业管理的基本内容及其社会化、专业化的性质，但对于物业管理的内涵和物业管理公司的职责及权利义务的界定还比较模糊。

（2）《物业管理条例》给出的定义。随着我国住房制度改革的推进和物业管理的逐步普及，物业管理行业初步形成并有了一定的规模。2003年的《物业管理条例》对物业管理活动中业主、物业管理企业、建设单位和政府的责、权、利进行了较为明确的界定。

《物业管理条例》中对物业管理的定义是：“物业管理，是指业主通过选聘物业管理企业，由业主和物业管理企业按照物业服务合同约定，对房屋及配套的设施设备和相关场地进行维修、养护、管理，维护相关区域内的环境卫生和秩序的活动。”

业主，即物业产权人，指房屋所有权和土地使用权人。业主可以是自然人或者法人，包括个人、集体或国家。物业管理企业通常称为物业管理公司（现统一改称物业服务企业），是以全面物业管理为主营业务，具有独立法人资格的经济实体。一些从事某些单项服务的公司，如保洁公司、保安公司、绿化公司等，属于劳动服务公司而不属于物业服务企业。

（3）《物权法》的说法。我国2007年颁布的《中华人民共和国物权法》（以下简称《物权法》）奠定了物业管理的法律基础，但《物权法》并未给出物业管理的定义，相关条文有：

“第 81 条　业主可以自行管理建筑物及其附属设施，也可以委托物业服务企业[①]或者其他管理人管理。

第 82 条　物业服务企业或者其他管理人根据业主的委托管理建筑区划内的建筑物及其附属设施，并接受业主的监督。”

业主自行管理建筑物及其附属设施是业主的权利，但只有在业主具备管理能力而且业主只有一个或数量较少的情况下，自行管理才具备可行性。通常，物业管理工作由业主委托专业的管理人来进行。除了物业服务企业之外，《物权法》提出的“其他管理人”有可能是自然人、个人合伙、机关、事业单位和社会团体法人等各种组织。由于目前在实践中，对“其他管理人”的相关法规尚未出台，本书仅将物业服务企业作为研究对象。应该指出的是，“其他管理人”如果接受业主委托从事物业管理工作，同样应该具备相应的专业能力和资格，也应有相应的管理制度。本书中对于物业管理和物业服务企业的论述原则上也适用于其他管理人。

2. 物业管理的目的。概括地讲，物业管理的目的是为了保证和发挥物业的使用功能，使其保值增值，达到社会收益和福利的最大化；为物业所有人和使用人创造整洁、文明、安全、舒适的生活和工作环境；最终实现社会、经济、环境三个效益的统一和同步增长，提高城市的现代文明程度和可持续发展。

我们从以下 3 个角度进行具体分析，以加深对物业管理目的的认识。

(1) 从物的角度讲，通过物业管理，实现物业的保值增值。物业管理的对象首先是物业，没有物业，就没有物业管理。物业管理首先要管理物业、管好物业。房地产作为不动产，是一个国家最主要的自然社会资源和财富载体。对于一个家庭来说，拥有的房产或称物业是其主要或重要的财富。因此，很多国家都把实现物业的保值、增值作为物业管理的最终目的或首要目的，同时，这也是业主委托物业服务企业对物业实行统一有效管理的初衷。通过物业管理，确保和延长物业的使用期限，完善和增强物业的使用功能，实现物业的保值和增值，在实现业主利益最大化的同时也实现了社会总体效益和社会福利的最大化。

(2) 从人的角度看，通过以人为核心的物业管理，为广大住用人创造良

---

① 《物权法》中将“物业管理企业”改称为“物业服务企业”。《物权法》颁布后，《物业管理条例》也进行了相应的修改。

好的生活、工作环境。物业为人所用，物业的产权人、使用人具有多元化的特征。在物业管理的具体实施过程中，其管理服务必须坚持以人为核心，通过开展全方位、多层次、高效率、高质量的管理服务工作，为广大住用人提供并保持整洁、文明、安全、舒适的良好生活、工作环境和秩序，以保障人们生活、工作的正常、有序进行。

（3）从社会的角度看，通过物业管理，促进社区管理和社会的和谐和稳定，提高城市的现代文明程度和可持续发展。城市的基础是社区，每个社区又由众多的居住小区和其他物业组成。因此，从一定意义上讲，物业管理尤其是住宅小区的物业管理，是社区管理和城市管理的基础性工作之一。做好物业管理工作，就能保障和促进社会的和谐和稳定，提高城市管理水平和现代文明程度。

3. 物业经营管理的三个层次。业主持有物业的目的可以分为两个：一是使用物业；二是获得投资回报。针对业主不同层次的需求，对物业的经营管理可以分为三个层次：

（1）基本的物业管理。基本的物业管理定位于现场操作层面的管理，主要服务于业主和使用人对物业的使用需求，保障物业使用处于正常的运行状态，为业主和使用人提供良好的生活和工作环境。居住物业的物业管理就属于这一层次。

（2）资产管理。作为资产的一种，不动产具有保值和收益的功能。资产管理更重视对收益性物业的经营，通常指超越具体的操作管理，也不局限于一处物业，而是站在投资人的角度监控物业服务企业的绩效，考察物业服务企业的工作能否有效地提升物业价值和提高投资回报，对其进行资产投资分析，指导物业服务企业制定物业发展的战略规划。

（3）投资组合管理。投资组合管理的视野更加广阔，主要职责是以投资人的目标和风险特征为基础，为投资人制定全面的投资组合战略。投资组合管理主要监督物业购置以及资产管理、处置和再投资决策，以减少投资组合的整体风险。

目前，我国物业服务企业主要从事的是基本的物业管理，在收益性物业管理中，一部分物业服务企业也从事资产管理工作。随着市场经济的发展，保险公司、社保基金等机构投资者将越来越多地涉足房地产投资，资产管理和投资组合管理将日益成为物业管理行业新的增长点。本书暂时只研究基本的物业管理，对资产管理略有论述，对投资组合管理暂不涉及。

4. 物业管理的地位和作用。物业管理是房地产开发建设的延续和完善，它既是开发建设的延续，更是开发建设的完善，在房地产业的整个产业链条中是不可替代的，起着至关重要的作用。

房地产的开发建设最终是为了满足社会和人们的需求。房地产开发建设应把握和处理好以下三种关系的基本和谐：

（1）人与自然的和谐——天人合一的理念。人在自然界中生存和活动，要想可持续发展，必须处理好人与自然的关系，确保人与自然的和谐。任何房地产开发建设项目，其规划、设计都会考虑到这一原则。但一方面，任何规划、设计都不可能十全十美，总会存在或多或少的不足；另一方面，自然界的不断变化、社会经济的不断发展、科技水平的不断提高，又会对现存的事物提出新的更高的要求，如何适应和满足这些要求，确保人们的生活、工作环境与自然的最大程度的和谐，对建成投入使用的物业而言，就需要通过物业管理来补充和完善。

（2）人与物的和谐——物为人用的原则。任何建筑物的建设目的都是为人们提供居住生活、工作、生产以及经营的场所，即物为人用。这是房地产开发、建设和物业管理必须时刻把握、遵循的重要原则。然而，建筑又是一个遗憾的艺术，在规划、设计、施工中又难免留下这样那样或多或少的不足与缺陷，给日后的使用、管理带来不便。如何在建成物业现有的客观条件下，通过日后的管理来弥补、改善这些不足与缺陷，尽量提高建筑物的品质，更好地保障物为人用，是物业管理的首要任务。此外，物业的使用期限长，随着时间的推移，物业的逐渐损坏、破旧与功能的逐步陈旧不可避免。完善的物业管理，可以使物业始终保持最佳最优的使用状态，满足人们的使用需求。

（3）人与人的和谐——群体生活、工作的要求。现代社会是群体社会。无论居住小区，还是写字楼、办公楼，都是很多人聚集的场所。大家在一起共同生活、工作，由于群体内不同人之间各方面的种种差异，必然会给生活和工作带来各种噪声，产生方方面面的不和谐，妥善处理、协调好这些不和谐，是群体生活、工作的基本前提和要求。

首先，需要有一个共同认可的游戏规则（大至法律、法规，小至管理规约）。其次，需要一个大家认可并委托的“第三者”的参与，即物业服务企业通过受托实施物业管理。从这个意义上讲，物业管理实际上是协调处理公共事物（如共用部位、共用设施设备的维护管理）、公共关系（邻里关系等）、公共行为(如小区内的一些禁止行为等)的一门学问和工作。通过物业管理,最大程度地实现人与人的和谐,提供群体生活、工作的基本保障,实现群体利益的最大化。

物业管理活动中业主自治的实践创造了一个基层民主制度的运行空间,物业管理行业的发展将推动我国公民对民主制度的理解和实践能力。物业管理行业提出了诸多城市管理的新问题,比如,社区管理的方式、业主委员会与居民委员会的关系、政府的职责与权限等等,物业管理行业的发展也必将推动我国城市管理体制的进一步变革。物业管理中的基础工作(比如,保安、保洁等)具有劳动密集型的特征,在我国社会体制转轨的过程中,物业管理行业吸纳了大量农村进城务工人员和城市下岗人员,为社会的稳定作出了积极的贡献。

二、物业管理的性质

物业管理是城市管理体制、房地产管理体制的重大改革,是一种与房地产综合开发,与现代化生产方式相配套的综合性管理;是随着住房制度改革的推进而出现的产权多元化格局后与之相衔接的统一管理;是与建立社会主义市场经济体制相适应的社会化、专业化、市场化的管理。按照社会产业部门划分的标准,这种集高度统一的管理、全方位多层次的服务、市场化经营为一体,寓经营与管理于服务之中的物业管理是一种服务行业,属于第三产业。

社会化、专业化、市场化是物业管理的三个基本特征。

(一)社会化

物业管理的社会化指的是摆脱了过去那种自建自管的分散管理体制,由多个产权单位、产权人通过业主委员会选聘一家物业服务企业;变多个产权单位、多个管理部门的多头、多家管理为物业服务企业的统一管理,在业主委员会委托授权的范围内集中实施社会化管理,从而克服各自为政、多头管理、相互扯皮、互相推诿的旧体制下的种种弊端,有利于提高整个城市管理的社会化程度,充分发挥住宅小区与各类房屋的综合效益和整体功能,使之实现社会效益、经济效益和环境效益的统一。

物业管理社会化有两个基本含义:一是物业的所有权人要到社会上去选聘物业服务企业;二是物业服务企业要到社会上去寻找可以代管的物业。

物业的所有权、使用权与物业的经营管理权相分离是物业管理社会化的必要前提，现代化大生产的社会专业分工则是实现物业管理社会化的必要条件。

（二）专业化

物业管理的专业化，指的是由专业物业服务企业通过合同或契约的签订，按照产权人和使用人的意志与要求去实施专业化管理。因此，物业服务企业必须具备一定的专业资质并达到一定的专业水平。这就要求：有专业的人员配备；有专门的组织机构；有专门的管理工具设备；有科学、规范的管理措施与工作程序；运用现代管理科学和先进的维修养护技术实施专业化的管理。物业管理专业化是现代化大生产专业分工的必然结果。

（三）市场化

市场化是物业管理最主要的特点。在市场经济条件下，物业管理的属性是经营，所提供的商品是劳务和服务，提供的方式是委托，业主通过招投标选聘物业服务企业，由物业服务企业来具体实施。物业服务企业是按照现代企业制度组建并运作，具有明确的经营宗旨和管理章程，实行自主经营、独立核算、自负盈亏，能够独立承担民事和经济法律责任的企业法人。物业服务企业将日常管理工作纳入市场经济运行轨道，推行有偿服务、合理收费，并通过多种经营，使小区及各类房屋和设备的管理走上以业养业、自我发展的道路；向业主和使用人提供劳务和服务，业主和使用人购买并消费这种服务。在这样一种新的机制下逐步形成有活力的物业管理竞争市场，业主有权选择物业服务企业，物业服务企业必须靠自己良好的经营和服务才能挤进和占领这个市场。这种通过市场竞争机制和商品经营的方式所实现的商业行为就是市场化。委托和有偿是物业管理市场化的集中体现。

三、物业管理与传统的房地产管理的区别

物业管理作为城市管理体制的重大改革，与传统的房地产管理相比，从观念上、管理模式上以及管理的内容、广度和深度上都有本质的区别，主要体现在以下四个方面。

（一）管理体制不同

传统的房地产管理是在计划经济体制下由政府或各部门、企事业单位

采用行政手段直接进行的福利型封闭式管理,管理单位是终身制。物业管理则是专业化的企业通过市场由业主选择,并且通过合同方式实行在规定期限内的聘用制,用经济手段进行社会化管理的有偿服务。即传统的房地产管理是计划经济体制下的政府行政行为,是福利型的、无偿的;物业管理则是市场经济体制下的企业行为,是经营型的、有偿的。

(二)管理内容不同

传统的房地产管理以单一的收租养房为主要内容,管理内容单一。物业管理则是对房屋设备设施等实行多功能、全方位、综合性经营管理与服务,既管物又服务于人,以对物业有形的"物质"(房屋主体、设备设施等)的管理为基础,以该物业的业主和使用人为核心展开与此相关联的各项服务与管理工作,以人为核心提供精神和物质两方面的服务。物业服务企业通过自身的经营渠道,形成正常的造血功能,以业养业,政府不给补贴,实现资金的良性循环。

(三)所管房屋的产权结构不同

传统的房地产管理,不论是政府还是单位管理的房屋绝大多数是国家或单位所有,是公产,其产权关系单一,使用人仅是承租者而不是产权人。随着住房制度改革的深入和房屋商品化的进程,产权结构发生了根本性变化,国家或单位所占的比重越来越少,已形成国家、单位、公司、个人,包括我国港、澳、台地区以及外国人拥有产权的产权多元化格局。

(四)经营机制不同

传统的房地产管理是一种福利机制,由管理者按自身的意愿去管理用户,与用户是管理与被管理的关系。用户无法选择管理者,很少有监督权,更谈不上决策权,处于被动地位。物业管理则是市场经营机制,业主可以自行管理,也有权选聘物业服务企业,物业服务企业也有权接受或不接受选聘。双方在完全平等的原则下,通过市场竞争双向选择,签订物业服务合同,明确各自的权利、义务,业主和使用人参与重大事项的决策。物业服务企业与业主和使用人是服务与被服务的关系。

四、物业管理实施的基本原则

社会化、专业化、市场化的物业管理实施的基本原则是业主自治自律与物业服务企业统一专业化的管理相结合。

随着我国住房制度改革的不断深入和住房商品化进程的加快,房屋产权多元化格局逐步形成,这就要求物业管理体制能适应产权多元化的需要,实行业主自治与物业服务企业专业化管理相结合。在产权结构逐步走向多元化的情况下,实行业主自治是必然的,但是,也正由于产权格局多元化,管理问题更加突出,为摆脱过去那种自建自管的分散管理体制,克服各自为政、互相扯皮的旧体制下的种种弊端,在确立业主的主人翁地位、实行业主自治的前提下,需要将物业管理委托给物业服务企业实行统一的专业化管理。

(一)业主自治自律

首先,业主是物业的所有人,业主对自己的财产负责,拥有占有、使用、收益、处分权。因此,业主也拥有对自己财产的管理权(治权),即业主可以自行管理物业,也有权将物业委托给他人进行管理。其次,在区分所有的建筑中,每个业主既是自己拥有的专有部分的主人,同时又是物业专有部分以外的共有部分(共用部位、共用设施)的共有人,享有共同管理的权利与义务。物业管理的好与坏,是全体业主共同的责任,关系到每一位业主和使用人的切身利益。在物业的使用过程中,全体业主之间还存在着各业主相互之间的邻里关系,既有全体业主共同的利益,即公众利益;又有单个业主各自的利益。公众利益和单个业主的各自利益之间有时会发生矛盾,因此,要正确处理好这两者之间的关系,单个业主的利益要服从公众利益。这就要求所有业主都要增强权利意识、自治意识和自律意识,共同参与管理,变被动接受管理为以主人翁姿态主动地行使管理权。

业主自治包含两个关键环节:一是要建立全体业主共同遵守的《管理规约》,以此来指导、规范、约束所有业主和使用人的行为,使之共同地自觉维护公众利益和公共环境。管理规约是所有人和使用人自律的保证,也是实行业主自治的前提。二是要建立业主共同讨论、决定问题的途径,最理想和可行的方式是成立业主大会,选举产生业主委员会,代表广大业主的利益来管理整个物业,选聘物业服务企业,对物业管理提出具体要求,以合同的形式委托物业服务企业实施物业管理、承担管理责任,协调和监督物业服务企业的具体工作。业主大会对物业服务企业具有选聘权和解聘权是业主自治的关键。

(二)物业服务企业统一专业化管理

一个物业管理区域应由一家物业服务企业实行统一管理,对物业管理负总责,而不应分割管理,避免出现分散多头的管理形式。物业管理涉及方方面面,有各种各样的矛盾和关系需要协调和处理,各项管理工作专业性、技术性强,要提高物业管理的整体水平,降低物业管理成本费用就必须对物业实行统一的专业化管理,由物业服务企业来全面负责和承担管理责任。

(三)业主自治和物业服务企业专业化管理相结合

业主自治和物业服务企业专业化管理相结合是房地产管理体制改革的客观要求,是通过业主大会自主选聘物业服务企业来实现的。两者之间的关系是委托与被委托的关系,是平等的关系。双方的权利、义务通过物业服务合同来明确和保障。业主自治使广大业主和使用人以主人翁的身份参与管理,把大家的实际利益、思想感情与物业管理联系起来。物业管理专业化是现代化大生产的社会专业分工的必然结果。物业服务企业接受业主委员会的聘用,履行业主大会赋予的权利并承担管理责任,提供统一专业化的管理和周到的服务,结合业主自治的参与管理,共同实现物业管理的预期目标,这就是社会化、专业化、市场化物业管理体制实施的基本原则。

五、物业管理行业的自身特点

物业管理作为我国改革开放后,伴随经济体制的转轨和住房制度改革深化而出现的一种新型的房屋管理模式,越来越引起政府、广大住用人和业内人士的重视和关注。如何全面、正确地理解和认识物业管理的实质,尤其是其区别于传统房屋管理和一般服务行业的特点,是正确实施物业管理的前提。从物业管理多年的实践中,可以总结出物业管理工作的一些自身特点。

(一)物业管理不仅是劳务密集型的行业,也是管理密集型的行业

物业管理工作包含了两个层次的内容:各专业的劳务服务以及对所有劳务服务工作的管理。物业管理不仅是一个劳务密集型的行业,同时也是一个管理密集型的行业。

首先,物业管理的核心是对人的服务。物业服务企业要针对业主的需求,高效率地组织其劳务服务工作,并在工作过程中及时了解业主的意见,给予反馈。物业管理的服务对象包括全社会各行各业、各个阶层的人。各类人员之间的差别、需求的各不相同以及素质的差异等等都会给物业管理工作的

实施带来影响。加之业主相互之间的一些问题也需要物业服务企业来处理和协调,这就需要物业服务企业在客户服务工作上具有很高的管理水平。

其次,物业管理以物为工作对象,其具体工作内容涉及众多专业领域,从保安、保洁、绿化、设施设备的养护和维护到共用部位(如停车场)、经营面积的使用和管理,以及各类突发的事件的处理等。对各项专业活动的计划、组织、协调和监督是一项复杂的管理工作,是物业服务企业要面对并努力做好的工作,没有较高的管理水平是不可想象的。

需要强调的是,无论哪类管理,都是通过服务来体现的。管理本身就是服务。随着高科技的建筑技术和设施设备的应用,物业管理在未来还将是技术密集型行业。

(二)物业管理是全天候、不间断的管理服务工作

物业管理一旦开始,就不能停顿。在时间上是不能有间断点的。无论是住宅小区还是写字楼等物业,一年 365 天无论刮风下雨、逢年过节,一天也不能缺少物业管理;一天 24 小时,任何时候也不能停止物业管理。

在物业管理的实施过程中,有两个时间点容易产生间断。

1. 双方进入法律诉讼时期。无论什么原因,无论哪一方提起法律诉讼,在法院未裁定之前,物业服务企业要注意不能以任何理由停止提供物业管理服务或降低物业管理服务水平。因为,物业管理工作承担着巨大的社会责任,牵涉住用人的正常生活和工作。这是物业管理的行业要求和职业道德。

双方在签订物业服务合同时,应尽可能约定如有纠纷在调解无效的情况下,走仲裁解决的方式,少用诉讼的形式。因为,向法院起诉一般用时较多,不利于尽快解决问题。

2. 物业服务合同到期到再次选聘之间。物业服务合同即将到期,无论因哪一方原因双方对续聘达不成一致,则业主都应提前选聘新的物业服务企业。如果在原合同到期之前,业主尚未选定新的物业服务企业,则原物业服务企业不能撤离。尽管原物业服务合同已经到期,仍应坚守岗位、履行原有合同规定的职责,保证物业管理的正常运行。在法律上,这叫后合同义务。因为,一旦撤离,在无人实施管理服务的情况下,极易发生各种问题,大到影响社会稳定,小到影响人们正常的生活、工作秩序。同时,因原物业服务企业履行了超过合同约定期限的责任,则业主方应当按原合同支付相应的费用,这是业主方的后合同义务。

（三）销售环节提前

市场化的物业管理，其本质是一种商品的生产和提供。物业服务企业提供的产品是管理服务和劳务服务，广大住用人是这种产品的消费使用者。任何产品都有生产、销售、消费使用三个环节。一般而言，这三个环节是顺序发生的，即产品的生产者先生产出产品，再经流通领域销售该产品，产品的购买者最终消费使用该产品。

在产品的生产、销售和使用过程中，有时，销售环节提前，即通过预售或期货形式提前订购某种产品。凡是预售或期货，都存在一定风险，主要表现在质量和价格上，如预售房交付使用时可能质量上存在缺陷，期货市场上的价格风险等。物业管理属于期货，无论是开发商与其选聘的物业服务企业签订的前期物业服务合同，还是业主委员会代表全体业主与其选聘的物业服务企业签订的物业服务合同，都是对未来的管理服务的提前预定和承诺，合同的双方都必然会有这样那样的风险。例如，物业服务企业能否按合同的预定提供质价相符的管理服务，业主能否按时足额交付物业服务费用等等。这些风险的存在，就给日后物业管理的全面实施留下了产生问题、矛盾和纠纷的隐患。正是基于此点，政府才强调要通过招投标选聘物业服务企业。招投标是一个过程，包括对物业服务企业的遴选、以往业绩的考察、投标书的评阅和评标时的现场答辩等环节。但物业管理服务是一种针对性很强的个性产品，每个物业情况各异，业主又各不相同，物业服务企业以往的业绩不能从根本上保证对新的物业的管理服务质量；投标书是写的，现场答辩是说的，但最后是要干的。如何确保干的比写的、说的更漂亮呢？这是参与招投标的双方都要面对并认真思考、努力实践的问题。

（四）生产环节和消费使用环节同时产生和结束

物业管理的生产环节和消费使用环节具有和一般产品（包括其他服务行业）不同的一个突出特点，即物业管理的生产与消费使用是同时产生、即时消费的。例如，保安员在站岗、巡视，这是保安服务这一产品的生产过程，但是同时也是住用人对这一产品的消费使用过程；保安员一旦撤离，生产过程停止，消费使用也就停止了。当然，物业管理服务的部分产品可以有滞后消费，如绿化及设施设备的维护等。但从总体上讲，物业管理的生产环节和消费使用环节是同时产生和结束的。

任何产品的生产都有其质量问题，在生产过程中，都不可避免地会出现废品。工业化生产发展到今天，已导入了全面质量保证与质量管理体系

(即ISO9000体系)。产品只有经过最后的检验合格,才能进入流通领域和消费环节。从理论上讲,消费者购买后使用的必须是质量合格的产品,如发现有缺陷,要实行“三包”或“召回”制度。这一点在法律法规体系中已有明确的规定。但由于物业管理生产和消费的同时产生和结束,导致物业管理提供的管理服务缺少质量检验这一至关重要的步骤,无法剔除“废品”。也就是说,物业管理服务在实施过程中,出现这样那样的问题是不可避免的。站在行业管理的角度,可以说这是不应该的,但也是难免的。

物业管理区别于其他行业的这一显著特点至今未引起人们的重视和关注。要提高物业管理的质量,一方面,物业服务企业的管理层和广大员工对此应有足够的认识,在工作中高度重视并有切实可行的措施,从严、从细节上规范自己的各种管理服务行为。对在任何时间、任何情况下发生的具体管理服务工作均不可掉以轻心,尽一切可能降低和消灭废品的产生。物业服务企业的从业人员应深刻认识到,尽管你的“废品”只占1%或更少,但对该“废品”的使用者来说,则是100%,因而就不要过于计较业主的冲动情绪和过激言词。

另一方面,广大业主和使用人应考虑到物业管理的这一特点,对年复一年、日复一日提供着平凡而又琐碎的管理服务的物业服务企业的员工们给予足够的理解;对他们工作中出现的不足、失误甚至错误给予一定的宽容和谅解;在日常监督、及时检查和督促整改的同时也应给予相应必要的支持和帮助,尤其是那些最辛苦的普通员工。

强调物业管理的这一特点,并不是为物业服务企业在工作中出现的各种问题开脱,而是希望物业服务企业和广大住用人在理解和认识物业管理这一特点的基础上,相互换位思考,共同推进物业管理全行业的健康、规范的可持续发展,联手创建和谐的物业管理。

(五)物业服务的提供者直接面对全体住用人

服务是在服务提供者和服务接受者之间的互动中完成的。一般产品,在其生产过程中有数人、数十人或成百上千人参与其中,消费者面对的只是产品本身。而物业管理服务,物业服务企业的每一个员工直接面对广大住用人。物业管理服务的这一特征较之一般产品,甚至其他服务行业都更明显。再加之前述的即时生产消费的特点,决定了员工的基本素质与即时表现会直接影响到所提供的服务的质量,直接影响到广大住用人对物业管理水平的评价。因此,如何加强对员工的培训、教育、管理和引导,是物业服务企业领导必须认真面对和高度重视的大问题。

针对这一特点，物业服务企业的各级管理者必须高度重视和加强对员工的经常性培训、教育以及日常管理和引导。广大住用人对物业服务企业的员工也应有必要的尊重和理解。由于我国传统观念的影响，人们对服务的认识往往进入两个误区：一是服务者是学雷锋；二是服务者"低人一等"。市场经济是以角色分工和平等为基础的，服务者与被服务者虽然存在委托与受托关系，但是双方在人格上是平等的，对服务者的尊重是人权的体现，也是公民素质的体现。物业服务企业的员工，虽然其文化程度和收入可能不如业主，但双方都是平等的主体。因此，业主要注意对物业服务企业的普通员工不要"居高临下"，而应尊重、理解和宽容。

（六）物业管理服务质量与价格之间的关系是弹性的

一般产品，其质量与价格之间的关系是刚性或半刚性的，但物业管理的服务质量与价格之间的关系是弹性的。

物业服务企业收取的服务费用分为两种：一种是常规性的公共服务，根据政府指导价或者双方协商在物业服务合同中约定；另一种是专项服务和特约服务，一般是根据服务质量和方式的不同由业主和物业服务企业协商定价。物业服务费用应当根据费用与服务水平相一致的原则确定，但是，由于物业服务本身的特殊性，给双方协商定价达成共识增加了难度，也给日后对物业服务质量的评判带来一定的模糊性。

由于物业管理是一种体验商品①，其服务质量的评价只能在消费开始后，甚至消费结束一段时间后才能够进行，而事前不易准确把握。从物业管理"对物管理"和"对人服务"两个层面的工作来看，其又具有以下特点：

1. 客观评价的专业性。在物业管理活动中，"对物的管理"的服务质量可以进行客观评价，但它是一种专业性很强的工作。如共用部位的养护和维修、共用设施设备的运行、养护和维修，安全防范、清洁、绿化、突发事件的处理，保险的选择和档案管理等等工作，实际上只有业内专家才有能力评价其服务是否真正达到了合同约定的水平。

2. 主观评价的模糊性。在物业管理活动中，"对人的服务"最核心的是要满足业主的心理需求。而正因为业主不是专家，所以业主对物业服务的评价往往是由表面观感和主观印象决定的。比如，大量专业设备的运行和

---

① 相关理论参见第十五章第三节。

养护业主是看不到的，业主只能看到上门服务的工程部员工的着装、谈吐和操作；安全防范的各项工作标准业主是不了解的，业主只能看到安保员工的仪容仪表以及对待自己的态度。因此，业主对物业服务的评价实际上可能决定于很多与服务质量本身关系不大，但是对心理感受影响较大的因素。主观评价往往是因人而异的，很难统一。

物业管理服务本身的特点决定了无论在物业管理服务提供之前还是之后，非专业的业主基本上做不到用客观统一的标准来对物业管理服务的质量进行评价，这就要求物业管理行业实行一系列的管理制度来保障业主和物业服务企业双方的利益。

第二节　物业管理的产生和发展

一、物业管理的起源

物业管理起源于19世纪60年代的英国。当时英国工业正处于迅速发展的高涨阶段，对劳动力的需求很大。随着大量农村人口的涌入，城市原有的房屋设施已远远满足不了人口增长的需要，房屋空前紧张成为一大社会问题。一些开发商相继修建了一批简易住宅以低廉租金租给贫民和工人家庭居住。由于住宅设施极为简陋，环境条件又脏又差，不仅承租人拖欠租金严重，而且人为破坏房屋设施的情况也时有发生，严重影响了业主的经济效益。当时有一位名叫奥克特维亚·希尔（Octavia Hill）的女士为在其名下出租的物业制定了一套行之有效的管理办法，要求承租人严格遵守，结果出人意料地取得了成功，不仅有效地改善了居住环境，而且还使业主与承租人的关系由原来的对立变得友善起来，首开物业管理之先河。从那以后，物业管理工作逐渐被业主和政府有关部门重视，被普遍推广于世界各国，并不断发展成熟。迄今为止，物业管理作为现代化城市管理和房地产经营管理的重要组成部分，在国际上十分流行并获得了蓬勃的发展，社会化、专业化、市场化的物业管理已成为一个新型的服务行业。

二、现代物业管理概况

（一）我国香港地区的物业管理

我国香港地区的物业管理源自英国，但根据当地的情况又有新的发展。在20世纪60年代,香港经济起飞、人口激增、基础设施落后,住房十分紧张,导致居住环境恶化。香港政府为此开始修建公共屋村,一些社会人士则成立了一些非牟利团体,如"香港房屋协会",兴建一些廉价房屋以缓解中下层市民的居住问题。为管理这些屋村,政府和团体开始从英国引进物业管理人才、管理理论和方法。

现在香港的物业管理有三种类型,主要包括对公房、私房和其他房型的管理,其他房型主要包括老年人住宅、学校、商场和政府部门。对物业管理人员的要求,没有所谓的上岗证,物业公司在招聘人员时会要求应聘人员具有专业资格,有的必须是相关物业协会的会员,私人物业公司必须有专业会员才能具备物业管理的招投标权利。

我国香港物业的发展比内地早,有比较完善的法律管理条例。在物业管理方面先后制定了《房屋条例》、《多层大厦(业主立案法团)条例》,以及现在发挥主要作用的《建筑物管理条例》、《公共管理公约》和与小区业主自行签订的物业管理手册。一旦发生纠纷,根据双方的条例办事,一旦遇上不交物业管理费的情况,物业公司可以到房管局登记在案,相关部门就会限制该房不得出售,物业公司可以对不交管理费的住宅进行公开拍卖;物业公司也可以上法院起诉,向法院提供证据,拿到法院的罚款判令,最高可罚5万元,超过5万元,就得采取其他方式。

(二)英美的物业管理概况

英国的物业管理实行行业管理,政府不直接进行干预,具体工作由住宅中介协会负责协调。在英国,任何人、任何公司都可以从事物业管理,只要具备条件,领取营业执照即可。物业管理公司固定人员少,临时聘用的人员多。政府对物业管理的服务内容和收费标准不作任何规定,而是由业主与物业管理公司双方协商决定,如果出现了双方难以达成协议的情况,可以通过法律机构,即租用房产估值法庭仲裁解决,一经裁定,当事双方即执行裁定的服务项目和收费标准。

美国的物业管理社会化程度较高,分工更加专业化和细化,物业管理公司一般负责整个住宅或住宅小区的物业整体管理,而具体业务将聘请专业的服务公司承担,美国有很多专业的保安公司和绿化公司。美国物业管理权责明晰,通过政府的法规明确物业管理的权限;业主委员会一般也参与社区的规划或者制定行为规范,以更好地保障物业的保值和升值。总体来说,美国的物业管理的目的是让物业保值和升值,通过各种手段使物业获得最大的回报。

三、物业管理在我国的产生和发展

（一）物业管理在我国的产生

现代意义的物业管理在我国起步较晚，是随着改革开放不断深化、市场经济日趋活跃、城市建设事业的迅速发展，房地产综合开发的崛起和房屋管理体制改革步伐的加快，于20世纪80年代由沿海地区逐渐兴起的。

1981年3月10日，深圳市第一家涉外商品房管理的专业公司——深圳市物业管理公司正式成立，开始对深圳经济特区的涉外商品房实施统一的物业管理，这是我国内地物业管理的起步阶段。随后，从深圳到广州，从南方到北方，从沿海到内地，在众多城市，物业管理公司像雨后春笋般涌现。在此过程中，物业管理公司也日趋成熟，逐渐走向社会化、专业化、市场化的道路。同时，法律法规逐渐完善，业主的权利意识逐步加强，物业服务企业的专业化程度越来越高，管理队伍的素质也逐步提高。据不完全统计，2005年全国物业服务企业总数已超过3万家，从业人员300多万人；全国物业管理的覆盖面总体上超过50%，物业管理呈现一派蓬勃发展的生机。

（二）物业管理的主要法规政策

1994年4月，建设部颁布了33号令，即《城市新建住宅小区管理办法》，明确指出："住宅小区应当逐步推行社会化、专业化的管理模式，由物业管理公司统一实施专业化管理。"从而正式确立了我国物业管理的新体制，为房屋管理体制的改革指明了方向，并提供了法规依据。

1996年2月，国家计委、建设部联合颁发了《城市住宅小区物业管理服务收费暂行办法》，在规范物业管理服务的收费行为，维护国家利益和物业管理单位及物业产权人、使用人的合法权益，促进物业管理事业的健康发展方面都向前迈出了一大步。2003年11月，国家发展和改革委员会、建设部制定了《物业服务收费办法》，进一步规范了物业服务的收费行为，保障了业主和物业服务企业的合法权益。这个办法颁布实施后，原来的《城市住宅小区物业管理服务收费暂行办法》同时废止。

1996年9月，建设部人事教育劳动司和房地产业司联合发出了《关于实行物业管理企业经理、部门经理、管理员岗位培训持证上岗制度的通知》，为全面提高物业管理从业人员的素质，规范物业管理行为提供了保证。人事部、建设部于 2005 年制定了《物业管理师制度暂行规定》(以下简称《暂行规定》)及《物业管理师资格考试实施办法》,自 2005 年 12 月 1 日起施行。目前,《关于实行物业管理企业经理、部门经理、管理员岗位培训持证上岗制度的通知》已停止执行。

建设部等相关部门先后制定和完善了《物业管理委托合同(示范文本)》、《业主公约(示范文本)》、《前期物业管理服务协议(示范文本)》、《前期物业服务合同(示范文本)》、《业主临时公约(示范文本)》等,各地方政府也根据当地实际情况制定了相应的示范文本。这些示范文本现已成为物业管理中规范物业管理行为、保护当事人的合法权益、减少物业管理纠纷不可缺少的规范性文件。

1998 年 3 月,财政部制定了《物业管理企业财务管理规定》。该规定结合物业服务企业的经营特点和财务管理要求,对代管基金、物业服务企业经营活动成本费用、收入及利润制定了统一的财务管理规定,全面规范了物业服务企业的财务行为。

1998 年 11 月,建设部、财政部制定了《住宅共用部位共用设施设备维修基金管理办法》。该管理办法对商品住房和公有住房出售后的共用部位、共用设施设备维修资金的建立、筹集、使用与管理作了全面的、详细的规定,为住房售后的维修管理,维护住房产权人和使用人的共同利益提供了法律保障。

1999 年 10 月,建设部制定了《物业管理企业资质管理试行办法》,建立了物业服务企业的资质等级,规定了不同资质等级的标准及申请、审批程序与资质管理办法,以此规范物业服务企业的建设,提高物业管理水平,推动物业管理市场竞争。从 2004 年 5 月 1 日起,开始执行建设部颁发的第 125 号令,即《物业管理企业资质管理办法》,目的在于加强对物业管理活动的监督管理,规范物业管理市场秩序,提高物业管理服务水平。自该办法实施之日起,《物业管理企业资质管理试行办法》同时废止。

2003 年 5 月 28 日,国务院第 9 次常务会议通过了《物业管理条例》,制定该条例的目的是规范物业管理活动,维护业主和物业服务企业的合法权益,改善人民群众的生活和工作环境。该条例提出,国家提倡业主通过公开、公平、公正的市场竞争机制选择物业服务企业,鼓励物业管理采用新技术、新方法,依靠科技进步提高管理和服务水平。《物业管理条例》以维护全体业主合法权益为主要原则,充分体现了优先保护全体业主利益的宗旨,使物业管理的法制建设更加完善。

2003 年 6 月,建设部制定了《前期物业管理招投标管理暂行办法》,规范了前期物业管理招投标活动,保护了招投标当事人的合法权益,促进了物业管理市场的公平竞争。

2003 年 6 月,建设部制定了《业主大会规程》,其目的在于规范业主大会的活动,维护业主的合法权益。

2004 年 1 月,中国物业管理协会印发了《普通住宅小区物业管理服务等级标准》(试行)通知,目的在于提高物业管理服务水平,督促物业服务企业提供质价相符的服务,引导业主正确评判物业服务企业服务质量,树立等价有偿的消费观念,促进物业管理规范发展。

2007 年 3 月,《中华人民共和国物权法》公布,于 2007 年 10 月 1 日起施行。《物权法》对我国的物权制度作出较为全面的规定,为物业管理行业奠定了理论基础。同年 8 月,国务院对《物业管理条例》进行了修改。

上述这些主要法规从不同角度规定了我国推行社会化、专业化、市场化的物业管理所应遵循的基本原则和实施办法,基本构成了我国现行物业管理的法律法规体系框架。

(三)重要的全国性会议

自 1994 年建设部房地产业司物业管理处成立以来,已组织召开过 4 次全国性物业管理工作会议,即 1995 年青岛会议、1997 年大连会议、1999 年深圳会议以及 2003 年 7 月在北京召开的全国物业管理工作会议。

1995 年的会议,主要解决新建住宅小区建立物业管理新体制的问题,提出了工作目标和要求;1997 年的会议,主要对推动旧住宅区的物业管理工作作出了部署,将物业管理引向了更广阔的领域;1999 年的会议着重研究培育物业管理市场,建立物业管理的市场竞争机制问题;2003 年全国物业管理工作会议的主要任务是学习、宣传、贯彻《物业管理条例》,总结过去的工作,分析存在的问题,研究部署当前的工作任务,进一步推动物业管理的健康发展。这几次会议总结了近几年全国物业管理工作的情况和经验,推动了物业管理的健康发展,并且,从思想上进一步明确物业管理行业是服务性的行业,应该最大限度地维护业主的合法权益,业主是物业管理区域内物业管理的重要责任主体。目前,我国物业管理行业已颇具规模,物业管理市场已经形成,物业管理的市场竞争已经日益激烈,并逐步规范。物业管理这一新兴的与千家万户密切相关的行业已经得到各级政府、房地产业人士的高度重视，受到广大人民群众的极大关注和欢迎，相信在不久的将来，必将得到更为广泛蓬勃完善的发展。

第三节　物业管理的基本内容

物业管理的对象，范围相当广泛，几乎包括各类建筑，如高层与多层住宅区、综合办公楼、商业楼宇、工业厂房、仓库、停车场等。尽管物业类型各有不同，使用性质差异很大，但物业管理的基本内容是一样的。

社会化、专业化、市场化的物业管理实质是一种综合的经营性管理服务，融管理、经营、服务于一体，在服务中完善经营与管理，三者相互联系、相互促进。物业管理涉及的领域相当广泛，其基本内容按服务的性质和提供的方式可分为常规性的公共服务、针对性的专项服务和委托性的特约服务三大类。

一、常规性的公共服务

（一）公共服务的概念

常规性的公共服务是指物业管理中公共性的管理和服务工作，是物业服务企业面向所有住用人提供的最基本的管理和服务，目的是确保物业的完好与正常使用，保证正常的生活工作秩序和净化、美化生活工作环境。公共性管理服务工作是物业内所有住用人每天都能享受得到的，其具体内容和要求应在物业服务合同中明确规定。因此，物业服务企业有义务按时按质提供合同中约定的服务；住用人在享受这些服务时，也不需要事先再提出或做出某种约定。

（二）公共服务的内容

1. 房屋建筑主体的管理。这是为了保持房屋完好率、确保房屋使用功能，努力使房屋保值增值的管理与服务工作。详见本书第八章。

2. 房屋设备、设施的管理。这是为了保持房屋及其配套附属的各类设备、设施完好以及正常使用而进行的管理与服务工作，详见本书第九章。

以上两项是物业管理最基本、最重要的内容，是物业健康有序正常运行的前提，也是物业保值增值的保障。

3. 环境卫生管理服务。这是为了净化物业及其环境，保持区域内卫生的清洁而进行的管理与服务工作。

4. 绿化管理服务。这是为了美化物业及其环境，保障生活工作环境更加舒适、健康而进行的管理与服务工作。

第3、4两项管理服务可以称为物业的环境管理，是为了给广大住用人创造更加舒适整洁的生活环境，提高住用人的生活工作质量，也是日常的物业管理服务。

5. 物业管理区域内的保安管理服务。这是为了维护物业管理区域内人们正常的工作、生活秩序，保护广大业主的人身、财产安全而提供的管理服务，现代保安管理包括"技保"和"人保"两部分，属于物业的安全管理范畴。

6. 物业管理区域内的消防协助管理服务。这项服务是为了保护物业管理区域内业主人身、财产安全的防患性服务，防患于未然，也属于物业的安全管理范畴。

7. 物业管理区域内交通的协助管理服务。这项服务主要是对物业服务区域内部车辆道路的管理，是交通顺畅、快捷对外联系的保障，为人们提供更加安全、便利、舒适的生活环境。随着私家车辆的增多，交通协管的作用将越来越重要。

8. 物业装饰装修管理服务。包括房屋装修的申请与批准及对装修的设计、材料、施工扰民、安全等各项管理工作。

以上第5、6、7、8项属于物业管理中秩序的管理，目的在于保障区域内居民正常的生活秩序，为居民创造安全、有序的生活环境，同时统顾全局、协调管理，保障公共利益最大化。

除以上8项公共服务以外，物业服务企业还应该为物业进行物业档案、资料的管理，这是指既包括广大住用人的资料也包括物业的资料。这项管理是为了保障物业服务企业和业主更好地进行沟通，更好地掌握物业的各类管线以及设备、设施的基本状况，是日后进行工程维修、配套、改造必不可少的依据，是更换物业服务企业时必须移交的内容之一。

二、针对性的专项服务

（一）专项服务的概念

针对性的专项服务是指物业服务企业为提高住用人的工作、生活条件和质量，面向广大住用人，为满足其中一些住户、群体和单位的某种特定需要而提供的各项服务工作。其特点是物业服务企业事先设立各种便民服务项目，并将服务内容与质量、收费标准公布，当住用人需要这种服务时，可自行选择。专项服务实质上是一种代理业务,是为住用人排忧解难,提供工作、生活的方便。专项服务是物业服务企业开展多种经营的主要渠道,性质上属于物业经营服务。

(二)专项服务的内容

专项服务涉及千家万户,涉及日常生活的方方面面,内容比较繁杂。物业服务企业应根据所管辖物业的基本状况和住用人的需求以及自身的能力,开展全方位、多层次的专项服务,并不断加以扩充和拓展。专项服务的内容主要有以下几大类:

1. 日常生活类。日常生活类指物业服务企业为广大住用人提供的日常生活中衣、食、住、行等方面的各项家政、家务服务。

2. 商业服务类。商业服务类指物业服务企业为开展多种经营活动而提供的各种商业经营服务项目,包括各商业网点的开设与管理,以及各项经营活动的开展。

3. 文化、教育、卫生、体育类。文化、教育、卫生、体育类指物业服务企业在文化、教育、卫生、体育等方面开展的各项服务活动,包括各类相关设施的建立与管理,以及各种活动的开展。

4. 金融、中介服务类。金融、中介服务类指物业服务企业培养具有相关金融知识的员工,为业主办理保险等金融业务,也可以接受业主委托,开展各类中介代理服务。如代办各类保险,代理市场营销、租赁,进行房地产评估与公证及其他中介代理工作。需要注意的是,有些中介代理工作必须具有相应的资格或委托具有相应资质条件的机构和人员进行。

5. 社会福利类。社会福利类指物业服务企业提供的带有社会福利性质的各项服务工作,如照顾孤寡老人,拥军优属等。这类服务一般是以"低偿"或"无偿"的方式提供。需要注意的是,这类服务所需成本费用未征得广大业主同意时,不得由业主分摊。

三、委托性的特约服务

特约服务是为满足产权人、使用人的个别需求受其委托而提供的服务,通常指在物业服务合同中未要求、物业服务企业在专项服务中未设立,而物业产权人、使用人又提出该方面的需求,此时,物业服务企业应在可能的情况下尽量满足其需求,提供特约服务。

特约服务实际上是专项服务的补充和完善。当有较多的住用人有某种需求时，物业服务企业可将此项特约服务纳入专项服务。该服务并非必须存在，物业服务企业有权决定是否提供。

上述三大类管理与服务工作是物业管理的基本内容。物业服务企业在实施物业管理时，第一大类是最基本的工作，是必须做好的。同时根据自身的能力和住用人的需求，确定第二大类中的具体服务项目与内容，物业服务企业应该采取灵活多样的经营机制和服务方式，以人为本做好物业管理的各项管理与服务工作，并根据业主和使用人的要求，适时增加特约服务，不断拓展其广度和深度。

四、住宅物业服务的三个档次

我国物业管理发展的20多年来，经历了由沿海向内地、由大城市向中小城市、由外销房向新建住宅小区进而向老旧社区、经济适用房普及与发展的过程。由于各类住宅小区的档次不同，居住群体的差异，导致物业服务在实施中具有不同的档次。综合我国目前的情况看，总体上在住宅小区中实施的物业管理服务有三个档次，即保障型、服务型和享受型。

（一）保障型的物业管理服务

保障型的物业管理服务以公共服务为主，其功效应不低于计划经济体制下行政福利制的管房效果。内容以房屋、设施设备的正常使用和基本的公共环境与秩序管理服务为主，保障业主和使用人最基本的生活需求，专项服务开展较少，基本上没有特约服务。其收费标准主要执行当地政府指导价，适用于老旧小区、售后公房、经济适用房等。

（二）服务型的物业管理服务

服务型的物业管理服务在服务内容和质量上高于保障型的物业管理服务，即在全面做好公共服务的基础上，开展各项专项服务，有选择地进行特约服务，旨在满足业主和使用人各层次的生活需求。其收费标准可以参考政府指导价，根据提供服务的项目和水平由双方协商定价，一般均高于当地的政府指导价。服务型的物业管理服务当前主要存在于新建中、高档商品住宅小区。

（三）享受型的物业管理服务

享受型的物业管理服务除了进行高质量的公共服务外，重点在提高客户服务的品质，拓展专项服务的领域和深度，同时提供各项各档次特约服务。其目的是满足业主和使用人不断增长的生活需求，全面提升住用人的生活品味和生活质量。其收费采用市场调节价，标准普遍较高。享受型的物业管理服务目前存在于一些高档社区、别墅区内。

第四节　物业管理的主要环节

物业管理是房地产开发的延续和完善，是一个复杂的、完整的系统工程。为保证物业管理有条不紊地顺利启动和正常进行，从规划设计开始到管理工作的全面运作，有若干环节不容忽视。根据物业管理在房地产开发、建设和使用过程中不同时期的地位、作用、特点及工作内容，按先后顺序分如下四个阶段介绍物业管理工作的主要环节：物业管理的策划阶段、物业管理的前期准备阶段、物业管理的启动阶段和物业管理的日常运作阶段。

一、物业管理的策划阶段

物业管理策划阶段的工作包括：物业管理的早期介入、制定物业管理方案和选聘物业服务企业三个基本环节。

（一）物业管理的早期介入

所谓物业管理的早期介入，是指物业服务企业在接管物业以前的各个阶段（项目决策、可行性研究、规划设计、施工建设等阶段）就参与介入，从物业管理运作的角度对物业的环境布局、功能规划、楼宇设计、材料选用、设备选型、配套设施、管线布置、房屋租赁经营、施工质量、竣工验收等多方面提供有益的建设性意见，协助开发商把好规划设计关、建设配套关、工程质量关和使用功能关，以确保物业的设计和建造质量，详细了解物业情况，为物业投入使用后的物业管理创造条件，这是避免日后物业管理混乱的前提和基础。

早期介入并不是整个物业服务企业的介入，只是由物业服务企业的主要负责人和主要技术人员参与即可，或者邀请社会上物业管理专家参加，听取他们的意见。

（二）制定物业管理方案

房地产开发项目确定后，开发企业就应尽早筹划制定物业管理方案，也可聘请物业服务企业代为制定。制定物业管理方案，首先是根据物业类型、功能等客观条件以及住用人的群体特征和需求等主观条件来规划物业消费水平，确定物业管理的档次。物业管理的档次必须与物业本身的档次相匹配，体现物业的消费水平，管理薄弱和管理超档都是一种浪费。其次，确定相应的管理服务标准。然后进行年度物业管理费用收支预算，确定各项管理服务的收费标准和成本支出，进行费用的分摊，建立完善的能有效控制管理费用收支的财务制度。

物业管理方案的核心是由物业管理的档次所决定的物业管理应达到的服务标准和收费标准。

（三）选聘物业服务企业

在物业管理方案制定并经审批之后，即应根据方案确定的物业管理档次着手进行物业服务企业的选聘工作。首次选聘物业服务企业由房地产开发企业在开始销售（预售）房屋之前进行并完成。房地产开发企业与其选聘的物业服务企业签订的物业服务合同称为前期物业服务合同，负责前期物业管理服务。如有条件，房地产开发企业也可自行组建物业服务企业，但是国家提倡房地产开发建设与物业管理相分离，提倡通过招投标的形式选聘物业服务企业。对住宅项目，则规定除特殊情况外，必须通过招投标形式选聘物业服务企业。

物业管理策划阶段的特点，是由房地产开发企业来主持。这三个环节是物业管理全面启动和运作的必要先决条件，房地产开发企业对此应给予足够的重视。

二、物业管理的前期准备阶段

一旦选聘了物业服务企业，签订了前期物业服务合同，物业管理就进入了前期准备阶段。这时物业服务企业就要着手进行前期准备工作，包括物业管理企业内部机构的设置与拟定人员编制；物业管理人员的选聘与培训；规章制度的制定等三个基本环节。

（一）物业服务企业内部机构的设置与拟定人员编制

企业内部机构及岗位要依据所管物业的规模和特点以及业主对物业管理服务的要求灵活设置。其设置原则是使企业的人力、物力、财力资源得到优化高效的配置，建立一个以最少人力资源和费用支出而能达到最高运营管理效率和最佳经济效益的组织。

岗位设置和职能安排既要分工明确，又要注意各部门之间的衔接配合，并最大限度地减少冗员。具体员工数需视实际需要而确定。

（二）物业管理人员的选聘和培训

物业管理是一项平凡、琐碎而又非常辛苦的工作，从事物业管理的人员需具有勤奋不懈的敬业精神。另外，根据专业化的要求，物业管理所涉及的各岗位工种人员应达到一定的水平并对其上岗资格进行确认。

选聘的人员一般需要两种类型：管理类型和工程技术类型。其中，从事物业管理的管理类型人员应按国家有关规定取得执业资格证书，选聘的其他人员应由富有经验的专业人员进行培训，培训时间应选在开展管理工作前3～6个月为佳。培训内容根据设置的岗位要求考虑，培训重点是各部门的负责人及骨干；培训的目的以能胜任所担负的工作为主，需特别注意的是：电梯、锅炉、配电等特殊工种应取得政府主管部门的资格认定方可上岗。随着技术培训向社会化发展，物业服务企业也可以直接聘用已经取得从事相关专业认证资格的人员。

（三）规章制度的制定

规章制度是物业管理顺利运行的保证。规章制度的制定应依据国家和政府有关部门法律、法规、政策和示范文本，结合本物业的实际情况，制定一些必要的、适用的制度和管理细则。这是物业管理规范化、法制化的重要前提，也是实施和规范物业管理行为的必要措施和保证。

首先，应根据物业特点和外部环境，依据政府的示范文本，有针对性地编写管理规约（含临时管理规约）。其次，制定管理文件，如各项守则、管理规定、各级员工岗位职责及工作程序，建立正常高效的企业运作的内、外部管理制度，各项规章制度都要具有可操作性。在制定企业内、外部管理制度时，要特别注意沟通机制、监督约束机制和奖惩机制的建立和有效运作，并在实践中逐步补充、修改和完善。

三、物业管理的启动阶段

物业管理的全面启动以物业的接管验收为标志，物业一旦接管验收，物业管理服务就要全面启动。从物业的接管验收开始到首次业主大会会议的召开，业主委员会的成立，并选聘新的物业服务企业之前属于前期物业管理。在此阶段，除了要开展日常的物业管理服务以外，有几个基本环节需要特别重视，即物业的承接验收、用户入住、档案资料的建立、首次业主大会会议的召开和业主委员会的正式成立。

(一)物业的承接验收

物业的承接验收包括新建物业的承接验收和原有物业的承接验收。新建物业的承接验收是在开发建设单位和政府有关部门对施工单位竣工验收的基础上进行的再验收。承接验收一旦完成,即由开发商或建设单位向物业服务企业办理物业的交接手续,标志着物业正式进入使用阶段,物业管理应全面启动。

原有物业的承接验收通常发生在产权人将原有物业委托给物业服务企业管理之际;或发生在原有物业改聘物业服务企业之时。在这两种情况下,原有物业承接验收的完成也都标志着新的物业管理工作的全面开始。

物业的承接验收是直接关系到物业管理工作能否正常顺利开展的重要一环。在承接验收的过程中,物业服务企业要充分发挥自己的作用,对验收中发现的问题应准确记录在案,明确管理维修责任,并注意审查接收的图纸资料档案。详见本书第六章。

(二)用户入住

用户入住是指住宅小区的业主和使用人入住,或商贸楼宇中业主和租户的迁入。用户入住发生在物业使用期的全过程,但大量的用户入住集中在物业交付使用的最初一段时间内。这一环节的最大特点是物业服务企业与服务对象的首次全面接触,因此,如何使服务对象从一开始就对物业服务企业有一个基本的认同感和满足感是这一环节的关键。

为了能有一个良好的开端,物业服务企业首先需要通过各种宣传手段和方法,使用户了解物业管理的有关规定,主动配合物业服务企业日后的管理工作。通常,物业服务企业都向用户发放《用户须知》或《用户手册》、《装修管理规定》等;为配合用户搬迁,做好入住前的清洁工作;同时,加强入住阶段的安全保卫工作等。

(三)档案资料的建立

档案资料包括业主或租住户的资料和物业的档案资料。

业主或租住户入住以后,应及时建立他们的档案资料,例如,业主的姓名,家庭人员情况、工作单位,平时联系的电话或地址,收缴管理费情况,物业的使用或维修养护情况等。

物业档案资料是对前期建设开发成果的记录,是以后实施物业管理时工程维修、配套、改造必不可少的依据,是更换物业服务企业时必须移交的资料之一。

档案资料的建立主要应抓住收集、整理、归档、利用四个环节。要尽可能完整地归集从规划设计到工程竣工、从地下到楼顶、从主体到配套、从建筑物到环境的全部工程技术维修资料，尤其是隐蔽工程的技术资料。经整理后按照资料本身的内在规律和联系进行科学的分类与归档，也可按系统项目分类，如配电系统、供水排水系统、消防系统、空调系统等。

（四）首次业主大会会议的召开和业主委员会的正式成立

根据相关规定，当物业销售和用户入住达到一定比例（如50%）或首位业主入住达到一定时间时，应在政府主管部门和街道办事处的指导下由业主代表、建设单位组成业主大会筹备组，负责业主大会的筹备工作，并在30日内召开首次业主（含使用人）大会会议，制定和通过有关业主公约，选举产生业主委员会。至此，物业管理工作就从全面启动转向日常运作。详见本书第二章。

四、物业管理的日常运作阶段

物业管理的日常运作是物业管理最主要的工作内容，包括日常的综合服务与管理和系统的协调两个基本环节。

（一）日常综合服务与管理

日常综合服务与管理是指用户入住后，物业服务企业在实施物业管理中所做的各项工作。这是物业服务企业最经常、最持久、最基本的工作内容，也是物业管理水平的集中体现。这个工作涉及的方面很多，例如，房屋修缮管理、房屋设备管理、环境卫生管理、绿化管理、治安管理、消防管理、车辆道路管理以及为改善居住与工作环境而进行的配套设施及共用环境的进一步完善等等各项服务工作。

（二）系统的协调

现在我国正处在经济体制的全面转轨、社会的全面转型和人们思想观念的全面转变这一特定的历史时期，物业管理社会化、专业化、市场化的特征，决定了其具有特定的复杂的系统内、外部环境条件。系统内部环境条件主要是物业服务企业与业主、业主大会、业主委员会的相互关系以及业主之间相互关系的协调，这种内部环境是做好物业管理工作的基础。系统外部环境条件是与相关部门，例如，劳动局、工商局、环卫局、园林局、房管局、城管办、街道办事处及居委会等相互关系的协调，以及与相关企业，例如，自来水公司、电力公司、燃气公司等的协调，涉及面相当广泛，外部环境条件是做好物业管理工作的保障。如果缺乏这种系统的内、外部环境的协调，物业管理工作会碰到许多难以想象的困难。

第五节 物业管理与社区管理

一、社区

（一）社区的概念

社区是社会学中的基本概念，最早由德国社会学家雯迪南·腾尼斯（1855～1936年）提出。他在《社区与社会》一书中，从注重分析社会联系或社会结合的纽带性质这一角度出发，把人类群体共同生活的表现形式分为两种类型：社会和社区。社会是建立在目的、利益、契约以及人们保持一定距离基础上的社会共同体。社区则是指在一定地域内发生社会活动和社会关系的具有某些共同意识、利益和行为的人群所组成的社会生活共同体。

后来的学者又提出了很多种社区的定义，这些定义一般都包含四个方面：一是相对独立和稳定的地域；二是一定规模和具有同质性的人口；三是人们之间存在着紧密的社会联系；四是人们有一定程度共性的文化心理和生活方式。

（二）现代城市社区

现代城市社区是一个在时间上和空间上对社区作了进一步限定的概念，是指在现代城市中，具有一定共同利益关系的人们，在同一地域内共同生活的有机体。现代城市社区带有鲜明的都市痕迹，自身具有以下的特点：

1. 地域的开放性和对外部环境的依赖性。现代城市社区在地域上的独立性日趋淡化，因此在社区建设中更加致力于交通、通讯和服务的完善，将社区居民的需要纳入整个社会，对地域的开放性和对外部环境的依赖性不断加强。

2. 人口密度和人口结构的变化。在经历了农村人口向城市聚集的过程后，随着现代经济的发展，人口密度和人口结构产生了新的变化，重新形成适当的密度。在结构方面出现年龄结构老化,单身家庭、孤老家庭增加,因此,对社区功能提出了更高的要求,如开展有针对性的特殊服务等。

3. 社区管理机构的多元化。结合我国体制改革,社区管理机构将从以政府派出机构为单一主体吸引社区内居民参与的模式,向一个由各方代表组成的最高权力协调结构方向转变。社区管理机构的设置方式呈现多元化特点,社区管理也将更加依赖于社会志愿组织,作为一种社会福利事业,依托社会由政府共同协调管理。

4. 居民的归属感、参与感和心理上的认同感增强。过去,我国的社会组织基本上按行政区和行政体系划分,形成了金字塔式的等级机构和管理形式,社区成员较多的是纵向认同,缺少自身发展的兴趣和能力。而现代城市社区以其网络化的结构和管理形式,大大增强了社区成员之间的横向联系,有利于形成主体意识,发挥主动参与的积极性和创造性,居民的归属感、参与感和心理上的认同感逐渐增强。

二、社区管理

社区管理是指城市政府发挥宏观调控和整合作用,构建新型的管理主体多元化的社区组织结构,相互分工合作,共同努力,有目的地影响和规范社区建设和发展,从而实现共同目标的基础性社会管理的过程。

(一)政府行为是社区管理正常运作的基本方面

社区管理既不同于政府行政管理,又不同于居民自治管理,而是国家管理社会生活、群众管理社会生活和社会管理社会生活相互交融的管理形式。政府行为是社区管理的基础。城市政府及其派出机构(通常指社区、街道基层政权组织)具有自下而上形成决策和执行决策的能力,使社区管理有计划地纳入城市管理的进程;同时,在条块之间和单位组织之间,具有最权威的综合协调能力,最能形成社区建设的整合力量,进行立体延伸管理和服务;此外,由于政府掌握着决定社区生存和发展的主要政治力量和经济力量,所以能有效地运用多种手段,准确引导社区建设的方向,限制任何偏离目标的组织行为和个体行为。

(二)社区管理是政府统筹规划下的社会化管理

社区管理就其本质而言,是一种具有自治性的社会管理活动。它体现社区成员的意愿,反映他们的需要,照顾他们的利益并最终依靠他们自身的力量实现社区的全面发展。随着我国市场经济体制的逐步形成,城市社区管理社会化已成为一种必然的趋势。社区管理社会化是指社区管理主体的社会化、多元化,即政府及其派出机构不再是社区中惟一的管理主体,而是逐渐从社区管理的前台退居后台,主要行使统筹规划和宏观调控的职能,主要发挥社区居民和社区组织充分参与社区管理的积极性。

(三)社区管理是专业化分工下的综合性管理

社区管理,如同对一个"小社会"的管理,具有很强的综合性。它的管理内容,不仅包括对整个社区建设和发展的规划和组织,而且包括社区范围内具体事物的专项管理,例如,文教卫生管理、市容秩序管理、市政设施管理、社会治安管理、环境保护管理、计划生育管理、老龄工作和流动人口管理等。它的管理范围和对象不仅包括社区整个范围内的企事业单位、社会团体、集贸市场、专业市场,还包括不同年龄、不同性别、不同文化、不同职业的居民。这说明社区管理工作在地域、行业、人群等方面具有广泛的覆盖性。

以上这些方面的各项工作都应有主管部门、管理目标,具体人员、措施、方法与手段,知识与技能。特别是在现代社区硬件设施日益现代化,人们的服务需求日趋复杂的情况下,社区管理面临的专业化要求越来越高。因此,只有加强社区组织结构中各要素的专业化分工与合作,才能提高综合性管理的水平。

三、社区管理与物业管理的区别和联系

(一)社区管理与物业管理的区别

1. 管理的主体不同。社区管理的主体是政府指导下由社区成员参加的社区管理委员会,也就是由社区范围内的政府组织、企事业单位、社团组织和居民委员会等多方参与、共同管理的多元互助的新型社区组织;而物业管理实行的是业主自治自律与物业服务企业统一专业化管理相结合,其主体是业主(含使用人)和接受业主委托的物业服务企业双方。

2. 性质特点不同。社区管理是城市管理的基础性工作,其中政府行为起着主导作用,带有明显的行政性。而物业管理则是社会化、专业化、市场化的管理,它是在业主或业主委员会的委托下围绕"人的住用环境"而实施的管理,具有明显的市场性。

3. 管理的内容不同。社区管理不仅包括"人的住用环境",还包括"人的社会生活"等更为广泛的内容,如计划生育、婚姻家庭、邻里关系、卫生保

健、商业网点、科技教育、安置就业、扶贫帮困、老龄工作等等。物业管理则围绕“人的住用环境”,以物业为对象、以人为核心开展专业化管理与服务,如各类房屋建筑及附属设备、设施的维修养护,物业环境的治安保卫,消防管理,清洁保洁,污染防治,绿化管理,停车场管理以及相关的围绕家居生活而展开的各项有偿服务。

4. 运行方式不同。社区管理主要以行政管理、互助管理的运行方式来实施管理。社区管理委员会与社区有关单位组织的关系,是一种纵向的组织与被组织、协调与被协调、指导与被指导、监督与被监督的关系。社区有关单位组织之间,则是横向的互助关系、协作关系、相互支持与配合的关系。而物业管理是业主自治管理与专业化物业管理相结合的运行方式,即“共管式”来实施管理。

(二)物业管理与社区管理的联系

1. 物业管理是社区管理的子系统。在社区管理这个统一的整体中包括文教卫生管理、市容秩序管理、市政设施管理、社会治安管理、环境保护管理、计划生育管理、老龄人口管理、流动人口管理、物业管理等等。物业管理是社区管理的子系统,两者自然是整体和部分之间的关系。因此,物业管理离不开社区管理,必须服从社区管理,接受社区管理的指导,从而在社区管理中确定自己的地位。

2. 物业管理和社区管理互为作用和影响。物业管理是社区管理的基础,主要从外部入手,为社区居民创造安全、整洁、舒适、优美、方便的生活和工作环境;社区管理则通过物业管理等多种途径来建设一个“社会安定、经济繁荣、教育普及、环境优美、生活方便、文化体育活动健康丰富”的文明社区,培育良好的社区环境和社区参与意识,为物业管理的正常开展创造条件和提供保障。物业管理和社区管理相互作用、相互影响。

第二章 业主

DI ER ZHANG

物　业　管　理

第一节　业主及业主意识

一、业主

（一）业主的概念

业主是指物业的所有权人，即物业的主人，简称业主。根据我国《物权法》第 39 条的规定，所有权人对自己的不动产依法享有占有、使用、收益和处分的权利。在我国，物业发生转让行为时，相应的建设用地使用权一并转让。因此，业主在拥有物业所有权的同时，还拥有相应的建设用地使用权。《物权法》第 17 条规定，不动产权属证书是权利人享有该不动产物权的证明。因此，在实践中，业主就是房屋所有权证的持有人。

在物业管理中，业主是物业服务企业提供物业服务的对象，是物业管理市场的主体之一。我国 1986 年颁布的《中华人民共和国民法通则》（以下简称《民法通则》）中对财产权仅作出了一些原则性的规定。市场经济越发展，明确财产归属和利用的物权制度就应当越完备。物业管理行业中出现的大量问题涉及物权的基本制度。我国 2007 年颁布的《物权法》对我国的物权制度作出了较为全面的规定，为物业管理行业奠定了法律基础。

目前，与业主相关的法律与规范性文件形成了一个较为完善的体系，主要包括：①法律：《物权法》（中华人民共和国第 62 号主席令公布）；②行政法规：《物业管理条例》（中华人民共和国第 504 号国务院令公布修改稿）（以下简称《条例》）；③建设部规范性文件：《业主大会规程》〔建住房（2003）31 号〕（以下简称《规程》）。

在物业管理活动中，业主活动的依据有：①《业主大会议事规则》（以下简称《议事规则》）；②《管理规约》或《临时管理规约》；③《物业服务合同》或《前期物业服务合同》。

本章以物权理论为基础，深入分析物业管理活动中业主的权利、义务与职责。有关物权制度的基本理论，请见第十五章第一节。

（二）业主的三个层次

《条例》第34条明确规定，一个物业管理区域由一个物业服务企业统一管理。一个物业管理区域可能是一栋单体建筑，也可能是几栋建筑的组合，更常见的是包含了建筑和各种附属设施的一个区域（如住宅小区和大型综合开发项目）。

随着多层、高层住宅的出现，一栋建筑中不同的使用空间被不同的业主购买，这就出现了一种新型的所有权，即建筑物区分所有权。业主不仅拥有自己独立使用的专有部分的所有权，还与其他业主共同拥有共有部分的共有权以及由共有权而带来的共同管理的权利。这是物业管理面临的最普遍的所有权形式。城市的住宅小区和部分商业物业（如商场和写字楼）都属于此类。《物权法》第六章对业主的建筑物区分所有权制度作出了基本规定。

在区分所有的物业管理区域中，业主被分为三个层次：单个业主、业主大会和业主委员会。这三个层次均属于业主的范畴，但这三个层次在物业管理的具体运作中所处的地位和作用是不一样的，所具有的权力也是完全不同的。

1. 单个业主。单个业主即专有部分的所有权人，可以是自然人，也可以是法人，如某单位或某企业。

2. 业主大会。一个物业管理区域内全体区分所有权人之和就是全体业主，业主大会是其一种组织形式。业主大会不是会议，而是一个组织。需要注意的是，在有关物业管理的法律、法规中，一般不讲多数业主或大多数业主，而是突出全体业主。在业主大会的具体运作中，强调业主大会的决议，而不是多数或大多数业主的意见。这其中的区别值得大家思考。

3. 业主委员会。由于业主大会不能经常召开，不便进行具体的日常工作，需要设立一个常设机构——业主委员会。业主委员会应经业主大会从业主中选举产生，是业主大会的执行机构，向业主大会负责。

（三）物业的使用人

除了业主以外，物业的使用人（以下均简称使用人）是指不拥有物业的所有权但通过某种形式获得物业使用权并实际使用物业的人。包括两大类：一是与业主共同居住的亲友；二是物业的租户。使用人没有对物业的最终处分权，例如，对物业的买卖和处置。

租户通过与业主签订租赁合同获得了物业的使用和收益权，以及其他双方约定赋予租户的权利。虽然租赁具有某些物权的性质，但租赁并不是物权。《中华人民共和国合同法》（以下简称《合同法》）第十三章对租赁合同以及双方的权利义务作出了一般性的规定。对于租户在物业管理活动中享有的权利和义务，在管理规约和租赁合同中应当作出明确规定。

使用人和业主在物业管理活动中拥有权利上的最大区别就是使用人不具有在业主大会上的投票权。

在物业管理活动中，使用人也是物业服务企业服务的对象，也享有相应的权利，承担相应的义务。《条例》第15条要求，业主委员会应及时了解业主和使用人的意见和建议；《条例》第49条规定，政府主管部门应处理使用人的投诉；《条例》第42条规定，业主可以与使用人约定物业服务费用的交纳者，但业主负连带交纳责任。

二、业主应具备的三种意识

市场经济必须有成熟理性的主体才能运转。在物业管理中，一个成熟理性的业主应具备三种意识，即权利意识、自治意识和自律意识。这三种意识浓缩了业主在物业管理过程中的权利和义务，是业主获取和保障应得利益、规范和约束自身行为、监督和配合物业服务企业的基础。

（一）权利意识

权利意识并不单指有何权利。权利与义务并存，权利的行使与维护应通过适当的途径。权利意识有四层含义，即有何权利、在享受权利的同时应履行的相应义务、权利如何行使、怎样维护权利。

1. 有何权利。如前所述，业主、业主大会、业主委员会这三个层次在物业管理的具体运作中所具有的权利是不同的。《物权法》第六章、《条例》第二章和《规程》，对此都作出了具体阐述与规定。业主大会、业主委员会的权利、义务统称职责，详见本章第二节、第三节。本节只对单个业主的权利、义务作详细介绍和论述。

对于单个业主来说，首先要了解建筑物区分所有权的基本内容，了解自己所拥有的专有部分和共有部分的含义和内容。“家”并不只是自己开门进去的那个空间，还包括了整个物业管理区域。其次，要了解单个业主、业主大会和业主委员会权利、义务的内容和差别。这些内容主要出自《物权法》第六章、《条例》第二章和《规程》。

物业管理主要涉及业主对共有部分的权利，单个业主在物业管理中的权利在物权理论上称为成员权，即整体中的一员。单个业主所拥有的成员权，可以细分为知情权、参与权、选择权和监督权。其中，知情权是基础，参与权是前提，选择权是关键，监督权是保障。

(1)知情权。知情权是法律赋予每个人的基本权利之一，是一种民主性权利，属于个人权。在物业管理的实施运作中，知情权是每个业主正确行使和维护自身权利的基础，也是广大业主制约开发商、物业服务企业的一项重要权利。从这个意义上讲，对业主知情权的重视与否是开发商、物业服务企业是否重视业主和是否掌握物业管理基本理念的试金石。

知情权的客体是各种信息。在物业管理中，业主的知情权主要包括以下三方面：

①对物业自身状况的知情。任何物业都是以物质实体存在的。物业的自身状况，包括规划设计条件及其变更，前期各种手续、证书的办理情况，建设质量及进度，共用部位、共用设施设备配置情况及其产权性质，装饰装修情况等等，开发商和物业服务企业都应实事求是，详细、详尽地向业主公示，使之知晓，尤其是建设过程中的某些设计变更、交付时间的拖延，存在问题的整改措施、期限及相应的责任界定和赔偿标准等等更为重要。为此，政府先后制定了一系列相应规定。

②对物业管理主体的知情。物业管理主体包括：受聘的物业服务企业和全体业主、业主大会及业主委员会。

首先，开发商售房时应将前期选聘物业服务企业的过程、中标企业、收费标准、管理方案和措施以及质量标准等向购房人公示；其次，中标的物业服务企业应将物业管理实施中的各种问题向业主汇报，听取意见，如各项管理规章的制定、定期公布账目、对住用人意见的反馈及整改情况，以便接受业主监督。

业主委员会应随时将工作情况向业主大会即全体业主汇报，尤其是发生问题、矛盾和纠纷时的相关信息、处理情况等。

③对物业管理的知情。这是指业主自身对物业管理的了解。作为一个业主,应该对物业管理相关的法律法规有所了解。否则,单个业主在具体问题的判断上会受到自己的经验、感觉和是非标准的影响,给妥善解决问题带来一些不必要的麻烦,会增加问题处理的难度。当然,不可能要求每一位业主都成为物业管理方面的专家,但最基本的法规需要了解。业主要加强自身的学习,加强对物业管理的了解,才能更好地行使和维护自己的正当权益。

(2)参与权。参与权是每个业主实现自身权利的前提。在物业管理中,每个业主的自身利益又是和其他业主的利益、全体业主的共同利益紧密联系在一起的。其中,既有全体业主一致的利益,也有不同业主之间相互交叉、并不完全一致甚至相对立的利益。而物业管理的实施,一方面要求全体业主有一个共同遵守的行为准则和规范;同时,在一些基本问题上(如物业费的多少)要达成共识,用一个声音与物业服务企业对话。这个一致的意见,只能也必须通过民主的途径来达到。因此,物业管理没有全体业主主动、积极的参与是不可能的。参与权既是一种权利,也是一种义务。

每个业主都应该关心物业管理,积极参加业主大会,发表自己的意见。如果业主都不积极参与,参与权也就形同虚设。《物权法》、《条例》及相关法规都规定了物业管理中重大问题的解决方案需要专有部分占建筑物总面积2/3以上的业主且占总人数2/3以上的业主同意才能通过。如果有效的投票率只有50%,即使与会的业主都投了赞成票,支持率也不能达到规定要求,议题永远达不成有效协议,最终受损的还是业主自己。因此,业主要增强参与的自觉性、主动性、积极性,为小区的建设和管理尽自己的义务。

(3)选择权。选择权是每个业主在参与的前提下表达个人意见最基本、最重要的途径,是业主实现自身权利的关键。选择权是基于公共选择理论而产生的(见第十五章第二节),就是通常所说的表决权、投票权和选举权。

由业主行使选择权的内容,主要是有关共有部分的使用、收益和处分的问题,主要包括5个方面:①《议事规则》的制定;②《管理规约》的制定;③业主委员会的选举;④物业服务企业的选聘;⑤专项维修资金的使用与管理。

应注意的是,《物权法》第77条赋予了业主对住宅用途转变的一部分决定权。对于住宅用途的转变,不仅要取得政府部门的许可,还要遵守管理规约和取得有利害关系的业主同意。

(4)监督权。监督权是业主实现和维护自身权利的保障。监督权的内涵十分丰富,主要包括:对物业服务企业日常工作的监督、对物业使用情况的监督、对业主委员会及业主大会工作情况的监督、对他人的监督以及他人对你的监督。监督权实际上是双向的,你有监督别人的权利,别人也有监督你的权利。监督权具体表现为业主具有评议、批评、建议、表扬和投诉的权利。行使监督权,重点是维权。

知情权、参与权、选择权和监督权构成了单个业主在物业管理中的基本权利。正确认识和行使这4项权利,不仅对搞好物业管理起到积极的作用,而且对促进我国民主化的进程及和谐社会的建设都将有重大意义。

2. 与权利对应的义务。权利和义务就好像一枚硬币的两面,永远是并存的。业主拥有所有权各项权能的同时,也必须承担相应的义务。对于不动产来说,所有权人应承担的义务主要体现在两个方面:

(1)履行管理不动产的义务。对于专有部分,业主自行承担所有的管理义务。对于共有部分,由所有业主共同承担管理义务。《物权法》第72条明确规定,业主对共有部分不得以放弃权利不履行义务。也就是说,物业管理的责任在业主。对于共有部分的管理,单个业主需承担的义务主要体现在承担管理费用。具体的管理工作,由于其专业性较强,对组织实施具体管理的要求较高,通常委托专业的物业服务企业来进行。

单个业主承担的共有部分的管理义务是与共有权相对应的。基于这一原则可以得到两个推论:第一,管理费用的分摊,有约定的,按照约定;没有约定或者约定不明确的,按照业主专有部分占建筑物总面积的比例确定(《物权法》第80条)。第二,业主承担管理费用的义务,决定于所有权的归属,而不决定于业主是否实际使用不动产。比如,业主购置房地产后,即使不使用也应缴纳各项管理费用;又比如,电梯养护费用的分摊对象,应是所有对该电梯享有共有权的业主,而不是实际使用人。

业主应当承担的管理费用包括两大类:一是日常管理费用,也就是通常所说的物业服务费所包含的共有部分日常养护、小修,公共环境管理、公共秩序管理、档案管理等费用;二是专项维修资金,用于共有部分的大中修、更新改造,这部分资金的管理政府制定了专门的管理制度。

(2)承担因不动产造成的损失和各种风险。在拥有所有权的同时,业主就应承担不动产可能造成的损失。《民法通则》第126条规定："建筑物或者其他设施以及建筑物上的搁置物、悬挂物发生倒塌、脱落、坠落造成他人伤害的，它的所有人或者管理人应当承担民事责任，但能够证明自己没有过错的除外。"

所有权的获得还意味着风险的转移。业主在取得所有权之后，因为火灾等各种不可抗力造成的不动产损失风险就自然应由业主承担。在管理实践中，风险承担实际上就意味着费用的承担。在不动产买卖合同中，也应该明确风险的转移是以登记为标志还是以交付为标志。

3. 权利如何行使。单个业主对物业管理的参与权除行使选择权外，还可以通过直接向物业服务企业提出意见、批评，询问、了解情况，或者向业主委员会和政府主管部门反映问题等正当途径行使，而不能以一些不恰当的方法行使。从本质上讲，业主应通过民主的途径行使自己的权利。在物业管理活动中，业主大会、业主委员会是民主的主要载体和组织形式，应成为单个业主行使权利的主要途径。否则，如果每个业主都面向物业服务企业单独主张自己的权利，则物业服务企业的正常工作秩序必然受到影响，最终影响到业主和物业服务企业双方的利益。例如，在实行酬金制的物业管理中，业主拥有了解物业服务支出使用情况的权利，但这种权利必须通过制度化的渠道来行使，如由物业服务企业定期公布支出情况，聘请专业机构进行审计等，如果每个业主都以知情权为理由，随意要求清查物业服务企业的账目，则物业服务企业的正常工作秩序必然无法保证。

4. 权利怎样维护。业主可以通过各种途径和办法来维护和保障自身权利，无论哪种途径和办法，其前提必须是合法的。

业主维权主要有4个层次的依据：①相应的法律、法规和规范性文件；②业主大会议事规则和管理规约；③物业服务合同；④公序良俗，即道德层面的原则。前三点是硬性的，第四点是软性的。

维权的核心是要做到理性维权。物业管理活动中难免会产生各种问题、矛盾和纠纷。这些问题、矛盾和纠纷的性质是不同的，分为违法、违约和违德（即道德层面）三个层次。理性维权的第一步是要分清问题的性质。第二步首先是依据问题的性质和所带来的损失大小采取相应的维权行为，通常来说首先是双方协商；其次是请人（包括政府行政部门）调解；最后是仲裁或法律诉讼（两者只选其一）。要注意不要采取过激的不理性的途径和手段，过激的行为只能激化矛盾，不利于问题的解决。

进行维权时，还要注意是谁的问题，该谁负责，向谁维权。物业管理活动中的纠纷通常涉及三个层面的问题：

(1)业主和开发商(建设单位)的矛盾。比如，住宅小区的配套设施不到位、房屋质量存在瑕疵等。这些问题，本质上与物业服务企业无关。物业服务企业可以也应该帮助业主协调，但不能要求物业服务企业承担应由开发商承担的责任。

(2)业主和物业服务企业的矛盾。这主要体现在有关物业服务合同的纠纷上，比如，物业服务标准、质量和收费标准的争议等。由于物业服务合同是物业服务企业与业主大会签订的合同，是对群体统一提供的服务，单个业主的意见应该通过业主大会来反映，不应将个人意见凌驾于群体意见之上。

由于物业服务在一个物业管理区域内具有公共产品的属性，[①]客观上使得单个业主即使不交费也能够享受物业服务。因此，有些业主就会认为不交物业服务费是维护自身权利的方式。实际上，不交物业服务费的业主是在免费享受其他交费业主所购买的服务，相当于侵犯其他业主的合法权益。因此，《物权法》第 83 条明确规定，“拒付物业费”是损害他人合法权益的行为之一。

(3)业主之间的矛盾。随着物业管理各项法律制度的完善，物业管理中的矛盾越来越多地体现为业主之间的矛盾，比如，违章搭建、侵占通道等违法违规占用共有部分的矛盾，违规饲养宠物或排放噪音等影响他人使用物业的矛盾等。此类矛盾，首先应该由业主大会和业主委员会出面解决，因为业主大会是代表全体业主利益的组织。《物权法》第 83 条明确规定，业主大会和业主委员会对损害他人合法权益的行为，有权依照法律、法规以及管理规约，要求行为人停止侵害、消除危险、排除妨害、赔偿损失。

《条例》第 46 条规定，对物业管理区域内违反有关治安、环保、物业装饰装修和使用等方面的法律、法规规定的行为，物业服务企业应当制止，并及时向有关行政管理部门报告。业主大会也可以在《管理规约》和物业服务合同中，授予物业服务企业对违规行为的劝阻、制止等适当的管理权力。当然，《物权法》第 78 条也明确规定，业主大会或者业主委员会作出的决定侵害业主合法权益的，受侵害的业主可以请求人民法院予以撤销。同理，

① 相关理论参见第十五章第二节。

物业服务企业也应通过法律的途径维护自己的权利，比如，前面提到的对于逾期不缴纳物业服务费的业主，在通过业主委员会督促后仍不缴纳的，物业服务企业可以向人民法院起诉，而不应采取其他不合法的途径。

（二）自治意识

“自治”即自己治理。在建筑物区分所有权的情况下，业主自治主要指业主对共有部分共同管理的权利，共同管理权利的核心是决策权，也就是说，物业管理的责任在业主。

业主自治，是通过业主的参与并行使自己的选择权，即在业主大会上的投票权这一民主途径来实现的。需要说明并强调的是，选择权有三层含义：

1. 表达自己的选择。当某个问题有若干种选择时，通过投票明确表明你的意愿、你的选择。这一点是大家都熟悉的。

2. 少数服从多数。某个问题一旦达不成共识就需要投票决定。此时，应遵守“少数服从多数”的规则。“少数服从多数”是民主的、基本的、重要的原则之一。其含义：一是以多数人的意见为全体人员的意见；二是少数人的“服从”，也就是说，一旦我投票了，就意味着我应该并愿意遵守并服从多数人的选择，即使我投的是反对票。这两点，尤其是第二点，是许多人未认真理解、领会的。

3. 承担选择的代价。民主的选择一旦有了结果，无论好与坏、对与错，所有有选择权的人除了应服从这个选择外，还要共同承担这个选择所带来的结果，包括为错误或不当的选择日后所付出的代价。需要特别强调的是，多数人的选择并不一定就是正确的，或是最佳的选择。

在物业管理活动中，不是所有的问题都以对错为标准衡量。如某小区选聘新的物业服务企业，少数业主认为 A 公司虽然收费较低，但服务水平也较差；相比而言，B 公司收费高了一些，但信誉好，服务水平高，与小区的档次相符。如果大部分业主注重的是收费价格，A 公司更有可能中标。这些少数业主可以说服其他业主，让别人接纳自己的观点，但如果最终多数人选择 A 公司，少数业主必须服从。至于最后的选择是否正确，日后自有评判。

选择权及其使用还要注意如何避免“多数人的暴政”，即法律赋予每个人的最基本的人权是不受多数人的意志所左右的。在物业管理中，要分清问题的性质，把握好哪些问题需要共同决定，哪些问题是不需要讨论的。

本书第十五章第二节对选择权的基本理论——公共选择理论进行了介绍。

（三）自律意识

业主的自律意识是实现业主自治和业主权利的保证。自律意识主要包括两个方面：一是增强法律意识；二是提高公众意识。自律意识的核心思想是没有无限制的权利。没有约束，也就无所谓自由。业主作为物业消费者，要通过自身素质的培养，使自己成为一个“成熟的消费者”。

虽然物权是一种对世权，但任何一种权利都受到限制。随着现代社会的发展，各国法律都普遍认为，所有权的行使必须以社会公共利益和他人利益为限制，如果让个人利益凌驾于整体之上，社会必然难以和谐发展。《物权法》第7条规定，物权的行使不得损害公共利益和他人合法利益。《物权法》第83条规定，业主应当遵守法律、法规以及管理规约。这实际上就是所有权限制的两大来源。法律、法规主要体现公共利益对所有权的限制，即法律意识；管理规约主要体现私人利益对所有权的限制，即公众意识。

1. 法律法规对所有权的限制。从宏观角度来看，城市规划对土地和建筑物用途、容积率等各方面的规定，对不动产交易的各种限制，国家对于不动产的征收和征用等等，都是出于社会公共利益而对所有权进行的限制。从物权角度来看，用益物权（如地役权）和担保物权（如抵押权）的设定，也都对所有权人的权利构成了限制。

在物业管理活动中，法定的所有权限制主要有：

（1）相邻关系。《物权法》第7章专门对相邻关系进行了规定，业主要为相邻业主在用水、排水、通行、建造、修缮、通风、采光等方面提供必要的便利；同时，不能随意排放污染物或者因自己的活动危及相邻不动产的安全。

在具体的物业管理活动中，相邻关系主要体现在对建筑装饰装修的管理，对共有部分的使用，以及对于养护、维修活动应提供必要的便利（如进入专有部分）上。

（2）紧急避险。在物业管理活动中，有时因为需要紧急维修，或者处理火灾等突发事件，必须要进入业主专有部分，甚至会对业主专有部分造成一定破坏，这属于紧急避险活动，业主不能以所有权为由拒绝或阻挠。

《民法通则》第128条规定：“因紧急避险造成损害的，由引起险情发生的人承担民事责任。如果危险是由自然原因引起的，紧急避险人不承担民事责任或者承担相当的民事责任。因紧急避险采取措施不当或者超过必要的限度，造成不应有的损害的，紧急避险人应当承担相应的民事责任。”

建设部颁布的《业主临时公约(示范文本)》(现称《临时管理规约》)第22条也有相应的约定:"发生危及公共利益或其他业主合法权益的紧急情况,必须及时进入物业专有部分进行维修养护但无法通知相关业主的,物业服务企业可向相邻业主说明情况,在第三方(如所在地居委会或派出所)的监督下,进入相关业主的物业专有部分进行维修养护,事后应及时通知相关业主并做好善后工作。"

2. 管理规约对所有权的限制。在不违反法律法规的前提下,全体业主可以根据实际情况,通过管理规约对共有部分的使用作出限制,只要经业主大会通过,就对全体业主具有约束力。这实际就是在特定的物业管理区域内,对所有权行使的限制,比如,宠物的活动区域等。《物权法》第83条规定,对于违反管理规约的行为,业主大会和业主委员会有权依照管理规约,要求行为人停止侵害、消除危险、排除妨害、赔偿损失。

第二节 业主大会

一、业主大会的性质与职责

(一)业主大会的性质

《物权法》第75条规定:业主可以设立业主大会。

业主大会是由物业管理区域内全体业主组成,只有一个业主,或者业主人数较少且经全体业主同意,决定不成立业主大会的,由业主共同履行业主大会、业主委员会职责。

业主大会是物业管理区域内物业管理的最高权力机构,是物业管理的决策机构,代表和维护物业管理区域内全体业主在物业管理活动中的合法权益。业主大会的决定对全体业主和物业使用人具有约束力。

(二)业主大会的职责

《物权法》第76条规定了由业主共同决定的事项,这就是业主大会的职责:

1. 制定和修改业主大会议事规则。

2. 制定和修改建筑物及其附属设施的管理规约。

3. 选举业主委员会或者更换业主委员会成员。

4. 选聘和解聘物业服务企业或者其他管理人。

5. 筹集和使用建筑物及其附属设施的维修资金。

6. 改建、重建建筑物及其附属设施。

7. 有关共有和共同管理权利的其他重大事项。

其中第7款“有关共有和共同管理权利的其他重大事项”的具体内容就要由业主大会来决定，并在《议事规则》中说明。

《物权法》第83条还规定，业主大会和业主委员会对任意弃置垃圾、排放污染物或者噪声、违反规定饲养动物、违章搭建、侵占通道、拒付物业费等损害他人合法权益的行为，有权依照法律、法规以及管理规约，要求行为人停止侵害、消除危险、排除妨害、赔偿损失。这一规定进一步保障了业主大会维护业主公共利益的权力。

业主大会的权力，其本质是所有权的体现。业主大会能够决定事项的范围仅限于与所有权相关的事项，即物业管理区域内与物业管理活动相关的事项。《条例》第19条明确指出，业主大会、业主委员会应当依法履行职责，不得作出与物业管理无关的决定，不得从事与物业管理无关的活动。

《规程》第32条规定，因物业管理区域发生变更等原因导致业主大会解散的，在解散前，业主大会、业主委员会应当在区、县人民政府房地产行政主管部门和街道办事处（乡镇人民政府）的指导监督下，做好业主共同财产的清算工作。

二、业主大会的成立和业主大会会议

（一）业主大会的成立

《规程》第3条规定，业主大会自首次业主大会会议召开之日起成立。

1. 业主大会成立的时间。业主大会成立的时间在《物权法》、《条例》和《规程》中没有明确规定，各地有一些具体的规定。

原北京市国土房管局的规范性文件《北京市贯彻〈物业管理条例〉的若干意见》（京国土房管物〔2004〕338号）中规定：新建和已建成的商品房（包括经济适用房）入住率超过50%的或入住率不足50%但首户入住已满两年的物业管理区域；公有住房出售率超过50%的物业管理区域，应当尽快组织召开首次业主大会会议，成立业主大会，选举产生业主委员会。分期建设住宅物业的相对独立区域，也可参照本意见成立业主大会。

上海市的地方性法规《上海市住宅物业管理规定》（上海市人民代表大会常务委员会公告第40号公布）中规定：一个物业管理区域内，房屋出售并交付使用的建筑面积达到50%以上,或者首套房屋出售并交付使用已满两年的,应当召开首次业主大会会议,成立业主大会。

2. 业主大会成立的指导。业主大会的成立不仅是业主自己的事,也关系到城市社区管理的公共事务。所以《物权法》第 75 条规定,地方人民政府有关部门应当对设立业主大会和选举业主委员会给予指导和协助。

《条例》第 10 条规定得更为具体:同一个物业管理区域内的业主,应当在物业所在地的区、县人民政府房地产行政主管部门或者街道办事处、乡镇人民政府的指导下成立业主大会,并选举产生业主委员会。

3. 业主大会成立的流程。业主大会成立的流程在《规程》中有明确规定。首先在物业所在地的区、县人民政府房地产行政主管部门和街道办事处、乡镇人民政府的指导下,由业主代表、建设单位(包括公有住房出售单位)组成业主大会筹备组(以下简称筹备组),负责业主大会的筹备工作。筹备组成员名单确定后,以书面形式在物业管理区域内公告。

筹备组主要做好下列 4 项筹备工作:①确定首次业主大会会议召开的时间、地点、形式和内容;②参照政府主管部门制定的示范文本,拟定《议事规则》(草案)和《管理规约》(草案);③确认业主身份,确定业主在首次业主大会会议上的投票权数;④确定业主委员会委员候选人产生办法及名单。这些内容应当在首次业主大会会议召开 15 日前以书面形式在物业管理区域内公告。

在筹备组成立之日起 30 日内召开首次业主大会会议。

(二)业主大会会议的类型

《条例》第 13 条规定,业主大会会议分为定期会议和临时会议。由于首次业主大会会议与其他业主大会会议无论从会议准备和会议的意义上都有很大的差别,应单独提出。所以,业主大会会议分为首次业主大会会议、定期会议和临时会议三种。

1. 首次业主大会会议。首次业主大会会议最重要的内容有:①表决通过今后物业管理活动中两个最重要的文件,即《议事规则》和《管理规约》;②选举产生一个重要的机构——业主委员会;③作出一个重要决定,即对原物业服务企业是续聘还是另行招聘。

业主委员会选举产生后,筹备组应将筹备过程中的相应文件材料移交给业主委员会,与业主委员会进行交接,至此,筹备组即完成了它的使命。

首次业主大会会议通过《议事规则》后,定期会议和临时会议的运作方式就由《议事规则》来决定。

2. 定期会议。业主大会定期会议应当按照《议事规则》由业主委员会组织召开，一般每年度召开一次。

定期会议的内容就是物业管理活动中应当由业主共同决定的事项。其具体内容根据相关法律法规和首次业主大会的决议，在业主大会议事规则中明确。主要内容有：①听取业主委员会的年度工作报告；②《议事规则》、《管理规约》、《业主委员会章程》等文件的修订；③决定物业服务企业的选聘、续聘与改聘；④决定专项维修资金使用、续筹方案；⑤业主委员会的换届选举与委员的增减；⑥决定有关业主共同利益的其他事项。

3. 临时会议。《条例》第13条规定，经20%以上的业主提议，业主委员会应当组织召开业主大会临时会议。《规程》第12条进一步细化了业主大会临时会议召开的条件：①20%以上业主提议的；②发生重大事故或者紧急事件需要及时处理的；③《议事规则》或者管理规约规定的其他情况。

在以上规定中，没有明确说明“20%”是指专有部分占建筑物总面积的20%，还是业主人数占总人数的20%，还是必须同时满足两个20%。具体的执行标准应在《议事规则》中规定。

临时会议的会议内容由召开临时会议的原因和目的确定，一般是一事一议。

业主大会会议应当有物业管理区域内持有1/2以上投票权的业主参加方为有效。为尽可能保证全体业主了解业主大会会议的时间和内容，业主委员会应当在业主大会会议召开15日前将通知及有关材料以书面形式在物业管理区域内公告。

需要注意的是，住宅小区的业主大会会议，应当同时告知相关的居民委员会。业主大会会议不得作出与物业管理无关的决定，不得从事与物业管理无关的活动。业主大会的决定不得与宪法、法律、法规和政策相抵触。违反此规定，物业所在地的区、县人民政府房地产行政主管部门应当责令限期改正或者撤销其决定，并通告全体业主。

（三）业主大会会议的形式

1. 集体讨论与书面征求意见。《条例》第12条规定，业主大会会议可以采用集体讨论的形式，也可以采用书面征求意见的形式；但是，应当有物业管理区域内专有部分占建筑物总面积过半数的业主且占总人数过半数的业主参加。

集体讨论和书面征求意见两种方式各有利弊。集体讨论的会议可以让业主进行充分陈述和深入讨论，更容易形成相互之间都比较理解和接受的决定，但是组织集体讨论需要场地和各业主统一的时间，成本较高；书面征求意见工作难度小，成本低，但由于缺少交流，往往容易出现有些业主对业主大会会议形成的决定不能理解和接受，导致很难积极执行会议的决定。具体的会议形式或确定会议形式的原则应在《议事规则》中规定，以便于业主委员会根据具体情况确定会议形式。

2. 全体大会和代表大会。采用集体讨论形式的，可以召开全体大会或代表大会。当物业管理区域内业主数量较多时，从节约会议成本角度考虑，一般召开业主代表大会。

如果业主大会会议采用代表会议的形式，则业主代表的投票权限也有两种方式：一种是全权代表其所代表的业主行使投票权，则业主代表相当于所代表的业主的代理人；另一种是业主代表仅能行使自己原有的投票权，则业主代表仅是所代表的业主的联系人。由于物业管理活动直接关系到每一位业主的生活质量，业主大会会议将对物业管理活动的重要事项作出决定。而投票权是每一个业主基本的权利义务，因此采取第二种方式可能更为合适。

《业主大会规程》中对代表权限明确定为上述第二种方式，其第 16 条规定：物业管理区域内业主人数较多的，可以幢、单元、楼层等为单位，推选一名业主代表参加业主大会会议。推选业主代表参加业主大会会议的，业主代表应当于参加业主大会会议 3 日前，就业主大会会议拟讨论的事项书面征求其所代表的业主意见，凡需投票表决的，业主的赞同、反对及弃权的具体票数经本人签字后，由业主代表在业主大会投票时如实反映。业主代表因故不能参加业主大会会议的，其所代表的业主可以另外推选一名业主代表参加。

在实际操作中，为尽可能减少会议决议的争议和降低业主投票的成本，可以考虑采取变通的方式，让业主代表在一般事项上具有代表业主投票的权利，而在决定重大事项时，业主代表仅仅是联系人，他只能在投票时如实反映业主意见。一般事项和重大事项的确定由《议事规则》进行规定。比如，可以把制定和修改管理规约、业主大会议事规则，选聘、解聘物业服务企业，专项维修资金的使用，续筹方案的决定等事项规定为重大事项，其他事项规定为一般事项。

第三节　业主委员会

一、业主委员会的性质、职责和管理

（一）业主委员会的性质

业主委员会由业主大会选举产生。现有的法律、法规对业主委员会的法人性质未作出明确规定。从其工作性质来看，业主委员会是业主大会的执行机构，它的权力来源于业主大会的授权。业主大会和业主委员会并存，业主决策机构和执行机构分离，业主委员会向业主大会负责。

业主委员会的宗旨是代表本物业的合法权益，实行业主自治与专业化管理相结合的管理体制，保障物业合理、安全地使用，维护本物业的公共秩序，创造整洁、优美、安全、舒适、文明、和谐的生活和工作环境。

实行业主自治和专业化管理相结合就要不断协调人与人、人与物之间的关系，解决出现的问题，调整相互间的矛盾。当产权人由国家或单位体现时，靠行政手段管理；而当产权多元化后，就应在法律的保证下，依靠全体业主共同进行管理。业主大会、业主委员会就是业主自治的行之有效的一种形式。

业主大会、业主委员会不仅是业主参与民主管理的组织形式，从根本上讲，还是业主实现民主管理的组织形式。从社会发展、社会进步的更高更深的层次上看，通过业主大会、业主委员会而实现的业主自治是人民群众维护自身利益、自我教育的实践形式与实践活动，是社会民主管理的基础，它必将推动整个社会的民主进程，全面促进社会管理、城市管理的现代化、民主化。只有全面深刻地认识业主委员会的地位，才能使我们更好地研究和加强业主委员会的建设，发挥其应有的作用，促进物业管理的发展。

（二）业主委员会的基本职责与具体工作内容

在《物权法》、《条例》和《规程》中，对业主委员会的基本职责作出了原则规定；在各地的地方法规和规范性文件中，对业主委员会也有一些更具体的规定。但从本质上来说，业主委员会的职责是由业主大会授予的，其具体工作内容应该由全体业主决定，在业主大会《议事规则》和《管理规约》中给予明确。

1. 业主委员会的基本职责。业主委员会是业主大会的执行机构，在业主大会的授权下开展工作,向业主大会负责并报告工作。《条例》规定业主委员会履行下列职责:①召集业主大会会议,报告物业管理的实施情况;②代表业主与业主大会选聘的物业服务企业签订物业服务合同;③及时了解业主、物业使用人的意见和建议,监督和协助物业服务企业履行物业服务合同;④监督管理规约的实施;⑤业主大会赋予的其他职责。

2. 业主委员会的具体工作内容。业主大会、业主委员会是应物业管理活动的需要而产生的民主自治组织。因此,其活动和工作内容仅限于物业管理区域内与物业管理有关的各类事项,不得作出与物业管理无关的决定,不得从事与物业管理无关的活动。

根据业主委员会的基本职责,其日常的具体工作主要有以下几项:

(1)负责召集、组织业主大会。业主委员会作为业主大会会议的召集人,应于会议召开15日以前通知全体业主,并告知相关的居民委员会;在业主大会会议召开时,作好书面记录并存档;业主大会、业主委员会作出的决定应当以书面形式在物业管理区域内及时公告。

由于业主大会是物业管理活动中的决策机构,它的决定对物业管理活动将产生重大影响,因此,业主大会的会议记录和各项决定应当作为物业管理活动中的重要文件加以保存。

业主委员会任期届满前2个月,业主委员会应召开业主大会会议进行业主委员会的换届选举。原业主委员会应当在其任期届满之日起10日内,将其保管的档案资料、印章及其他属于业主大会所有的财物移交新一届业主委员会,并做好交接手续。

(2)代表全体业主选聘物业服务企业、完成交接。物业服务企业的选聘(不含前期物业管理服务)是全体业主共同的责任。但在实际运作时,是业主委员会代表全体业主主持招投标,与选聘的物业服务企业签订物业服务合同,并监督和协助新、旧物业服务企业的交接工作。对此,《条例》作出了明确规定,物业服务企业承接物业时,应当与业主委员会办理物业验收手续。业主委员会应当向物业服务企业移交资料。物业服务合同终止时,物业服务企业应当将物业管理用房和资料交还给业主委员会。

(3)监督和协助物业服务企业。业主委员会应定期和不定期地通过多种形式(如开座谈会、发放调查问卷、个别征求意见等)广泛收集业主、物业使用人的意见和建议,特别是意见较多的住用人的意见和引起住用人普遍抵制、反对的物业服务企业的一些决定和做法。及时向物业服务企业反映、沟通，要求并监督物业服务企业改正工作中的不足，改善和提高工作质量。对物业服务企业确需临时占用、挖掘道路、场地的，应当征得业主委员会的同意。与此同时，业主委员会也应协助物业服务企业做好物业服务工作，这主要是要求全体住用人自觉遵守管理规约，在接受和享受物业服务企业提供的物业服务的同时，也要支持、服从其正当的管理，尊重、关心、体谅物业服务企业的员工等等。

(4)监督管理规约的实施。管理规约是全体业主为维护其共同利益而制定的。因此，对全体业主和物业使用人具有同等的约束力。但在实践中，不同业主和物业使用人往往会有不同的利益诉求，彼此之间难免会产生矛盾、发生冲突，此时，业主委员会就应积极做好调解工作，引导广大住用人自觉遵守管理规约。

《物权法》规定，业主大会和业主委员会，对任意弃置垃圾、排放污染物或者噪声、违反规定饲养动物、违章搭建、侵占通道、拒付物业费等损害他人合法权益的行为，有权依照法律、法规以及管理规约，要求行为人停止侵害、消除危险、排除妨害、赔偿损失。

《条例》第51条规定，因维修物业或者公共利益，业主确需临时占用、挖掘道路、场地的，应当征得业主委员会和物业服务企业的同意。

特别需要提出的是个别业主拒付物业费的问题。从本质上讲，物业费是属于全体业主的(AA制)，个别人的欠费侵害的是全体业主的共同利益。从物业服务合同的签订来看，甲方是业主委员会代表的全体业主，物业服务费是按全体业主的专有部分面积分摊计算的。因此，《条例》第67条明确规定，违反物业服务合同约定，业主逾期不缴纳物业服务费用的，业主委员会应当督促其限期缴纳；逾期仍不缴纳的，物业服务企业可以向人民法院起诉。这就把追讨欠缴的物业服务费的第一责任人定为代表全体业主利益的业主委员会。

(5)做好与有关部门的配合。《条例》规定，业主委员会应当配合公安机关，与居民委员会相互协作，共同做好维护物业管理区域内的社会治安等相关工作。在物业管理区域内，应当积极配合相关居民委员会依法履行自治管理职责，支持居民委员会开展工作，并接受其指导和监督。住宅小区的业主委员会作出的决定，应当告知相关的居民委员会，并认真听取居民委员会的建议。

在上述5方面的工作中，第(3)、(4)项是业主委员会的日常工作，是业主委员会工作的重点、难点，需要认真研究、对待。

（三）对业主委员会的监管

对业主委员会的监管（即管理和监督），同样是业主自治的内容。对业主委员会的监管主要来自两个方面：首先是全体业主、业主大会的监管；其次是政府相关部门（主要有房地产行政主管部门、民政部门、公安部门等）和司法部门的监管。

对业主委员会的监管具体体现在 3 个方面：

1. 对业主委员会成员的监管。这是指业主委员会成员应具备的条件和罢免条件。见本节有关“业主委员会的组成”。

2. 对业主委员会机构的监管。这里包括业主委员会的备案和换届。《条例》第 16 条规定，业主委员会应当自选举产生之日起 30 日内，向物业所在地的区、县人民政府房地产行政主管部门和街道办事处、乡镇人民政府备案。《规程》第 28 条规定，业主委员会任期届满 2 个月前，应当召开业主大会会议进行业主委员会的换届选举；逾期未换届的，房地产行政主管部门（目前也包括街道办事处、乡镇人民政府）可以指派工作人员指导其换届工作。

3. 对业主委员会行为的监管。对业主委员会行为的监管有两条：

（1）当业主委员会不作为时。《规程》第 12 条规定，发生应当召开业主大会临时会议的情况，业主委员会不履行组织召开会议职责的，区、县人民政府房地产行政主管部门应当责令业主委员会限期召开。

（2）当业主委员会的决定违法时。业主委员会作出的决定应符合现行法律、法规，并不得侵害业主的合法权益。当业主委员会的决定出现违反这两种情况时，则应给予及时改正和撤销。

《物权法》第 78 条规定，业主大会或者业主委员会作出的决定侵害业主合法权益的，受侵害的业主可以请求人民法院予以撤销。

《条例》第 19 条规定，业主大会、业主委员会作出的决定违反法律、法规的，物业所在地的区、县人民政府房地产行政主管部门或者街道办事处、乡镇人民政府，应当责令限期改正或者撤销其决定，并通告全体业主。

（四）业主委员会活动经费的来源

业主委员会是业主大会的执行机构，是为全体业主的共同利益服务的。因此，《规程》第 35 条规定，业主大会和业主委员会开展工作的经费由全体业主承担；经费的筹集、管理和使用具体由业主大会议事规则规定。

业主大会和业主委员会工作经费应经业主大会审核通过，其使用情况应当定期以书面形式在物业管理区域内公告，接受业主的质询。具体的提供形式是：既可以单独缴纳，也可以从专项维修资金的收益中或共有部分经营收益中提取。

二、业主委员会的组成

（一）业主委员会的产生和换届

《物权法》规定，同一个物业管理区域内的全体业主可以设立业主大会，选举业主委员会。地方人民政府有关部门应当对设立业主大会和选举业主委员会给予指导和帮助。《条例》进一步明确了地方人民政府有关部门为物业所在地的区、县人民政府房地产行政主管部门和街道办事处、乡镇人民政府。只有一个业主的，或者业主人数较少经全体业主讨论，决定不成立业主大会的，由业主共同履行业主大会、业主委员会的职责。

首次业主大会会议召开之前，业主大会筹备组应确定业主委员会委员候选人产生办法及名单，提交业主大会会议选举通过。

业主委员会的任期由《议事规则》和《业主委员会章程》规定。在业主委员会任期届满两个月前，应当召开业主大会会议进行业主委员会的换届选举；逾期未换届的，房地产行政主管部门和街道办事处、乡镇人民政府可以指派工作人员指导其换届工作。

自选举产生之日起 30 日内，业主委员会应将委员名单等材料向物业所在地的区、县人民政府房地产行政主管部门备案。业主委员会备案的有关事项发生变更的，应按照规定重新备案。

（二）业主委员会委员的资格

业主委员会在物业管理活动中扮演着重要的角色，对业主委员会委员自然就有一定的要求。《规程》第 21 条规定，委员应当符合下列条件：①本物业管理区域内具有完全民事行为能力的业主；②遵守国家有关法律、法规；③遵守业主大会议事规则、管理规约，模范履行业主义务；④热心公益事业，责任心强，公正廉洁，具有社会公信力；⑤具有一定的组织能力；⑥具备必要的工作时间。

业主委员会一般由 7 人或 9 人的单数组成。首次业主委员会会议应推举产生业主委员会主任 1 人，副主任 1 ~ 2 人。通常由主要业主代表担任业主委员会主任，住宅小区可选热心公益事业，对物业管理有较多了解，有一定威信和组织工作能力的人担任。

业主委员会委员需要投入时间和精力做好工作，为体现对委员工作的支持、尊敬与认可，经业主大会会议通过后，可以给委员发放一定的工作津贴或其他补助，所需费用由全体业主共同分担。

经业主委员会或者20%以上业主提议，认为有必要变更业主委员会委员的，由业主大会会议作出决定，并以书面形式在物业管理区域内公告。

《规程》第30条规定，在下列情况下，经业主大会会议通过，业主委员会委员资格终止：①业主委员会委员首先必须是本物业管理区域内的业主，因物业转让、灭失等原因不再是业主的；②对业主委员会工作没有热情，无故缺席业主委员会会议连续3次以上的；③因疾病等原因丧失履行职责能力的；④有犯罪行为的；⑤本人不愿意继续担任业主委员会委员，以书面形式向业主大会提出辞呈的；⑥拒不履行业主义务的；⑦其他原因不宜担任业主委员会委员的。业主委员会委员资格终止的，应当自终止之日起3日内将其保管的档案资料、印章及其他属于业主大会所有的财物移交给业主委员会，以保障以后的业主委员会委员顺利开展工作。

上述仍然是一些原则性的规定。在特定的物业管理区域中，有关对业主委员会委员的资格、任期、变更、罢免等各项管理规定，应该由业主大会参考有关法律、法规和各级政府的规范性文件，在业主大会议事规则中进行详细规定。

三、业主委员会会议

业主委员会会议的组织方式由《议事规则》和《业主委员会章程》详细规定。业主委员会应当自选举产生之日起3日内召开首次业主委员会会议。经1/3以上业主委员会委员提议或者业主委员会主任认为有必要的，应当及时召开业主委员会会议。业主委员会会议应当做书面记录，由出席会议的委员签字后存档。业主委员会会议应当有过半数委员出席方为有效，作出决定必须经全体委员人数半数以上同意。

四、业主委员会与物业服务企业的关系

在物业管理活动中，全体业主、业主大会与物业服务企业是委托与被委托的关系。业主委员会作为业主大会的执行机构，其宗旨是维护全体业主的权益，并通过监督和协助物业服务企业谋求全体业主的最大利益。因

此，业主委员会与物业服务企业应该是委托与合作并存的关系。一方面，业主委员会需要听取业主的意见建议，监督物业服务企业根据合同要求提供服务，督促其努力提高服务水平；另一方面，业主委员会也应提醒和要求广大业主履行相应的义务，支持、配合物业服务企业的工作。物业管理活动广泛涉及人与人之间的关系协调，服务质量的提高也有赖于这些关系的处理。因此，物业服务企业离不开业主委员会的协助，需要双方在合作中共同提高物业管理服务水平，提升业主的生活质量。

在市场经济条件下，业主希望支付最小的成本获得相应服务，物业服务企业则希望获取最大的利润，两者目标的差异很可能导致摩擦甚至矛盾。这时，业主委员会和物业服务企业都应本着“和为贵”的原则处理矛盾，以理性、宽容、合作的态度相互协调，争取共赢，任何激化矛盾的言行都是不合适的。业主和物业服务企业的对立不仅会影响物业服务企业的收益，更会影响业主享受到的服务的质量从而影响业主的根本利益，业主委员会和全体住用人应清醒地认识这一点。同时，物业服务企业为获取长远的利益，也应尽心尽责地做好本职工作，尊重业主和业主委员会的意见。

五、业主委员会与居民委员会的关系

居民委员会是我国进行城市基层管理的一种组织形式。《城市居民委员会组织法》规定：居民委员会（以下简称居委会）是居民自我管理、自我教育、自我服务的基层群众性自治组织。居委会的任务是：①宣传宪法、法律、法规和国家的政策，维护居民的合法权益，教育居民履行依法应尽的义务，爱护公共财产，开展多种形式的社会主义精神文明建设活动；②办理本居住地区居民的公共事务和公益事业；③调解民间纠纷；④协助维护社会治安；⑤协助人民政府或者它的派出机关做好与居民利益有关的公共卫生、计划生育、优抚救济、青少年教育等项工作；⑥向人民政府或者它的派出机关反映居民的意见、要求和提出建议。

虽然居委会在法律上被定性为群众性自治组织，但其大部分职责是办理政府交办的事项，办公经费和办公场所一般也由政府提供，它实际上带有准政府机构的性质，协助政府进行基层行政管理。居委会在我国特定的政治、经济、社会制度下，作为政府和广大城市百姓联系的桥梁，在我国城市基层管理中发挥了巨大的作用。

随着私人不动产所有权的大量出现，基于物权而出现的业主大会和业主委员会代表了一种新出现的业主自治的要求。业主自治也推动着我国城市基层社区管理体制的变革。目前,我国许多城市正在锐意改革,积极实践,努力探索符合中国特色的社会主义市场经济体制下的城市管理、社区管理的新体制、新模式。其中如何定位、处理、协调居委会和业主委员会的相互关系是关键。

居委会和业主委员会的组成都是以一定地域为基础的,两者面对的对象和职责等难免交叉重叠,但是这两个组织还是存在许多方面的本质差异的。具体可见表 2－1。

表 2－1　业主委员会和居民委员会的差异

	业主委员会	居民委员会
相关法律法规	《物权法》 《物业管理条例》 《业主大会规程》	《城市居民委员会组织法》
组织性质	业主大会的执行机构,未明确其法人资格	基层群众性自治组织 带有准政府职能机构的性质
政府主管部门	房产行政主管部门和街道办事处(乡镇人民政府)指导和监管	接受街道办事处指导
代表	物业区域内的全体业主	辖区内的全体居民
成员和活动经费	成员由业主选举,活动经费由业主支付	主要成员由政府安排,由居民选举,活动经费由政府提供
区域划分	物业管理区域(一个物业管理区域成立一个)	社区(根据居住状况,每 100～700 户成立一个)
委员条件	必须是业主,不限国籍,不限居住情况。本质上是一种财产权利	年满 18 岁的本居住地区居民,被法律剥夺政治权利的除外。本质上是一种政治权利
职责	内容:召集业主大会会议,签订物业服务合同,执行业主大会赋予的职责。 职责来源于业主大会	宣传政策;公益事业;调解纠纷;维护治安;协助政府做文化卫生计生等工作 职责来源于政府

在实践中,居委会和业主委员会面对的人群经常出现交叉甚至重合,

而他们在社区服务和管理上的职能也存在一定程度的交叉重合。如何处理两者关系呢？有人提出将两者合二为一，但由于居委会存在一定的行政管理职能，属于公权的范畴，而业主委员会的职责属于私权的范畴，两者性质上存在差异，合二为一并不妥当。

居委会与业主委员会在工作中产生矛盾的根源，来源于大量私有物权的出现，是计划经济下的城市管理体制与市场经济下的社会管理需求的矛盾。体制的变革并非一朝一夕能够完成的，如何处理两者的关系，需要在实践中继续摸索。

在《条例》中规定，住宅小区的业主大会、业主委员会作出的决定，应当告知相关的居民委员会，并认真听取居民委员会的建议；业主大会、业主委员会应当与居民委员会相互协作，共同做好维护物业管理区域内的社会治安等相关工作。在物业管理区域内，业主大会、业主委员会应当积极配合相关居民委员会依法履行自治管理职责，支持居民委员会开展工作，并接受其指导和监督。

在可能的条件下，业主委员会的组成人员中，最好包括居委会的主要人员（首先应是业主），这样有利于住区内各项工作的开展。

六、业主委员会的自身建设

业主委员会自身建设的状况如何也是其能否真正发挥其应有作用的重要前提。当前，在物业管理中我们注重和强调物业服务企业的建设与资质管理，却不同程度地忽略了业主委员会的建设。业主委员会的建设说到底是作为物业消费者的业主自身素质的培养，现在，业主对自己在物业管理中的地位、作用、权利与义务还不十分明了。如果业主没有成熟的消费者素质，业主自治就无从谈起。因此，加强业主自身素质的培养，也是当前物业管理中的一大任务，可以从以下三方面入手：

首先，对广大的居民群众进行广泛的宣传、教育，使大家逐渐成为“成熟的消费者”；其次，对已经成立或即将成立的业主委员会，可聘请有关主管部门、物业管理咨询机构的人员为业主委员会顾问，提高和保障业主委员会的决策水平；第三，可举办一些培训活动，组织业主委员会主任或委员学习。

第四节 《业主大会议事规则》和《管理规约》

一、《业主大会议事规则》

（一）《业主大会议事规则》的性质

《业主大会议事规则》（简称《议事规则》）由全体业主经过民主协商和表决，在首次业主大会上通过。其内容主要是约定业主大会的议事内容、议事方式、表决程序、业主委员会的组成和委员任期等事项。

《议事规则》是在2003年颁布的《物业管理条例》中首次提出的。它的制定原则是基于物业管理的“业主自治”。《议事规则》是每一个业主通过民主的程序和方法正确行使自己权利的必要前提，它规定了物业管理区域内物业管理活动中重要事项的运作方式和运作规则。

《议事规则》的制定是业主自治的根本体现，也就是说，只有业主有权通过合法民主的程序确定物业管理活动的“游戏规则”时，才是实现真正意义上的民主自治。

对《议事规则》有两点需注意：一是议事规则中的任何规定不得违反国家相关的法律、法规；二是议事规则必须在首次业主大会会议上最先讨论和通过，然后才能按此议事规则讨论决定其他事项。

（二）投票权

1. 投票权的确定原则。投票权的确定既是理论问题，更是实际操作问题。从理论上讲，投票权的确定必须公平，否则就失去了意义；从实际操作来讲，必须有效率，易操作。投票权的确定可以有多种方式，比如按照不动产面积、按照购买专有部分的套数、按照价值、按照人数等等。要完全公平确定投票权是很难做到的，因为公平并没有绝对的标准。如果为了追求公平而采用严密复杂的投票权确定方式，会大大提高业主大会会议的运行成本。因此，兼顾公平和效率，在确保基本公平的前提下，力求效率就是投票权的确定原则。

2.《物权法》对投票权的规定。《物权法》第76条设定了基于物权和人权的投票权的双重标准，即全体业主在决定物业管理的各类事项时，不仅要考虑不动产所有权（指建筑物区分所有权）的因素，还要考虑业主的人数。

《物权法》规定,筹集和使用建筑物及其附属设施的维修资金和改建、重建建筑物及其附属设施,应当经专有部分占建筑物总面积2/3以上的业主且占总人数2/3以上的业主同意(即双过2/3),其他事项仅需专有部分占建筑物总面积过半数的业主且占总人数过半数的业主同意(即双过半)。

《物权法》之所以这样规定,是基于物权和人权的双重考虑。从物权角度出发,考虑到了物业的价值大小,业主拥有的专有部分的面积有多有少,其等权的基础就应是拥有的专有部分的面积(部分地反映了价值的大小);从人权的角度出发,考虑到了每一个业主都是平等的,其等权的基础就应是人数。业主大会在讨论、表决有关物业管理的各类事项时,既有和物业的保值增值、物业的处置有关的事项,又有和物业区域内的公共环境、公共秩序、公共服务有关的事项。前者关系到物权,后者关系到人权。如果只强调一个方面,难免会给一部分业主带来伤害。所以,《物权法》的这种双重标准的设定较之任何单一标准是一个进步,是值得肯定的。

3. 可能出现的问题。无论双过2/3还是双过半,都有一个专有部分面积占建筑物总面积的比例。建筑物总面积是全体业主各自拥有的专有部分的面积和专有部分之外全体业主共有面积(如走廊、过道等)之和。

从数学统计的角度来分析,全体业主各自拥有的专有部分的面积之和永远小于建筑物总面积。也就是说,当全体业主对某事项都投赞成票时,这个比例数也小于100%。当全体业主共有面积占建筑物总面积超过1/3甚至1/2时(这是可能的),任何决定(无论是同意还是不同意的表决)都无法通过。

从投票权确定的原则出发,在法律未做调整前,可考虑在管理规约中约定将建筑物总面积理解为全体业主拥有的专有部分面积之和。

二、《管理规约》

(一)《管理规约》的性质和内容

1.《管理规约》的性质。在一个由不同业主区分所有的物业管理区域中,大量业主和使用人共同使用共有部分,共同生活在一起。住用人之间、住用人与物业服务企业之间必然会产生各种纠纷和摩擦。这些纠纷有些不是物业服务合同所能解决的。为了协调、规范业主之间的行为,创造和谐的生活环境,也为了防止个别业主因个人利益而损害他人的合法利益,需要针对业主的行为制定一个规范性文件,这就是《管理规约》。

管理规约规范的是特定区域内的业主群体之间的行为，法律只能规范其原则，具体内容应该由业主自己讨论决定。管理规约实际上是物业管理区域内全体业主间的一个公共契约，属于协议、合约的性质，对全体业主具有约束力。管理规约源于业主自治，是业主自律的直接体现，是物业管理中的一个重要的基础性文件。

2.《管理规约》的内容。制定管理规约的根本目的是维护所有业主的共同利益，管理规约的内容是指导、规范和约束所有业主和使用人的行为的依据。

《条例》第 17 条规定，管理规约应当对有关物业的使用、维护、管理，业主的共同利益，业主应当履行的义务，违反管理规约应当承担的责任等事项依法作出约定。管理规约应当尊重社会公德，不得违反法律、法规或者损害社会公共利益。

《管理规约》分为两种：《临时管理规约》和《管理规约》。

（二）《临时管理规约》

对于新建的物业管理区域，物业出售和业主入住要经历一个比较长的过程，在这个过程中同样需要管理规约的存在。因此，不可能等业主大会成立后再制定《管理规约》。从产权角度看，在物业出售之前，建设单位就是物业的业主，因此《条例》第 22 条和第 23 条规定，建设单位应当在销售物业之前，制定《临时管理规约》；并向物业买受人明示，并予以说明。

《临时管理规约》有两点值得重视：①充分体现了政府的责任。将临时管理规约的制定确定为物业管理的一项基本制度，这是政府作为未来广大潜在业主的权利的代表者作出的规定。②业主的承诺。物业出售，即意味着所有权的转移，新的业主必须承诺遵守临时管理规约，才能保证临时管理规约对所有业主的约束力。因此，《条例》第 23 条规定，物业买受人在与建设单位签订物业买卖合同时，应当对遵守《临时管理规约》予以书面承诺。

《条例》中并未明确临时管理规约生效的时间。一般来说，可以认为《临时管理规约》自首位物业买受人承诺之日起生效，至业主大会制定的《管理规约》生效之日终止。建设部发布的《业主临时公约（示范文本）》即按此原则规定。

由于《临时管理规约》由建设单位在业主大会成立前单方面制定，业主实际上无法修改《临时管理规约》。因此，《条例》第 22 条同时规定，建设单位制定的《临时管理规约》,不得侵害物业买受人的合法权益。

(三)《管理规约》

在筹备首次业主大会会议过程中,业主大会筹备组应根据建设部制定的示范文本,结合本物业管理区域的实际,在听取广大业主意见、建议的基础上拟订《管理规约》(草案),交由首次业主大会会议讨论表决。

由于管理规约涉及广大业主在物业管理活动中的权利义务,要求所有业主必须遵守,为此,制定和通过管理规约必须谨慎。《物权法》规定,业主大会制定管理规约必须经物业管理区域内全体业主所持投票权 1/2 以上通过。《议事规则》有明确约定的,从其约定。

首次业主大会会议通过的《管理规约》在使用过程中可能有不完善的地方,因此,以后的业主大会会议可以对《管理规约》进行修订。业主委员会在广泛征求业主的意见、建议的基础上,拟定管理规约修改建议,提请业主大会会议讨论表决。修改《管理规约》同样必须经物业管理区域内全体业主所持投票权 1/2 以上通过。《议事规则》有明确约定的,从其约定。

(四)《临时管理规约》和《管理规约》的区别

《临时管理规约》和《管理规约》的基本内容相同,都是针对全体业主和使用人规定的有关物业的使用、维护和管理,业主的共同利益、业主应当履行的义务、违反规约应当承担的责任等事项。但《临时管理规约》和《管理规约》还是有区别的,它们主要有 4 点差异:

1. 制定主体不同。《临时管理规约》由建设单位制定,《管理规约》由业主大会或全体业主共同制定。

2. 内容存在差异。《临时管理规约》一般参照政府颁布的示范文本制定,只对最具普遍性的事项和原则作出规定;而《管理规约》是根据业主的共同意愿作出的更为丰富和更具特性的规定,并可根据物业实际情况和物业管理实施中的问题随时作出修改和调整。

3. 生效方式不同。《临时管理规约》通过物业买受人的书面承诺得以生效,即物业买受人在与建设单位签订物业买卖合同时,应当对遵守《临时管理规约》予以书面承诺;而《管理规约》经业主大会会议表决通过后生效,即对全体业主具有约束力,无需业主单独进行书面承诺。

4. 适用阶段不同。《临时管理规约》适用于首次业主大会会议通过《管理规约》之前,一旦业主大会会议通过《管理规约》,《临时管理规约》即宣告失效,开始适用《管理规约》。

DI第 三 章 SANZHANG 物业服务企业

第一节　物业服务企业的设立与资质

一、我国物业服务企业的发展历程

从总体上说，我国物业服务企业的发展是伴随着社会化、专业化和市场化的物业管理从产生到逐渐普及的过程。物业服务企业大致经历了从最初的以自建自管形式为主，逐渐向建管分离过渡。

（一）“自建自管”模式的出现及其背景

1994 年，建设部第 33 号令《城市新建住宅小区管理办法》（以下简称《办法》）的颁布第一次以法规的形式确定了社会化、专业化和市场化的物业管理模式是我国房屋管理的基本模式，从此，这一涉及全国城镇房屋管理体制的全面变革正式开始。1994 ~ 1999 年可以看做是物业管理的起步期。《办法》第 5 条规定：“房地产开发企业在出售住宅小区房屋前，应当选聘物业管理企业承担住宅小区的管理，并与其签订物业管理合同。”

然而，当时物业服务企业这一新型的企业在全国为数很少，在不少大中城市还是空白。为解决队伍不足的问题，政府及时提出了“谁建设、谁管理、谁负责”的政策，引导、支持房地产开发企业自行组建物业服务企业，直接负责所开发项目的物业管理，即“自建自管”。在当时的条件下，这个决策是正确的，它直接推动了物业管理在全国范围内的启动、普及与发展。

在物业管理的起步期，“自建自管”模式的提出和实行，其正面作用大于负面作用。然而，随着物业管理的普及，这一模式存在的弊端也开始显现。

（二）物业管理问题、矛盾和纠纷的凸显与分析

随着物业管理的普及与推广，物业管理实施中的问题、矛盾和纠纷不断产生，且一度有蔓延、扩大的趋势。这是因为，一方面是对物业管理定位的理解不同，另一方面是“自建自管”模式所不可避免的问题。

1. 在“自建自管”模式下，由开发商自行组建的物业服务企业存在“先天不足”。由于物业管理是个新事物，房地产开发在先，物业管理的出现在后；物业管理的推进在先，法律法规的完善在后。因此，物业管理从一开始出现就存在着如何规范物业管理市场和物业管理行为的问题。在物业管理起步阶段，为了保障建设项目的日常运行和管理，开发商不得不在短时间内仓促组建物业服务企业。但这些物业服务企业的人员、设备和技术等方面的准备还不足，很多管理人员对物业管理工作的定位尚不清楚，对物业管理的认识和理解还不准确、不全面、不到位。同时，行业内还未形成一整套完善的行业规范和管理运行制度。此时，建设部适时提出和制定了对物业服务企业管理人员实施岗位培训、持证上岗等制度以提高物业管理行业的专业化程度，但这并没有引起行业内的高度重视，效果并不明显。

2. 房地产开发公司与物业服务企业的“血缘关系”为解决物业管理的纠纷带来难度。这些年来，物业管理中出现的问题大多集中在前期物业管理期间，其中开发商遗留的问题占最大比例。建设阶段遗留的房屋质量问题、配套设施不完善等等，业主将这些问题直接与物业管理挂钩，进而对物业服务企业产生不满。而“自建自管”体制下的物业服务企业从属于开发商，物业服务企业在解决上述问题时存在着不可避免的尴尬和难处。不少开发商出于自身利益的考虑，一味要求物业公司帮其掩饰、应付，而不去解决问题。这就造成了物业服务企业代其受过、两头为难，甚至造成恶性循环，以致损坏了行业形象。因此，从行业总体而言，不切断房地产开发企业与物业服务企业的“血缘关系”，就不能从根本上杜绝上述问题。

3. “自建自管”模式也不利于物业服务企业的自身建设和在物业管理市场中的发展。市场经济是竞争的经济，在“自建自管”模式下，物业服务企业不存在争取市场的问题，这也就降低了为增强市场竞争力而努力提高自身素质的内在动力，不利于企业的可持续发展。在这种模式下，物业服务企业实质上是房地产开发企业的附属品，虽名为独立法人的经济实体，但很难真正做到经费独立。这就容易产生两方面的问题：一是过于依赖开发企业的输血；二是经费得不到保证时，就容易采取压缩服务内容、降低服

务标准、损害业主利益的做法。

（三）从“建管分离”走向物业管理的和谐

为解决“自建自管”模式存在的弊端，建设部在1999年召开的全国物业管理工作会议上及时提出：“各地要尽快引入竞争机制，推行物业管理招投标。住宅小区在物业服务企业负责管理前，由房地产开发企业负责管理。”2003年颁布的《条例》中也明确规定：“国家提倡建设单位按照房地产开发与物业管理相分离的原则，通过招投标的方式选聘具有相应资质的物业管理企业”；“国家提倡业主通过公开、公平、公正的市场竞争机制选择物业管理企业”；“住宅物业的建设单位，应当通过招投标的方式选聘具有相应资质的物业管理企业”。

《条例》明确提出的“建管分离”，预示着物业管理行业逐步走向规范。几年来，“建管分离”取得了明显进展。物业管理行业摆脱“自建自管”模式，全面实现“建管分离”之日，就是物业管理走向规范化发展之时。这就是物业管理和谐的明天。

二、物业服务企业的性质与类型

（一）物业服务企业的性质

物业服务企业，是指对建成投入使用的房屋及其附属设备设施、相关场地实施专业化管理，并为业主和使用人提供全方位、多层次的有偿服务及创造良好的生活和工作环境，具有独立法人资格的经济实体。

物业服务企业的性质是和物业管理的性质分不开的。物业管理属于服务性行业，同时又是经营性的行为，因此，物业服务企业既是服务性机构，又是经营性的企业组织。它不像传统的房管单位——房管所（站、处、科）那样，是以物业产权所有者和管理者的身份来管理物业和使用者，不以营利为目的，而是一个事业单位，或者是一个企业下属的事业单位（如大型企业自有住宅的房管部门）。现代物业服务企业是有明确的经营宗旨和章程，有必要的人员、资金和场地，实行自主经营、独立核算、自负盈亏，靠提供经营性服务获得报酬、取得盈利，并独立承担民事和经济法律责任的经济实体。

（二）物业服务企业的类型

按投资性质，物业服务企业可分为全民、集体、联营、三资、私营等类型。按股东出资形式,可分为有限责任公司、股份有限公司、股份合作公司等。

按经营服务方式,可分以下几种类型:①管理型物业服务公司。这类公司除主要管理人员和各专业管理部门技术骨干外,其他各项服务如保安、清洁、绿化等均通过合同形式交由社会上的专业化公司承担。此类公司的人员适中而精干。②顾问型物业服务公司。公司由少数具有丰富物业管理经验的人员组成,不具体承担物业管理工作,而是以顾问的形式出现,收取顾问费用。此类公司人员少,但业务素质较高。③综合型物业服务公司。这类公司不仅直接接手项目,从事管理工作,还提供顾问服务。此类公司的适应性强,但人员较多,不易转型。

三、物业服务企业的设立

(一)建立物业服务企业的可行性研究

物业服务企业是一个经营性的组织,能否营利是其生存和发展的关键。因此,在设立物业服务企业之前,必须进行充分合理的论证和可行性研究,只有当设立物业服务企业具有现实的必要性、财务上的可行性、法律上又允许的情况下,才能着手建立物业服务企业。否则,就会造成社会的人力、物力和财力资源的浪费。

1. 市场调查。市场调查主要是针对物业管理市场的供求情况进行调查。物业服务企业提供的是物业管理服务,即劳务服务,所以,在建立物业管理前要针对这种劳务的需求和供给情况进行分析和比较,看目前这种劳务服务的需求与供给是否达到平衡,以及影响供给与需求的潜在和现实因素如何影响这种劳务服务量。

一般来讲,对物业管理需求调查的内容主要有:当地所处的社会经济背景、某地域现有物业的总量;每年增加的物业量;未来物业及物业管理如何发展及其发展趋势怎样等。对物业管理供给调查的内容主要包括:现有物业服务企业的数量、种类、规模和经营管理状况;业主或使用人对物业管理质量、水平、服务项目与结构等的需求及其变化趋势等等。此外,还应了解国家和城市地方政府有关物业管理方面的法律法规。任何一项可行性研究都不能与国家或城市地方的政策法规相矛盾。

2. 综合分析。市场调查的结果只是一些数据或对一些情况的粗略描述,不能直接作为决策的依据,还需要对这些数据或描述进行分析研究,去伪存真、去粗取精。从已有的资料中，分析和发现一些真实、有用的东西。一般来说，当（总量上或结构上的）物业管理服务的需求大于供给，且今后若干年仍能维持现状的话，物业服务企业的建立就是可行的。否则，就需要特别慎重。

另外，还要对物业服务企业应具备的资质条件进行分析，如国家或地方政府对物业服务企业注册资金、专业技术人员数量、办公地点及经营地点等的具体要求。如果不符合要求，在建立物业服务企业时，就会遇到这样那样的问题，不但拖延了时间，也很难顺利建立起来。

3. 编写可行性研究报告。可行性研究报告是可行性研究的过程和结果的文字描述，是决定是否建立物业服务企业的主要依据。其主要内容有：市场调查情况分析；自身所具备的资质条件分析；建立物业服务企业的前景预测；未来物业管理经济效益的分析及结论等等。

（二）物业服务企业设立的条件

由于现代物业服务企业都是以公司的形式出现的，因此，申请设立物业服务企业应按照《中华人民共和国公司法》（以下简称《公司法》）规定的条件执行。

1. 有限责任公司的设立条件。《公司法》第 19 条规定，设立物业管理有限责任公司，应当具备下列条件：①股东符合法定人数；②股东出资达到法定资本最低限额；③股东共同制定公司章程；④有公司名称，建立符合有限责任公司要求的组织机构；⑤有固定的生产经营场所和必要的生产经营条件。

2. 股份有限公司的设立条件。《公司法》第 73 条规定，设立物业管理股份有限公司，应当具备下列条件：①发起人符合法定人数；②发起人认缴和社会公开募集的股本达到法定资本最低限额；③股份发行、筹办事项符合法律规定；④发起人制定公司章程，并经创立大会通过；⑤有公司名称，建立符合股份有限公司要求的组织机构；⑥有固定的生产经营场所和必要的生产经营条件。

（三）物业服务企业设立的程序

物业服务企业设立的程序一般包括资质审批、工商注册登记、税务登记和公章刻制等几个步骤。

1. 根据《公司法》规定的设立条件，提前准备好有关材料和文件。

2. 向所在地房地产行政主管部门提出书面申请。以北京为例，北京市

1995 年 11 月颁布的《物业服务企业经营资质审批规定》第 5 条指出,设立物业管理单位要按下列程序办理审批手续:①申请单位向所在区、县房地局提出申请。涉外物业管理单位的设置直接向市房地局申请。申请采用书面形式,并须填写《物业管理单位审批申请表》。②区、县房地局接到申请后,先进行初步审查,经审查合格,在 15 日内报市房地局审批,市房地局应当在 10 日内作出是否批准的规定。经批准,核发《物业管理资质合格证书》。

3. 向所在地工商行政管理机关申请法人注册登记和开业登记,领取营业执照。按照《公司法》的规定,所有公司的设立,都必须到工商行政管理机关进行注册登记,物业服务企业自然也不能例外。在取得《物业管理资质合格证书》后,物业服务企业应持该证书到所在地工商行政管理机关申请办理注册登记手续,领取营业执照。

4. 在取得上述有关证件后,物业服务企业还要持这些证件到税务部门办理税务登记,到公安部门办理公章登记和刻制等事宜。

上述程序结束后,物业服务企业就可合法地开展物业管理服务业务了。

四、物业服务企业的资质

(一)企业资质的概念和作用

企业资质,主要是为了界定、查验、衡量企业具备或拥有的人力、物力和财力情况,包括企业的注册资金、拥有的固定资产、职工人数、技术力量、经营规模以及经营水平等等,是企业实力和规模的标志。

加强对物业服务企业资质的管理,具有以下作用:

1. 有利于提高物业管理水平,促进我国物业管理行业的健康发展。目前,我国物业管理行业存在着众多不同规模、不同经营能力、不同性质、不同隶属关系、不同所有制形式的物业服务企业,为了加强对它们的管理,促进和扶植物业管理行业健康有序发展,提高物业管理的整体水平,需要对这些物业服务企业进行资质管理。物业服务企业必须接受并按照资质管理的规定从事物业管理服务。

2. 有利于规范我国的物业管理市场秩序。众多的物业服务企业在市场中竞争,如果没有资质管理规定,就容易造成鱼龙混杂的混乱局面,影响物业管理市场的正常秩序。从这个角度来说,严格进行物业服务企业的资质认定和管理,对规范我国的物业管理市场秩序是极为重要的。同时,这也有利于物业服务企业自身的发展。

3. 能够更好地保护业主和住户的合法权益。主管部门对物业服务企业进行分等定级,可以最大限度地减少物业服务企业与业主和使用人之间的信息不对称,为业主委员会根据自身物业和业主的情况,选聘不同资质的物业服务企业提供了方便。同时,可避免物业服务企业资质低、服务质量差与高收费等现象,有利于业主和住户权益的保护。

4. 有利于开拓市场。我国已成为世贸组织(WTO)成员,资质等级管理既有利于我国物业管理行业与世界接轨,也有利于我国物业服务企业走向世界物业管理市场。

(二)物业服务企业的资质等级及相应标准

《物业管理企业资质管理办法》把物业服务企业划分为一级、二级、三级三个资质等级。各资质等级物业服务企业的条件如下:

1. 一级资质:

(1)注册资本人民币500万元以上。

(2)物业管理专业人员以及工程、管理、经济等相关专业类的专职管理和技术人员不少于30人。其中,具有中级以上职称的人员不少于20人,工程、财务等业务负责人具有相应专业中级以上职称。

(3)物业管理专业人员按照国家有关规定取得职业资格证书。

(4)管理两种类型以上物业,并且管理各类物业的房屋建筑面积分别占下列相应计算基数的百分比之和不低于100%:

- 多层住宅200万平方米
- 高层住宅100万平方米
- 独立式住宅(别墅)15万平方米
- 办公楼、工业厂房及其他物业50万平方米

(5)建立并严格执行服务质量、服务收费等企业管理制度和标准,建立企业信用档案系统,有优良的经营管理业绩。

2. 二级资质:

(1)注册资本人民币300万元以上。

(2)物业管理专业人员以及工程、管理、经济等相关专业类的专职管理和技术人员不少于20人。其中,具有中级以上职称的人员不少于10人,工程、财务等业务负责人具有相应专业中级以上职称。

(3)物业管理专业人员按照国家有关规定取得职业资格证书。

(4)管理两种类型以上物业,并且管理各类物业的房屋建筑面积分别

占下列相应计算基数的百分比之和不低于100%：

- 多层住宅100万平方米
- 高层住宅50万平方米
- 独立式住宅(别墅)8万平方米
- 办公楼、工业厂房及其他物业20万平方米

(5)建立并严格执行服务质量、服务收费等企业管理制度和标准,建立企业信用档案系统,有良好的经营管理业绩。

3.三级资质:

(1)注册资本人民币50万元以上。

(2)物业管理专业人员以及工程、管理、经济等相关专业类的专职管理和技术人员不少于10人。其中,具有中级以上职称的人员不少于5人,工程、财务等业务负责人具有相应专业中级以上职称。

(3)物业管理专业人员按照国家有关规定取得职业资格证书。

(4)有委托的物业管理项目。

(5)建立并严格执行服务质量、服务收费等企业管理制度和标准,建立企业信用档案系统。

(三)企业资质的行政管理

物业服务企业资质的行政管理,主要包括四个方面,即资质等级核定管理、审批管理、动态管理和业务管理。

1.资质等级核定管理。《物业管理企业资质管理办法》规定:申请核定资质等级的物业管理企业,应当提交下列材料:①企业资质等级申报表;②营业执照;③企业资质证书正、副本;④物业管理专业人员的职业资格证书和劳动合同,管理和技术人员的职称证书和劳动合同,工程、财务负责人的职称证书和劳动合同;⑤物业服务合同复印件;⑥物业管理业绩材料。

新设立的物业服务企业,其资质等级按照最低等级核定,并设一年的暂定期。

2.资质等级审批管理。物业服务企业的资质管理实行分级审批制度,具体如下:

国务院建设主管部门负责一级物业服务企业资质证书的颁发和管理。

省、自治区人民政府建设主管部门负责二级物业服务企业资质证书的颁发和管理,直辖市人民政府房地产主管部门负责二级和三级物业服务企业资质证书的颁发和管理,并接受国务院建设主管部门的指导和监督。

设区的市人民政府房地产主管部门负责三级物业服务企业资质证书的颁发和管理,并接受省、自治区人民政府建设主管部门的指导和监督。

资质审批部门应当自受理企业申请之日起20个工作日内,对符合相应资质等级条件的企业核发资质证书;一级资质审批前,应当由省、自治区人民政府建设主管部门或者直辖市人民政府房地产主管部门审查,审查期限为20个工作日。

3.资质等级动态管理。物业服务企业资质实行年检制度。各资质等级的物业服务企业的年检由相应资质审批部门负责。符合原定资质等级条件的,物业服务企业的资质年检结论为合格。不符合原定资质等级条件的,物业服务企业的资质年检结论为不合格,原资质审批部门应当注销其资质证书,由相应资质审批部门重新核定其资质等级。资质审批部门应当将物业服务企业资质年检结果向社会公布。

4.业务管理。《物业管理企业资质管理办法》规定:一级资质物业管理企业可以承接各种物业管理项目。二级资质物业管理企业可以承接30万平方米以下的住宅项目和8万平方米以下的非住宅项目的物业管理业务。三级资质物业管理企业可以承接20万平方米以下住宅项目和5万平方米以下的非住宅项目的物业管理业务。

第二节　物业服务企业的机构设置与组织形式

一、物业服务企业的机构设置

(一)物业服务企业机构设置的一般原则

物业管理服务是由物业服务企业的各个职能机构实施的。因此,机构设置是否科学、合理,将直接影响到物业管理服务工作的效率和正常开展。一般来说,物业服务企业组织机构的设置应遵循以下主要原则:

1.目标原则。任何企业的设立,都有其自己的经营目标,物业服务企业也不例外。而这些经营目标又是靠企业的组织机构来实现与完成的。从某种程度上讲,机构设置的合理,将有利于各方面工作的开展,有利于目标的实现。因此,为保证既定的经营目标的实现,在企业设立之初,就应该以企业的总体目标为依据,因事设岗、因岗设人,以保证组织机构的合理、有效,保证经营管理的高效运作。

2. 统一领导，分级管理的原则。物业管理是一个综合的系统工程，要求物业服务企业必须在统一领导和指挥的前提下实行分级管理。统一领导和指挥是为了保证公司各项工作的协调和总体目标的实现，这关系到企业的经营决策机制和用人机制，关系到企业的生存和发展。分级管理是为了发挥各级管理人员的积极性和主动性，提高管理和服务的水平。同时，从管理、服务、经营的需要出发，分级管理也有利于信息的快速传递。

3. 专业化分工与各部门协作相统一的原则。专业化能使企业人员的配置精干、机构精简，能在节约费用开支的同时，最大程度地保障业主和公司利益。但精干高效并不是简单的压缩各类人员的总数，而是要提高人员的业务素质，特别提倡一专多能的人才结构。另外，合理的专业分工和协作也是提高效率的有效途径，分工可以明确各部门及人员的职责，提高管理的专业化程度和劳动生产率；密切的协作可以发挥分工的优越性，各部门互相配合，可提高各部门的整体效益和工作效率。这一原则要强调的是分工不能过细，也不能过粗，过细会导致机构增多，人浮于事，过粗会导致职责不明，出现问题互相推诿等现象。

4. 权责统一原则。权责统一原则的基本要求是职责对称，责权一致。要求某人完成某项任务，委以一定的责任，就必须赋予其完成该项任务、履行该项职责的相应权力。因为权力是完成任务的必要条件，没有一定的权力，员工是不可能顺利完成任务、履行其职责的。所以，在进行专业分工时，委以责任必须同时委以自主完成任务所必需的权力。委以重任者，必须授予重权，不负责任者应减少其权力。否则，有责无权，不仅不能调动管理人员的积极性，而且使责任制形同虚设；有权无责，必然助长瞎指挥和官僚主义，对整个企业管理水平和服务质量的提高也是非常不利的。

5. 有效管理幅度原则。首先需要了解两个概念：第一，管理层级，即指一个物业服务企业设置的管理机构的层次。企业的管理层级设置通常有两级制（总经理、职能部门）、三级制（总经理、副总经理或总监，职能部门）和四级制（即总公司、分公司、管理处、班组等）。不同的管理层级有不同的适用范围，一般来讲，层级较少，有利于提高管理效率，但也容易造成管理工作的粗放；而层级过多，则易导致低效率和信息失真与衰减，而且管理层级多了，人员和费用也多，责权划分与协调工作也比较困难。第二，管理幅度，又称“管理宽度”，是指企业各级经理人员或负责人直接有效地管理和领导下属的人数。管理幅度与管理层级成反向影响，即管理层级越多则管理幅度就越窄,管理层级越少则管理幅度就越宽。

有效管理幅度原则要求管理幅度的确定不宜过窄或过宽。人的时间、精力和经验都是有限的,管理幅度过宽,难免出现管理上的疏漏;管理幅度过窄,又让管理人员的能力难以充分发挥。有效的管理幅度必须考虑到职务的性质、内容,管理人员的能力、素质、风格以及组织机构的健全程度、被管理者(公司一般员工)的认知水平、接受程度与专业技能水平等因素。在处理管理幅度与管理层级的关系时,一般是尽量减少管理层级,尽可能地扩大管理幅度。至于具体的管理幅度,则因管理者与被管理者的个人素质或层次的不同而有差异。一般地讲,上层管理幅度以 4 ~7 人为适宜,作业层的管理幅度以 8 ~12 人为宜。按这一要求,部门设置应在 6 个左右为好,以充分发挥管理的有效性。

(二)物业服务企业的主要职能机构

物业服务企业按业务、职能和性质,内部机构设置大致如下:

1. 经理室。它是物业服务企业的最高决策机构,一般设总经理 1 名,副总经理若干名。总经理对公司负全面责任,对重大问题作出最后决策,副总经理负责布置和协调各部门工作。

2. 办公室。它是经理室领导下的综合管理部门,主要负责公司内部日常行政事务,包括人事、后勤、档案等,有时办公室还负责招聘和培训员工工作。

3. 管理部。这是行使物业管理职能的核心部门,一般负责对各管理处实施全面的指导、协调和管理。其职责范围主要包括:企业的对外联系及形象宣传,房屋及设备急修以及一般报修受理或作业,负责保安、消防、车辆交通等处理工作,辖区内的环境保护和日常清扫,绿化设施的管理,树木、绿地养护,协调企业与业主的关系等。

4. 财务部。这是企业实施财务管理的职能部门,主要负责企业的资金运作,审核企业的各项开支,负责服务费的收缴,进行会计核算,合理安排各种经费,做好财会账册、报表,交纳税金,保障企业各种资金正常流通。财务部要注意会计、出纳分开,要经常向经理报告企业财务情况。

5. 工程部。这是负责物业维修及设备运行的技术管理部门,一般由房屋工程、电气工程、给排水等方面的中、高级技术人员组成。包括对房屋的设备检验、维修工程安排,对业主装修的指导和监督等。

6. 经营发展部。这是物业服务企业开展多种经营的职能管理部门,通过自己的经营活动获取财务收入,因此,该部门对物业服务企业贯彻以业养业的方针至关重要。经营发展部负责各种文化、娱乐、生活、商业等公共性服务，接受业主综合性或个别性的委托、代办服务。

二、物业服务企业的组织形式

（一）组织结构形式的概念

著名管理学家孔茨认为：建立组织结构的目的就是要建立起一种能使人们为实现组织目标而在一起最佳地工作、履行职责的正式体制。因此，组织就是为了一个共同的目标而一起工作，彼此间形成一定正式关系的两个人以上的群体。

（二）物业服务企业的几种组织形式

组织形式的设计因不同行业、不同企业的情况而不同。一般来讲，物业服务企业的组织形式的具体设置，要根据管理物业的规模、物业服务企业的规模、服务管理的目标等因素决定。常见的有如下几种模式：

1. 直线制。直线制的组织机构是最早的企业管理组织结构形式，是一种“块块管理”的机构形式。其主要特点是不设专业的职能机构，各级行政主管负有行政和专业管理职能，实行从上到下的垂直领导和单项逐项负责制。如图 3－1 所示。

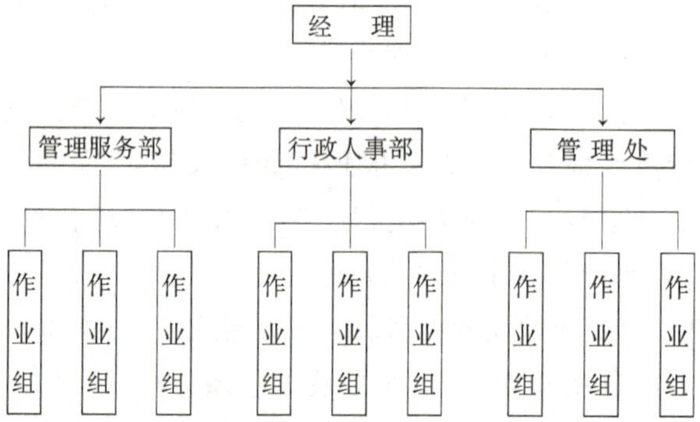

图 3－1　某物业服务企业直线制组织机构图

直线制的优点是命令统一，权责明确，指挥及时；缺点是各级管理集中于一人，难以适应复杂业务的管理，同时领导要事必躬亲，通晓各种专业知识，这往往与现代化管理相矛盾。这种管理方式适用于物业管理种类少、区域小、管理与业务比较简单的小型物业服务企业，或适用于辖区的作业管理。

2. 直线职能制。又称直线参谋制,是一种“条块结合”的组织结构形式。它吸收了直线制和职能制的优点,在各级领导者之间设置相应的职能机构和人员,并将管理人员分成两类:一类是行政指挥人员,负责指挥下级;一类是职能管理人员,是前者的参谋和助手,对下级没有指挥权,只有受行政负责人委托时,才可在自己主管的业务范围内负责某方面的管理工作。这样就把垂直指挥职能与职能部门的专业管理职能结合起来,既保持了直线制的逐级行政指挥和统一领导的优点,又发挥了职能制横向专业管理的长处。如图 3 –2 所示。

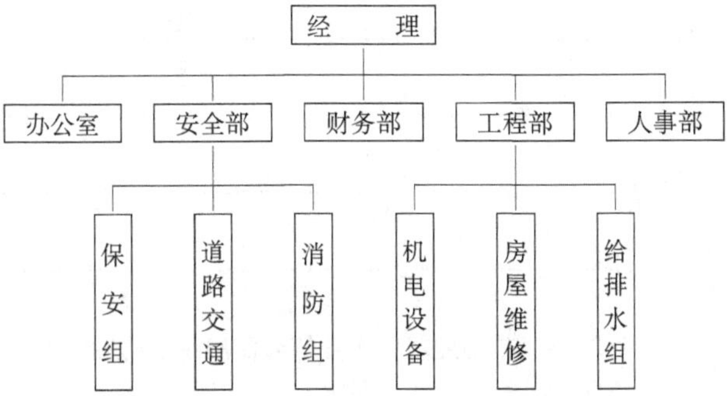

图 3 –2　某物业服务企业的直线职能制组织机构图

直线职能制的优点是:机构设置较简单,重点突出,形式灵活;各部门责任明确,易于管理和及时调整;利润来源明确,管理层直接对成本与利润负责;既能发挥职能机构专业管理的作用,又便于领导统一指挥。

其缺点是:最高层对下属缺乏经常的直接沟通,会影响工作上的良好合作;下级通常缺乏必要的管理自主权,制约了其工作的积极性与创造性;各个职能部门之间因缺乏横向联系而容易脱节和产生矛盾,不利于信息沟通,有些问题各部门要向直线领导机构和人员请示报告后才能处理,影响了工作效率等等。

直线职能制特别适合于那些专业涉及面广、技术复杂、服务多样化与管理综合性强的物业服务企业,是目前我国大中型物业服务企业较多采用的组织形式。

3. 矩阵制。又称规划—目标结构组织。其特点是在企业中既设置纵向的领导系统,又建立横向的管理、指导系统,相互配合,纵横交叉,形成矩阵的形式(如图 3 –3)。建立矩阵制组织机构的企业,其员工要接受双重领导，既受所属职能部门的领导，又受所参加的项目组的领导。

矩阵制组织形式的主要优点是：分工明确，任务清楚，专业化强，有利于充分发挥各专业的优势，从而提高技术水平和管理水平；有利于各专业和各职能部门之间的相互协调与配合，便于及时沟通，迅速、准确地传递信息，共同做好经营决策；在职能部门不变的条件下，人员可变，机动灵活，组织机构适应性较强。

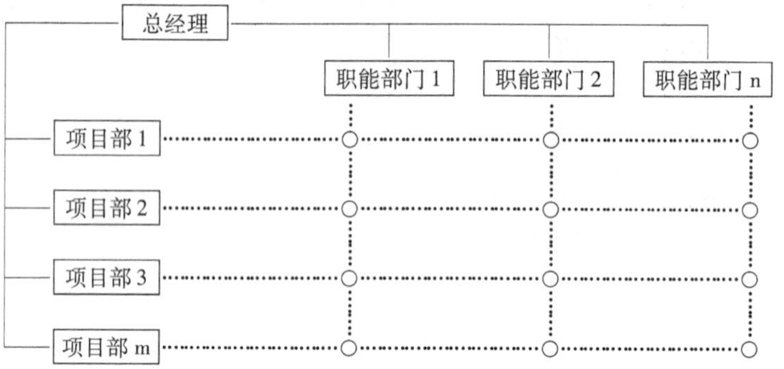

图3-3　某物业服务企业矩阵制组织机构图

——表示职能关系

------表示规划-目标关系

○交叉点表示执行人员（受双重领导）

矩阵制组织形式的缺点是：横向和纵向两方易出现矛盾，导致管理混乱和推卸责任；组织结构的稳定性较差，人员经常变动；工作人员来自各职能部门，但隶属关系仍在原单位，因而管理的难度较大；需要的项目经理较多，机构较臃肿；容易形成多头领导，部门之间关系复杂。

矩阵制组织机构形式适合于规模较大、物业管理服务的内容种类繁多，综合经营性较强、专业服务组较多的物业服务企业采用。

第三节　物业管理人员的素质要求与员工培训

一、物业管理人员的知识结构、素质和能力

（一）物业管理人员的基本素质与要求

物业服务企业的工作人员通常可分为高级管理人员、中级管理人员和

一般员工三个层次。其中，高级管理人员是指物业服务企业的正、副总经理，总经理助理和“三总师”（总会计师、总经济师和总工程师），他们是企业的决策层；中级管理人员是指企业的各部门经理、各专业的主要负责人，他们是物业服务企业的管理层和组织者；而一般员工则是物业服务企业管理服务的具体操作者。上述三个层次的物业管理人员应具备的基本素质和要求如下：

1. 品德素质。物业管理人员要有良好的思想品德，特别是要有较高层次的职业道德修养，也就是要有爱岗敬业、诚实守信、办事公道、服务群众和奉献社会的精神。

2. 业务素质。一名合格的物业管理人员，首先应该具有较高的业务素质，也就是说，要有所从事的专业岗位的必备知识和相应的工作能力，尤其是物业服务企业的中、高级管理人员，更应是复合型的人才。

3. 文化素质。物业管理人员应接受良好的教育，知识面要宽，接收信息、快速反应的能力要强。要了解一定的经济学、美学、法学、社会学等学科知识。这样在工作中才能与业主或使用人沟通思想，交流感情，以达到相互理解、相互尊重的目的。

4. 审美素质。物业管理人员的审美素质，是较高层次的素质。审美素质能够帮助物业管理人员更好地为业主、使用人服务，最大限度地满足业主、使用人的精神需求。

5. 身心素质。是指生理素质与心理素质。良好的身心素质，具体表现为物业管理人员的健康体魄、旺盛的精力；仪表端正、热情大方；知难而进，不怕挫折。无论生理和心理，都有较强的适应社会的能力。

（二）物业管理师制度

为了规范物业管理行为，提高物业管理专业人员素质，维护房屋所有权人及使用人的利益，根据《物业管理条例》及国家职业资格证书制度的有关规定，人事部、建设部于2005年制定了《物业管理师制度暂行规定》（以下简称《暂行规定》）及《物业管理师资格考试实施办法》，自2005年12月1日起施行。《暂行规定》第3条规定：“本规定所称物业管理师，是指经全国统一考试，取得《中华人民共和国物业管理师资格证书》，并依法注册取得《中华人民共和国物业管理师注册证》，从事物业管理工作的专业管理人员。”

1. 物业管理师必备的知识和能力。《暂行规定》中规定，物业管理项目负责人应当由物业管理师担任。物业管理师应当具备以下执业能力：

（1）掌握物业管理、建筑工程、房地产开发与经营等专业知识。

（2）具有一定的经济学、管理学、社会学、心理学等相关学科的知识。

（3）能够熟练运用物业管理相关法律、法规和有关规定。

（4）具有丰富的物业管理实践经验。

2. 物业管理师的领导艺术。物业管理师应具备如下的领导艺术：

（1）及时制定企业的经营目标与发展规划。物业服务企业的经营目标和发展规划是企业前进的方向和动力，没有目标和规划的企业，就像是一艘在茫茫大海中漫无目的航行的船。同时，物业服务企业管理人员还要看准市场形势的瞬时变化，及时制定企业的经营目标和发展规划，否则，时机稍纵即逝，也就很难提高其市场竞争力。

（2）善于发现人才、使用人才。物业管理市场的竞争是管理服务的竞争，说到底也就是人才的竞争。人才是企业生死存亡的关键，有了人才，就有了物业服务企业发展的实力；没有人才，物业服务企业将失去竞争的条件。因此，物业服务企业管理人员一定要重视发现、培养、选拔和真心使用人才，知其所长，用其所长。要让人才以企业为家，以物业管理为终身事业。不会发现人才、使用人才的物业服务企业经理，不可能把物业服务企业带好。

（3）组织制定并执行一套科学的规章制度。没有规矩，不成方圆。没有一套健全的规章制度，物业服务企业就难以处理在经营管理中出现的问题和纠纷，也很难奖勤罚懒，激发员工的积极性和创造性。所以，物业服务企业管理人员一定要注意抓好制度建设，特别要注意抓好分配制度、奖惩制度、责任制度。要通过这些制度，把企业中的一切工作落实到人，并把工作业绩与各项物质利益相挂钩。

（4）积极协调对内、对外关系。目前，我国社会主义市场经济还处在建设阶段，物业管理在我国开始的时间也并不长，加之受几千年传统价值观念与礼仪观念的影响，物业服务企业要想顺利开展物业管理经营活动，没有地方政府及相关部门的领导和支持，没有广大业主的充分理解，没有企业内部员工的积极配合，显然是不可能的。作为物业服务企业的管理人员，要充分认识到协调对内、对外关系同企业生存与发展的密切关系，并积极创造条件，亲自带领企业各级干部加强各种公关活动，努力营造一个良好的物业管理环境。

（5）抓关键工作。物业管理的经营活动内容比较繁杂，大到房屋及其设备的维修养护，小到居民的柴、米、油、盐、酱、醋、茶等，每一件工作，物业服务企业都要做细、做好。但作为物业服务企业的管理人员，不能事无巨细、亲力亲为，而要去抓那些影响物业服务企业生存和发展，以及关系到企业在社会上的声誉等大事，只有把这些大事做好，抓好企业的经营决策，才能保证物业服务企业的健康、稳定发展。

(6)关心员工利益。作为物业服务企业的管理人员，其作用主要是制定经营决策、驾驭企业全局、指挥与领导等，而决策的贯彻执行需要广大员工的艰苦工作与努力，没有广大员工的具体劳动，再好的决策也只能是空想。从这个角度看，员工提供管理服务的积极性直接关系到经理决策贯彻执行的程度与效果，甚至关系到企业的市场竞争力。所以，物业服务企业的管理人员一定要时刻关心员工的利益，千方百计满足员工各种合理的要求，要让员工感到自己是企业中的重要一员，是企业的主人，从而增强责任感和事业心，以利于企业管理服务活动的顺利进行。

3. 物业管理师资格考试。物业管理师资格考试实行全国统一大纲、统一命题制度，原则上每年举行一次。

(1)报名条件。《暂行规定》第 9 条规定："凡中华人民共和国公民，遵守国家法律、法规，恪守职业道德，并具备下列条件之一的，可以申请参加物业管理师资格考试：①取得经济学、管理学与工程或土建类中专学历，工作满 10 年，其中从事物业管理工作满 8 年。②取得经济学、管理学与工程或土建类大专学历，工作满 6 年，其中从事物业管理工作满 4 年。③取得经济学、管理学与工程或土建类大学本科学历，工作满 4 年，其中从事物业管理工作满 3 年。④取得经济学、管理学与工程或土建类双学士学位或研究生班毕业，工作满 3 年，其中从事物业管理工作满 2 年。⑤取得经济学、管理学与工程或土建类硕士学位，从事物业管理工作满 2 年。⑥取得经济学、管理学与工程或土建类博士学位，从事物业管理工作满 1 年。⑦取得其他专业相应学历、学位的，工作年限及从事物业管理工作年限均增加 2 年。"

(2)考试内容。物业管理师资格考试科目为《物业管理基本制度与政策》、《物业管理实务》、《物业管理综合能力》和《物业经营管理》。《物业管理师资格考试实施办法》第 5 条规定："符合《暂行规定》有关报名条件，并于 2004 年 12 月 31 日前评聘工程类或经济类高级专业技术职务，且从事物业管理工作满 10 年的人员，可免试《物业管理基本制度与政策》、《物业经营管理》2 个科目。”

物业管理师资格考试成绩实行 2 年为一个周期的滚动管理办法，参加全部 4 个科目考试的人员必须在连续两个考试年度内通过全部科目；免试部分科目的人员必须在一个考试年度内通过应试科目。

考试合格通过后，将取得人事部、建设部印发的《资格证书》。

（3）注册。取得《资格证书》的人员，必须经注册后方可以物业管理师的名义执业。建设部为物业管理师资格注册审批机构，省、自治区、直辖市人民政府房地产主管部门为物业管理师资格注册审查机构。

取得《资格证书》并申请注册的人员，应受聘于一个具有物业管理资质的企业，并通过聘用企业向本企业工商注册所在省的注册审查机构提出注册申请，注册审查机构一般自受理注册申请之日起 20 个工作日内作出审批决定。

物业管理师资格注册有效期为 3 年，有效期届满需要继续执业的应按申请注册程序申请延续注册。

（4）执业。物业管理师的执业范围包括：制定并组织实施物业管理方案；审定并监督执行物业管理财务预算；查验物业共用部位、共用设施设备和有关材料；负责房屋及配套设施设备和相关场地的维修、养护与管理；维护物业管理区域内环境卫生和秩序；法律、法规规定和《物业管理合同》约定的其他事项。

物业管理项目管理中的关键性文件必须由物业管理师签字后实施，并由其承担相应的法律责任。物业管理师应当妥善处理物业管理活动中出现的问题，按照物业服务合同的约定，诚实守信，为业主提供质价相符的物业管理服务。

《暂行规定》第 33 条提到，物业管理师应当接受继续教育，更新知识，不断提高业务水平。每年接受继续教育的时间应当不少于 40 学时。

二、物业服务企业一般员工培训

（一）物业服务企业一般员工培训的基本内容和要求

我们在第一章谈到物业管理行业的一个显著特点是：物业服务企业的每一个员工直接面对广大住用人，员工的基本素质与即时表现会直接影响到所提供的服务质量，直接影响到广大住用人对物业管理水平的评价。因此，物业服务企业的各级管理者必须高度重视和加强对员工的经常性培训、教育及日常管理和引导。

一般员工通常由物业服务企业自己培训，国家有上岗要求的专业性、技术性岗位，如电梯维修、锅炉操作等，其人员还要参加政府有关行业主管部门组织的专业培训，并经考核合格后持证上岗。

培训的基本内容和要求。物业管理人员培训的内容包括思想建设、作风建设和业务建设三个方面。

1. 思想建设。要教育企业员工树立全心全意为业主和使用人服务的思想意识，积极引导全体员工把“服务第一，住户至上”放在考虑问题的首位。“服务第一，住户至上”也就是“想用户之所想，急用户之所急，解决用户之所难”，是一种服务观念的体现。具体来说，即服务态度：文明礼貌、服务行为合理规范；服务效率：及时快捷；服务效果：完好满意。教育倡导“创业爱业，爱我物业，管理服务，住户至上”的企业精神。

从根本上讲，思想建设主要就是职业道德教育。职业道德是从道义上规定应以什么样的思想感情、态度和作风去待人处世，做好工作。也就是说，它是依靠舆论的力量，依靠员工内在的信念和自觉自愿来实现的。因此，它没有很强的约束力。所以，职业道德教育还要与明确职业责任相结合。职业责任规定了员工的工作数量、质量、时间、效益的标准，它依靠规章、制度、条例、守则和奖惩办法等来调整员工与住（用）户、员工与社会之间的关系，从而具有较强的强制性，能够保证物业管理工作较好地完成。

2. 作风建设。作风反映了物业服务企业的企业形象，同时也是检验员工队伍管理和服务质量的一个重要尺度。由于工作作风主要是靠日常养成的，往往得不到足够的重视。因此，在对员工的教育培训中，要注意采取各种各样的形式来强化员工的作风训练和日常养成。如组织新员工上岗前参加军训、参加礼仪培训、观摩优秀社区的管理等等。

3. 业务建设。业务水平的高低，直接关系到管理和服务的质量，关系到企业的形象和经济效益。因此，进行员工的教育培训要重点抓业务建设，以提高物业管理人员的素质。对一般员工来说，虽然不要求学习《通知》中规定的课程，但也要通过短期培训、专题讲座、技能竞赛等方式，促使他们掌握从事本岗位工作所必备的知识、技能与能力，提高他们的业务素质和水平。

在员工培训和队伍建设的过程中，思想建设即服务意识是第一位的。服务实质上是一种交流，服务的最高境界并不是满足服务对象的“实际需求”,而是满足服务对象的“心理需求”。

另外,员工的基本心态是搞好管理服务的基础。物业服务企业普通员工队伍(保洁、保安、维修、服务人员)的构成有其特点,尤其是在大城市,其工资待遇通常低于当地的平均工资。收入水平的差距必然会在社会不同阶层人员的心目中产生影响,导致对社会、对工作、对人生的基本心态的变化,会直接、间接地影响每个人的日常工作。特别是如何调整、引导好处于物业管理第一线的普通员工的基本心态,就不仅仅是个人的问题,而是关系到物业管理服务的质量、全社会和谐的大问题。

调整员工的情绪是物业服务企业各级领导者日常管理工作的重点。人都是有情绪的。物业管理服务日复一日、年复一年,如何使每一个员工时刻保持饱满的工作热情,尤其是在工作生活中遇到挫折、受到委屈时,还能用良好的心态去对待,而不让一时的情绪影响工作。这是物业服务企业从总经理到班组长日常工作的重点。

(二)培训的形式

物业服务企业的人员培训与素质建设,可通过多层次的培训、教育和继续教育进行。

1. 上岗培训。这是为新聘员工提供基本的入职知识和操作的培训。包括:企业历史介绍、本企业的组织结构、安全与保安知识、卫生知识、员工手册宣讲、服务意识的培育等。其中,员工服务意识的培训极为重要,要让新员工不仅有服务的概念,还要把服务当成一种技能来学习。通过上岗培训,可以认定新员工的上岗资格。上岗培训是员工上岗之前进行的全面培训,培训时间至少应在3个月以上。

2. 在职培训。这是为在职员工学习履行职责所必需的知识和技能所进行的经常性的短期培训。其培训内容主要针对员工的工作要求而定,通常包括:工作技能培训、管理技巧和语言培训。培训主要由企业人事部门(或办公室)组织各主管部门负责人来实施。培训的具体形式包括:

(1)轮转学习。要求各类人员除学习本岗位知识外,还要轮流到相关岗位学习,以便能对相关岗位加深了解和联系,便于实行一专多能,以达到压缩人员编制,节省管理成本的目的。

(2)总结经验。第一,每年物业管理的经验教训必须进行总结,对其精髓应完好地保存下来,对存在的问题要努力克服;第二,系统总结经验,对企业员工而言,等于又一次进行了系统的培训;第三,通过系统总结,可以整理出一套物业管理经验汇编,作为指导、监督物业管理工作的指南。

(3)专题讲座。为物业管理人员了解某一问题而组织专题介绍、交流和探讨。

(4)外派培训,包括参加短期的培训班和学历教育。物业服务企业可以根据工作需要选派人员进行短期的专项培训。方式是参加国内或国外企业、教育机构开设的短期培训班。学历教育是较为长期的系统学习,根据员工的不同层次、不同条件、不同水平,选拔那些热爱物业管理工作,又有发展潜能的员工进行高层次的学历教育,培养物业管理高级专门人才。

3. 交叉培训。交叉培训一般是为了帮助员工增长本职工作以外的知识或进行员工提升的准备工作,或为了吸取其他方面的经验而进行的一种培训。它可以在本企业内部各部门之间进行,方式是安排员工到其他部门工作,一边工作一边学习,以便积累各方面的工作知识,丰富对企业各部门的认识,成为后备的多能人才。

三、物业管理人员培训的组织与实施

物业管理人员的培训是物业管理工作的重要组成部分。物业服务企业应有专人负责,最好有1名主管领导分管,并设立专门的机构负责培训工作。该机构的主要工作是:①根据企业发展规划、工作需要和员工的实际情况,制定并执行长期的培训安排;②确定各级人员的培训要求,听取各部门的培训需求,制定相应的训练计划;③组织实施各种培训课程和活动;④收集培训资料,编制符合企业经营管理特点的基础教材;⑤维护培训设备与场地,充分开发与利用各类培训资源;⑥做好员工的培训档案管理工作等。

在组织安排内部员工培训工作中,要坚持三个原则,即统一规划、分步实施、逐步推开的原则;实行多层次、多形式、多渠道培训的原则;先培训、后上岗的原则。同时,还要做到以下三个结合:

(一)理论与实践相结合

物业服务企业中的高、中级领导是企业决策与管理层,对他们的教育与培训,要重点进行理论学习,以提高他们的理论修养和进行预测决策的能力。但理论学习不能脱离物业管理实际,应把理论学习与物业管理实践结合起来,通过安排一定的实践环节,帮助学员检验自己所学的理论,并自觉利用理论来指导物业管理实践。那种只重视理论学习,或者只重视实际操作训练的做法，都不会起到应有的培训效果。

(二)长期培养和短期培训相结合

长期培养主要是进行学历教育，其优点是，讲授的内容一般比较全面，系统性较强；其缺点是，培训周期一般较长(2～4年)。物业服务企业大多数员工都不可能长期抽出时间来学习，因而适用对象非常有限。另外，学历教育通常不能紧密结合物业管理的实际，不能根据物业管理的发展状况随时调整教学内容与教学计划，所以，有些内容实用性不强，而且容易出现知识老化、过时的问题。

短期培训主要是举办各种短训班，其优点是，能够根据物业管理发展的实际状况和物业管理工作中遇到的实际问题，灵活设班开课，及时调整教学计划和内容，因而讲授的知识实用性一般都较强；其缺点是，短训班的培训时间通常较短(几周到3个月)，培训内容的系统性较差，往往只能解决某一方面或几个方面的物业管理实际问题，难以起到提高员工全面素质的目的。

因此，只有把长期培养和短期培训结合起来，才能最大限度地发挥两者的优点，避开两者的缺陷。考虑到在职员工的特殊性，一般宜以经常性的短期培训为主，学历教育为辅，积极开展对公司员工必要的教育培训。

(三)脱产学习与在职学习相结合

物业管理工作比较繁杂，企业每一位员工都有自己应尽的职责，因此，全部脱产学习显然是不可能的。物业服务企业的一般选择是，把那些确有发展前途的骨干选送到大中专院校脱产学习，大多数职员以在职学习为主，除参加短期培训班外，主要是利用业余时间学习。物业服务企业应建立激励与竞争机制，鼓励、支持和督促员工利用业余时间进行夜大或函授学习。

总之，物业服务企业要努力为广大员工创造一个良好的教育培训的氛围和机制，为提高员工的素质，增强企业的竞争力打好基础。

第四节　物业服务企业的自身建设

一、物业服务企业自身建设的重要性

物业服务企业的自身建设，是指物业服务企业通过企业形象设计、企

业文化建设、企业内部科学有效运行机制的建立、各项规章制度的健全与完善、管理者和员工素质的提高等方面,来提升企业的管理档次,确保企业的服务质量,增强企业的市场竞争力。

物业管理招投标市场的建立与逐步完善,既给物业服务企业通过市场获得更多发展的机会,也给物业服务企业以无情的生存压力。要么提供优质、高效,质价相符的物业管理与服务,从而获得生存与发展;要么因为提供的管理服务质次价高而遭到市场的淘汰。在物业管理市场上,消费者是真正的主人,激烈的市场竞争以及消费者不断变化的生活、工作需要以及对管理服务质量越来越高的要求,迫使每一个物业服务企业必须主动改变自己,不断改善服务态度,提高服务质量和自身素质,加强企业的自身建设。当前,“创品牌、树形象,练内功、求发展”正成为各物业服务企业加强自身建设所追求的目标。

二、物业服务企业的制度建设

(一)建立物业服务企业管理制度的基本原则

物业管理制度是关于物业管理服务活动的行为规范和行为准则。物业管理制度的建设是物业服务企业自身建设的一项十分重要的基础性工作。一般而言,建立物业服务企业管理制度应当遵循以下基本原则:

1. 合法性原则。任何一项物业管理制度,首先必须符合我国的有关法律法规。合法性原则不仅要求物业管理制度的内容合法,而且要求物业管理制度的制定程序和执行程序合法。不合法的物业管理制度,应该坚决修改或废除。

2. 市场化原则。物业管理是市场经济的产物,物业管理制度的制定,也必须遵循市场化的原则,即制定的物业管理制度必须与市场经济的价值规律、供求规律、竞争规律相一致。

3. 科学化原则。物业管理制度的制定要遵循科学化原则,要兼有定性标准和定量标准,具有较强的可操作性和科学性。主要包括以下方面:

(1)实事求是。就是要从员工与服务对象的特点及实际情况出发,实事求是地制定相应的规范和准则。制定物业管理制度,一是为更好地调动员工的积极性与创造性,二是为更好地为业主或使用人服务。它既不是用来无理限制业主或使用人,也不是用来束缚员工手脚。所以,一定要注意规章制度的标准要高低适宜、科学合理。

(2)责权利相统一。就是要注意所制定的制度中管理与服务的责、权、利相结合。对员工来说,就是给他什么样的责任,就应该赋予其相应的权力与利益;交付他什么样的权力与利益,就必须给他相应的责任。对业主或使用人来说,物业服务企业要求从他们那里得到什么样的权利,就必须承担相应的责任与义务;在承担了委托合同中规定的责任与义务后,物业服务企业也应该得到相应的权利(如按时、按量收取费用等)。

(3)定性与定量相结合。只有定性而无定量的制度,会使检查考核失去有说服力的尺度和依据,主观性与伸缩性较强;只有定量而无定性的制度,会使检查考核无法准确的定位。因此,需要把两者有机地结合起来,这样才能建立起完整的便于检查、监督、考核的制度。

(4)简明扼要。制度中的文字条款应当简明扼要,避免过多修饰词或表述含糊不清,以便员工和消费者理解、记忆、接受和执行,也便于适时进行修改、调整和补充。

(二)物业服务企业内部管理制度和外部管理制度

建立和完善物业管理制度的意义在于:一方面,它将管理内容及管理运作制度化,约束和规范物业服务企业的行为,有利于物业管理水平的整体提高;另一方面,它也有助于建立对物业管理服务的监督机制,发挥全体业主和使用人的监督作用,促进物业管理行业的健康发展。物业管理制度可以概括为内部管理制度和外部管理制度两大类。其核心是建立沟通机制、监督约束机制和奖惩机制。

1. 物业服务企业内部管理制度。内部管理制度是指物业服务企业为贯彻其经营宗旨,加强企业内部管理、落实责任,提高管理服务质量和工作效率,更好地行使物业管理权而制定的在企业内部推行的规章和制度。主要包括:

(1)员工管理条例。员工管理条例是物业服务企业最基本的内部管理制度。它对企业员工具有普遍的约束作用,是建立严谨高效的企业管理机制,提高服务质量和效率,展现物业服务企业良好社会形象与声誉的重要保证。员工管理条例主要包括:劳动用工制度、员工行为规范、员工福利制度、员工培训制度以及企业奖惩制度等基本制度。

(2)企业各部门的职责范围。这是明确物业服务企业职能分工的依据,有助于各专业或职能部门分清责任,各司其责,通力合作,以保证物业管理行为的顺畅运行。企业各部门职责范围包括:办公室的职责范围、财务部门的职责范围、管理部门的职责范围以及服务部门的职责范围等等。

(3)员工岗位责任制。岗位责任制明确了从总经理到普通员工各自的岗位职责、工作要求和所承担的相应责任,这既有利于物业服务企业全体员工相互监督,也减少了因职责不清而产生的“扯皮”和推卸责任,可以大大地促进管理服务质量与水平的提高。员工岗位责任制主要包括:决策和管理层领导的岗位责任、经理室人员岗位责任、办公室人员岗位职责、管理处人员岗位职责、工程技术人员岗位责任,保安、保洁、绿化人员岗位责任以及财务管理人员岗位责任等等。

(4)管理程序制度。管理程序制度是对物业服务企业运作过程中所经历的环节和衔接程序的规定,主要包括:员工聘用报审程序、对外文件送审程序、工程立项报审程序、部门费用报审程序、交接班程序和安全操作规程等。

2. 物业服务企业外部管理制度。物业服务企业外部管理制度泛指为明确物业管理参与者的权利与义务,规范在实施物业管理过程中物业管理权与物业所有权或使用权、国家行政管理权之间的权责法律关系,体现物业管理的客观规律,协调物业服务企业、业主或使用人、政府主管部门或职能部门行为的有关规章制度,主要包括:

(1)物业承接验收制度。物业承接验收是工程项目由建设阶段转入使用阶段的标志,是对工程项目的设计质量和施工质量的检验。因此,承接验收制度是规范物业服务企业与开发商承接验收行为及相互之间关系的制度。

(2)物业委托管理制度。这是规范物业服务企业与业主或使用人之间相互关系与委托行为的管理制度,它有助于房屋及有关附属设备设施整体综合功能的发挥。

(3)住户(用户)手册。住户(用户)手册是一种交由住户保存的文件。制定住户(用户)手册,旨在帮助业主或物业使用者了解居住区的概况、管理单位的职责权限、管理维修内容、业主或住户的权利和义务、业主行为规范以及其他应注意的事项等。

(4)房屋管理服务制度。这是加强房屋管理和监督的重要制度,它有利于及时发现和处理房屋维修问题,对有效制止与纠正使用者违章修建也有重要作用。房屋管理服务制度包括:房屋装修管理规定、业主或使用人日常报修制度等。

(5)住宅共用部位共用设施设备维修基金管理规定。1998 年 11 月 9 日，建设部、财政部联合下发了《住宅共用部位共用设施设备维修基金管理办法》(建房字[1998]213 号)，该办法对于解决住宅共用部位共有设施设备的维修问题具有极其重要的作用。

三、物业服务企业竞争力的培养

(一)物业服务企业竞争力的含义及评价

1. 物业服务企业竞争力的含义。竞争力是指一个企业在技术、市场、管理等方面具有的创造新产品、提供新服务、开拓新市场、改善落后管理状态的能力，竞争力是每个企业走向市场必须具备的基本素质和发展潜力。培育、构建和提升竞争力能使企业在社会竞争中建立和稳定自己的优势地位，增强其生命力，实现企业的良性成长和可持续发展。

物业管理市场化的发展趋势，使物业服务企业意识到，面对市场竞争打造自身竞争力是每个物业服务企业都必须面临的问题。作为物业服务企业，其竞争力主要围绕企业的服务与品质、品牌以及经营管理等三个方面得以体现。

(1)拓展服务项目与提高服务品质。一方面要降低成本创造规模经济效益，可以通过物业服务企业自身的不断发展和壮大达到企业规模增大的目的，也可以通过企业兼并重组的方式迅速完成企业规模化的扩大；另一方面，物业服务企业可以与专业服务公司进行合作。前者，物业服务企业可以投入更多人力、物力和财力开发新的高品质的服务产品；后者，物业服务企业可以促进合作企业开发新的产品，而物业服务企业只是做好指导和监督工作即可。

(2)创建管理品牌。物业管理属于一种特殊的服务行业，故而创建一流的管理品牌，直接关系到物业服务企业的生存。物业服务企业创建品牌的主要目的是，得到业主或使用人对其的认可，并在市场上赢得更多经营项目。通常，物业服务企业可以在拓展服务项目、提高管理服务质量的同时，再通过 CI、VI 等企业形象设计宣传企业的品牌。

(3)提升经营管理能力。物业管理是集多学科、多专业的系统工程，物业服务企业必须建立一套科学合理的规章制度才能协调各项工作，包括：领导制度、综合管理制度、人事制度、培训制度、考核制度等等，这些制度的贯彻执行很重要的一个方面是依靠企业内部各职能部门领导的自律，因此，提升他们的经营管理能力直接影响到企业发展的内部环境。

2. 对物业服务企业竞争力的评价。

(1)以物业服务企业采用的竞争战略策略来评价竞争力。在市场竞争中，物业服务企业可以通过很多手段来培育、构建和提升其竞争力，这些途径有时是互相联系的，但对不同的企业来说也有主次之分，因为每个企业内外部资源并不相同。我们把企业的主要竞争手段称为竞争战略。当我们评价企业竞争力的时候，必须从企业采用的竞争战略来判断，了解公司所选择的战略是否是最适合的。下面是物业服务企业常采用的竞争战略：

①低成本竞争战略。低成本竞争战略是指以低于竞争对手成本为主要的竞争手段。低成本竞争战略的优势主要在于：企业可以以低价格提供服务，从而提高其市场占有率。如果企业将其利润投入到更新设备、拓展新项目中时，又可以进一步降低成本，持续保持成本优势。实施这一竞争战略的关键是物业服务企业必须注意避免因低成本而不考虑服务质量，因为物业管理提供的就是以顾客的满意为目的的服务，低质量会降低业主的满意度，最终会被挤出竞争市场；同时还要注意低成本不要以牺牲企业资源为代价。

②集中一点竞争战略。集中一点的竞争战略是指物业服务企业集中力量为特定的市场提供其产品或服务，在局部市场中取得竞争优势。目前，很多物业服务企业都在主动或被动地选择这种竞争方式，比如一些大品牌的企业，凭借它们的人员和技术优势，积极走高端物业市场，公开宣传只接营利性好的商业物业或高档公寓，而对于那些正在建立或没有品牌形象的中、小型物业服务企业只能接到中低档的物业社区。随着不同类型物业的逐渐熟悉，物业服务企业将逐渐成熟，并会积累起不同的运作经验，使物业管理市场越来越趋向细分化。

集中一点竞争战略的关键就是企业将其有限的精力投入到细分市场中，避免了为满足整体市场需求而浪费资源。在集中的同一类型物业中，企业能凭借经营相同业务的经验和人员优势进行低成本经营。但应该提醒的是，如果企业采用这种竞争战略一定要随时对其细分市场作动态的分析，因为如果由于竞争对手的进入、服务价格的变化、业主对服务有不同的要求等因素出现时，细分市场的整体需求就会发生变化，如果企业调整业务能力缺少弹性的话，可能会遭受巨大损失。

③差异服务竞争战略。差异服务竞争战略，是指物业服务企业能针对不同的需求提供独特的服务作为主要竞争手段的战略。从集中一点竞争战略中我们知道，即便是在同一个细分市场中也会有多个物业服务企业在竞争，为了在竞争中立于不败之地及取得高于同行业的利润，企业必须了解业主和租住人的不同偏好，为其提供个性化的服务。如有的物业服务企业为远离城市的高档小区提供一对一的家庭式服务，使一些将这个小区当做度假场所的业主不用为平日的空巢担忧，随时都能享受到物业服务企业便捷的服务。

物业服务企业只要在其中某一方面或几方面可以提供有差异的个性化服务，并对潜在业主具有较大的吸引力，就会取得优势地位。与前两个竞争战略不同的是，差异服务战略是以高成本的服务价格为导向的。因此，企业在采用这种竞争战略时必须取得顾客的信赖，企业应通过品牌推广等手段创造服务、创造客户。

(2)以企业的资源来评价竞争力。这里所说的企业资源主要是指物业服务企业的规模、员工素质、技术能力、管理与服务的质量、对市场竞争反映的速度等。

①物业服务企业的规模。规模是物业服务企业在竞争中取胜的重要因素，主要包括：自身资产规模、员工结构组成、经营业务的规模等。我国物业管理业虽然产生较晚，但发展相当迅速。近几年来，全国各地的物业服务企业不断创立，国外及我国香港、台湾等地高水平物业服务企业也携其优势不断涌入，适应更加激烈的竞争，选择组建现代企业制度的集团化规模企业，已成为一种时代的趋势。集团化的物业服务企业可以实现项目之间的资源共享，节省管理成本，创造规模经济效益。另外，对于没有能力组建集团公司的企业，也可以依据自身特点和市场需要，建立人员素质精良、业务知识全面的物业服务公司，联合社会各个专业服务公司，对大规模的物业进行管理。

②物业服务企业的员工素质。前面提到物业管理是一项较复杂的系统工程，尤其对现代的智能物业以及服务水准要求越来越高的客户而言更是这样。物业服务企业除了拥有管理资金外，还必须拥有掌握专业技能的管理人员和掌握专业技术的一线作业人员，这涉及物业服务企业的员工素质、工作态度等人力资源开发与培训等问题。物业服务企业只有重视管理人员的经营水平，作业人员的业务和服务水平，才能不断开发出市场需要

的新产品,才能时刻使业主或使用人满意。

③技术能力。这里的技术能力是指物业服务企业技术创新与管理的能力。第一,技术的创新与管理能力的增强可降低物业的运营成本,为物业服务企业取得低成本优势奠定基础;第二,物业服务企业也可以通过技术的创新和管理能力的增强,延长物业的自然寿命,这是物业服务企业存在的根本原因;第三,技术的创新与管理能力的增强还可取得技术竞争优势,为企业在竞争中居于有力的市场优势创造条件;第四,技术创新能给业主带来更多的服务产品。

④管理与服务的质量。提高物业管理与服务质量的目的是为了满足业主或使用人的需求。物业服务企业通过开展各种活动,树立高质量的企业形象,不但能在质量上超越竞争对手占领市场,还能取得高于市场价格的竞争利润。如果采用高质量的服务竞争战略,务必要求物业服务企业具有先进的管理经验和较高的科学技术水平,同时,开发设计的服务项目应符合消费者需要,不应花过多的精力追求过高甚至超高的质量,另外要注意管理与服务的高质量有赖于公司所有部门来共同完成。

⑤对市场竞争反应的速度。在机遇稍纵即逝的今天,市场竞争是人才和时间的竞争,更是速度的竞争,因此,对市场竞争的反应速度是衡量企业竞争力的一个重要标准。当物业服务企业面对市场将实施某种竞争战略或将推出某种独特的服务时,必须反应迅速,不给其他企业留下空当,这就要求物业服务企业应采用切实的组织形式,管理决策层的运转必须是高速、有效的。

(二)物业服务企业的品牌建设

1. 物业管理品牌。物业管理的品牌比较独特,是由物业的品牌与物业管理的品牌共同构成的。物业可以影响物业服务企业在社会中的名望;反之,物业服务企业也可以影响这个物业的品质,声誉良好的物业服务企业可以让人们对所购物业产生信任及对将来的服务感到放心,成功的物业管理品牌会对物业的销售产生非同一般的社会效果,会提高物业产品的竞争力。

在物业管理市场竞争日趋激烈的情况下,物业服务企业要生存发展必须走品牌化道路,这不仅是物业服务企业自身也是物业管理行业的必然选择。所谓物业管理品牌,就是物业服务企业要创建一系列由文字、标记、符号、图形、色彩等要素有机组合的有别于其他物业服务企业的商业名称或其标志，主要包括物业服务企业品牌及物业管理服务品牌。

物业服务企业品牌的构成要素主要包括两个方面：①物业服务企业的知名度，即物业服务企业被行业或公众认可和知晓的程度，它反映了物业服务企业在行业中的声誉和地位；②物业服务企业的经营理念，主要指企业的价值观、责任观、行为观和人才观，它反映企业与其员工共存共荣的发展理念及为业主提供服务的品质。

物业管理服务品牌由物业管理服务的项目、收费标准、服务的态度、质量及创新能力等构成。物业管理服务品牌是物业服务企业品牌的物质体现，物业管理品牌的产生及发展有赖于物业服务企业提供的服务，也依赖于物业管理服务对象等各方面对其的评价。

2. 物业管理品牌的创建。物业管理品牌的基础或核心是管理服务质量，因此，创建物业管理品牌，首先必须提供适合物业的物业管理服务。物业服务企业的良好信誉，不是凭一两个好的创意或空洞口号得来的，而是经过多年的实际经营，日积月累得来的。

物业服务企业在创建品牌时，其侧重点应有所不同，要根据物业性质和目标客户背景需求的不同，提供不同档次的服务项目。对于中低档的物业，主要是提供维修保养、保安清洁等保证基本生活或工作的服务，其他的服务要尽量简化，关键是物业服务收费要低；对于高档物业，其设备、设施都比较先进且功能多，客户在技术和管理方面对物业服务企业可能也有更高的要求，因此，物业服务企业在创建品牌时，必须充分考虑到各种因素，尽量为业主提供舒适和便捷的生活或工作环境。

物业管理品牌的创建主要包括硬件和软件。硬件主要指物业服务企业品牌名称、服务项目、服务质量和品质等能感受到的可量化评价的内容；软件主要指物业服务企业的研究发展、市场定位、产品扩展等看不见的企业发展能力。

品牌名称是品牌给人的第一印象，对客户起着潜移默化的作用，其标识性可以给人以强烈的心理暗示，可以代表品牌的价值或文化；服务项目和质量是企业与客户沟通的物质基础，能使客户实实在在地感受品牌的服务；物业服务企业的软件建设标志其可持续发展的潜力，如市场的开拓、项目的定位、目标群体的需求等研究能力，这可以说明一个物业服务企业是否具备对物业发展的预见性和战略性，因此，品牌的软件建设是硬件的必备条件。

3. 物业服务企业的诚信建设。

(1)物业管理行业诚信建设现状。在物业管理品牌建设过程中,物业服务企业的诚信建设十分重要。几年来,房地产业始终没有停止诚信建设的步伐。政府的积极倡导,社会与媒体的关注和呼吁,众多物业服务企业自身的努力探索和实践,使全行业的诚信建设取得了不少成效,涌现出一批注重社会责任、诚信意识强的优秀企业,也出现了一些加强诚信建设的典型事件和典型人物,行业形象开始改变。但客观地讲,全行业的诚信建设还没有得到根本改观,还有诸多问题,不尽人意。诚信建设还没有真正成为全行业各企业自觉的、积极的、主动的自我意识、自我约束和自我要求,而是注重形式的多、注重宣传的多、注重表面文章的多。

(2)正确认识诚信的本质。诚信的本质是什么?通俗地讲,就是为人处事的基本理念、基本原则。那么,诚信与法律又是什么关系呢?

首先,诚信的要求与法律的要求是两个层面的东西,不是一回事。其次,守法是诚信的及格线,是诚信建设的出发点,而不是诚信建设的目的。只有在守法的基础上,才能谈诚信建设;否则应先进行法制教育、法制建设。第三,诚信的标准高于法律的要求。

有这样一种说法:法律不禁止的就是允许的。从法律的角度看,法律上没有禁止的行为都是可行的,但从诚信的角度分析就不尽然了。企业和个人的行为不仅要考虑法律的约束,同时要兼顾社会责任和传统道德的约束。健全的法律是社会发展和社会进步的重要前提和保障,但任何一个法律体系都是残缺的完整,都存在着或多或少、或大或小的"漏洞"。真正意义上的诚信建设就要求企业和个人从主观上要"忽视"这些漏洞,不去钻法律、政策的空子,进而用诚信的高标准去要求自己,去主动弥补这些"漏洞"给社会、给消费者带来的不利影响,只有这样,才能把诚信建设引向深入。

(3)诚信建设的几个层次。物业服务企业的诚信建设可分为以下几个层次:①言有信,行有果。"信"和"果"应该是客观、真实、全面的;②言必行,行必果。这是高一个层次的诚信建设,它的实现首先要求物业服务企业在作出承诺时应实事求是,留有余地;其次,不以任何理由为没有完全兑现的承诺找借口,在任何情况下,只要有实现承诺的可能,都要千方百计克服困难去实现承诺;③从可持续发展的角度来认识、实施企业的诚信建设。这是诚信建设的更高标准,诚信建设只有成为企业的自我意识、自我约束和自我要求,才能把全行业的诚信建设引向深入,从而创造出更加优质的物业管理品牌。

4. 物业管理品牌形象策划。

(1)企业形象策划的原则:

①个性化原则。企业形象策划从根本上说,就是要塑造企业的个性。首先,要突出物业管理行业区别于其他行业的个性,把形象设计的要素与企业的要素结合起来,显示出物业服务企业的特征;其次,要突出本企业与其他物业服务企业明显不同的经营理念与风格特点;最后,要根据不同竞争者的特点,确立相应的“差别化”战略,从而奠定自己在物业管理市场中独特的位置,避开或击败竞争对手。

②社会化原则。企业策划设计的目的,就是要让企业得到社会大众(包括企业员工)的认同,从而使企业的形象得以提升。在进行形象设计时,既要自觉适应并引导社会心理,又要积极顺应时代发展的潮流。

③系统化原则。在进行形象策划时,一定要注意系统化的原则,力争将企业理念、战略识别、品牌形象、员工行为规范及形象定位统一起来。只有使企业内外、上下、前后实现统一化,才能给社会大众以信心,才能增加企业形象设计的可信度,也才能显示出企业的整体形象。否则,前后不一、相互矛盾,就会给消费者造成困扰,最终失去社会大众对企业的信任和好感。

(2)形象策划的程序:

①实态调查阶段。其主要内容包括公司主要管理者的个性调查,企业的发展历史,当前市场竞争的生存环境以及企业文化活动和发展战略等等。

②分析研究阶段。就是对实态调查取得的资料进行整理、归纳,并形成分析报告。分析报告包括三个方面的内容:第一,企业经理的个性分析;第二,市场与竞争对手分析;第三,企业文化的现状分析。

③创意策划阶段。完成上述阶段后,就可以与企业相关工作人员一起,酝酿构思对企业个性系统进行设计的总思路,通过大家的讨论,集思广益,形成最后方案。

④设计策划阶段。设计思路形成以后,就可对设计中的外在与内在识别系统进行定位。一般来说,外在形象系统主要有标志、广告语、服饰、形象以及象征性的字体等;内在形象系统主要有经营理念、企业精神、制度规范以及公关等。

设计策划阶段有三个步骤:①由 CI 设计专家进行设计;②专业制作人员制作;③企业有关工作人员参与认可。完成这三个步骤以后,整个 CI 设计阶段才算完成。当然,这也仅仅意味着企业个性塑造的初步完成,只有该 CI 设计得到企业全体员工和社会公众的广泛认同,变成全体员工自觉执行的企业规范和社会公认的企业形象才算最终完成。

5. 物业管理品牌的传播。为了提高知名度,物业服务企业除了进行形象策划外,还要对品牌进行适宜的宣传,使广大消费者了解、认识、接受,并选择其服务。

品牌宣传,首先要确认接受其管理服务的目标客户,其次要选择媒体的受众群,媒体很多,如电视台、电台、报纸、刊物、杂志、互联网,甚至包括一些公共关系管理活动的口碑传达,这之后才能考虑投放方式。物业服务企业在进行宣传时,一定要做好以下具体工作:

(1)经济性分析。在物业服务企业做出选择传播策略之后,必须注意控制投放的力度和频度,这关系到企业运营成本。经济成本应是物业服务企业要周全考虑的第一要素,成本和所取得的效益必须相一致。

(2)突出本品牌物业服务企业的管理实力。主要体现在物业管理的资金及人员规模、专业化程度以及从业人员的素质与专业水平等方面。物业服务企业的实力能够给人一种理性上的认同与信任,使客户在思想上接受物业服务企业的品牌。

(3)注意业绩的描述。物业服务企业的业绩可以使人有感性上的认识,包括:管理的建筑面积、种类;业主的反映、媒体的报道情况;行业内的评价等。

(三)提升物业服务企业的经济管理能力

1. 确定合理的经营目标。物业服务企业是有偿出售管理和服务的自负盈亏企业。其经营的主要业务包括:对物业硬件如设备设施及物业场地的管理,以及对物业的软件如业主或使用人的服务;另外,由于物业服务收费原则是以支定收,一般物业服务企业的利润都不高,如果企业要想获得好的收益,并不断地发展,就必须搞好"一业为主,多种经营",即在搞好物业管理的基础上,积极扩展服务领域,不断增加服务项目。

2. 整合物业服务企业的经营理念。主要包括:①效益为先的经营理念;②成本控制的经营理念;③安全的经营理念;④服务的经营理念;⑤全员参与的经营管理观念;⑥注重与业主和使用人的沟通。

3. 物业经营管理活动的运作。物业服务企业提供的专项或兼营服务项目，必须经过市场调研来选择合适的经营项目。做好市场调查与预测，才能有效地针对不同场合、不同人群，提供适用的产品与服务，减少物业服务企业经营服务中的风险性与盲目性。市场预测的主要内容包括：对服务项目的市场需求量的预测；对经营规模的预测；对服务价格的预测；营利周期的预测；投资与回报比率的预测；对市场竞争情况的预测，等等。

DI 第 四 章 SIZHANG 物业管理的行业管理

经济体制的变革必然导致社会管理体制的巨大变化。政府对社会事物的管理在计划经济和市场经济体制下,其性质和规则存在巨大差异。

在计划经济体制下,一切社会事物都由政府管理,行业管理自然由政府全权负责。但市场经济的基本思想是首先发挥"看不见的手"的作用,当市场机制本身能够发挥作用的时候,政府不应当进行干预,只有当市场失灵时,才需要政府以适当的形式进行及时和恰当的干预。

在计划经济向市场经济转轨的过程中,需要讨论原来由政府管理的事务哪些需要保留,哪些需要交由其他组织管理或者根本不应该进行外在的干预。从行业管理的角度看,在市场经济体制下,行业管理的主体有两个:一是政府;二是行业协会。政府通过法律授权,代表社会公众利益履行必要的管理职责。政府的权限在法制条件下是受到严格约束的,对行业管理不可能面面俱到,这就需要行业内的企业组织起来建立行业协会,为了行业自身的利益进行自我管理。从国内外的实践来看,市场经济越发达,行业协会也越发达。我国的行业管理正处在一个从全面政府管理转向政府与行业协会共同管理的过程。

第一节　政府对行业的行政管理

一、市场经济与依法行政

市场经济的基本理论认为,市场机制本身能够发挥作用的时候,政府不应当进行干预。但市场本身并不能解决所有问题,公共产品、外部性、自然垄断和信息不对称等因素都将导致市场失灵。当市场失灵时,就需要政府以适当的形式进行干预。因此,在市场经济制度下,政府对某一特定行业的管理首先要研究哪些问题应由政府管理,哪些问题应通过其他方式解决。

然而,公共政策研究者也发现,政府行为同样会发生政府失灵,也就是政府无法发挥应有的作用,甚至为了追求权力和利益从事大量不应当进行的活动。政府失灵源于很多复杂的因素,比如,民主选举制度本身的缺陷、组织的委托代理问题、腐败行为等等。随着社会的发展,政府对社会事物的管理领域并不是在减少,而是在增加。管理的形式和手段也越来越丰富。如何能够在发挥政府作用的同时防止公权力的滥用,防止政府肆意侵犯个人和组织的利益,这是另一个重要问题。在民主法治的框架下,这就需要通过法律对政府行为进行授权、规范和约束,其主要表现形式就是行政法。

本节首先对市场经济条件下行政法的基本原则进行介绍,随后分析物业管理行业中,行政管理的内容及对其具体工作的要求。

二、行政法的目的及其基本原则

(一)行政法的目的

法律是调整社会关系的规范。在法律上,社会关系通常分为两大类:私法关系和公法关系。私法关系指的是平等主体之间的关系,如公民之间、公民与企业之间的关系都是平等的民事主体之间的关系,体现私人利益之间的关系。公法关系指的是不平等主体之间的关系,在行政管理中,政府与公民或企业的关系就是不平等的,政府可以以其强制力要求公民或企业服从管理,体现的是社会公共利益与私人利益之间的关系。

私法和公法的基本原则是截然不同的。私法关系,因为其主体平等,所以基本原则是意思自治,契约自由,自己为自己确定权利义务,只要法律没有禁止的行为都是允许的。民法就是典型的私法。市场交易通常是平等主体间的行为,通过合同来约束双方的权利义务。在物业管理中,业主、业主大会、业主委员会与物业服务企业的关系就是私法关系。

公法关系,由于政府具有强制力,为了保护公民的合理权益,就必须对政府权力进行严格的限制。根据宪法的基本原则,政府是权力机关的执行机关。政府不是权力的拥有者,而是执行者。政府所有的权力来源于权力机关的授权,直接体现为法律的授权。政府没有自治的权力,只能依照法律的规定行使权力。大量实践证明,对公权力不加以控制必然导致权力膨胀,带来腐败和侵权。因而,公法的基本原则是,法律不允许的就是禁止的,公权力即不能放弃也不能交换。行政法就是典型的公法。在物业管理中,政府对行业的管理行为必须遵守相关行政法的规定。

行政法调整的是政府与公民或其他组织之间的行政法律关系,其根本目的是控制公权力,其核心问题是行政权力的来源及其合法性。

(二)行政法的基本原则

行政法的基本原则是讨论具体行政行为的基础。行政法的基本原则可以归纳为3个方面:行政合法、行政合理和程序正当。

1. 行政合法原则。行政合法,即通常所说的"依法行政"。首先,行政权力必须基于法律授权而存在;其次,行政权力的行使必须同时遵守实体规范和行政程序规范;第三,行政职权与职责是统一的,不履行或拖延履行法定职责,同样要承担相应的法律责任。

2. 行政合理原则。由于在法律授权之下,行政机构仍拥有一定的自由裁量权(比如,对罚款金额的确定等)。因此,行政法还要求行政行为的内容要客观、适度、合乎理性,符合授权的目的,符合自然规律和社会道德。比如,赋予政府行政处罚权的目的是为了规范社会行为,如果政府为了获得收入而随意加大罚款金额就违背了授权的目的,违背了行政合理原则。

3. 程序正当原则。二战之后,各国政府对社会事务管理的广度和深度都大大增加,面对日益庞大的行政权力,传统的行政监管体系作用已经十分有限,需要有新的控制权力合法性和合理性的途径。随着行政主体自由裁量范围越来越大,在对权力的实体内容越来越难判断的情况下,权力行使的程序就成为越来越重要的权力控制方式。

程序,体现为一系列细致又可操作的制度。我国仍然是一个行政人员主观随意性很强的国家,历来"重实体、轻程序"。对行政程序的规范应当得到越来越多的重视。

程序正当原则主要体现在两个方面,即行政参与和行政公开。

(1)行政参与。行政参与原则是指行政主体在实施行政行为的过程中,行政相对人有权参与行政过程,并有权对行政行为发表意见,而且有权要求行政主体对所发表的意见予以重视。在国家机关作出各项实体权利决定时,公民只有享有充分的陈述意见、辩论等参与机会,才可能真正捍卫自己的基本权利。行政机关在行政活动中能够充分、直接听取公民意见,有利于避免错误和违法行为，同时有利于公民加强对行政机关的监督。

行政参与原则的核心是公平听证。行政主体在作出对当事人的不利决定时，必须听取当事人的意见，举行听证程序，不能片面认定事实，剥夺对行政相对人陈述、申辩的权利。

(2)行政公开。行政公开的基本含义是：政府行为除依法应保密的以外，应该一律公开进行，公开是原则，不公开是例外。

虽然行政公开对行政行为的效率会带来一定的影响，但在第二次世界大战之后，随着行政权力的日益扩张，行政公开越来越受到重视。行政公开使行政活动具有可预测性，是防治腐败最好的防腐剂。

行政公开的具体内容主要有：①一切涉及公民权利义务的规范性文件必须公开，未经正式发布，不发生法律效力；②重大决策过程公开；③财务收支情况公开；④干部任职公示；⑤公民有权要求政府提供咨询。

在物业管理活动中，业主大会和业主委员会的活动，可以看做是在物业管理区域内行使业主授予的公权力。除了基本原则之外，业主大会和业主委员会活动的规范主要应当依靠程序(《议事规则》)来进行约束。行政法中有关程序正当的要求，对于业主大会和业主委员会的运作同样具有重要的借鉴意义。

三、物业管理行业的行政法

(一)行政法的组成

行政法在形式上并没有一部统一的法典，只要是规范行政关系的条文，都属于行政法的范畴。比如，《物业管理条例》中规范业主与物业服务企业关系的条文属于民法的条文，而授予政府权力的条文，例如，“物业管理区域划分的具体办法由省、自治区和直辖市制定”，或者规定政府义务，例如，“有关行政部门在接到物业服务企业的报告后，应当依法对违法行为予以制止或者依法处理”的条文就属于行政法。

与物业管理行业相关的法律、法规和各类规范性文件非常多。实践中必须要了解不同法律文件效力等级和适用范围的差异，才能准确地理解和执行法律和政策要求；在不同文件内容发生冲突的时候，才能够有一个基本的判断标准。

2000 年 7 月施行的《中华人民共和国立法法》(以下简称《立法法》)对我国立法活动的规范、各级别法律的立法权限和效力等级作出了明确规定。除了宪法以外，在我国能够被称为“法”的只有法律、行政法规、地方性法规、自治条例和单行条例、国务院部门规章和地方政府规章。也就是说，只有在这五类法律文件当中出现的条文，才属于行政法。

这些法律文件的制定者及其效力等级如表4－1所示。

表4－1

分类	立法权限(制定者)	公布	效力等级
法律	全国人民代表大会和全国人民代表大会常务委员	由国家主席签署主席令公布	必须遵守宪法，效力高于行政法规、地方性法规和规章
行政法规	国务院	由总理签署国务院令公布	必须遵守宪法和法律，效力高于地方性法规和规章
地方性法规 自治条例和单行条例	(1)地方性法规：省、自治区、直辖市、较大的市的人民代表大会及其常务委员会 (2)自治条例和单行条例：民族自治地方的人民代表大会	由大会主席团或常务委员会发布公告予以公布	必须遵守宪法、法律、行政法规，效力高于本级和下级地方政府规章
规章： (1)部门规章 (2)地方政府规章	(1)部门规章：国务院各部、委员会、中国人民银行、审计署和具有行政管理职能的直属机构 (2)地方政府规章：省、自治区、直辖市和较大的市的人民政府	(1)部门规章：部门首长签署命令 (2)地方政府规章：由省长或者自治区主席或者市长签署命令	部门规章之间、部门规章与地方政府规章之间具有同等效力，在各自的权限范围内施行 (1)部门规章：根据法律和国务院的行政法规、决定、命令，在本部门的权限范围内制定 (2)地方政府规章：根据法律、行政法规和本省、自治区、直辖市的地方性法规制定

在这里要注意以下几个问题：

1.效力等级问题。如果不同法律文件之间的规定有冲突，就要根据效力等级来确定应遵守哪个法律文件的规定。《立法法》确定的基本原则是：上位法优于下位法、特别法优先于一般法、新法优先于旧法。

上位法即效力等级相对高的法，比如《物权法》与《物业管理条例》相对而言，《物权法》是法律，属于上位法，《物业管理条例》是行政法规，属于下位法。因此，如果《物权法》与《物业管理条例》的规定有冲突的，以《物权法》为准。应当注意的是，行政法规效力高于地方性法规，比如，地方人大制定的有关物业管理的地方性法规，如果其中有与《物业管理条例》相冲突的内容，应当以《物业管理条例》规定的内容为准。

特别法与一般法是一个相对的概念，比如，《民法通则》与《物权法》相对而言，《民法通则》是一般法，《物权法》是特别法；《物权法》与《担保法》相对而言，《物权法》是一般法，《担保法》是特别法。

新法和旧法是指法律文件生效的时间而言。新生效的优先于过去生效的。《立法法》也规定：同一事项的新的一般规定与旧的特别规定不一致，由立法机关裁决。

在效力等级方面还应注意的是，《立法法》规定“地方性法规与部门规章之间对同一事项的规定不一致，不能确定如何适用时，由国务院提出意见”。例如，地方人大制定的有关物业管理的地方性法规，如果有与建设部制定的部门规章内容相冲突的，只能由国务院来决定以哪个文件为准。

2. 法律的适用范围。首先，要注意法律适用的地域范围，比如，国务院制定的《物业管理条例》无论城市和农村都适用，建设部的部门规章一般只适用于城市范围，地方性法规或规章只适用于本行政区域。其次，要注意法律生效的时间。《立法法》明确规定法律不溯及既往。

（二）有普遍约束力的决定、命令

在行业管理的实际工作中，在“法”以外，政府还颁布了大量适用于特定行业的规范性文件，这些文件被称为“有普遍约束力的决定、命令”，从性质上来说，“有普遍约束力的决定、命令”并不是“法”，只是设定了一定的工作规则，而且并不针对一个特定的对象。

区分“法”和“有普遍约束力的决定、命令”主要看文件公布的形式。在国务院的文件中，行政法规必须以国务院令的形式公布，比如，《物业管理条例》2003 年由第 379 号国务院令公布，2007 年由第 504 号国务院令公布其修改稿，是行政法规；而《国务院关于进一步深化城镇住房制度改革加快住房建设的通知》这一文件只有“国发〔1998〕23 号”这样的文号，就属于有普遍约束力的决定、命令。又比如，建设部制定的《住宅室内装饰装修管理办法》由第110号建设部令公布，属于部门规章；而建设部和发改委制定的《物业服务收费管理办法》只有“发改价格〔2003〕1864号”这一文号，就属于有普遍约束力的决定、命令。

在实际工作中，“有普遍约束力的决定、命令”的数量远多于各级法律文件。但是这类文件只属于政策范围，而且其制定和修改的规范性要求也远不如法律文件严格。目前还不能对这类“有普遍约束力的决定、命令”的合法性进行行政诉讼，而只能对政府的某一具体行政行为进行行政诉讼。学术界也在探讨如何审查此类“有普遍约束力的决定、命令”的合法性问题。实际工作中，仍然要遵守这些“有普遍约束力的决定、命令”，但是如果当此类文件中的规定与现行各级法律相违背时，应当以法律的规定为准。

此外，还有一类特殊的文件——标准。根据《中华人民共和国标准化法》，我国的标准有国家标准、行业标准、地方标准和企业标准。国家标准和行业标准分为强制性标准和推荐性标准。强制性标准必须执行。在物业管理行业中，有的标准由行业协会制定，比如，中国物业管理协会制定的《普通住宅小区物业管理服务等级标准(试行)》，有的标准由地方政府部门制定，如北京市国土资源和房屋管理局制定的《北京市居住小区物业管理服务标准》。不同标准的效力要看标准发布文件的具体说明。

(三)物业管理行业的行政法

按照《立法法》的原则，有关物业管理行业行政法的来源有：法律、行政法规、地方性法规、自治条例和单行条例、国务院部门规章和地方政府规章。下面列举了与物业管理相关性较强的法律、行政法规、国务院部门规章；同时还列举了一些由建设部制定的“有普遍约束力的决定、命令”。

1. 法律：

1996年的《民法通则》

1999年的《合同法》

2007年的《物权法》

2. 行政法规：

1998年的《城市房地产开发经营管理条例》

2000年的《建设工程质量管理条例》

2002年的《特种设备安全监察条例》(其中有关电梯的规定)

2003年制定、2007年修改的《物业管理条例》

3. 建设部制定的部门规章：

1989年制定、2004修改的《城市危险房屋管理规定》

1989年制定、2001修改的《城市异产毗连房屋管理规定》

1991年的《城市房屋修缮管理规定》(在2004年废止)

1992年的《公有住宅售后维修养护管理暂行办法》

1994年的《城市新建住宅小区管理办法》

1997年的《城市地下空间开发利用管理规定》

2000年的《房屋建筑工程质量保修办法》

2001年的《商品房销售管理办法》

2002年的《住宅室内装饰装修管理办法》

2004年的《物业管理企业资质管理办法》

4. 有普遍约束力的决定、命令：

财政部1998年的《物业管理企业财务规定》

国家税务总局1998年的《关于物业管理企业代收费用有关营业税问题的通知》(国税发〔1998〕217号)

建设部、财政部1998年的《住宅共用部位共用设施设备维修基金管理办法》(建住房〔1998〕213号)

国家计委2000年的《机动车停放服务收费管理办法》(计价格〔2000〕933号)

建设部2003年的《前期物业管理招投标管理暂行办法》(建住房〔2003〕130号)

建设部2003年的《业主大会规程》(建住房〔2003〕131号)

发改委、建设部2003年的《物业服务收费管理办法》(发改价格〔2003〕1864号)

发改委、建设部2004年的《物业服务收费明码标价规定》(发改价检〔2004〕1428号)

建设部2004年的《业主临时公约(示范文本)》(建住房〔2004〕156号)

建设部2004年的《前期物业服务合同(示范文本)》(建住房〔2004〕155号)

人事部、建设部2005年的《物业管理师制度暂行规定》、《物业管理师资格考试实施办法》和《物业管理师资格认定考试办法》(国人部发〔2005〕95号)

四、物业管理行业的行政管理内容

（一）政府部门的行业管理工作

政府行政主管部门进行的行业管理工作可以分为两类：一是制定行政法规、规章与有普遍约束力的决定、命令等各类管理制度的工作，此类行为不针对特定人，被称为“抽象行政行为”，是不能诉讼的；二是对特定人进行的具体管理工作，比如，资质许可、行政处罚等，这被称为“具体行政行为”，是可以进行行政复议和诉讼的。

对物业管理行业，政府的管理对象包括业主和物业服务企业这两大主体。政府的行政管理内容，可以分为针对人、机构和行为三个方面的管理。

根据行政法的基本原则，政府的每一项行政职能都必须由法律授权。《行政许可法》颁布以后，物业管理行业大量原来由政府审批的事项改为备案，目前建设部有关物业管理行业的行政许可事项仅有物业服务企业资质和从业人员的职业资格管理两项。

根据《物业管理条例》第 5 条的规定，物业管理活动的监督和管理部门为国务院建设行政主管部门和县级以上地方人民政府房地产行政主管部门。

（二）对业主的行政管理

1. 对人的管理。对人的管理主要体现在对业主委员会委员资格的规定。

2. 对机构的管理。对机构的管理主要体现在：①物业管理区域的划分；②业主大会和业主委员会成立的指导和备案。

2. 对行为的管理。对行为的管理主要体现在：①对业主大会、业主委员会作出的违反法律、法规的决定，应当责令限期改正或者撤销其决定，并通告全体业主；②及时处理业主、业主委员会、物业使用人和物业服务企业在物业管理活动中的投诉；③制定专项维修资金管理办法；④接到物业服务企业的报告后，依法对违法行为予以制止或者依法处理。

（三）对物业管理从业人员和企业的行政管理

物业管理行业建立了市场准入制度，即对企业的资质管理和对个人的职业资格管理。市场准入管理的根本目的是为了保证在具有专业性的行业中从业人员的最低水平。市场准入管理一方面对进入市场的人员和企业资格进行限制，另一方面是建立信用档案。

1. 对从业人员的职业资格管理。对物业管理行业从业人员的职业资格管理始于1991年建设部、国家计委、人事部联合颁发的《建设企事业单位关键岗位持证上岗管理规定》（建教〔1991〕522号）。1996年，建设部颁布了《关于实行物业管理企业经理、部门经理、管理员岗位培训持证上岗制度的通知》（建教培〔1996〕41号）。1998年，建设部颁布了《关于全国物业管理从业人员岗位培训工作的通知》（〔98〕建房物字第18号），规定全国物业管理从业人员必须于1999年1月1日起持证上岗。《全国物业管理从业人员岗位证书管理办法》（建人教专〔1998〕第244号）明确规定："全国物业管理从业人员岗位证书是全国物业管理从业人员参加岗位培训合格证书和上岗资格证书，限持证者任职期间使用证书。证书在全国范围内通用。"

2003年颁布的《物业管理条例》第33条规定，从事物业管理的人员应当按照国家有关规定，取得职业资格证书。人事部、建设部2005年颁布的《物业管理师制度暂行规定》（以下简称《暂行规定》）、《物业管理师资格考试实施办法》和《物业管理师资格认定考试办法》（国人部发〔2005〕95号），将物业管理师资格正式纳入了国家专业技术人员职业资格系列。《暂行规定》明确："物业管理项目负责人应当由物业管理师担任，物业管理项目管理中的关键性文件，必须由物业管理师签字后实施，并承担相应法律责任。"物业管理师的资质管理属于建设部的行政许可事项。

根据《物业管理条例》第61条规定，物业服务企业聘用未取得物业管理职业资格证书的人员从事物业管理活动的，由县级以上地方人民政府房地产行政主管部门责令停止违法活动并给予处罚。显然，对物业管理从业人员的职业资格管理应属于建设部管辖。

2. 对企业的管理。对企业的管理主要体现在对企业资质的管理，以及建立企业信用档案。物业服务企业资质核准属于行政许可事项，其授权依据来自《物业管理条例》第32条。详见第三章第一节。

3. 对行为的管理。

（1）价格管理。在市场经济条件下，市场调节能够发挥作用的，就不需要政府对价格进行干预。从法律角度看，政府对价格进行干预也是一种行政行为，需要法律授权。

政府进行价格干预的最高等级的授权法是《中华人民共和国价格法》，

价格法明确了政府可以进行干预的五大类商品或服务的价格;规定了我国价格机制有三种,即市场调节价(即政府不干预)、政府指导价(由政府规定基准价和浮动幅度)和政府定价(政府直接确定价格)。在政府定价的项目上,中央定价目录由国务院价格主管部门制定,地方定价目录由省级人民政府制定,省级以下各级地方人民政府不得制定定价目录。《中华人民共和国价格法》对政府指导价和政府定价的定价依据、程序和使用要求都作出了规定。

物业管理行业政府干预价格的授权来源于《物业管理条例》第 41 条"物业服务收费……由业主和物业服务企业按照国务院价格主管部门会同国务院建设行政主管部门制定的物业服务收费办法,在物业服务合同中约定"和第 43 条"县级以上人民政府价格主管部门会同同级房地产行政主管部门,应当加强对物业服务收费的监督"。

国家发改委和建设部根据《物业管理条例》的授权制定了《物业服务收费管理办法》,在这个办法中规定"物业服务收费应当区分不同物业的性质和特点分别实行政府指导价和市场调节价",也就是说,政府对物业服务收费的价格干预只能以"政府指导价"的形式出现。这个办法进一步授权:"具体定价形式由省、自治区、直辖市人民政府价格主管部门会同房地产行政主管部门确定。"因此,不同省市根据自身情况制定了本行政区域内的物业服务收费管理办法,不同省市有所差异。

2007 年 9 月,国家发改委和建设部发布了《物业服务定价成本监审办法(试行)》(发改价格〔2007〕2285 号),针对制定政府指导价的物业服务收费标准,对相关物业服务企业实施定价成本监审。该办法在《物业服务收费管理办法》的基础上,对物业服务成本构成项目及其计算标准作出了更为详细的规定。

与物业管理相关性较强的机动车停放服务的价格干预,基本依据是原国家计委 2000 年制定的《机动车停放服务收费管理办法》,该文件直接根据《中华人民共和国价格法》的规定制定。该文件规定:具有自然垄断经营性质的机动车停放服务(机场、码头、车站、旅游景点、住宅区的露天或地下配套停车场等停放服务)收费,实行政府指导价或政府定价。该文件授权各省、自治区、直辖市人民政府价格主管部门制定具体的定价形式,并制定规范停车场经营成本的指导性意见。

(2)招投标管理。《前期物业管理招投标管理暂行办法》对前期物业管理招投标的程序进行了规定，并要求招标人在招标之前和招标完成之后，将相关材料提交政府备案。具体内容详见本书第五章。

(3)行政处罚。行政处罚主要体现在《物业管理条例》第六章法律责任部分的各项规定。设定的行政处罚事项有：不移交资料(第59条)、未取得资质证书从事物业管理(第60条)、聘用未取得物业管理职业资格证书的人员从事物业管理活动(第61条)、将一个物业管理区域内的全部物业管理一并委托他人(第62条)、挪用专项维修资金(第63条)、擅自改变物业管理用房用途(第65条)、擅自改变共用设施用途、占用共用道路场地、利用共用设施经营(第66条)。

根据《行政处罚法》的规定，只有法律、行政法规、地方性法规可以设定行政处罚，其他法律文件只能在上位法规定的行为、种类和幅度范围内作出具体规定。对物业管理行业来说，建设部和地方政府都不能在《物业管理条例》和地方性法规的规定之外另行增加行政处罚内容。

(四)法律法规赋予物业服务企业的职责

在各种相关的法律文件中，可以看到政府直接要求物业服务企业承担某些工作，这些要求是独立于物业服务合同而存在的。

1.《物业管理条例》赋予物业服务企业的职责主要有：第46条：对物业管理区域内违反有关治安、环保、物业装饰装修和使用等方面法律、法规规定的行为，物业管理企业应当制止，并及时向有关行政管理部门报告。第47条：物业管理企业应当协助做好物业管理区域内的安全防范工作。发生安全事故时，物业管理企业在采取应急措施的同时，应当及时向有关行政管理部门报告，协助做好救助工作。第53条：业主需要装饰装修房屋的，应当事先告知物业服务企业。物业服务企业应当将房屋装饰装修中的禁止行为和注意事项告知业主。

2.建设部颁布的部门规章《住宅室内装饰装修管理办法》中，对物业服务企业的装修管理工作提出了诸多要求，主要有：第13条：装修人在住宅室内装饰装修工程开工前，应当向物业管理企业或者房屋管理机构(以下简称物业管理单位)申报登记。第15条：物业管理单位应当将住宅室内装饰装修工程的禁止行为和注意事项告知装修人和装修人委托的装饰装修企业。第16条：装修人，或者装修人和装饰装修企业，应当与物业管理单位签订住宅室内装饰装修管理服务协议。第17条：物业管理单位应当按照住宅室内装饰装修管理服务协议实施管理，发现装修人或者装饰装修企业有违法行为的应当立即制止;已造成事实后果或者拒不改正的,应当及时报告有关部门依法处理。对装修人或者装饰装修企业违反住宅室内装饰装修管理服务协议的,追究违约责任。第 20 条:装修人不得拒绝和阻碍物业管理单位依据住宅室内装饰装修管理服务协议的约定,对住宅室内装饰装修活动的监督检查。第 30 条:住宅室内装饰装修工程竣工后……物业管理单位应当按照装饰装修管理服务协议进行现场检查,对违反法律、法规和装饰装修管理服务协议的,应当要求装修人和装饰装修企业纠正,并将检查记录存档。

(五)不能由物业服务企业或业主大会行使的行政管理职能

在实践中还应当注意到,应该由政府行政部门行使的行政管理职能,不应该也不允许由物业服务企业来行使。最典型的例子就是行政处罚。

行政法对行政主体有严格的要求。行政权力不能放弃也不能交换,对于承担行政职责的主体,相关法律都有明确规定。行政权力的实施主体,或者是法律授权的行政机关本身,或者是由行政机关委托符合法律要求的组织。

在行政处罚方面,《行政处罚法》规定:

1. 行政处罚由具有行政处罚权的行政机关在法定职权范围内实施;可以由行政机关行使有关行政机关的行政处罚权,但限制人身自由的行政处罚权只能由公安机关行使。

2. 行政机关依照法律、法规或者规章的规定,可以在其法定权限内委托符合条件的组织实施行政处罚。受委托组织的条件有:①依法成立的管理公共事务的事业组织;②具有熟悉有关法律、法规、规章和业务的工作人员;③对违法行为需要进行技术检查或者技术鉴定的,应当由有条件的组织进行相应的技术检查或者技术鉴定。

物业服务企业作为一个企业,不符合“管理公共事务的事业组织”这一条件,因此不可能获得政府的行政处罚职权。《行政处罚法》所规定的行政处罚种类包括:警告;罚款;没收违法所得、没收非法财物;责令停产停业;暂扣或者吊销许可证、暂扣或者吊销执照;行政拘留;法律、行政法规规定的其他行政处罚。在进行安全防范管理工作中,尤其要重视不能突破法律的界限。物业服务企业发现违法行为,能做的只有《物业管理条例》所要求的制止和报告。

业主大会或者业主委员会也只是私人性质的组织,因此,也不可能具有政府的行政管理职能。比如，对于物业管理区域的违章搭建、侵占共用设施等行为，只能提出停止侵害等要求，并不能进行行政处罚或者采取应该由政府行政部门进行的强制措施。

第二节　物业管理行业协会

一、行业协会的性质

在市场经济条件下，政府行为受到法律的严格约束。但在行业的发展过程中，有很多事情靠单个企业无法完成，必须依靠集体的力量。比如，专业知识的培训与研讨、与媒体等外部组织沟通、交流业内信息，这些工作政府一方面没有权力做，另一方面也无暇顾及。这就要求行业内部自我组织，搭建一个交流的平台，形成集体的力量，这就对另外一种类型的组织产生了需求——行业协会。通常市场经济越发达，行业协会就越繁荣。

现代社会主要由三种不同类型的组织构成：政府、企业和非政府组织。行业协会属于非政府组织中的社会团体。典型的行业协会与政府的性质截然不同，其基本特征有两个：①非政府性：行业协会在组织上与政府完全独立；②非营利性：行业协会的活动不以营利为目的。所谓不以营利为目的，并不意味着行业协会不从事能够获得收入的工作，也不意味着行业协会的工作人员都是无偿劳动，而是指对行业协会的所有投资不要求获得投资回报，行业协会的所有收入都用于行业协会的工作所需，不向投资人分红。

行业协会存在的根本目的是为会员服务，为本行业的行业利益服务。而政府行为的目的是服务于社会公共利益。这也是行业协会不同于政府的地方。

行业协会是全体会员自发的、自下而上形成的组织，对会员并没有强制力，而是要通过为会员提供服务赢得会员的认可。另一方面，行业协会也可以接受政府委托，从事某些行业管理工作，比如，制定行业标准，进行资质管理，进行政策研究等。

行业协会的发展，一方面要得到政府自上而下的支持，更重要的是要得到企业自下而上的参与。

我国的行业协会发展从整体上说仍在处在较低水平的阶段，其原因有两方面:①由于历史的原因,很多行业协会都由政府主导成立,依托政府生存,缺乏在企业中的权威性,只停留在协助政府进行一些表面性工作;②我国的市场经济和非政府组织的发展时间不长,政府对于非政府组织的管理仍有很多不完善之处,公民和企业对行业协会的认识也比较粗浅,行业协会可能因为种种原因导致工作无法顺利开展,结果只能忙于创收,维持自身生存而没有起到行业治理的作用。

2007 年 5 月,国务院办公厅下发了《关于加快推进行业协会商会改革和发展的若干意见》(国办发〔2007〕36 号),要求加快政府职能转变,落实政府购买服务,建立政府主动听取行业协会意见与建议的制度和渠道,加快建立行业自律与行政执法相结合的市场监管体系,同时对完善行业协会管理体制,改进行业协会的监管方式,加快推进行业协会商会的改革和发展提出了若干意见。这一文件的下发显示了政府推动行业协会建设、健全市场经济体制的决心。

行业协会实际上是一个行业自治自律、自我服务的机制。在市场经济条件下,政府对行业的管理只是一个底线。对于物业管理这样一个专业性很强的行业来说,行业管理应该越来越依靠业内专家进行自我管理。这方面的工作还有待未来进一步探索。

二、我国的物业管理行业协会

我国全国性的物业管理协会是“中国物业管理协会”,成立于 2000 年,是具有社团法人资格的全国性社会团体,其主管部门为中华人民共和国建设部,总部设在北京。“中国物业管理协会”以物业服务企业为主体,现有会员 1 200 余个。协会的主要职能包括:

1. 协助政府贯彻执行国家的有关法律、法规和政策。

2. 协助政府开展行业调研和行业统计工作,为政府制定行业改革方案、发展规划、产业政策等提供预案和建议。

3. 协助政府组织、指导物业管理科研成果的转化和新技术、新产品的推广应用工作,促进行业科技进步。

4. 代表和维护企业合法权益,向政府反映企业的合理要求和建议。

5. 组织制定并监督本行业的行规行约,建立行业自律机制,规范行业自我管理行为,树立行业的良好形象。

6. 进行行业内部协调,维护行业内部公平竞争。

7. 为会员单位的企业管理和发展提供信息与咨询服务。

8. 组织开展对物业管理企业的资质评定与管理、物业管理优秀示范项目的达标考评和从业人员执业资格培训工作。

9. 促进国内、国际行业交流和合作。

随着物业管理行业的发展，各省、自治区、直辖市和大中型城市中正在逐步建立本地区的物业管理行业协会，为本地区的物业服务企业服务，协助政府开展行业管理工作。目前，我国物业管理行业的行业协会仍以政府主导成立为主，但也出现了一些完全由企业自发组成的行业协会组织。

DI WUZHANG 第五章 物业管理的委托与招投标

物 业 管 理

第一节 物业管理的委托

物业管理的原则是业主自治自律与物业服务企业统一专业化管理相结合，这种结合是通过物业管理的委托来实现的。物业管理的委托是业主作为委托人，将所拥有物业的物业管理服务通过某种形式委托给其选聘的物业服务企业来实施。

一、物业管理委托方

物业管理的委托方是业主。按物业产权归属和物业管理委托的时间，物业管理的委托方有房地产开发企业、公房出售单位和业主委员会三类主体。

（一）房地产开发企业

房地产开发企业在以下两种情况下是物业管理的委托方。

1. 对建成后以销售为主的物业，在物业建成和出售前，其产权归房地产开发企业。因此，由房地产开发企业负责首次选聘物业服务企业，并与其签订前期物业服务合同，其委托期限一般至业主、业主大会选聘物业服务企业之前。

2. 对建成后并不出售，而出租经营的物业，因其产权始终归属开发企业，所以，房地产开发企业一直是物业管理的委托方。

（二）公房出售单位

随着我国住房制度改革的深入，政府或单位原有公房正在逐步出售给住用人。公房在出售前，产权属政府或单位所有；出售后，产权发生转移。

由于住用人购买原住房的时间不等，物业区域内发生产权转移的份额不等，所以，在业主大会召开之前，公房出售单位作为原业主，负责首次选聘物业管理企业，并与其签订物业服务合同，委托期限也是至业主委员会的正式成立。

（三）业主、业主大会

《物权法》规定，业主可以委托物业服务企业管理建筑物及其附属设施。因此，业主是委托方。当业主共同决定不设立业主大会、选举业主委员会时，这个委托方由全体业主共同组成。以销售为主的物业，当业主入住达到一定比例，或原有公房的出售达到一定比例时，一般召开首次业主大会，并选举成立业主委员会。物业管理的委托方就是全体业主，通常由业主委员会代表全体业主，负责前期物业服务合同到期后物业服务企业的再次选聘，并代表全体业主签订新的物业服务合同。

二、物业管理的委托内容

物业服务企业接受业主对物业管理的委托时，因物业类型不同，业主委托管理的内容是有差别的，导致物业管理工作的重点也就不同。物业管理从总体上可以分为以管理服务为主和租赁经营与管理服务并重两种类型。

（一）以管理服务为主的物业管理

以管理服务为主的物业管理，业主只将物业日常的管理服务委托给物业服务企业，而未委托其代理物业使用权的经营，即物业服务企业不负责对物业的出租经营，物业服务企业对物业只有物业管理的实施权。该类型物业管理的重点就是搞好日常的管理与服务工作，主要适用于业主自用的各类物业，如大部分居住物业，政府、企事业单位自用的办公用房等管理。

（二）以出租经营与管理服务并重的物业管理

以出租经营与管理服务并重的物业管理，业主不仅将物业日常的管理服务委托给物业服务企业，还委托其代理物业使用权的经营，此时的委托就带有物业资产管理的内容。业主在保持物业所有权的同时，通过签订租赁或承包协议的方式，将物业出租或承包给物业服务企业，由其负责该物业的出租经营与管理服务；业主通过定期收取租金或上缴承包金的方式收回投资，并获取利润。此时，物业服务企业不仅拥有物业管理的实施权，而且也拥有物业使用权的经营权。其物业管理工作是出租经营和管理服务并重，从某种意义上讲，出租经营占有更重要的地位。该类型物业管理主要适用于经营性的物业，如写字楼、综合楼、商厦等；也包括以租赁为主的高档居住物业，如高级公寓、别墅等。

此外，在物业管理的委托中，经委托方同意，可以给予被委托方——物业服务企业对部分委托项目的分包权；一些单位自用的办公楼有时也只将物业管理内容中的单项或某几项管理服务委托，如保洁、保安、绿化等。这两种情况，从实际委托的内容和被委托者所负的责任看，不属于实质性的物业管理的委托，只属于劳务服务的委托。此时，双方签订的合同不属于物业服务合同，只属于劳务服务合同。

三、物业管理的委托方式

物业管理的委托有实行招投标和不实行招投标两种方式。

（一）不实行招投标

不实行招投标有以下两种情况：

1. 房地产开发企业或公房出售单位将物业直接委托给自己组建或选定的物业服务企业管理。1994 年，建设部第 33 号令《城市新建住宅小区管理办法》揭开了在我国全面推行物业管理的序幕。由于当时物业服务企业非常少，所以提倡“谁建设、谁管理、谁负责”，直接导致了开发商自行组建或选定物业服务企业将物业直接委托给该公司管理，即“自建自管”。这种做法在当时的条件下推动了物业管理的发展，但是随着专业化的物业服务企业越来越多，业主对于物业管理要求越来越高，“自建自管”或直接委托就显得越来越不适应物业管理的运作以及进一步发展的客观要求。1999 年召开的全国物业管理工作会议上，建设部提出：“各地要尽快引入竞争机制，推行物业管理招投标”。2003 年 6 月颁布的《物业管理条例》中明确规定：“国家提倡业主通过公开、公平、公正的市场竞争机制选择物业管理企业”，“国家提倡建设单位按照房地产开发与物业管理相分离的原则，通过招投标的方式选聘具有相应资质的物业管理企业”，“住宅物业的建设单位，应当通过招投标的方式选聘具有相应资质的物业管理企业”。《物业管理条例》明确提出的“建管分离”，预示着物业管理行业逐步走向规范。随着物业管理市场的不断规范化，这种不进行招投标委托的方式将逐渐退出物业管理市场。

2. 业主委员会对前期物业服务合同到期后原物业服务企业的再次聘用。由于负责前期物业管理的物业服务企业是开发商作为委托人选聘的，当首次业主大会召开后，前期物业管理到期，前期物业服务合同就应终止。因此，首次业主大会的一个主要内容就是对原物业服务企业的前期物业管理服务进行评价，如经专有部分占建筑物总面积过半数的业主，且占总人数过半数的业主认同原物业服务企业的工作，可不另行选聘，直接与原物业管理企业签订新的物业服务合同，即再次聘用。

（二）实行招投标

实行招投标是指房地产开发企业、公房出售单位或业主委员会以招投标的方式，通过市场竞争将物业管理委托给中标的物业服务企业。这种方式是物业管理发展的方向。只有通过招投标，才能引入竞争；只有通过激烈的市场竞争，才能促使物业服务企业有一种紧迫感，感到搞不好工作就难以使企业得到发展，有被社会淘汰的可能性。

《前期物业管理招标投标管理暂行办法》第 3 条规定：住宅及同一物业管理区域内非住宅的建设单位，应当通过招标投标的方式选聘具有相应资质的物业服务企业；投标人少于 3 个或者住宅规模较小的，经物业所在地的区、县人民政府房地产行政主管部门批准，可以采用协议方式选聘具有相应资质的物业服务企业。国家提倡其他物业的建设单位通过招投标的方式，选聘具有相应资质的物业服务企业。

第二节　物业管理招投标概述

市场经济是竞争经济，随着社会主义市场经济的发展和社会化、专业化、市场化物业管理的推进，物业管理招投标应运而生。物业管理招投标是物业管理的社会化、专业化、市场化特征的体现，是物业管理规范化运作的必然要求。今后，物业管理的招投标必将成为业主选聘物业服务企业的主要方式。

从行业规范和企业发展的角度来看，只有在公开、公平、公正的市场竞争机制下，才能保证一批观念新、效益好、实力强、规模大、机制活的优秀物业服务企业在市场竞争中凭借自身的优势脱颖而出。只有通过企业的不断自我完善和创新，通过企业间相互的竞争交流，整个行业才能实现进步和提高。最终才能降低物业管理成本、提升物业管理服务质量，让消费者和物业服务企业取得共赢。

一、物业管理招投标的内涵

物业管理招投标,包括物业管理招标和物业管理投标两部分。

物业管理招标,是指物业所有人通过制定符合其物业管理服务要求和标准的招标文件,通过招投标确定物业服务企业的过程。

物业管理投标,是指物业服务企业为开拓业务,依据物业管理招标文件的要求组织编写标书,并向招标单位递交应聘申请和投标书,参与物业管理竞标,以求通过市场竞争获得物业管理权的过程。

物业管理招投标是物业管理招标行为和物业管理投标行为的有机结合,通过招投标,使物业管理供需主体在平等互利的基础上建立起一种新型的劳务商品关系。

物业管理招投标实质是一种市场双向选择行为。招标方(开发商或业主委员会)设定"某物业项目的物业管理服务"这一标的进行招标,如果物业服务企业认为可以选择管理这一物业,它就会参与这一标的的投标。物业服务企业提供交换的标的是管理与服务。这种服务的质价如何,要经过招标方的评判。只有招标方认为物业服务企业提供的服务是最合适的,它才会选择该物业服务企业。

二、物业管理招投标的性质和目的

物业管理招投标是市场招投标的一种,它与建筑施工、材料、设备、商品采购的招投标类似,具有招投标的一般共性。招投标的共性表现在以下两点:

(一)招投标的性质

招投标是市场经济的必然产物,其目的是取得共赢。在市场经济条件下,市场经济这只无形的手是通过公开、公平、公正的竞争原则和适当的招投标途径,使供需双方达成交易意向,实现共赢。国内外市场经济发展及其实践充分表明,招投标运作的规范程度与市场经济的成熟度密切相关,市场经济越成熟,招投标就越规范。

(二)招投标的目的

招投标的目的是一个极易被招投标双方误解的问题。招标方想要招到最好的,但什么是你的"最好",有时把握的并不准确。投标方从标书的编制到评标会的介绍、答辩,想方设法把自己说成最好,千方百计为了中标。其实,任何招投标的目的都不是评优、选秀,而是要最适合的。只有最适合的,才是最好的。这就要求招标方招标前要详细、认真地分析自己的需求,从所需质量、可承受价格和要求的服务诸方面准确把握、界定自己的标的,做到心中有数,用这杆秤去选择。而投标方在投标前要全面细致地分析招标方的需求,也要做到心中有数,然后,结合自身的优势条件,针对招标方的需要,有的放矢地编制标书和准备答疑。

三、物业管理招投标的原则

物业管理招投标的目的是在竞争性招标中,找到最理想的物业服务企业,招标方想要吸引尽可能多的物业服务企业投标,并从竞争性投标中得益,就要对所有参加投标者实行"公开、公平、公正、合理"的原则。

(一)公开原则

公开原则是指招投标过程中的各项程序都要公开发布,特别是面向整个物业管理行业公开招标的物业管理项目,更应对外公布操作程序、标书要求等,使有关各方都能了解,从而便于行业监督和社会监督,增加透明度,保护招投标双方的合法、正当权益。

(二)公平原则

公平原则是指要使所有物业服务企业在相同的条件下参加投标,招标方在招标文件中向所有物业服务企业提供的资料、提出的投标条件和投标书编制要求都是一致的。

(三)公正原则

公正原则是指要用同样的准则,作为衡量所有投标书的尺度,即"一视同仁"。评标、验标、决标的规则与评分标准对所有的投标方都是一致的。

(四)合理原则

合理原则是指在评标、议标、定标过程中,在确定物业管理服务项目、内容、档次、收费标准时要合理。既不能接受低于正常的管理服务成本的报价,也不能脱离实际的市场情况,提出不切实际的管理服务要求。

四、物业管理招投标适用的法律法规

目前与物业管理招投标相关的法律法规主要有三个:全国人大常委会

1999 年 8 月颁布的《中华人民共和国招标投标法》(以下简称《招标投标法》)、国务院 2003 年 6 月颁布的《物业管理条例》以及建设部 2003 年 6 月颁布的《前期物业管理招标投标管理暂行办法》。

这三个法律法规的法律层次是不一样的,其出台背景、时间也是不同的。《招标投标法》第三条规定:"在中华人民共和国境内进行下列工程建设项目包括项目的勘察、设计、施工、监理以及与工程建设有关的重要设备、材料等等采购,必须进行招标。"从这里可以看出,《招标投标法》中的规定主要以建设工程和设备采购招投标为规范对象,当时还未专门考虑物业管理招投标的要求。对此,该条最后一款"法律或者国务院对必须进行招投标的其他项目的范围有规定的,依其规定"。因此,物业管理招投标除应遵守《招标投标法》的总原则外,其具体实施运作更多地应遵照《物业管理条例》和《前期物业管理招标投标管理暂行办法》。

此外,各省市也颁布了相应的法规。如在北京市范围内,还需遵守原北京市国土资源和房屋管理局 2003 年 9 月颁布的《北京市物业管理招标投标办法》。这些法规更多地体现了物业管理行业自身特点和各地对规范物业管理招投标的要求。

五、物业管理的行业特殊性与招投标的特点

(一)物业管理的行业特殊性

如第一章所述,物业管理属于第三产业,是服务业。但物业管理与一般的服务行业相比有其明显的个性。物业管理的行业特殊性主要表现在以下 3 点:

1. 物业管理服务有别于社会公共服务和个体服务,是一种同时带有社区公共服务和个体服务特征的群体性服务,这种服务的确定和选择又是一种市场行为,而不是行政行为。

2. 物业管理服务提供的产品是全天候、不间断、多方位、多层次的过程性服务产品。其突出的一点是生产与消费同时开始、同时结束。所以,物业管理不仅是劳动密集型的行业,而且也是管理密集型的行业。物业管理服务所提供的产品的质量主要取决于对其生产过程的管理及产品供应者的素质。

3. 物业管理服务的性价比是弹性的,而非刚性或半刚性。其所提供的产品定量容易、定质难。因此,要真正做到质价相符、优质优价是不容

易的。

(二)物业管理招投标的特点

物业管理本身的行业特殊性使物业管理招投标具有与其他行业招投标不同的一些特点。

1. 早期介入的特点。新建物业的物业管理招投标应在物业建成投入使用之前进行,具有早期介入的特点。按规定,应在物业开始销售之前进行物业管理的招投标。这样,物业服务企业就能从专业管理和业主利益两个角度出发,利用以往的管理经验对设计方案是否合理提出意见。如住宅小区,注意服务网点的合理布局,生活服务半径尽可能缩小,对生活设施的现代化的考虑等;对施工质量进行监督,对不完善项目及时采取补救和整改措施等。这有利于日后物业管理的实施。同时,在售楼时,也可使购房人对日后的物业管理有所了解和认识。

2. 阶段性的特点。物业一旦建成,其使用寿命具有长期性,物业管理就是一项长期性的工作。物业管理的这种长期性决定了物业管理招标具有阶段性。首先,招标文件中的各项管理要求、管理价格的制定都具有阶段性,过了一段时间,由于各种变化可能需要调整。其次,物业服务企业一旦中标,并不意味着一直由其负责该物业的物业管理,直至物业使用寿命结束。一方面,随着时间的推移,可能会有更好的物业服务企业参与竞争;另一方面,也可能由于自身的管理服务技术水平下降,企业内部建设和管理松懈而遭淘汰。过了委托管理期限,可由业主委员会根据其管理服务业绩,决定是否续聘原物业服务企业。若续聘则要重新签订合同,若不续聘,则由业主委员会重新向社会公开招标。所以,物业管理招标具有阶段性的特点。

3. 不确定性的特点:

(1)最适合的物业管理方案不易确定。物业管理招投标与其他招投标一样,也是要选最合适的而不是最好的方案。但什么样的物业管理方案是最合适的,往往不易判断。物业管理一定是针对某一特定物业进行的,不同的物业具有不同的特点,管理服务方面的需求也不同,因此,物业管理不像工程建设或设备采购那样存在一整套系列的、客观的、统一的并能重复使用的标准,不可能以简单而且较快的方法评选出一个“最适合”的方案。同时,招标方往往是一个群体,而不是个体,如由于住宅小区多元化的产权结构决定了众多业主很难达成对最适合的物业管理服务的需求的一致认同。费用最低的方案并不一定能够满足全体业主的要求。

(2)由于是早期介入,物业本身具有某种程度的不确定性,这就给招标书和投标书的编制带来一定的困难,如共用设备、设施的布局、选型将影响公共能源费的测算等。

上述特点决定了物业管理招投标过程及其结果的某种不确定性。从招标方的角度看,物业管理的招投标是有风险的,仅仅依靠对标书的评判和各投标企业以往的市场声誉并不能完全保证评标结果的最佳。

第三节　物业管理招投标的分类及其要点

物业管理招投标可以从招标主体、招标方法和招标形式三方面进行分类。

一、按物业管理招投标主体进行分类

进行物业管理招投标的主体有三类,即开发建设单位、全体业主或业主大会和产权人。

(一)开发建设单位(开发商)

《前期物业管理招投标管理暂行办法》规定,前期物业管理招投标,由开发建设单位主持。这是因为,此时物业的产权未进行转移或未完全转移,开发商是产权人。开发商主持前期物业管理招投标要特别注意以下4点:

1. 开发商招标和物业服务企业投标的心态定位。前期物业管理招投标是一种特殊的招投标。从利益相关的角度看,此时的招投标不仅仅是甲、乙双方的事情,客观上存在三方利益,即开发商、物业服务企业、未来的广大潜在业主。开发商应主要站在未来的、广大的潜在业主的角度选聘物业服务企业;同时,物业服务企业在投标和合同谈判过程中,也应更多地考虑、代表和维护未来的购房人的利益,而不是为了中标,更多地考虑、迁就、维护开发商的利益。否则,将为日后的物业管理留下产生问题的隐患。双方更不应过多考虑各自自身的利益。开发商开发的物业,由其下属的物业服务企业直接管理是导致这些年物业管理矛盾、纠纷、问题产生的主要原因之一。

2. 草拟制定相关文件。前期物业服务合同签订的同时,应草拟制定几

个相关文件，主要是《前期物业服务合同》和《临时管理规约》。

3. 政府部门的参与和监督。前期物业管理招投标的显著特点是，在进行招标时，物业未来的业主并不明确，更无法形成统一的利益共同体，也就是他们的利益没有一个实体来代表和维护。怎么办？此时，政府责无旁贷。《前期物业服务合同》和《临时管理规约》应主要按照政府示范文本，结合本物业的实际情况草拟制定。同时，应报政府主管部门进行备案，政府主管部门应切实负起指导、监督的职责，对其中明显不合理、侵犯业主利益的条款应要求删去。

4. 提前进行。按照建设部《前期物业管理招投标管理暂行办法》的规定，新建现售商品房项目应当在现售前30日完成招投标，预售商品房项目应当在取得《商品房预售许可证》之前完成招投标；非出售的新建物业项目应当在交付使用前90日完成招投标。考虑到招标各项准备工作和不少于20天的提交投标文件时间，开发商应该在销售前几个月就开始准备前期物业管理招投标工作。

（二）全体业主和业主大会

当业主共同决定不设立业主大会时，招投标主体为全体业主。当业主共同决定设立业主大会、选举业主委员会时，在业主大会成立以后，业主大会就成为物业管理招投标的主体。这里需要明确，业主大会和业主委员会的不同地位与职责。根据《物业管理条例》，“选聘、解聘物业服务企业”是业主大会的职责之一；而业主委员会是业主大会的执行机构，它受业主大会的委托组织实施物业管理招投标的具体运作，并代表全体业主与选聘的物业服务企业签订物业服务合同。选聘物业服务企业的决定权在业主大会而不是业主委员会；而在具体运作时，通常，业主大会授权业主委员会进行操作。选聘物业服务企业是涉及全体业主切身利益的大事，是不能由业主委员会的少数人决定的。因此，业主委员会代表全体业主进行物业管理招投标时，其评标结果还不是最终结果，仍要报业主大会通过；如当物业管理区域内专有部分占建筑物总面积过半数的业主且占总人数过半数的业主不同意该结果，还应重新招标。

广大业主和业主委员会的成员一般不是物业管理的专业人士。因此，业主大会、业主委员会对物业管理招投标还要认真研究。在这里，专业机构、专业人士的指导和政府主管部门的参与指导是不可缺少的。

在业主大会成立时，前期招标选定的物业服务企业已经工作了一段时间，因此，业主大会首先要评价负责前期物业管理的物业服务企业是否能够满足业主要求，如果符合要求，进行续约即可；如果不符合要求，则考虑重新选聘物业管理企业。《北京市物业管理招标投标办法》规定：更换物业服务企业的招投标工作，应在原（前期）物业服务合同终止前3个月完成。更换物业服务企业手续众多，有一定的操作难度和要求，因此，业主大会更换物业服务企业也要有充分的时间准备。

（三）产权人

产权人作为物业管理招投标的主体，通常指的是物业只有一个或少数几个产权人的情况。这种情况通常不出现在住宅中，以企业办公楼最为常见。当产权人数极少时，选聘物业服务企业的方式就比较灵活，对此不做详细探讨。

二、按物业管理招投标方法进行分类

按物业管理招投标方法进行分类，可分为自行招标和委托招标两种。

（一）自行招标

自行招标，也就是招标主体自行编制招标文件，进行资格预审，组织评标委员会评标，招标主体自行操作招标的全过程。当招标主体不具备上述能力的时候，就需要委托专业的招标代理机构进行委托招标。

（二）委托招标

委托招标是指招标方委托专业的招标代理机构进行招投标。委托招标需支付委托费用。然而，目前我国市场化的专业招标代理机构通常只熟悉建设工程和设备采购的招标工作，对物业管理招投标的特点、要点和程序的要求了解不多，特别是对物业管理服务的内容和具体要求把握不好，难免影响物业管理招投标的工作质量。因此，在委托招投标中，对招标代理机构应慎重选择。

考虑到上述两种方法的利弊，可以采取自行招标和委托招标相结合的第三种方法，即招标方聘请一专业招标代理机构操作招投标的具体运作过程及一般文件的编制，而对物业管理服务的具体要求及对投标企业的考察仍由招标方负责，或聘请有关专家参与。

三、按物业管理招投标形式进行分类

按物业管理招标的形式进行分类，可分为公开招标和邀请招标。除特殊情况(如单一产权人招标)外,物业管理不适用议标。《前期物业管理招投标管理暂行办法》第三条规定:投标人少于3个或者住宅规模较小的,经物业所在地的区、县人民政府房地产行政主管部门批准,可以采用协议方式,即议标,选聘具有相应资质的物业服务企业。另外,对物业服务合同到期后原物业服务企业的再次聘用通常采用议标方式。

(一)公开招标

公开招标又称为无限竞争性公开招标,由招标人通过报刊、电视、网络等各种媒体向社会公开发布招标公告,凡符合投标基本条件又有兴趣的物业管理企业均可申请投标。中国住宅与房地产信息网、中国物业管理协会网和北京市国土资源和房屋管理局网站等政府与行业协会的网站上都可以免费发布招标公告。

公开招标的优点是招标方有较大的选择范围,同时比较有利于避免各种关系的影响;但由于涉及面广,这种招标方式的时间长、资金成本高。公开招标一般适用于规模较大的物业,尤其是收益性物业。

(二)邀请招标

邀请招标又称有限竞争性招标,由招标人以投标邀请书的方式向预先选择的有能力承担的若干物业服务企业发出招标邀请,参与竞标。《前期物业管理招投标管理暂行办法》中规定,邀请招标应向3家以上企业发出投标邀请书。《北京市物业管理招投标办法》第四条规定:招标人采取邀请招标方式的,应当向5家以上物业服务企业发出投标邀请书。

相对于公开招标来说,邀请招标的成本比较低,可以保证投标企业具有相关的资质条件和经验;但邀请招标可能会漏掉一些有较强竞争力的物业管理企业,暗箱操作的可能性有时比较大。因此,在选择招标方式的时候应注意权衡利弊。

第四节 物业管理招投标程序及其要点

一、物业管理招投标程序

(一)物业管理招标程序

1. 成立招标机构。首先,招标方成立“招标领导小组”,负责整个招标活动。如果是自行招标，则下设“招标工作委员会”或“招标工作组”等招标机构负责招标活动的具体实施；如果是委托招标，则由受委托的专业招标代理机构组织招标机构。

2. 编制招标文件。招标机构成立后的首要任务是编制一套招标文件。招标文件是招标方意向、要求的全面、详尽的阐述，是投标方编制投标书的依据，也是日后与中标单位签订物业服务合同的基础，是物业管理招投标工作能否顺利完成的关键。招标文件通常包括《招标公告》、《招标书》、《投标须知》、《投标书编制要求》等，重点是《招标书》的编制和标的的确定，其编制要求详见下面有关内容。

3. 发布招标公告或招标邀请书。采用公开招标的要通过公开媒体和政府网站发布招标公告。公告内容主要包括：拟招标的物业名称及简要情况、投标企业条件、报名截止日期、报送投标书截止日期以及联系地址、电话等有关事项。采用邀请招标的则以投标邀请书的方式邀请特定的法人或者其他组织投标。

《前期物业管理招标投标管理暂行办法》第 11 条规定：招标人应当在发布招标公告或者发出投标邀请书的 10 日前，提交以下材料报物业项目所在地的县级以上地方人民政府房地产行政主管部门备案：①与物业管理有关的物业项目开发建设的政府批件；②招标公告或者招标邀请书；③招标文件；④法律法规规定的其他材料。

《北京市物业管理招投标办法》第 7 条规定：前期物业管理招标的招标人应当在发布招标公告或者发出投标邀请书之前，到北京市居住小区管理办公室备案；业主大会招标的，到项目所在区、县国土资源和房屋管理局备案。备案时，招标人应填写《北京市物业管理招投标活动备案表一》并提交以下材料：①招标人资格证明文件（政府主管部门核发的项目建议书批复文件、产权证明或业主大会决议）；②招标公告或者投标邀请书；③招标文件；④法律法规规定的其他材料。招标人委托招标代理机构的，还应提交委托书。

4. 组织资格预审。资格预审是对所有投标人进行的一次“粗筛”。当公开招标的投标人比较多的时候，需要根据招标要求及投标人过去的业绩情况进行筛选，通常选择 5 家左右的公司参与投标。邀请招标因事先经过选择，所以无需进行这一步骤。

5. 发放招标文件及有关设计图纸、技术资料等。招标方应在规定时间内,向通过资格预审的投标方发放招标文件,并尽可能提供有关的设计图纸、技术资料等,以便投标方编制投标书。

6. 组织答疑与现场勘察。答疑与现场勘查是物业管理招投标中的必要步骤。通过答疑与现场勘查,投标人才能详细了解物业的基本情况、个性特点以及管理上的特殊要求,有针对性地准备投标方案。

要注意从发标到截标的时间应大于 20 天,如果必需缩短时间应该取得各方的共识。

7. 开标与评标。招标机构收到物业服务企业封送的投标书后,经过审查认为各项手续均符合规定时,即可签收。并在公开预定的时间、地点当众拆封开标,公开宣读各投标企业的标的。

开标后由各方面专家组成的评标委员会或评标小组进行评标。先由专家各自阅读标书,随后进行各投标方答辩,最后由评委会或评标小组评出评议结果。《前期物业管理招投标管理暂行办法》第 36 条规定:招标人应当在投标有效期截止时限 30 日前确定中标人。投标有效期应当在招标文件中载明。《北京市物业管理招投标办法》第 26 条规定:一般项目的评标活动应在递交投标文件截止日期后 7 日内完成,重点工程项目需在 15 日内完成。

8. 中标后谈判与合同签订。评标工作结束后,评标委员会通常最后向招标方推荐不超过 3 个有排序的中标推荐人,由招标方作出最后决定。招标方应按顺序与中标推荐人进行谈判,最后决定由谁中标。但是,招标方不得从评标委员会推荐的中标候选人之外的投标人中选定中标人。《前期物业管理招投标管理暂行办法》第 37 条规定:招标人应当向中标人发出中标通知书,同时将中标结果通知所有未中标的投标人,并应当返还其投标书。《北京市物业管理招投标办法》第 31 条规定:中标人确定后,招标人应当在 3 日内向中标人发出中标通知书,同时通知未中标人。

在选出中标人之后,招标工作即进入谈判与签约阶段。这一阶段招标方经过具体谈判,与中标人签订相应的物业服务合同。按规定,招标人和中标人双方应自中标通知书发出之日起 30 日内,签订(前期)物业服务合同,合同的主要条款不得背离标书中的内容。

在所有的招标工作完成后,招标方应及时将招标过程中的一系列文件资料进行整理归档,并妥善保存以便备查。《北京市物业管理招投标办法》第 33 条规定:招标人应当自与中标人签订(前期)物业服务合同之日起 15

日内，到原备案机关备案。备案资料包括：评标委员会提供的评标报告、中标企业的投标文件、与中标企业签订的（前期）物业服务合同正本等。《前期物业管理招投标管理暂行办法》的规定与北京市的规定有所不同，其37条规定：招标人应当自确定中标人之日起15日内，向物业项目所在地的县级以上地方人民政府房地产行政主管部门备案。备案资料应当包括：开标评标过程、确定中标人的方式及理由、评标委员会的评标报告、中标人的投标文件等资料。委托代理招标的，还应当附招标代理委托合同。

（二）物业管理投标程序

1. 获取招标信息，决策是否参与投标。物业服务企业通过各种途径获得某物业拟进行物业管理招标的信息或接到邀请投标函后，应针对该物业的具体情况与本企业的自身实力，作出是否参与投标的决策。一旦决定投标，应协调有关人员（管理人员、专业技术人员、财会人员）组成精干的投标领导小组，全面负责投标工作。

2. 报送投标申请，接受资格审查。在规定的时间内向招标方报送投标申请，投标申请是投标单位表示投标愿望和介绍投标单位管理能力的重要文件，在文件中应实事求是地显示出自身的实力，进而接受招标单位的资格审查。投标单位一定要将证件备齐，一般资格审查主要审查企业营业执照、资质等级、专业人员配置、固定资产、管理的规章制度、财务状况及以往业绩等。

3. 获取与熟悉招标文件并参与答疑和现场勘查。通过资格审查，按规定程序取得招标文件后，首先应详细阅读研究招标文件，充分了解招标方提出的物业管理服务的范围、内容、标准和要求，以及相关规定，理解招标单位的意图和目的等。然后到物业现场实地考察，进一步全面详尽地了解物业情况及环境条件；参加招标单位的答疑会，就需要进一步弄清的问题请招标方明确解答，为投标决策和投标书的编制作准备。

4. 投标决策与编制投标书。在前述工作的基础上，作出投标决策。主要是是否投标，采取何种策略竞标以及报价原则。作出投标决策后，按招标文件的要求正确编制投标书。投标书的编制是投标工作中最重要的内容，它直接影响到投标能否成功，必须认真对待。

5. 报送投标书。全部投标文件编制好以后，应对其进行封装。封送标书的一般惯例是，投标单位应将所有投标文件按招标文件的要求，准备正本和副本（通常正本一份，副本多份）。标书的正本及每一份副本应分别装，而且都必须用内外两层封套分别装并密封，密封后打上“正本”或“副本”的印记。两层封套上均应按规定写明投递地址及收件人，并注明：投标文件的编号、物业名称、在某日某时（开标日期）之前不要启封等。内层封套是用于原封退还在截止投标之后收到的投标文件的，因此应写明投标企业的地址和名称。若是外层信封未按上述规定密封及作标记，则招标单位工作人员对于把投标文件放错地方或过早启封概不负责。由于上述原因被过早启封的标书，招标单位将予以拒绝并退还投标单位。

封装后的投标书应在指定时间前派专人或通过邮寄送达招标单位。

6. 参加开标及答辩会。招标单位在接到开标通知时，派主要负责人按时参加开标会，并参加招标单位的答辩。答辩人要做好答辩的思想和资料准备，在有限的时间内充分阐述本单位的优势、投标的意图、对日后物业管理的基本设想、安排与措施，对投标报价的计算作必要的说明或补充，愿意承诺的优惠条件等，以争取获得最佳印象和较高的答辩分，为中标打下基础。

7. 中标和签订物业服务合同。投标单位收到中标通知书后，应在规定时间内，办妥履约保证和各种手续，并尽快与招标单位进行详细洽商，签订物业服务合同。同时，作好全面入驻物业区域的准备。

二、标书编制要点

招标文件（招标书）是投标方编写投标书的重要依据，其内容是否完整，表述是否准确，要求是否明确等将直接影响投标方的投标。《前期物业管理招投标管理暂行办法》及《北京市物业管理招标投标办法》规定，招标文件包括下列7项内容：①招标人及招标项目简介，包括：招标人名称、地址、联系方式、项目基本情况、物业管理用房的配备情况等；②物业管理服务内容及要求，包括：服务内容、服务标准等；③对投标人及投标书的要求，包括：投标人的资格、投标书的格式、主要内容等；④评标标准和评标方法；⑤招标活动方案，包括招标组织机构、开标时间及地点等；⑥物业服务合同的签订说明；⑦其他事项的说明及法律法规规定的其他内容。

在这7项内容中，第一项及第三到第五项是程序性的要求，第二项“物业管理服务内容及要求”是最重要的，也是最难编写的。在编写过程中，除了对物业管理服务内容及要求的一般性描述外，应着重注意以下问题：

（一）本物业有无特殊性要求

不同物业的自身状况及其业主情况均不同，要考虑这些主、客观方面的不同是否导致对物业管理服务的特殊性要求。如在住宅小区或写字楼停车位严重不足的情况下如何管理；某写字楼部分出售、部分出租，管理服务费用的分摊设想；底层商厦、中间写字楼、上部公寓，其各项费用如何分摊；对应提供的物业管理用房面积不足如何解决等等。从投标方提交的管理设想方案中，可以看出其管理水平的优劣。

（二）保修期费用的测算

对新建物业，由于保修期的存在，在最初的一段时间内，用于设备维修的费用可能较低；保修期结束后，物业服务成本将发生较大的变化。因此，要求投标方测算最初几年的费用是非常必要的，尤其是开发商进行的前期物业管理服务招标。

（三）报酬的取费形式

国家发改委、建设部 2003 年 11 月颁布的《物业服务收费管理办法》规定了物业服务收费的两种方式：包干制和酬金制。这两种取费形式在本质上是不一样的，其费用的构成也不同，在实际运作中，双方的利弊也不同。

1. 包干制是指业主只支付固定的物业管理费用，其构成包括：物业服务成本、法定税费和企业利润，物业服务企业自负盈亏。包干制对业主来说比较简单，其重点在于固定费用的确定需要业主有专业知识，否则在合同谈判时有一定难度，易被投标方所主导。从理论上讲，采取包干制取费，业主不应也无权再对物业服务企业的费用开支情况进行审查。

2. 酬金制是指业主预先支付物业服务资金，包括物业服务支出和物业管理企业的酬金。其中酬金按约定比例或约定数额提取，预付的物业服务支出出现盈余或不足均由业主享有或承担。这种方式，业主有权对物业服务企业的费用开支进行审查，必要时可聘请审计部门审计。但这种方式从表面上看，对物业服务企业努力降低管理服务成本的激励作用不大。因此，如何激励物业服务企业在确保服务质量的前提下降低支出是采用酬金制要解决的一个问题。

这两种方式各有优劣。在实际操作过程中，无论采用哪种报酬形式，都应该注意实现业主与物业服务企业的双赢，也就是说要对物业服务企业提高管理水平进行一定的激励，管理水平的高低将直接影响物业管理的成本。比如，在酬金制中，就可以规定在同样的服务水平下，实际物业服务支出越低，则给物业服务企业的酬金越高。这样才能实现双方的最大利益。

三、投标书编制的要点

投标书是投标方准备工作的总结，是投标方的投标意图、报价策略与目标的集中体现，其编制质量的优劣将直接影响投标竞争的成败。投标书应当对标书中提出的实质性要求和条件作出响应。

（一）投标书的内容

《前期物业管理招投标管理暂行办法》及《北京市物业管理招标投标办法》规定，投标文件应当包括以下内容：①投标函，即投标方的正式报价信，主要内容有：投标方的总报价金额、投标报价的有效期等；②投标报价；③物业管理方案；④招标文件要求提供的其他材料。

在以上内容中，物业管理方案是投标书的核心内容，主要应包括：①介绍投标的物业服务企业的概况和以往业绩，主要指出对类似此次招标物业的管理经验和成果；介绍投标项目人员配备情况，包括该项目所设主要岗位和人数，物业管理经理和主要业务骨干的岗位资质证书、工作简历等。②分析投标物业的管理要点，指出此投标物业的特点、难点，分析业主对该物业管理的期望和要求等。③介绍本公司将提供的管理服务的内容、功能、标准及检查方法。④运作流程，包括各主要环节的运行程序。⑤财务预算，包括收支情况预算和各项收费标准。⑥所需设备，包括所需设备的名称、种类、型号和提供方式。⑦各项物业管理制度。

（二）投标书编写注意事项

除了实质性内容以外，投标书的编写还应注意以下问题：

1. 计量单位。必须使用国家统一规定的行业标准计量单位，不允许混合使用不同的度量制。

2. 货币。国内物业管理投标书规定使用“人民币”，国际投标中使用的货币则按投标文件的规定执行。

3. 文字。《前期物业管理招标投标管理暂行办法》第 41 条规定：招标文件或者投标文件使用两种以上语言文字的，必须有一种是中文；如对不同文本的解释发生异议的，以中文文本为准。

4. 计算。对单价、合计数、总标价的计算应仔细核对，相关数额应前后一致；以文字表示和以数字表示的数额也应一致。《前期物业管理招标投标管理暂行办法》第 41 条规定：用文字表示的数额与数字表示的金额不一致的，以文字表示的金额为准。

5. 标准规范。应采用国家统一颁布的行业标准与规范，若使用国外的服务标准与规范，应将所使用的标准规范译成中文，并在投标书中说明。

6. 表述。投标书的文字与图表应简洁、明确、条理清楚，切忌模棱两可，引起不必要的误解和争议；全部文件均应由投标方法人代表或委托负责人签字；若有错误而不得不修改，则应由投标方负责人在修改处签字。

7. 填写完整。投标文件中的每一空白都需填写，如有空缺，则被认为放弃意见。

8. 资料真实。投标方应保证所提供全部资料的真实性，否则其投标将被拒绝。

四、评标及其要点

物业管理的评标是招投标过程中最重要的环节。评标委员会的评议结果对中标将起到决定性的影响与作用。招标方对此应给予足够的重视，慎重对待。物业管理招投标自身的特点决定了其评标也较一般招投标的评标有所区别。主要有以下几点：

（一）评标委员会的组成

《前期物业管理招标投标管理暂行办法》第28条规定：评标由招标人依法组建的评标委员会负责。评标委员会由招标人代表和物业管理方面的专家组成，成员为5人以上单数，其中招标人代表以外的物业管理方面的专家不得少于成员总数的2/3。评标委员会的专家成员，应当由招标人从房地产行政主管部门建立的专家名册中采取随机抽取的方式确定。与投标人有利害关系的人不得进入相关项目的评标委员会。评标委员会成员应当认真、公正、诚实、廉洁地履行职责。

（二）评标留有必要的时间

物业管理的评标通常要综合考虑投标企业的背景、以往管理同类物业的业绩和市场信誉，要详细阅读评议标书，并根据答辩情况进行评定，需要一定的时间。因此，《北京市物业管理招标投标办法》中规定："一般项目的评标活动应在递交投标文件截止日期后7日内完成，重点工程项目需在15日内完成。"

一些招标方在开标后用半天或一天的时间就评标完毕，评委们没有时间去阅读比较标书，即便有现场答疑，也不宜做出相对准确、公正的评判，这是不合适的。合理的做法应该是开标后，招标方的工作小组对具有可比性的数据、资料（如人员配置、费用测算、企业资质等）先行统计、整理；然后召开评委会，评委用至少半天到一天时间各自阅读标书；最后进行各投标方答辩，评委会最终评出评议结果。

（三）投标方对本物业的认识

每一个物业项目都有各自的特点，在管理服务上也有不同的要求。评委在审议标书时，首先要重点考察投标企业对该物业个性的认识。还要看其有无独到的分析，尤其对招标方的一些特殊要求有无实质性的响应和相应的分析、理解及对策。因为这既反应了投标方对此次投标的重视程度，也反映了投标方对物业管理服务的理解和认识。从一般工作的规律来讲，了解和把握同类工作的共性是入门的基础，而了解和把握其个性才是做好具体工作的关键，物业管理工作同样如此。评标中最忌讳的是投标方一本标书打天下。

（四）对管理处主任的考察

俗话说"万事开头难"，所以，应对投标方推荐选派的管理处主任进行重点考察。考察内容：一是工作简历，重点看其是否曾主持过同类型物业的物业管理，即原职务是管理处主任还是副主任，或是部门经理。原则上不宜从管理处副主任，更不能从部门经理直接提升。二是让拟派人选参加答辩，在答辩中进行面试，考察其性格、素质，特别是应对、应变能力和对本物业管理的设想。

（五）费用的测算

费用测算是标书中最重要的部分，但很多标书恰恰在此处篇幅最短，甚至只用一页纸一带而过。在费用测算上，关键不在于费用具体值的高低，而在于测算的过程和依据。

由于服务费用各有千秋，各企业测算角度不同，费用的测算没有一个统一的平台，不像设备采购那样有一个明确而统一的标准。因此，在比较不同的投标方案时，往往会挑出其中一些具有可比性的指标，比如人员工资等，进行比较。有经验的招标方也可制作统一的费用测算表格以方便比较。

固定资产的处置方式是费用测算中应当注意的一个问题，尤其是前期物业管理招标。物业管理需要先行投入一定的固定资产，这些固定资产投入或购置有三种方式：一是物业服务企业自行带入；二是由业主出资购买后交由物业服务企业使用;三是物业服务企业向业主借资购买使用。这三种方式其产权和折旧资金的提取返还都不同,自然也将对费用测算产生较大影响。

需要注意的是,物业服务费用并非越低越好。物业服务费用除直接影响管理服务质量外,还与房价存在一定的关系,尤其在二手房市场上,好的物业管理能够大大提高房屋的售价。

DI第 六 章 LIUZHANG 物业服务合同

第一节 物业服务合同概述

一、物业服务合同的含义

物业服务企业接受业主委托从事物业管理服务，应当与业主签订物业服务合同。

物业服务合同为非典型合同，在现行合同法中未单设该类型合同。物业服务合同与合同法上的委托合同有类似之处，但又因具有自身特征而独立于委托合同。例如，物业服务合同已经具有特定的财产管理内容；物业服务企业作为物业服务合同的受托人，具有独立的法人资格，以自己的名义来从事管理和服务活动；物业服务企业可以自行将物业服务合同中的专业服务项目委托他人完成等。物业服务合同的特殊性，决定了不能简单地将其适用合同法中关于委托合同的规定。

物业服务合同的签订双方是业主与物业服务企业，双方之间是平等的民事主体关系。物业服务企业具有独立的法人资格，业主可以是自然人、法人或其他组织。在住宅物业管理中，业主通常是分散的、具有独立法律人格的自然人，由业主委员会代表全体业主与业主大会选聘的物业服务企业订立物业服务合同。

由于物业服务合同涉及面广、标的内容复杂、期限较长，为了减少和及时解决物业服务合同履行中的问题，物业服务合同应当采用书面形式。

二、物业服务合同的特征

物业服务合同具有以下特征：

（一）物业服务合同是当事人意思表示一致的产物

物业服务合同是业主与物业服务企业双方意思表示一致的产物。应当注意的是，物业服务合同中的业主通常是一个群体，在住宅物业管理中就是全体业主或业主大会，并非单个业主或部分业主。只有全体业主或业主大会才具有选聘、解聘物业服务企业，制定、修改有关规章制度的权利；对于选聘、解聘物业服务企业，经专有部分占建筑物总面积过半数的业主同意即通过，才对物业管理区域内所有业主具有约束力，这种约束力不仅约束持反对意见的少数人，而且当物业发生转让或继承时，也约束新的业主。

（二）物业服务合同的订立以当事人相互信任为前提

物业服务合同的订立以当事人相互信任为前提，任何一方通过利诱、欺诈、蒙骗等手段签订的合同，一经查实，可依法起诉，直至解除合同关系。同时，业主是基于对特定物业服务企业的认可和信任才选聘该物业服务企业的，因此，物业服务企业不得将一个物业管理区域内的全部物业管理一并委托给他人。

（三）物业服务合同是有偿的

委托合同的目的在于由受托人用委托人的名义和费用处理管理委托人事务。因此，业主不但要支付物业服务企业在处理委托事务中的必要费用，还应支付物业服务企业一定的利润或酬金。

（四）物业服务合同既是诺成性合同又是双务合同

物业服务合同自双方达成协议时成立，故为诺成性合同。

物业服务合同又是双务合同，即当事人互享权利，互负义务。双方的权利义务是相对而言的，一方的权利就是另一方的义务。例如，享受物业服务是业主的权利，而提供物业服务则是物业服务企业的义务；收取物业服务费用是物业服务企业的权利，而支付物业服务费用是业主的义务。

（五）物业服务合同是劳务合同

劳务合同的特点是：合同的标的是一定的、符合要求的劳务，而不是物质成果或物化成果；合同约定的劳务通过提供劳务的人的特定行为表现出来，物业服务合同正是如此。

（六）物业服务合同应到政府行政主管理部门备案

物业服务合同虽然是当事人自愿平等签订的，但由于物业管理涉及百姓日常生活和城市正常秩序,因此,物业服务合同必须向行政主管部门备案。

在合同的主体资格方面,当设立业主大会时,业主委员会必须依照法定程序选举产生,而物业服务企业则需取得必要的资质证书才能从事相应范围的物业管理服务。

在合同的具体内容方面,《物业管理条例》第48条规定:物业使用人在物业管理活动中的权利义务由业主和物业使用人约定,但不得违反法律法规和管理规约的有关规定。

三、物业服务合同的作用

在计划经济时期,房屋管理属于后勤管理,依靠行政手段;在市场经济条件下,房屋管理属于物业管理,是市场行为,主要依靠合同约定。社会化、专业化、市场化的物业管理模式实施原则是业主自治自律与物业服务企业的统一、专业化管理相结合,这个结合就是物业服务合同。

物业服务合同是确立业主和物业服务企业在物业管理活动中权利义务的法律依据,在物业管理中具有不可替代的地位和作用。合同是否依法订立、合同内容是否详细、合同是否具有可操作性,对于维护各方在物业管理中的合法权益举足轻重。

随着物业管理市场的拓展,物业服务企业的改制,物业管理将更加规范化,其市场竞争将逐步加剧,物业服务合同的地位和作用就显得更为重要。

四、物业服务合同的主要内容

物业服务合同应当具备以下主要内容:

(一)物业管理事项

物业管理事项即物业服务企业为业主提供的服务的具体内容。主要包括:①物业共用部位的维护与管理;②物业共用设施设备及其运行的维护和管理;③环境卫生、绿化管理服务;④物业管理区域内公共秩序、消防、交通等协助管理事项的服务;⑤物业装饰装修管理服务,包括房屋装修的安全、垃圾处理等管理工作;⑥专项维修资金的代管服务;⑦物业档案资料的管理。

(二)服务质量

服务质量是对物业服务企业提供的服务在质量上的具体要求。目前,我国正在推行物业管理服务等级标准,当事人可以参照各等级服务标准来约定服务质量,根据服务质量来约定相应的服务费用。

(三)服务费用

服务费用是业主为获取物业服务企业提供的服务而支付的费用。支付物业服务费用是业主的主要义务,当事人应在合同中明确约定物业服务费用的收费项目、收费标准、收费办法等内容。

(四)双方的权利义务

合同双方在物业管理活动中的权利义务约定的越明晰,合同的履行就越简单,发生纠纷的几率也就越小。

(五)专项维修资金的管理和使用

目前,专项维修资金主要是针对住宅物业而言的。专项维修资金对于保证物业共用部位和共用设施设备的维修养护,对于物业的保值增值,具有非常重要的意义。对于一个物业管理区域而言,专项维修资金总量是一个不小的数额。从产权上讲,专项维修资金属于物业管理区域内的业主所有,在实践上,专项维修资金大都由物业服务企业代管。为了发挥维修资金的作用,需要当事人在国家规定的基础上,对专项维修资金的管理和使用规则、程序等作出具体约定。2007 年,根据《物权法》修订的《物业管理条例》第 12 条规定:"业主大会决定专项维修资金的筹集和使用,应当经专有部分占建筑物总面积 2/3 以上的业主且占总人数 2/3 以上的业主同意。"

(六)物业管理用房

必要的物业管理用房是物业服务企业开展物业服务活动的前提条件。当事人需按照《物业管理条例》的规定,在合同中对物业管理用房的配置、用途、产权等相关问题予以细化。

(七)合同期限

物业服务合同属于在较长期限内履行的合同,当事人需要对合同的期限进行约定。物业服务合同的期限条款应当尽量明确、具体,或者明确规定计算期限的方法。

(八)违约责任

违约责任是指物业服务合同当事人一方或者双方不履行合同,依照法律的规定或者当事人的约定应当承担的法律责任。违约责任是促使当事人履行合同义务,使守约人免受或少受损失的法律措施,也是保证物业服务合同履行的主要条款,对当事人的利益关系重大,应当予以明确。

合同法及其他相关法律法规对违约责任的规定比较详细,但是法律的规定比较原则,难以面面俱到;物业服务合同具有其特殊性,为了保证合同当事人的特殊需要,当事人应当按照法律规定的原则和自身的情况,对违约责任作出具体的约定。例如,约定违约损害的计算方法、赔偿范围等。

此外,物业服务合同一般还应载明双方当事人的基本情况、物业管理区域的范围、合同终止和解除的约定、解决合同争议的方法以及当事人约定的其他事项等内容。

第二节　物业服务合同的分类

从总体上讲,物业服务合同有三种,三者之间存在着时间上的先后顺序,是相互衔接的。下面以住宅小区为例,简要介绍不同阶段的三种物业服务合同的特点与差异。

一、前期物业服务合同

在实践中,物业"滚动开发"的情况比较多,业主入住是一个逐渐的过程,从物业开始交付给业主,到业主成立业主大会之间,还有一段过程,不但这个过程中需要物业服务企业提供物业管理服务,甚至在物业的建设阶段往往就需要物业管理的早期介入了。这个阶段的物业管理即前期物业管理。

《物业管理条例》第21条规定:在业主、业主大会选聘物业服务企业之前,建设单位选聘物业服务企业的,应当签订书面的前期物业服务合同。房屋出售前物业的产权属开发企业,所以,合同中的甲方是开发商(建设单位),乙方是其通过招投标选聘的物业服务企业。

前期物业管理常常包括通常情况下的物业管理所不具有的一些内容,比如,管理遗留扫尾工程、空置房出租或看管等,因此具有一定的特殊性。在现实生活中,物业管理纠纷很大程度集中于前期物业管理阶段,如建设单位遗留的房屋质量问题、小区配套设施不齐全问题等。前期物业服务合同对日后物业管理的规范化实施起着尤为重要的作用。如果不签订前期物业服务合同,将不利于物业管理的实施,也无法保证购房人自购买房屋起直至业主委员会成立并选聘确定新的物业服务企业之间的权利和义务，易引起各种纠纷。

前期物业服务合同具有以下特征：

（一）由建设单位和物业服务企业签订

由于在前期物业管理阶段，业主大会尚未成立，还不能形成统一意志来选聘物业服务企业，只能由建设单位选聘物业服务企业；而且，此时建设单位拥有物业，是物业的第一业主。建设单位在选聘物业服务企业时，应充分考虑和维护未来业主的合法权益，代表未来的广大业主认真考察、比较各物业服务企业，并对其有所要求与约束。

（二）过渡性

前期物业服务合同的期限，存在于业主、业主大会选聘物业服务企业之前的过渡时间内。物业的销售、入住是陆续的过程，业主召开首次业主大会时间的不确定性决定了业主大会选聘物业服务企业时间的不确定性，因此，前期物业服务的期限通常也是不确定的。但是，一旦业主大会成立并选聘了物业服务企业，前期物业管理服务即告结束，前期物业服务合同也相应终止。《物业管理条例》第 26 条规定：前期物业服务合同可以约定期限，但是，期限未满、业主委员会与物业服务企业签订的物业服务合同生效的，前期物业服务合同终止。

（三）要式合同

由于前期物业服务合同涉及广大业主的利益，《物业管理条例》要求前期物业服务合同以书面方式签订。

为了保护当事人的合法权益，2004 年 9 月 6 日，建设部在以前物业管理合同示范文本的基础上，重新制定了《前期物业服务合同（示范文本）》（建住房[2004]115 号）。

二、前期物业管理服务协议

购房人（业主）在签订《房屋买卖（预售）合同》时，应同时签订前期物业管理服务协议（以下简称协议）。《物业管理条例》第 25 条规定：建设单位与物业买受人签订的买卖合同应当包括前期物业服务合同约定的内容。这是物业在实施物业管理过程中的第二个带有合同性质的具有法律效力的文件。其目的是保障前期物业管理活动当事人（包括业主、物业服务企业双方）的合法权益，减少物业管理纠纷。在实践中，发生的一些业主不满物业服务企业提供服务的纠纷，究其原因，并不一定全是由于物业服务企业不按照合同提供服务，而是由于业主缺乏对前期物业服务合同的事先了解，双方对提供服务的内容认识、理解不一致导致的。

协议的甲方是开发企业或其委托的物业服务企业，协议的乙方是购房人。

协议的有效期限从房屋出售之日（业主购房之日）起，至业主委员会成立后与其选定的物业服务企业签订新的物业服务合同生效时止。

该协议具有以下基本特征：

（一）购房人在购房时必须同时签订协议

购房人在签订《房屋买卖（预售）合同》时，必须同时签订协议。也就是说，如果购房人不签订前期物业管理服务协议，就不能购房；如要购房，就必须对协议的内容有所承诺。这是减少日后物业管理纠纷所必需的。

（二）协议的基本内容应与前期物业服务合同一致

由于协议是对前期物业管理服务的约定，在前期物业服务合同和物业服务合同之间的过渡期内，它与前期物业服务合同并存。所以，协议的基本内容，尤其是物业管理的服务内容、质量、费用等应与前期物业服务合同相同。

（三）协议应经政府主管部门备案

协议由甲方制定，为规范物业管理市场行为，建设部颁布了协议的示范文本。甲方制定协议时，必须以该示范文本为基础，根据物业的实际情况加以必要的调整与修改。考虑到众多分散业主尚未有统一意志的表达途径，对物业管理的认识和了解程度也有差异，为确保购房人的合法权益不受损害和侵犯，现行政策规定，协议制定后应经政府主管部门备案。也就是说，这是政府主管部门代表未来广大业主来维护其合法权益。

建设部 1999 年 10 月颁布了《前期物业管理服务协议》的示范文本（建住房[1999]246 号）。

（四）协议的内容必须对所有购房人一致

物业管理是统一的专业化管理。购房人购房有先有后，情况也互不相同，这导致不同购房人的购房合同会有所差异。但协议对所有购房人都应是统一的文本，不能因人而异。从开发商的角度来说，在前期物业管理服务中,不能对部分人作出额外的承诺,因为这样势必损害物业服务企业的利益,其最终结果将损害其他购房人的利益。从购房人的角度说,协议不能讨价还价,不能期望得到超出其他购房人的额外的利益。这也是协议为什么称为协议,而不叫合同的原因之一。

除了前期物业管理服务协议外,《物业管理条例》还规定,建设单位应当在销售物业之前,制定业主临时管理规约,对有关物业的使用、维护、管理,业主的共同利益、业主应当履行的义务、违反临时管理规约应当承担的责任等事项依法作出约定。建设单位应当在物业销售前将业主临时管理规约向物业买受人明示,并予以说明。物业买受人在与建设单位签订物业买卖(预售)合同时,应当对遵守业主临时管理规约予以书面承诺。

三、物业服务合同

业主如决定设立业主大会,当业主入住达到一定比例时,就应按规定及时召开业主大会,选举、组建业主委员会。业主委员会的设立,标志着前期物业管理的结束,物业管理进入正常的日常运作阶段,即由业主委员会代表全体业主实施业主自治管理。

业主委员会成立后,对原物业服务企业实施的前期物业管理要进行全面、认真、详细的评议,听取广大业主的意见,决定是续聘还是另行选聘其他的物业服务企业,并与确定的物业服务企业(原有的或另行选聘的)签订物业服务合同。其签订日期一般应在业主委员会成立 3 个月内,最迟不应迟于 6 个月。

合同的甲方是业主委员会(代表所有业主),乙方是物业服务企业。甲方是委托方,乙方是受托方。

合同的委托管理期限由双方协议商定,以年为单位,一般为 3 年。

物业服务合同签订后,前期物业服务合同与前期物业管理服务协议同时终止。

每次委托期满前,业主委员会应根据广大业主的意见和物业服务企业的业绩,决定是续聘还是另行选聘其他的物业服务企业,并与之签订新的物业服务合同。目前,尚无全国性的物业服务合同示范文本,北京市国土资源和房屋管理局 2004 年 5 月颁布了《物业服务合同〈示范文本)》。

上述三个合同与协议的共同点在于它们的客体是一致的,委托事项都是物业管理服务活动。但因物业在开发建设、销售和消费使用这三个不同阶段产权在不同产权人之间的转移,导致合同的主体有所变化,进而三个合同的签订时间、期限要求与方式等都有所差异(见表6-1),但三个合同是相互衔接、互为补充的。从物业管理规范化运作的角度讲,三个合同缺一不可。

表6-1 三个物业服务合同的差异

项目	前期物业服务合同	前期物业管理服务协议	物业服务合同
合同主体	甲方:新建住宅的开发商 乙方:甲方选聘的物业服务企业	甲方:与前期物业服务合同相对应,即房地产开发单位或其委托的物业服务企业 乙方:购房人(业主)	甲方:业主委员会(代表所有业主) 乙方:物业服务企业
签订时间	甲方出售住宅前	每个购房人(业主)在签订《房屋买卖(预售)合同》时同时签订	一般应在业主委员会成立后3个月内,最迟不应迟于6个月
合同有效期限	合同有效期限自签订之日起,到业主委员会成立后与其选聘的物业服务企业签订物业服务合同生效时止	协议的有效期限从房屋出售之日(业主购房之日)起,至业主委员会成立后与其选定的物业服务企业签订物业服务合同生效时止	合同有效期限由双方协议商定,以年为单位,一般为3年

在实践中,物业服务企业承接一个物业管理项目后,往往根据管理区域的规模、服务项目的多少和自身服务能力的情况,将保安、绿化、保洁等服务委托给其他专业服务公司承担。物业服务企业作为委托人与接受委托的专项服务企业之间签订委托服务合同,但是专项服务企业与业主之间并不存在合同关系。因此,这些专项服务的委托合同虽然与物业管理活动相关,但都不能称之为物业服务合同。《物业管理条例》第40条规定:物业服务企业可以将管理区域内的专项服务业务委托给专项服务企业,但不得将该区域内的全部物业管理一并委托给他人。第62条规定:物业服务企业将一个物业管理区域内的全部物业管理一并委托给他人的,由县级以上地方人民政府房地产行政主管部门责令限期改正,处委托合同价款30%以上50%以下的罚款。情节严重的,由颁发资质证书的部门吊销资质证书。委托所得收益,用于物业管理区域内物业共用部位、共用设施设备的维修、养护,剩余部分按照业主大会的决定使用;给业主造成损失的,依法承担赔偿责任。

第三节 物业服务合同签订要点

物业服务合同在签订时应以政府颁布的示范文本为基础，双方在平等自愿的前提下，遵循公平、诚实信用与合法的原则，经充分的协商讨论达成一致意见后方可签订。

物业管理工作自身的特点决定了在物业服务合同签订时，除了遵循签订一般合同时的注意事项外，还要注意以下四个要点。

一、"宜细不宜粗"的原则

为确保合同双方的权益，明确各自的责任、权利、义务，减少日后的纠纷，业主和物业服务企业在对合同进行谈判洽商时，要遵循"宜细不宜粗"的原则，即对合同的具体条款要进行细致的充分协商，取得一致，不仅要从宏观上把握，更要从微观上给予明确。一般物业服务合同中对委托的管理服务应包括五个层次的约定：

（一）委托项目

委托哪些管理服务项目应逐项写清，如"物业共用部位的维修、养护和管理"；"共用设施设备的维修、养护、运行和管理"；"环境卫生"等。物业管理委托最主要的是公共性服务项目，应逐项给予明确；同时，哪些项目允许物业服务企业分包，对分包的原则要求和限制条件，也应给予明确。

（二）各委托项目的具体内容

各委托项目所包含的具体内容，应表述清楚，越详细越好。如物业用部位的维修、养护和管理，项目内容包括：楼盖、屋顶、外墙面、承重结构等；环境卫生包括哪些部分，楼梯、楼道、场地、庭院哪些委托、哪些不委托等。

不同性质的业主和不同类型的物业在某些委托项目的具体内容上是有很大差异的。这些差异和区别除在招标书中明确提出外，还应在合同谈判时给予准确界定。如部队和一些政府机关在"保安服务"这一委托项目的具体内容上与普通住宅区和写字楼就有较大的区别。

（三）管理服务的质量标准

各委托项目具体内容的管理服务质量标准，在定性的基础上能量化的尽可能给予量化。这种量化标准有两个层次:一是工作量的量化;二是质量检查评定标准的量化。如垃圾清运是一天一次,还是一天两次,这是对工作量的量化;而环境卫生的清洁标准则属于质量检查评定的标准。要注意在明确质量标准时要少用或不用带有模糊概念的词语,例如,“整洁”,因为是否整洁不易作出准确判断。

目前,不少物业服务合同在签订时对质量标准阐述不准确。对此,中国物业管理协会印发了《普通住宅小区物业管理服务等级标准(试行)》(中物协[2004]1 号),各地行政管理部门也颁布了各地物业管理服务的等级标准,这些可作为合同谈判签订时的参考和依据。

(四)管理和服务费用

各委托项目在上述的管理服务内容与质量标准下应收取相应合理的成本或支出费用。物业管理服务是分档次的,不同档次收取的费用是有较大差异的。在明确了委托项目、具体内容和质量标准后,费用的确定往往是双方争论和讨价还价的焦点。在确定合理的费用时,要经过详细的内容测算和横向比较。无论是采用包干制取费,还是酬金制付费,双方都应经过一定的测算和对比。各地物价局颁布的指导价应视做一个参考依据,各物业区域的规模大小与构成均不同,对最终取费标准还应详细讨论确定。

(五)要有对物业服务企业的奖惩约定条款

物业管理委托的甲乙双方应争取双赢的结果。在物业服务合同谈判中,应对物业服务企业的工作有相应的奖惩条款。目前,各法规对物业服务企业的违法、违规、违约行为,对由于其工作不负责或失误给业主造成损失或损害的情况均有一些惩罚性条款,但缺少对物业服务企业的奖励性条款。一些地方政府原则上同意物业管理荣获全国或省、市优秀(示范)小区的物业服务费上浮 10% ~25%,但真正执行的并不多,执行起来也较难。考虑到政府不宜对此作出规定,因而在合同谈判时,业主可以设立一些奖励条款,以激励物业服务企业及其员工更好地做好物业管理服务。如业主可设立业主奖励基金,对有突出事迹或表现的员工给予一定奖励;在酬金制的情况下,如果物业服务企业在做好管理服务的前提下,其物业服务支出有较大的节约,可适当提高酬金等等。

上述五个层次是物业服务合同不可少的、必备的内容。为防止合同过长,可采用附件的形式。在《物业服务合同》(示范文本)中,可包括《物业构成细目》和《物业管理质量目标》两个附件。在《前期物业管理服务协议》(示范文本)中,可包括《物业使用守则》和《房屋装饰装修管理协议》两个附件。此外,双方还可就具体问题增加附件。

正因为物业服务合同的谈判要遵循"宜细不宜粗"的原则,所以经过招投标确定了中标单位后,要有相对较长的(与一般招投标相比)的合同谈判时间。《前期物业管理招投标管理暂行办法》第38条规定:招标人和中标人应当自中标通知书发出之日起30日内,按照招标文件和中标人的投标文件订立书面合同。

二、不应有无偿无限期的承诺

除委托方对物业服务企业可无偿提供管理用房外,在物业服务合同中,不应有无偿无期限的承诺,如对住用人无偿提供班车服务等。这是因为:

第一,物业管理从本质上讲是市场经济条件下的有偿服务,无偿提供服务是福利制的产物。无偿的承诺不利于全社会全面、正确的理解、认识和实践社会化、专业化、市场化的物业管理。

第二,无偿提供服务导致住用人之间享受到的服务不一致。物业管理除了公共服务面向全体住用人外,其他的专项服务、特约服务等都是面向部分或少数有此需要的住用人的,一般不可能所有的住用人都需要、都受益,如果无偿提供这部分专项、特约服务,对那些不需要或未享受到该项管理服务的人来说就是不公平的。

第三,无偿提供服务在实践上也是有害的,行不通的。无偿提供的管理服务仍是有成本、需要支付费用的,无论开发商还是物业服务企业不可能也不应该长期承担这笔费用。否则,最终导致的结果一是降低管理服务标准,二是将该成本费用转移或变相转移分担给了全体业主。

第四,物业管理的委托是有期限的,无期限的承诺从理论上讲是行不通的,在实践上也是难以做到的。无偿无期限的承诺通常出现在开发企业在售房时为促销而作出的某些承诺,或物业服务企业为增加中标机会作出的承诺。这种承诺一旦作出,日后又无法全面履行,就会给物业管理的正常运作带来困难,极易成为双方发生纠纷的重要原因。

在物业管理的具体实施中,有时开发商或物业服务企业会自行出资开展一些公益性活动,如新年联欢会、"六一"儿童节活动等;或在某方面采取一些优惠措施,如对老人、儿童、困难家庭的一些取费项目给予优惠等。这都是无可厚非的，这样做有利于物业管理的运作，是应该提倡的。但是，除经业主大会同意，这些内容不应在合同中明确是无偿提供，这些活动的费用也不应从物业服务费中支出，只能由开发商、物业服务企业自行支付。

三、合同的签订既要实事求是，更要留有余地

物业服务合同一旦签订，物业服务企业就要认真、严格地履行，凡做不到位的地方物业服务企业都应承担相应的责任。因此，在合同谈判中，既要实事求是，更要留有余地。下面几点应引起开发商，尤其是物业服务企业的注意。

（一）物业服务企业要量力而行

在投标和承诺物业管理服务标准时，物业服务企业要量力而行，不同的物业有不同的档次，这是客观条件；不同的物业服务企业又有各自不同的情况，这是主观条件。在实施物业管理时，客观条件的约束和主观条件的限制是搞好物业管理服务工作的基础性条件，管理服务的结果只能建立在这个基础之上。要注意，对经过努力才有可能达到的一些标准，要留有余地，更不能说过头话。反之，则很容易成为产生问题的根源。

（二）对分期建设项目、分期建成使用时的物业管理的承诺

物业的开发建设是一个过程，有时是分期实施的。在物业服务合同，尤其前期物业服务合同签订时要充分考虑这一点。比如，24 小时热水供应，当最初个别业主入住时，一般无法提供，在合同中就要说明并给出该项服务提供的条件与时机以及未提供该项服务时物业服务费的适当减免；又如，当一个住宅区规划分期建造时，在首期不应把小区全部建成后才能够提供的服务项目内容列入合同。物业只有在具备入住条件后才能交付给业主入住，这个入住条件并不等于物业全部建成后提供的生活、工作条件。这其中的差别在前期物业服务合同和前期物业管理服务协议签订时尤其应注意。

四、要明确违约责任的界定及争议的解决方式

在物业管理的实践中，不可避免地会产生各种各样的问题、矛盾与纠纷。这些问题、矛盾与纠纷既可能发生在物业服务公司与业主之间，也可能发生在业主相互之间；有违法的问题，但更多的则属于违规、违约以及是非道德和认识水平的范畴。显然，对于不同性质、不同层面的问题、矛盾与

纠纷要通过不同的途径，采取不同的处理方式来解决。

由于物业管理活动具有生产与消费同时产生同时结束的特点，问题出现后不易取证，责任的界定往往成为双方争议的焦点，导致解决这些问题比解决一般合同履行中产生的问题更为复杂。因此，物业服务合同在签订时双方要对此有更为详尽的约定。首先，要明确当各类问题出现后，如何区分责任以及承担相应责任的前提条件；其次，要明确解决问题的方式和途径，有时要事先约定解决的期限及费用的处理等条款。较之一般合同，物业服务合同对违约责任的界定及争议的解决方式更应引起重视。

第四节　物业服务合同的变更与解除

一、物业服务合同的变更

物业服务合同的变更是指合同生效后，在履行过程中，因合同签订时所依据的主客观情况或条件发生变化，由双方当事人依据法律法规和合同规定对原合同内容进行的修改或补充。例如，政府有关部门调整物业管理服务费用，导致收费金额发生变化等。

物业服务合同一经签订，对当事人就具有法律约束力，任何一方不应擅自变更。但当事人在协商一致的情况下可以对合同内容进行变更。合同的变更有两种情况：一是一方先提出变更自己的权利义务，另一方只作与之相对应的变更，如业主委员会要求增加服务项目，物业服务企业相应的增加管理服务收费；二是双方同时提出合作变更，甲方变更某条款时，乙方做相应变更；乙方变更另外条款时，甲方也做相应变更。无论何种变更，均要求当事人双方协商一致。

物业服务合同变更后，应到行政主管部门备案。

二、物业服务合同的解除

合同的解除是指在合同的有效期内，依法终止合同的权利义务关系，终止合同的履行。物业服务合同的解除通常是由于一方不能正确履行合同中约定的义务，致使合同的继续履行变得困难，双方协议或单方决定解除合同。

物业服务合同解除的原因主要有以下几种情况：

● 约定解除合同的条件成立。物业服务合同作为一种民事合同，完全可以根据意思自治原则约定一些合同解除的条件。当解除条件成立时,当事人可以解除合同关系。比如,在签订物业服务合同时约定,物业服务企业未在合同约定的期限内实现某种目标,业主委员会有权解除合同。

●事后协商解除。在物业服务合同履行过程中,双方可以协商解除合同,并且协商因解除合同而产生的损害赔偿问题。

●因物业服务企业被吊销资质、解散、撤销、破产等原因不再具备签订合同的主体资格,一般而言,物业服务合同也就终止。

●合同期限届满。双方在物业服务合同中约定的期限届满,且又未约定续延合同期限时,合同关系终止。

●其他原因。

第五节　物业服务企业的续聘与解聘

一、物业服务企业的续聘

物业服务企业的续聘有两种情况:一是首次业主大会召开后,对原开发商聘用的物业服务企业的再次聘用;二是业主大会对原聘用的物业服务企业在物业管理委托期限到期后的再次聘用。在第一种情况下,专有部分占建筑物总面积过半数的业主且占总人数过半数的业主对原开发商聘用的物业服务企业的物业管理服务持认可赞同态度,即可直接与原物业服务企业签订新的物业服务合同。在第二种情况下,为了确保业主和物业服务企业双方的权益,物业服务合同中对委托管理的期限都有明确的规定。在物业服务合同期满前,如 6 个月,业主委员会和物业服务企业双方应就合同期满后续聘问题向对方提出书面意见,并进行充分的协商。业主委员会应广泛听取业主对物业管理工作的意见和评价,如专有部分占建筑物总面积过半数的业主且占总人数过半的业主反映良好,原物业服务企业也同意续聘,可直接签订新的物业服务合同。否则,业主委员会应于合同期满前就合同期满后的物业管理进行招投标;此时,在同等条件下原物业服务企业有优先获得续聘的权利。

无论哪种情况,在续聘时,双方均可就合同的条款作进一步的洽商,如物业服务费是否要作调整,服务项目有无增减等。

是否续聘既是广大业主和业主委员会的权利,也是物业服务企业的权利。从广大业主的角度看，为了保持物业管理工作的连续性，在充分反映业主意见的基础上，应尽可能续聘原物业服务企业。从物业服务企业的角度看，广大业主的续聘本身就是对其以往工作的一种肯定，应积极争取续聘，对广大业主提出的意见，应虚心听取，认真改进工作，建立和维护自身良好的企业形象和社会声誉。

二、物业服务企业的解聘

物业服务企业的解聘也有两种情况：一是自然解聘，即合同期满后不再续聘；一是提前解聘，指在合同期限内，由于某种原因，合同双方或单方提出终止合同的履行，即提前解除合同。

导致自然解聘的原因既可能是大多数业主不太满意原物业管理企业的工作，希望另外选择，也可能是物业服务企业由于某种原因不愿意继续被聘。

提前解聘一般发生在合同履行中双方产生争议而经协商又无法达到一致时，比如，广大业主对物业服务企业的工作极度不满，而物业服务企业又无切实改进工作的措施和行为，业主一致要求提前解聘；或物业服务企业认为业主和业主委员会未认真履行合同中载明的义务，或对本企业的物业管理工作的支持配合十分不力，以致无法继续履行合同。

提前解聘属于提前解除合同，是合同解除中的约定解除。这将给双方的利益和日常的物业管理工作都带来较大影响，对此应十分慎重。当业主委员会和物业服务企业产生较大争议时，应进行充分的协商。协商不成时，可提请物业管理行政主管部门调解。调解不成时，可提交法院等有关机构进行依法裁决。一旦裁决，将由负有责任的一方赔偿因提前解除合同给对方造成的经济损失。

解聘意味着更换物业服务企业。《北京市物业管理招标投标办法》第11条规定：更换物业管理公司的物业招标投标工作，应在原（前期）物业服务合同终止前3个月完成。因此，当决定解聘原物业服务企业时，业主大会和业主委员会应尽早开始选聘新的物业服务企业的招投标工作。

业主大会选聘了新的物业服务企业后，原物业服务企业应遵循职业道德规范的要求，本着向业主负责的精神，继续做好物业移交前的各项管理服务工作，并整理全部档案资料，清理账目，做好移交准备。在向新的物业服务企业交接时，更应高标准要求自己，为新的物业服务企业开展工作提供方便，而不能设置各种障碍。

DI第七章 QIZHANG 前期物业管理

第一节　前期物业管理概述

一、前期物业管理的界定

《物业管理条例》第21条规定：在业主、业主大会选聘物业服务企业之前，建设单位选聘物业服务企业的，应当签订书面的前期物业服务合同。也就是说，前期物业管理从建设单位选聘物业服务企业、签订书面的前期物业服务合同时起，到业主、业主大会选聘物业服务企业，签订新的物业服务合同为止。

本书第一章将物业管理的全过程分为四个阶段：策划阶段、前期准备阶段、启动阶段、正常运作阶段。前期物业管理包括前期准备和启动两个阶段。

二、前期物业管理的特殊性

前期物业管理的特殊性可以从以下两个方面来认识。

（一）前期物业管理中三方当事人的法律关系

前期物业管理之后的正常物业管理涉及的是业主和物业服务企业两方，而前期物业管理涉及的当事人是房地产开发单位、物业服务企业和业主三方。

因此，如何界定和处理三方当事人的权力、义务及其法律关系是做好前期物业管理的前提和关键。其中最主要的有两点：房地产开发单位的法律责任和业主意志的表达方式。

1. 房地产开发商的法律责任。物业在开发建设阶段，房地产开发商是产权人，所以，前期物业管理由开发建设单位负责选聘物业服务企业。为避免开发商对未来广大的购房人，即业主正当权益的损害，《物业管理条例》从两个方面明确规定了房地产开发商在前期物业管理中应负的法律责任：一是“建设单位应当在销售物业之前，制定业主临时公约①”，并明确规定该公约“不得损害物业买受人的合法权益”，“在物业销售前将业主临时公约向物业买受人明示，并予以说明”；二是“建设单位与物业买受人签订的买卖合同应当包含前期物业服务合同约定的内容”。

此外，该条例还规定了住宅物业的前期物业管理必须采用招投标方式选聘物业服务企业。

2. 业主意志的表达方式。由于业主购房和入住时间不同步，在业主大会成立之前，一方面没有一个代表广大业主意志的机构，另一方面广大业主也没有形成统一的意志，加之负责前期物业管理的物业服务企业又是开发建设单位选聘的，因此，在前期物业管理中，客观上业主处于劣势地位。为维护业主的正当合法权益和保障前期物业管理的正常运行，《物业管理条例》将前期物业管理中业主意志的表达方式确定为选择权，规定开发建设单位在物业销售前应制定并向物业买受人明示临时管理规约，就是使物业买受人能提前准确理解未来自己的权利义务，并要求买受人对临时管理规约应予以书面承诺。简单地说，就是当物业买受人对开发商或者物业服务企业在前期物业管理中的某些行为不满意时，可以选择不购买该物业的房屋；但是一旦决定购买，即要对临时管理规约予以书面承诺。

（二）前期物业管理在时间上的过渡性

从前期物业管理起始时间的界定上，可以清楚地看出，前期物业管理具有明显的过渡性。从整体上讲，它从开发商选聘物业服务企业时开始；从每一个购房人角度讲，它从签订购房合同时开始。实际上，前期物业管理包括从没有物业管理到正常情况下的物业管理的全过程。在这一过程中，不同的时间段前期物业管理的工作重点是不同的。开发建设中遗留的问题，物业销售中产生的矛盾，前期物业管理中出现的纠纷等交织在一起，各方的法律责任是不相同的。而前期物业管理从无到有，从准备启动到全面展开，从不规范到逐步规范是这个过渡时期物业管理的外在特征。可以

① 即《业主临时管理规约》。

说，凡是能够做好前期物业管理的物业服务企业，是完全可以做好正常情况下的物业管理的，反之则不尽然。

上述前期物业管理的特殊性，决定了前期物业管理的重要性。《物业管理条例》为前期物业管理单独设立一章，其意义也在于此。

三、前期物业管理的重点内容

前期物业管理的基本内容和正常运作时期的物业管理是一致的。但是前期物业管理涉及的法律关系是开发建设单位、物业服务企业和业主三方。其具体工作，实质上是在物业从开发建设向消费使用全面转变这一过渡时期内，为日后正常的物业管理的开展所做的各项前期准备和启动工作。因此，这一时期的物业管理必然包括一些正常情况下的物业管理不具有的值得重视和关注的内容和环节。

此外，《物业管理条例》规定由开发商选聘负责前期物业管理的物业服务企业，《物权法》也明确规定"对建设单位聘请的物业服务企业或者其他管理人，业主有权依法更换"。房地产开发商应深刻认识到：你所选择的物业服务企业只有日后得到业主的认可，才能继续下去；如得不到业主的认可，必将被业主所抛弃。由此可见，前期物业管理是实现"建管分离"的关键。《物业管理条例》明确规定了"住宅物业的前期物业管理必须采用招投标方式选聘物业服务企业"，其目的是"不得损害物业买受人的合法权益"。由此可见，前期物业管理招投标是实现"建管分离"的有效途径。

因此，政府对前期物业管理的招投标做了详细的规定，将前期物业管理招投标与办理物业销售手续挂钩，规定新建物业必须在办理预售证之前完成招投标工作，在招投标中引入市场竞争机制，尤其是住宅物业必须通过招投标方式选聘物业服务企业。这些规定使建管分离得到了有力保障。

下面重点介绍物业管理的早期介入、物业的承接验收、楼宇入伙和物业的装修管理。

第二节　物业管理的早期介入

一、物业管理早期介入的概念

物业管理的早期介入是指物业服务企业在接管物业之前，就参与物业的规划设计和建设的过程，从业主与使用人以及物业管理的角度，就物业开发、建设和今后使用管理提出建议，并对将接管的物业从物质上和组织上做好准备。

早期介入包括物业管理的策划阶段和前期准备两个阶段。前者是房地产开发商作为主持者，聘请有关物业服务企业的主要负责人和主要技术人员或者社会上的物业管理专家，就该物业从方便日后的使用与管理出发，提出相关建议和意见；后者的主持者就是房地产开发商聘请的物业服务企业，其工作内容就是《物业管理条例》第三章所讲的"前期物业管理"的内容。

二、策划阶段与前期准备阶段的联系与区别

为使读者更全面、准确地了解和把握物业管理早期介入这两个阶段工作上的联系和区别，本节将这两个阶段一并阐述。但应明了物业管理的早期介入在未确定物业服务企业之前由开发商主持，一旦确定了前期物业服务企业，早期介入就进入了前期物业管理，由物业服务企业主持运作。

策划阶段和前期准备阶段都是为日后正常的物业管理的开展创造必要的条件，后者是前者的进一步完善，这是它们的联系。两者的主要区别有以下两点：

第一，参与策划阶段的物业服务企业不一定与房地产开发企业确定服务合同委托关系，可以以咨询顾问等服务形式提出建议和意见。而前期准备活动必须在与房地产开发企业确定了委托关系后才可以进行。此时的物业服务企业已经依法拥有该物业的物业管理权。

第二，参与策划阶段的物业服务企业是从物业管理者的思维角度向开发商提出建议，但这还要得到开发商的认可。介入的意愿、时机和程度取决于开发商，介入只有辅助功能；而在前期准备工作中，物业服务企业受开发商的全权委托，行使物业管理业务，承担相应的民事法律责任。

三、早期介入的工作内容及其作用

物业管理最初在人们眼中如同"商品的售后服务"。其工作的开展往往是业主入住以后，工作内容则是物业在使用过程中的日常养护及应付各种突发性因素对物业造成的损害。这种将物业管理等同于"售后服

务”的认识，实际上是将物业管理的工作排除在设计、施工之外。这在很大程度上使物业服务企业日后在面对自己根本不太熟悉的物业时，还要承担开发商及施工单位在前期工作中留下的种种隐患的责任，这显然是有损物业服务企业和广大业主的利益。所以，物业管理有必要提前介入，先期进行策划和做好各项准备工作，即人们常说的在业主入住之前的早期介入。

（一）早期介入的工作内容

物业服务企业的“早期介入”不能简单理解为要在物业项目设计、施工、验收、销售全过程中所有工作都要介入，这在实际工作中是无法做到的，同时也不利于房地产业的社会化、专业化的发展。物业服务企业仅仅是站在物业管理和业主的角度，对物业建设项目全过程的部分内容或物业设备设施安装验收阶段的部分内容介入管理。与物业项目建设工程监理工作相比，物业服务企业提前介入管理的工作内容、要求和肩负的责任都存在较大差异。

物业服务企业于项目建设时期或其中某个施工阶段介入管理的工作内容：一是对工程质量控制的一种补充监督和完善；二是以未来管理者的身份和角度参与管理，熟悉建筑构造和设备设施系统，为日后的使用管理与维护奠定基础；三是从住用人使用物业的角度考虑，提出建筑物附加功能、舒适方便、安全私密、装饰隔断、卫生通风、管线布置、防漏渗水、隔声隔噪及建筑材料等方面在规划设计、安装施工上的质量和完善问题；四是作为物业管理者本身也可以在早期介入管理中得到一个学习、丰富和提高自身知识水平与素质的机会，以利于为住用人提供优质的物业管理服务。

物业服务企业在物业项目建设施工阶段的介入不涉及工程项目监理的进度控制、资金控制、工程信息管理、工程合同管理和施工组织协调等项工作业务，其工作目标主要是为搞好日后的物业管理，先期完善建设时期可能涉及的、必要的基础工作。

当开发商确定了物业服务企业之后，早期介入除了上述内容的继续完善外，物业服务企业还要为物业管理的全面启动做好各方面的准备，包括：机构设置、人员选聘与培训、各项规章制度的制定等，其中最主要的是物业管理方案的进一步修改和完善。这部分工作属于物业服务企业的自身建设，可参见第三章“物业服务企业”的相关内容。

（二）早期介入的作用

我们可以从以下几个方面简要说明物业管理早期介入的重要作用。

1. 物业管理的早期介入有助于杜绝前期设计施工阶段留下的隐患。物业的设计人员不是专业的物业管理者，其在制定设计方案时，不可能将后期物业管理中可能出现的问题考虑周到。同时，从设计阶段到物业的建成还有较长一段间隔，这期间，建筑技术以及人们生活水平的提高都可能使设计方案落伍。物业管理者在长期的实际工作中对物业可能出现的种种问题了解得比较清楚，由其提出必要的建议，可避免因设计的失误而给物业管理带来的麻烦。同时，在施工过程中，虽然工程监理人员对物业进行了监督，但由于各种主客观因素的影响会使其作出一些不恰当的决定或更可能在无关大局的可松可紧的问题上放弃原则。物业服务企业则不同，因为其不得不在日后继续对此物业进行管理和服务，由于关系到切身利益，它可能比工程监理人员的要求更为严格，工作更为细致、周到。

2. 物业管理的早期介入有助于物业服务企业顺利接管物业。物业管理的早期介入是物业服务企业熟悉物业实际情况的过程。由于其参与了物业的规划设计阶段，可以对物业的总体规划布局、结构以及管线安排做到心中有数。由于其对工程的质量进行了监督，对物业日后可能出现的种种隐患了如指掌，在工作中可以做到有的放矢。同时，其又可以有充裕的时间进行物业管理方案的设计、人员的安排，为管理物业打下良好的基础；亦可在收集各种图纸等原始资料的基础上，建立起完善的档案文件系统，减轻日后的管理难度。

3. 物业管理的早期介入可以为物业服务企业节省后期费用。虽然物业管理的早期介入需要垫付一定费用，但它却为以后物业管理工作的开展提供了极大的方便，并可节约大量的开支。例如，一些小区由于施工问题造成物业投入使用后出现下水道堵塞，如果物业服务企业维持现状，则不得不每日奔疲于四处疏通管道，稍有迟缓，还可能被业主指责，严重影响自身形象。如果对其进行大修，物业服务企业势必要出面与业主协商研究方案，招聘工程队，更要从业主手中“讨取”经费，同时，施工过程中的封路停水又会给居民正常生活带来极大的不便。这些，对物业服务企业的费用支出都会很大。由此看来，物业管理的早期介入实际上是在为以后的物业管理和消费者节省开支。

正是由于物业管理的早期介入，使得物业管理与物业的开发建成不再是顺承关系，而是相互渗透。各方之间不再仅仅是前期业主与开发商的买卖关系，后期物业服务企业与业主的服务与被服务关系，而是相互都有了一定的制约。如业主为了追求舒适的生活，会迫使开发商与物业服务企业严格规范操作；物业服务企业为了使自身工作能够方便开展，会对开发商形成一定的约束力；开发商为了促销也会对物业服务企业提出较高的要求。这种相互制约的关系最终会通过优化设计和精心施工而建造出高质量的物业，最终受益的只能是业主。这也在一定程度上体现了物业管理"以人为本"的理念，对物业管理行业的健康发展是有利的。

总而言之，物业服务企业对物业项目建设的早期介入是物业管理市场化不断发展、成熟的结果，可以避免日后物业在使用管理中可能产生的不足或缺陷，节约物业投入使用后的管理费用开支，提高日后物业管理服务的质量，使住用人生活居住得更舒适、更满意。

四、制定前期物业管理方案

在物业管理的早期介入中，一个很重要的工作内容是制定前期物业管理方案。在策划阶段，开发商作为主持者应制定出前期物业管理方案，以作为日后物业管理定位和选聘物业服务企业的依据；物业服务企业一旦中标，进入前期物业管理后，更要针对该项目的具体特点，细化、补充和完善前期物业管理方案。最终确定的方案即是前期物业管理的指导性文件。

下面，简述前期物业管理方案的制定过程。

（一）制定前期物业管理方案所需的物业资料

每一个项目都有各自的特点，只有详细掌握了相关物业资料才能对物业进行准确的定位，进而对其所需的物业管理进行档次定位，编制出与该档次相匹配的最佳的管理方案。以下是制定方案时必须获取的基本物业资料。

1. 项目概要，主要包括：①物业类型；②公共面积；③绿化面积；④单元套数；⑤停车位数；⑥完工日期。

2. 水泵系统：①每幢楼的输送泵；②每幢楼的加压泵；③两种水泵的电动机和泵的大小。

3. 空调系统：①每幢楼的空调数目和功率；②冷却塔、风机和冷凝器及其功率。

4. 备用发电机：①每幢楼内的数量；②功率。

5. 供电能力：电力负载和基本布线（注意机电设备的保修期限和范围）。

6. 有线电视以及网络系统：注意系统类型和布线。

7. 防火系统：①喷淋装置数量；②报警装置数量；③探测器数量；④灭火器数量；⑤泵的数量、类型和功率。

8. 保安系统：包括系统和装置的类型。

9. 会所设施。

10. 其他设施等。

（二）前期物业管理方案的基本内容

具备了以上物业的基本资料，一般的物业管理方案包括如下几个部分：

第一部分：引言（综合说明物业管理的意图以及管理公司概况）

第二部分：物业概况

第三部分：物业服务企业所选择的管理模式以及特点

第四部分：物业管理的宗旨、方针和内容、质量标准

●物业的基础管理：房屋建筑管理和房屋设备设施管理

●物业的综合管理：清洁、绿化、消防、保安和停车等

●物业配套设施的综合服务：综合配套服务和娱乐设施；开展与物业管理有关的服务项目；接受高标准物业管理业务和顾问咨询业务等

第五部分：物业服务企业的组织结构和人员编制计划

第六部分：物业管理的财务预算

●管理费用编制说明

●人员经费预算

●年度管理费用预算

●年度能源费用预算

第七部分：早期介入的内容和经费

第八部分：其他需要说明的问题

在上述内容中，最重要的是物业管理档次的确定和相关费用的计算。有关费用的测算参见第十一章“物业管理经费与财务管理”。

前期物业管理方案的制定有利于帮助开发商和业主之间顺利地交接房屋，为制定临时管理规约做好准备，并为后期的物业管理打下基础。

第三节　物业的承接与验收

一、物业的承接验收

物业承接验收是物业管理中一个十分关键和重要的环节。物业承接验收的完成是物业开始投入使用、物业管理工作全面启动的标志。对开发商而言，物业通过承接验收后，就意味着物业开始正常使用，无论客户是否入住、入住率高低，对物业的安全、正常运行等所承担的义务和管理物业的权利均移交给物业服务企业；对物业服务企业而言，物业承接验收的完成标志着实质性管理的开始，也就是说，物业服务企业根据物业服务合同的内容，对物业实施管理，收取合理的物业服务费用。

（一）物业承接验收的定义

1. 狭义的物业承接验收。所谓狭义的物业承接验收，是指针对物业的结构安全和设备设施的使用和运行安全进行的再检查和接收。这主要是一个专业的技术过程，依据《验收标准》的各项分类条款，结合物业服务企业的实际操作经验进行。物业服务企业、委托单位或建设单位共同制定结构安全检查方案和设备调试方案，编制各类承接验收表格；派遣素质好、业务精的专业技术人员进行承接验收，确定物业缺陷记录、反馈和解决的方法，落实物业的保修事宜。

这个意义上的承接验收实际是对物业进行的全面质量的再检验，开始时点是工程技术人员进入物业开始结构和设备的检验，结束时点是双方对承接验收报告认可并签字。

2. 广义的物业承接验收。广义的物业承接验收，是指物业服务企业在物业管理工作全面展开之前进行的信息搜集和信息汇总。其主要内容包括：整理产权资料，接收建立在产权明晰基础上的其他衍生合同文件；检查建筑结构的安全质量和设备设施的运行情况以及物业整体环境状况，对存在的缺陷提出整改意见；了解开发商或原有业主对物业管理的品质定位和服务要求，对旧有物业有限度地延续特色服务和特殊服务，实现平稳过渡；与开发商或前任物业服务企业进行相关财务和资产交接；有时还需要续聘部分人员。

这个意义上的物业承接验收，开始时点是双方在物业接管验收委托协议或者物业服务合同中规定的时点，结束时点是双方对承接验收报告的认可签字。

本章指的是广义的物业承接验收。

（二）物业承接验收的类型

为了更准确地分析、把握物业承接验收的内容、重点与特点，有必要将接管验收进行适当的分类。最有实践指导意义的是按照承接验收对象的性质划分为新建物业的承接验收和原有物业的承接验收。

1. 新建物业的承接验收。新建物业的承接验收发生在开发商与物业服务企业之间，属于前期物业管理。此时的承接验收主要侧重对物业的产权情况、结构安全性以及质量状况进行检验。本章主要介绍的是新建物业的承接验收。

2. 原有物业的承接验收。原有物业的承接验收发生在两种情况下：一是发生在原有物业首次招聘物业服务企业之时；二是发生在新旧物业服务企业的更换交替之时。原有物业的承接验收较之新建物业的承接验收涵盖的内容更多、工作难度更大。随着房屋管理体制改革的深化和完善，原有物业的承接验收所占比例将会越来越高。因此，对原有物业承接验收中的相关问题应给予高度重视和深入探讨。

为了更准确地理解物业的承接验收，有必要对物业的竣工验收有所了解。

二、物业的竣工验收

（一）物业竣工验收的定义

开发商开发建造的各类建筑是产品，只有合格的产品才能投入使用。建筑物的使用期是从竣工验收合格后开始有数十年甚至上百年，因此，国家对于建筑物的交付使用制定了严格的竣工验收制度。

物业的竣工验收是指一项物业建筑生产的最后一个阶段。竣工验收一旦完成就标志着物业可以投入使用，也就是说只有完成竣工验收的物业才可以交付使用。物业的竣工具体是指该物业所属的工程项目经过建筑施工和设备安装以后，达到了该工程项目设计文件所规定的要求，具备了使用或投产的条件。工程项目竣工后，由建筑商向开发商办理交付手续。

从法律角度说，竣工验收是建筑商与开发商之间发生的一个法定手续，通过验收能明确责任，如工程达到设计要求或合同要求，经验收后，就可解除除保修义务外的其他合同义务；从物质形态上说，建筑商完成了一项最终建筑产品，而开发商也完成了该物业的开发任务。

根据建设部第78号令《房屋建筑工程和市政基础设施工程竣工验收备案管理暂行办法》和建设部办公厅《关于印发〈房屋建筑工程和市政基础设施工程竣工验收备案表〉的通知》（建办建［2000］18号），从2000年10月1日起，工程竣工后不再由质监站核定质量等级，而由建设单位按照国家有关规定，办理工程竣工验收备案手续。工程竣工验收备案表是建设单位办理产权登记手续的重要依据之一。

工程竣工验收工作由建设单位负责组织实施，质监站及备案机关负责实施监督。依照建设部《房屋建筑工程和市政基础设施工程竣工验收备案暂行办法》规定的建设工程竣工验收备案制度，建设单位应当自工程竣工验收合格之日起15日内，办理备案手续。工程竣工验收合格后，建设单位应当及时提出工程竣工验收报告，《工程竣工验收报告》主要包括：工程概况，建设单位执行基本建设程序情况，对勘察、设计、施工、监理等方面的评价，工程竣工验收时间、程序、内容和组织形式，工程竣工验收意见等内容。

（二）物业竣工验收的备案程序

1. 申请备案的建设单位，应当自竣工验收合格之日起15日内依照《房屋建设工程和市政基础设施工程竣工验收备案管理暂行办法》的规定，向竣工验收备案部门备案，同时提交下列文件：工程竣工验收备案表；工程竣工验收报告；工程竣工验收报告附属文件；法律、法规、规章、规定必须提交的其他文件。

2. 办理程序：向备案窗口提交备案文件—备案人员对提交材料进行初审—备案室负责人进行复审—返回、归档。

3. 办理时限：对于符合条件、文件资料完整、满足备案要求的工程，备案部门在收讫竣工验收备案文件15日内办理。如在规定时间内未办理备案手续的，建设单位可以依法申请行政复议或提请行政诉讼。发现建设单位在竣工验收过程中，有违反国家有关建设工程质量管理规定行为的，在收讫竣工验收备案文件15日内，通知停止使用，重新组织竣工验收。

（三）物业竣工验收的类型

建筑工程项目的验收不仅有最后的综合竣工验收，而且还有在建工程的各部分验收，它包括：隐蔽工程验收、单项工程验收、分期验收等。建设单位应该注重这些环节,建设工程质量监督机构也应该抽查这些环节,以做到万无一失。

1. 隐蔽工程验收。隐蔽工程验收是指将被其他工序施工所隐蔽的部分工程,在隐蔽之前所进行的检查验收,它是保证工程质量、防止留有质量隐患的重要措施。隐蔽工程验收的标准根据施工图设计和现行技术规范,验收是由开发商和建筑商共同进行的,验收后要办理签证手续,双方均要在隐蔽工程检查签证上签字,并列入工程档案。对于检查中提出不符合质量要求的要认真处理,处理后进行复核并写明处理情况。未经检验合格不能进入下道工序施工。

2. 单项工程验收。单项工程验收是指某个单项工程已按设计要求施工完毕,具备使用条件,能满足投产要求时,建筑商便可向开发商发出交工验收通知。开发商在接到建筑商的交工通知后,应先自行检查工程质量、隐蔽工程验收资料、工程关键部分施工记录以及工程有否漏项等情况,然后再组织设计单位、建筑商等共同进行交工验收。

3. 分期验收。分期验收是指在一个具体工程中分期分批进行建设的工程项目,或个别单位工程在达到使用条件,需要提前运行时所进行的验收。例如,住宅小区,当第一期房屋建成后,即可验收,以使建筑产品能及时投入使用,发挥投资效益。

4. 全部工程验收。全部工程验收是指工程项目按设计要求全部落成并达到竣工验收标准后进行的全部工程竣工验收。全部工程竣工验收应在做好验收准备工作的基础上,按预先验收—正式验收的顺序进行。

物业服务企业应在物业前期管理中尽可能参与上述各种建筑工程项目的验收。物业服务企业应代表业主,从今后管理和使用的角度,根据专业经验提供意见。这样既可避免留有后遗症,又便于掌握第一手资料,为日后的管理打好基础。

三、承接验收与竣工验收的联系与区别

物业承接验收与工程竣工验收之间既有联系,也有区别。

(一)物业承接验收与工程竣工验收之间的联系

1. 工程竣工验收是物业承接验收的前提和基础。物业承接验收是在竣工验收的基础上进行的。严谨的工程竣工验收是物业接管验收的重要前提,只有通过了工程竣工验收的物业才可以投入使用并推向市场,也才

能使物业承接验收成为可能;而且关于隐蔽工程、土建结构工程等的安全检验资料可以为物业承接验收节省大量的重复劳动。

2. 物业服务企业应参与竣工验收。按现行政策规定,对新建、扩建、改建的物业,物业服务企业应参与工程的竣工综合验收,尤其是住宅小区的竣工综合验收。对新建物业,有时竣工综合验收和物业承接验收同时进行。

3. 物业承接验收是竣工验收的重要补充。物业承接验收是在竣工验收的基础上进行的再验收,对竣工验收具有进一步完善和补充的重要作用。特别是当竣工验收和物业正式投入运营的期间较长时,物业承接验收具有更为重要的补充作用,从竣工验收到投入使用这一阶段,物业成品保护质量与此期间的新建零星工程质量(通常不再进行竣工综合验收),只能通过物业承接验收评定。

(二)物业承接验收与工程竣工验收之间的区别

竣工验收属于建筑业范畴,承接验收属于房地产业范畴。前者由建设行政主管部门负责管理、指导和监督;后者由房屋行政管理部门负责管理、指导和监督。具体区别有以下几个方面:

1. 性质不同。工程竣工验收是法定行为,带有明显的行政特点。建设部第 29 号令《建设工程质量管理办法》规定,我国实行建设工程质量监督制度,未经验评或验评不合格的工程不得交付使用。由此可见,工程竣工验收具有明显的国家强制执行的特点,竣工验收一旦通过,标志着物业可以投入使用。

根据建设部第 78 号令《房屋建筑工程和市政基础设施工程竣工验收备案管理暂行办法》(以下简称《办法》),从 2000 年 10 月 1 日起,工程竣工后不再由质监站核定质量等级,而由建设单位按照国家有关规定,办理工程竣工验收备案手续。验收工作由建设单位负责组织实施,质监站及备案机关则负责实施监督,主要责任转为由建设单位承担。《办法》第十条明确规定,建设单位将未经验收的工程擅自交付使用,或将不合格的工程作为合格工程擅自交付使用,或将备案办公室责令停止使用,重新组织竣工验收的工程擅自继续使用造成使用人员损失的,由建设单位依法承担赔偿责任,并按照国家有关规定追究责任。

而物业承接验收则是企业行为,法律上属于民事行为范畴,没有行政意义。它只是受托进行的信息搜集和整理,物业服务企业提供的报告没有严格的法律效应,如要成为行政命令,仍需要经过国家质检部门的确认。承接验收一旦完成,则标志着物业开始投入使用。

2. 验收的目的不同。承接验收是在竣工验收合格的基础上,以主体结构安全和满足使用功能为主要内容的再检验;竣工验收是为了检验房屋工程是否达到设计文件所规定的要求,其内容和侧重点主要针对结构的安全可靠程度和设备设施的运行质量,如工程勘探取样是否合理、隐蔽工程钢筋材料是否符合设计标准等,重在保障整个物业的安全。

3. 参与主体不同。竣工验收的主体原来规定是建设行政主管部门(质监站、城建部门等),同时包括相关企业(建设单位、施工单位、设计单位、监理单位等),以及物业服务企业。目前实施的是竣工验收备案制度,除特殊规定外,由建设单位(开发商)组织竣工验收,政府有关部门则只负监督以及抽查的责任。需要特别指出的是,此时物业服务企业只是竣工验收的参与方之一,而物业承接验收的主体则是物业服务企业和委托方,其中物业服务企业是主持者之一。在一般情况下,政府行政主管部门不参与物业承接验收。承接验收是由物业服务企业接管开发商或者业主移交的物业;竣工验收是由开发商验收建筑商移交的物业。

4. 验收条件不同。承接验收的首要条件是竣工验收合格,并且供电、采暖、给排水、卫生、道路等设备和设施能正常使用,房屋幢、户编号已经有关部门确认;竣工验收的首要任务是工程按设计要求全部施工完毕,达到规定的质量标准,能满足使用等。

5. 验收范围不同。无论竣工验收还是承接验收,都是对物业的客观物质实体,即建筑物的配套设施和环境等的验收。但是两者具体验收的范围不同。竣工验收是对全部工程的验收,而物业承接验收,依据《物业管理条例》第 28 条规定:物业服务企业承接物业时,应当对物业共用部位、共用设施设备进行查验,即只是对于共用产权部分(共用部位、共用设施设备)的验收,而属于私人的产权部分,即业主独自拥有的产权部分,则不属于物业承接验收部分。这部分的验收交接是开发商与业主双方进行的,除非开发商和物业服务企业对此部分的交接另外签订了委托合同。

在新建物业的承接验收实践中,物业服务企业受开发商委托,代表开发商向业主交付房屋,属于开发商与物业服务企业之间的补充约定,并非法律规定。

四、物业承接验收的基本内容与要点

（一）物业承接验收的基本内容

《物业管理条例》第29条规定，在办理物业承接验收手续时，建设单位应当向物业服务企业移交下列资料：①竣工总平面图，单体建筑、结构、设备竣工图，配套设施、地下管网工程竣工图等竣工验收资料；②设施设备的安装、使用和维护保养等技术资料；③物业质量保修文件和物业使用说明文件；④物业管理所必需的其他资料。物业服务企业应当在前期物业服务合同终止时将上述资料移交给业主委员会。

具体来看，物业承接验收的内容主要有以下几部分：

1. 权益资料。权益资料可分为两种：权属文件和服务资料。权属文件就是产权资料，是指明确产权及法定权利义务关系的法律凭证、行政文件和相关合同文本，这些构成了物业管理基本的法权保护空间；服务资料是指应由承建单位、开发商或业主提供的，保障工程维护维修和服务顺利开展所必需的各种技术资料和统计资料，包括全套相关图纸、各种检验报告、证书、合同等。

开发商在接管时需向物业服务企业提供的具体资料：①产权资料，包括项目批准文件、用地批准文件、建筑执照、拆迁安置资料；②规划图、竣工总平面图，单体建筑、结构、设备竣工图，附属配套设施、地下管网工程竣工图等竣工验收资料；③设施设备安装、使用和维护保养技术资料；④物业质量保修文件和物业使用说明文件。

2. 工程质量。工程质量包括设计和施工建造质量，其重点是建筑结构的安全质量和设备设施的运行情况。在承接验收时还应会同相关部门针对遗留问题提出解决方案，按合同规定监督整改工作的进行，以使达到满足使用功能和方便物业管理的要求。随着智能化和环保概念在建筑行业中的不断应用，工程质量验收也需要有新的发展。

对于新旧物业之间的承接验收，除了以上两个我们经常注意的方面以外，还应该特别注意以下内容，即物业服务所必需的其他资料，作为延续物业管理服务的必要措施。

3. 服务理念。服务理念包括对物业整体服务品质的定位、服务内容的设定及原有服务的延续。其中服务品质的定位主要发生在新建物业承接验收中，服务内容的延续主要体现在原有物业的承接验收中，而服务内容的设定在两种情况中都有体现。

4. 财务和财产。财务和财产主要包括:根据会计准则、财务管理制度和物业服务企业财务管理规定确定的会计账目、基金和资产等。在新旧物业服务企业之间的承接验收中财务和财产的交接尤为复杂。

5. 人员续聘。物业承接验收中往往还有对原工作人员的续聘问题。例如,物业服务企业聘用建设单位主管设备设施的技术人员,在新旧物业服务企业的承接验收中,留用原有公司的部分员工等(特别是在需要一定经验和长时间对于设备设施熟悉后才能安全操作该部分的人员),这都有利于尽快熟悉物业的实际情况,尽早进入角色。

(二)承接验收的要点

物业的承接验收直接关系到今后物业管理工作能否正常开展。物业服务企业通过承接验收,即由对物业的前期管理转入对物业的实体管理之中。承接验收应该按照有关规范和程序认真严格进行,同时还要特别注意以下几个要点:

1. 人员的选派。承接验收需要的不仅仅是知识,更重要的是经验。物业服务企业应该挑选素质好、业务精、经验丰富、对工作认真负责的管理人员及技术人员组成验收小组参加验收工作。通常,项目管理处主任和总工程师应该参加并主持验收工作。

2. 工作要过细。建筑本身是一种"遗憾"的艺术,在建造过程中,或多或少总会留下一些不足和缺陷。在承接验收中,一定要做到"过细",要注意检查一些可能影响到正常使用的各种细节部分,站在业主的立场上,重点检查使用功能和是否满足节能、安全和环保要求的细小部位。对检查出的各类大大小小的问题都要记录在案。

3. 督促开发商整改。在承接验收过程中记录备案的各类问题要有处理意见,抓紧时间督促开发商监督施工单位及时整改。如果开发商已无能力整改,则由其出资,物业服务企业负责尽快整改。全部整改应在首批业主入住前完成。

4. 全面落实物业的保修责任。对于新建物业,根据建筑工程保修的有关规定,由开发商负责保修事宜;一些共用设施、设备(比如电梯)的供应商应该负责一定期限的设备、设施的保修。在承接验收中,要全面落实这些保修事宜,将相关的保修合同、协议以及联系方式等收集完整并存档保管。

做好项目的承接验收工作是物业服务企业的一个重要任务。物业交接要按物业管理规定运作，即按验收—整改—交接的顺序进行，认真解决验收中存在的各种问题，然后按表格的项目填写验收记录，办理交接手续，同时要移交图纸。按规定，图纸要交给业主委员会，目前是物业服务企业代管，应保证物业服务企业有一套完整的图纸，便于日后管理。该配套的服务项目一定要配套，如业主会所、停车场及其配套设施、防盗门等。原则上不能移交“半拉子”工程。

物业管理前的验收工作应认真组织，独立进行，不应以工程验收代替物业验收，更不能以验收代替交接。要发挥物业承接验收的作用，对发现需要整改的质量问题，复验合格后才能正式移交。

物业移交工作不能由监理公司代替开发商进行，要坚持由开发商与物业服务企业移交并办理交接手续，不把问题带入使用阶段，避免因为接管而带来的投诉。

总之，物业服务企业应该充分利用承接验收的程序维护和争取质量补偿的权力，为日后管理的方便和业主权益的维护着想。其作用，简而言之就是明确交接双方的责任、权利关系，确保物业正常使用，维护自身和业主的利益，为后期管理创造条件。

第四节　楼宇入伙

一、楼宇入伙的概念

楼宇入伙是指业主或者使用人进房入住，包括：住宅小区居民入住、商贸楼宇中业主和租户的迁入。在物业整个使用期间，这种入住是会经常、零散发生的。但是一般而言，在物业新建成投入使用的最初一段时间内，业主或者租户的入住最为集中。

这一阶段是房屋建造竣工与验收整改交替之时，前期物业管理和开发商开发建设中遗留的一些问题会集中暴露，使多头绪的大量繁杂工作汇集在一起。同时，业主入住又是物业服务企业与其服务对象——业主和使用人的第一次全面接触，它标志着以人为核心的物业管理工作的全面正式启动和展开。物业服务企业对这一环节的工作要给予高度重视，妥善安排，组织协调，认真细致地帮助业主顺利搬迁入住。

业主入住发生在业主验收房屋之后。需要说明的是，业主入住与业主验收接房的法律关系是不一样的。从理论上讲，业主验收房屋是业主与开发商之间的行为，而业主入住则是业主与物业服务企业之间的行为。在实际操作中，开发商往往委托负责前期物业管理的物业服务企业代其向业主交付房屋。在这种情况下，物业服务企业要妥善处理好这两种关系，解决好这两类不同性质的问题。

二、楼宇入伙的工作程序

下面以新建住宅小区业主入住为例，简要介绍楼宇入伙的手续和工作程序。

（一）入伙通知书

入伙通知书就是关于业主在规定时间办理入伙事宜的通知。物业服务企业在制作入伙通知书时应注意如下问题：

1. 在一般情况下，一个物业辖区内入伙的业主不是一家或几家，而是几百家甚至上千家，如果均集中在同一时间办理入伙手续，会使双方都产生诸多不便，因此在通知书上应注明各幢、各层分期分批办理手续的时间，以方便业主按规定时间前来办理。

2. 如业主因故不能按时前来办理手续，应在通知书上注明补办办法。

3. 考虑到少部分业主不能如期在机动时间前来办理，应该在通知书上注明处理方法。

下面是一份入伙通知书，以作示范。

入伙通知书

____________女士/先生：

您好！我们热忱欢迎您入住××花园！

您所认购的××花园______区______栋______单元______室楼宇，经市有关部门验收、测量合格，现已交付使用准予入住。

（一）请您按入伙通知书、收楼须知办理入伙手续，办理地点在______楼______室。在规定的日期内，地产部、财务部、物业管理公司等有关部门和单位将到场集中办公。

（二）为了您在办理过程中能顺利而快捷地办理好入伙手续，请以下表时间为准前来办理入伙手续。

各楼各层办理入伙手续时间分配表(略)。

阁下如届时不能前来办理入伙手续,请您及时与我公司联系,落实补办的办法,联系电话______________。

特此通知

××房地产开发公司

××物业管理公司

______年____月____日

(二)入伙手续书

入伙手续书即是办理入伙手续的程序和安排,其目的是为了让业主明了手续办理的顺序,使整个过程井然有序。下面是一份入伙手续书范例。

入伙手续书

______女士/先生:

您认购的______区______栋______单元______室楼宇,现已交付使用并具备入伙条件,请阅读收楼须知,按下列顺序办理入伙手续:

(1)房地产公司财务部
已付清楼款

盖章

(2)房地产公司地产部
入伙资格审核合格

盖章

(3)物业管理公司财务部
已付清各项入伙费用

盖章

(4)物业管理公司管理处
入伙手续完成

盖章

×房地产开发公司

××物业管理公司

______年____月____日

(三)收楼须知

收楼须知,即是告知业主在办理收楼过程中应注意的事项及应携带的各种证件、合同和费用,从而避免遗漏、往返,给业主造成不便。收楼时往往需要到房地产公司财务部门办理有关结款、领钥匙等手续；或者办理好有关手续到开发商委托的物业服务企业领取钥匙。具体程序如下：

1. 在房地产公司财务部办理如下手续：①付清购楼余款；②携带已交款的各期收据交财务部验证、收回并开具总发票；③在入伙手续书(1)(如上文)上盖章。

2. 在房地产公司地产部办理如下手续：①验清业主身份，业主如有时间应亲临该公司接受楼宇，并带上：入伙手续书，业主身份证，港澳台同胞购房证明、护照或居住证，购房合同；②若业主不能亲临收楼，可委托代理人，代理人除携带入伙手续书、购房合同外，还应出具：业主的授权书(由律师鉴证)，业主身份证或护照的复印本，代理人的身份证或护照；③在入伙手续书(2)(如上文)上盖章。

3. 在物业服务企业财务部办理如下手续：①交付各项管理费用。预收不超过3个月的管理费；收取装修保证金，住房装修完毕，验收不损坏主要房屋结构的，装修保证金如数退还；收取建筑垃圾清运费，业主装修完毕，自己清运了建筑垃圾即如数退还。②交付其他费用。如安装防盗门、安装防盗窗等。③在入伙手续书(3)(如上文)上盖章。

4. 在物业服务企业管理处办理如下手续：①签署《临时管理规约》；②介绍入住的有关事项；③向业主移交楼宇钥匙；④在入伙手续书(4)(如上文)上由业主本人盖章或签字，交物业服务企业保存。

(四)楼宇使用说明书

为了保障购房者的利益，一些地区的房地产管理局明文规定在通知住户入伙时，必须交付楼宇使用说明书。如同普通商品的使用说明书一样，楼宇使用说明书旨在告诉购房者所购房屋的一些基本设施安置及性能，如暗线设置图等，以便用户装修房屋和使用。

(五)业主对物业的验收

根据物业入伙通知书和收楼须知，业主在签订《临时管理规约》时应该由开发商下属部门或者物业服务企业派人员带领业主验收其所购物业。业主对自己购买的物业验收是业主的权力，业主应该尽量把物业可能产生的问题了解清楚，并及时在入伙之前处理完。

根据经验，一般业主应该验收以下几个主要部位：①给排水部分，包括水管、水龙头、水表完好程度，下水道是否堵塞，排水是否顺畅，有无泛水现象等；②门窗部分，包括框架是否平整、牢固、安全和密封，门锁质量等问题；③供电部分，包括电灯、电线质量，开关，电表流量是否满足要求等；④墙面、屋顶和地板部分质量是否合格；⑤公共设施以及其他部分，包括垃圾桶、扶梯、电梯、防盗门、信箱、电话线路、有线电视线路、网线等。

三、物业服务企业的工作要点

物业服务企业在“入伙”期间要做好管理和配合工作。因为这个阶段业主频繁出入，容易产生秩序混乱，甚至发生违章、损坏公共设施的事情。工作中的具体要点如下：

（一）处理好分散与集中的关系

物业服务企业要及时制定管理制度，有条不紊地安排人员，妥善组织安排好“一条龙”式的服务，如办理入住手续、交钥匙、装修登记等一系列手续。有些手续可以集中安排办理，避免造成混乱，并且同步建立合理的业主档案保管制度。

（二）及时签订《临时管理规约》

要及时签订《临时管理规约》，依照政府颁布的管理办法，保证签署的“公共契约”的有效性，使物业服务企业和业主共同遵守。

（三）相关文件的整理

在楼宇入伙的同时，物业服务企业应当指配专人负责物业管理区域档案的收集、整理、保管和提供利用，争取在不影响业主入伙的同时做好业主档案的收集整理工作；同时，物业服务企业应当建立健全档案文件材料的归档及档案的保管、保密、借阅、鉴定、销毁、统计等各项规章制度。

（四）保证安全

为加强治安和提高服务质量，在此期间物业服务企业应该派遣更多的保安人员提供服务，疏导纠纷；保持道路畅通，保障业主人身财产的安全，并且帮助他们及时搬入住房，及时为业主排忧解难。

（五）搞好清洁卫生

为业主的装修提供条件，重视垃圾的搬运和及时处理，最大程度地保持小区的安静和清洁，避免出现违章现象；为业主提供一个良好的入住环境，尤其对于新住房，应该做好一定的清洁打扫工作。

由于物业的入伙阶段是物业服务企业与其服务对象——业主接触的第一关，这一阶段除了大量的接待工作和繁琐的入伙手续外，各种管理与被管理的矛盾也会在短时期内集中地暴露出来，因此，这一阶段通常也是物业管理问题最集中的阶段。所以，物业服务企业应充分利用这一机会，既做好物业管理的宣传、讲解工作，又要切实为业主着想办事，抓住工作要点，避免疏漏和混乱，树立起物业服务企业良好的“第一印象”，取得广大业主的信赖。

第五节　物业的装修管理

一、物业装修管理的概念

物业的装修是指使建筑物、构筑物内外空间达到一定的环境质量和使用要求，使用装饰装修材料，对建筑物、构筑物外表和内部进行修饰处理的工程建筑活动。

物业的装饰装修有以下两个方面的内容：

第一，业主对专有部分或者使用人对拥有独立使用权部分的装饰装修。这类装饰装修主要包括：业主和使用人自行或者委托他人对家庭住宅或者办公室等在入住或使用前以及以后定期的装饰装修。

第二，共用部位的装饰装修。这是指物业服务企业对物业区域内共有部位，定期或者临时性的装饰、修缮而进行的建筑物装潢工程施工。

本节主要以住宅小区家庭居室装修为主，介绍物业的装饰装修管理。

二、物业装修管理的法律规定

装修是大多数业主入住后必不可少的一个阶段。这个环节过程较长，并且在时间上不完全同步，即不同业主装修的时间跨度不同，因而最容易出现破坏房屋结构以及侵犯他人利益、公共利益的行为。住房又是一个长期使用的商品，其物权当中很大一部分涉及公共权益，因而不能简单当做一般商品来对待，而应该针对业主对其住宅商品的处置权作出一定限制，更好地保持小区住宅整体上的完整性和安全性，确保他人利益和公共利益不受损害。为此，建设部和各地方政府部门先后制定了相应的管理办法。目前，执行的是建设部《住宅室内装饰装修管理办法》（2002 年 5 月 1 日执行）（以下简称《装修管理办法》）。该法规主要从以下几个方面对住宅室内装饰装修作出了具体规定。

（一）装修过程中禁止的行为

由于法规赋予了物业服务公司对业主的装饰装修活动进行监督和管理的一定权力和责任，物业服务企业就应当将房屋装饰装修中的禁止行为和注意事项告知业主，使业主更好地了解和遵守国家的有关规定，特别是关于装饰装修的禁止行为必须告知业主。

根据《装修管理办法》的规定，装饰装修禁止的行为主要有：①未经原设计单位或者具有相应资质等级的设计单位提出设计方案，变动建筑主体和承重结构；②将没有防水要求的房间或者阳台改为卫生间、厨房间；③扩大承重墙上原有的门窗尺寸，拆除连接阳台的砖、混凝土墙体；④损坏房屋原有节能设施，降低节能效果；⑤其他影响建筑结构和使用安全的行为。这里所称的建筑主体，是指建筑实体的结构构造，包括：屋盖、楼盖、梁、柱、支撑、墙体、连接接点和基础等；所称承重结构，是指直接将本身自重与各种外加作用力系统地传递给基础地基的主要结构构件和其连接接点，包括：承重墙体、立杆、柱、框架柱、支墩、楼板、梁、屋架、悬索等。

（二）装修过程中未经批准不应有的行为

装修过程中未经批准不应有的行为是指：①搭建建筑物、构筑物；②改变住宅外立面，在非承重外墙上开门、窗；③拆改供暖管道和设施；④拆改燃气管道和设施。

这里所列的第①和第②项行为，应当经城市规划行政主管部门批准；第③项行为，应当经供暖管理单位批准；第④项行为应当经燃气管理单位批准。

（三）业主在装饰装修中应负的责任和应承担的义务

业主入住前有权对房屋进行装修，但是必须在有关规定范围内。

1. 申报并经批准。业主必须在装修前向物业服务企业进行申请登记，领取《装修管理办法》。非业主的住宅使用人对住宅室内进行装饰装修，应当取得业主的书面同意。

2. 同物业服务企业签订协议。装修人，或者装修人和装饰装修企业，应当与物业服务企业签订住宅室内装饰装修管理服务协议。装修人不得拒绝和阻碍物业服务企业依据住宅室内装饰装修管理服务协议的约定，对住宅室内装饰装修活动的监督检查。

3. 保证金。《装修管理办法》规定，物业服务企业可以收取装修管理服务费用，一般做法是向装修人收取一定数额的保证金。业主根据约定在申请表格上签字，缴纳相关费用后经过批准方能动工。装修完毕后，物业公司应该组织检查，合格后退还保证金。

（四）物业服务企业在装饰装修中应负的管理责任

根据《装修管理办法》的规定，物业服务企业应该起到以下作用：

1. 住宅室内装饰装修管理是物业管理的基本内容和重要组成部分，物业服务企业要做好申报登记、监督、竣工验收工作。

2. 物业服务企业要与装修人签订管理服务协议，依据协议对装修人进行监督管理，但它不同于政府的行政管理行为，不具有行政处罚权。双方的行为都应受协议的限制，都要对协议内容承担违约责任。

3. 物业服务企业应当将住宅室内装饰装修工程的禁止行为和注意事项告知装修人和装修人委托的装饰装修企业。

（五）相关问题的处理

物业服务企业应当按照住宅室内装饰装修管理服务协议实施管理，发现装修人或者装饰装修企业进行了应禁止的行为，或者未经有关部门批准实施未经批准的行为，应当立即制止；已造成事实后果或者拒不改正的，应当及时报告有关部门依法处理。对装修人或者装饰装修企业违反住宅室内装饰装修管理服务协议的，追究违约责任。

有关部门接到物业服务企业关于装修人或者装饰装修企业有违反相关办法的行为报告后，应当及时到现场检查核实，依法处理。装修人因住宅室内装饰装修活动侵占公共空间，对公共部位和设施造成损害的，由城市房地产行政主管部门责令改正，造成损失的，依法承担赔偿责任。

装修人未申报登记进行住宅室内装饰装修活动的，根据《装修管理办法》第 35 条规定，由城市房地产行政主管部门责令改正，处 500 元以上 1 000元以下的罚款。

三、物业装修管理中的主要环节

基于以上对于物业装饰装修管理的定义和相关法律规定的阐述，在实际操作中，物业装修管理主要分为以下两大环节：

（一）申报—备案

根据《装修管理办法》的规定，业主在装修之前，应该到物业服务企业领取相关表格,如实填写后交给物业管理公司登记备案。一般而言,业主在申报过程中应当提交下列材料:①房屋所有权证(或者证明其合法权益的有效凭证);②申请人身份证件;③装饰装修方案;④变动建筑主体或者承重结构的,需提交原设计单位或者具有相应资质等级的设计单位提出的设计方案;⑤涉及《装修管理办法》第六条行为的,需提交有关部门的批准文件,涉及《装修管理办法》第七条、第八条行为的,需提交设计方案或者施工方案;⑥委托装饰装修企业施工的,需提供该企业相关资质证书的复印件。

非业主的住宅使用人,还需提供业主同意装饰装修的书面证明。

《装修管理办法》第16条规定,装修人,或者装修人和装饰装修企业,应当与物业服务企业签订住宅室内装饰装修管理服务协议。协议主要内容包括:①装饰装修工程的实施内容;②装饰装修工程的实施期限;③允许施工的时间;④废弃物的清运与处置;⑤住宅外立面设施及防盗窗的安装要求;⑥禁止行为和注意事项;⑦管理服务费用;⑧违约责任;⑨其他需要约定的事项。

(二)装修施工管理

物业服务企业应该在装修施工管理的具体程序中认真对施工队伍进行管理,确保小区的卫生情况,不影响其他居民的生活,确保装修过程中安全和环保等事宜,具体包括以下几个方面:

1. 市场管理。对于装修人员的身份的确认,除自行装饰装修外,委托的装修队伍的人员应有从业者上岗证书,并对其出入手续等方面作出明确规定,防止闲杂人员进出小区。

2. 质量管理。强调装修过程中不能擅自变动涉及房屋整体安全的部分和设施,不能破坏公共部分和他人房屋的使用,保证房屋的抗震性和结构安全性并针对工程性质提出装修用材料、用途、装修施工单位资格的限定。

3. 安全管理。认真做好防火、防盗、防渗漏和各种由于装修过程中可能带来的意外事故的防范工作,检查施工现场是否采取了围栏封闭等安全措施。物业服务企业应该指导业主接电、接水,并随时检查装修施工是否采取了必要的安全措施和消防措施。

4. 现场管理。对于施工时间、垃圾的处理(指定废弃物垃圾运送到指定地点）作出规定。保证不扰民，不破坏小区的整洁。

5. 验收管理。在装修过程中，要随时检查，对隐蔽工程要在隐蔽前进行验收，确认整个装修行为符合有关规定；如果装修人违反装修规定，造成一定后果，物业服务企业应该在预告的基础上，向有关部门申诉，否则物业服务企业不作为的行为也应对后果负一定责任。

《装修管理办法》第30条规定，住宅室内装饰装修工程竣工后，装修人应当按照工程设计合同约定和相应的质量标准进行验收。在验收合格后，装饰装修企业应当出具住宅室内装饰装修质量保证书。物业服务企业应当按照装饰装修管理服务协议进行现场检查，对违反法律法规和装饰装修管理服务协议的，应当要求装修人和装饰装修企业纠正，并将检查记录存档。

DI第八章 BAZHANG 房屋修缮管理

第一节 房屋修缮管理概述

一、房屋的基本功能与损坏原因

(一)房屋的基本功能与要求

房屋应满足安全性、适用性、耐久性三项基本功能的要求。随着国民经济的发展及人民生活水平的提高,居住条件已从要求适用到讲究美观。因此现代房屋不仅要满足上述三项基本功能要求,对不同的建筑类型有时还应有不同程度的艺术性要求。应该说安全性、适用性、耐久性、艺术性是房屋的四项基本功能要求,只是对不同类型的房屋,要求的功能的侧重点有所不同而已。

房屋的安全性是指在正常使用条件下承受可能出现的各种作用的能力,以及在偶然事件发生时和发生后,仍保持必要的整体稳定性的能力;房屋的适用性是指在正常使用条件下,满足预定使用要求的能力;房屋的耐久性是指在正常维护条件下随时间变化仍满足预定功能要求的能力;房屋的艺术性是指注意形式、造型、布局及适当装饰,讲究美观,达到人和房屋、房屋和外界自然条件与环境和谐的能力。

建筑物在正确设计、精心施工、正常使用与维护的情况下,在其设计预期使用年限内,应满足其使用功能要求。

从房屋的使用角度看,安全性是确保其使用功能的前提与基础。只有确保使用安全的房屋,才能投入使用。

(二)房屋损坏的现象及原因

1. 房屋损坏的现象。房屋建成交付使用后,由于多种原因会造成损坏。房屋的损坏包括外部损坏和内部损坏。

外部损坏是指房屋的外露部位,如屋面、外墙、勒脚、外门窗和防水层等的污损、起壳、锈蚀及破坏等现象。

内部损坏是指房屋的内部结构、装修、内门窗、各类室内设备的磨损、污损、起壳、蛀蚀及破坏等现象。

房屋外部的长期失修,会加速内部结构、装修、设备的损坏。

2. 房屋损坏的原因。导致房屋损坏的原因很多,但基本上可分为自然损坏和人为损坏两类。

(1)自然损坏。自然损坏的因素有以下 4 项:

①气候因素。房屋因经受自然界风、霜、雨、雪和冰冻的侵袭以及空气中有害物质的侵蚀与氧化作用,会对其外部构件造成老化和风化的影响,这种影响随着大气干湿度和温度的变化会有所不同,但都会使构件发生风化剥落,引起质量变化。例如,木材的腐烂糟朽、砖瓦的风化、铁件的锈蚀、钢筋混凝土的胀裂、塑料的老化等等,尤其是构件的外露部分更易损坏。

②生物因素。主要是虫害(如白蚁等)、菌类(如霉菌)的作用,使建筑物构件的截面积减小、强度降低。

③地理因素。主要指地基土质的差异引起房屋的不均匀沉降以及地基盐碱化作用引起房屋的损坏。

④灾害因素。主要是突发性的天灾人祸,如洪水、火灾、地震、滑坡、龙卷风、战争等所造成的损坏。

自然损坏的速度是缓慢的,但有时是突发性的。

(2)人为损坏。人为损坏是相对于自然损坏而言的,主要有以下 3 种情况:

①使用不当。由于人们在房屋内生活或生产,人们的生产或生活活动以及生产设备、生活日用品承载的大小,摩擦、撞击的频率,使用的合理程度等都会影响房屋的寿命,如不合理地改装、搭建;不合理地改变房屋用途,使房屋的某些结构遭到破坏,或者造成超载压损;使用上爱护不够或使用不当而产生的破坏。此外,还有由于周围设施的影响而造成房屋损坏的,例如,因人防工程、市政管道、安装电缆等,因缺乏相应技术措施而导致塌方或地基沉降,造成房屋墙体的闪动、开裂及其他变形等。

②设计和施工质量的低劣。这属于先天不足。房屋在建造或修缮时，由于设计不当、施工质量差，或者用料不符合要求等，影响了房屋的正常使用，加速了房屋的损坏。例如，房屋坡度不符合要求，下雨时排水慢造成漏水；砖墙砌筑质量低劣，影响墙体承重能力而损坏变形；有的木结构的木材质量差，或制作不合格，安装使用后不久就变形、断裂、腐烂；有的水泥晒台、阳台因混凝土振捣质量差，钢筋位置摆错，造成断裂等。

③预防保养不善。有的房屋和设备，由于没有适时地采取预防保养措施或者修理不够及时，造成不应产生的损坏或提前损坏，以致发生房屋破损、倒塌事故，如钢筋混凝土露筋，铁件、白铁落水设备未能油漆保养、门窗铰链松动等，所有这些若不及时保养，都可能酿成大患。

上述因素往往相互交叉影响或作用，从而加剧了房屋破损的过程。

二、房屋修缮与修缮管理

（一）房屋修缮

1.房屋修缮的含义。房屋修缮是指房屋自建成到报废为止的整个使用过程中，为了修复由于自然因素、人为因素造成的房屋损坏，维护和改善房屋使用功能，延长房屋使用年限而采取的各种养护维修活动。

房屋在使用过程中造成的自然损坏和人为损坏必然导致房屋使用功能的降低或丧失，为恢复或部分恢复其原有的功能，就要及时地、有针对性地进行房屋修缮工作。在一般情况下，房屋修缮主要是为了恢复、保持和提高房屋的安全性与耐久性。有时，为改善或改变房屋的居住条件，甚至是为了改善或提高房屋的艺术性要求，需要进行特殊的房屋修缮。

房屋修缮是房屋简单再生产在流通领域中的继续和价值的追加，修缮是物业服务企业为住户服务的重要手段，是物业管理中的一项基础性工作。在整个物业管理中，房屋修缮管理始终占有极其重要的地位。

2.房屋修缮的特点。与新建房屋相比，房屋修缮有其独自的特点：

(1)房屋修缮是在已有房屋的基础上进行的，工作上受到原有条件限制，设计和施工只能在一定范围内进行。

(2)房屋使用期限长，在使用中同一结构房屋使用功能减弱的速度和损坏的程度是不均衡的，因此，房屋修缮是大量的经常性工作。

(3)房屋修缮项目多、涉及面广、零星分散，各类房屋装修材料的品种、规格多，备用的材料规格品种多。有些材料可以用新材料代替，通过修缮工程的实践、观察、研究、总结，可以改进旧房的结构与装修。

(4)房屋修缮由于要保持原有的建筑风格和设计意图，并达到与周围环境相协调，因此技术要求较高。

(5)房屋修缮具有生产和服务的双重性。生产性是指房屋修缮过程中必然会增添设备、改进装饰装潢、改善结构等，通过修缮可使房屋增值。服务性是指房屋修缮的基本目的是以为住户服务为宗旨，保持房屋的物质形态完好无损，保证住户对房屋的正常和安全使用。

(6)房屋修缮多数是在用户不搬迁的情况下进行的，是多工种同时交叉作业，对工程质量和施工队伍的要求较高。

(二)房屋修缮管理

1. 房屋修缮管理的概念。房屋修缮管理是指物业服务企业根据国家对房屋维修管理的要求和技术标准，按照一定的科学管理程序，对企业所经营管理的房屋进行维护、修缮的各项活动所进行的管理，是物业管理中的一项基础性工作。房屋的修缮管理通过制定合理的修缮周期和科学的修缮计划，以及确定合理的修缮范围和修缮方案，可以合理使用人、财、物，做到节省费用、缩短工期，取得更好的经济效益、社会效益和环境效益。

2. 房屋修缮管理的原则：

(1)用户第一、服务第一的原则。坚持为用户服务是房屋修缮管理的一项基本原则。搞好房屋的维修管理，必须围绕为业主、使用人创造优良的生活环境与工作环境和提高物业的综合效益这一总体目标，把业主、使用人的需要和利益放在首位，维护业主的合法权益，树立为用户服务的指导思想，健全房屋维修服务制度，建立良好的服务规范，改善服务态度和提高服务质量。

(2)经济、合理、安全、实用的原则。房屋修缮管理必须坚持经济、合理、安全、实用的原则。经济，就是要节约和合理使用人力、财力和物力，尽可能少花钱、多修房；合理，就是要制定科学、合理的维修计划与方案，按国家的规定与标准以及用户的合理要求修房，不任意扩大修缮范围和内容；安全，就是要坚持质量第一和房屋完好标准的要求，通过维修使房屋达到主体结构牢固，功能运转正常，用户住用安全；实用，就是要因地制宜、因房制宜地进行维修，以满足用户在房屋质量与使用功能方面的需要，充分发挥房屋效用。

(3)区别对待的原则。房屋维修管理的对象大体可分为新建房与旧房两类,旧房又可分为有保存价值的建筑、尚可利用的建筑和无维修价值的建筑三类。在房屋的保养、修缮与改造过程中,必须因房制宜,针对不同情况采取不同的维修方案。对于新建房,重点是搞好房屋的日常养护,使房屋保持完好状态。对于城市中占较大比例的老房、旧房要在充分、有效、合理利用的前提下,做好区别、分类和安排。

第一,对于有保存价值,需要长期保护的房屋建筑,如文化历史古迹,优秀传统建筑,应加强维护管理,合理使用和有计划地进行维修,并在维修过程中保持房屋原有的建筑风格、风貌,不能对建筑物部件做随意的变更。

第二,对可充分利用的旧房,要通过有计划的维修与适当的改建,尽可能改善居住条件,保证安全与正常使用,提高房屋的功能与建筑标准,使之具备或接近现行住用标准的基本要求。

第三,对于结构简陋、破旧老朽的旧房、危房,由于已失去再修缮的价值,要全部或大部分进行有计划的拆建,即进行旧房的更新与再开发。

三、物业服务企业房屋修缮管理的内容

物业服务企业在政府房地产行政主管部门的指导和监督下,对所管物业范围内的房屋修缮负有全面管理的职责。房屋修缮管理的内容包括:房屋修缮的计划管理、质量管理和施工管理三个方面。

(一)房屋修缮的计划管理

计划管理包括修缮计划的制定和修缮资金的管理。

1. 修缮计划的制定。物业服务企业应根据房屋的实际状况和房屋及各类设施设备维修、更新周期制定房屋修缮计划,尤其是大、中修工程项目的计划,并应按时完成,确保房屋的完好与正常使用。

2. 房屋修缮的资金管理。房屋修缮资金管理指修缮资金的筹措与使用安排。物业服务企业用于房屋修缮的资金,其来源除业主交纳的维修资金,以及物业管理服务费中的一部分外,还包括物业服务企业开展多种经营收入的部分盈余。维修资金用于大、中修,物业管理服务费中的一部分用于日常的维修养护,开展各种经营收入中的部分盈余主要是弥补修缮资金的不足。

(二)房屋修缮的质量管理

房屋修缮的质量管理在房屋修缮管理中是最重要的一环。《城市房屋修缮规定》对房屋修缮工程的质量作了严格的规定,物业服务企业应遵照

执行。同时,还应遵守《建设工程质量管理办法》的相应要求。其主要内容有:

1. 强化修缮工程质量监督。对于中修以上的房屋修缮工程,必须向房屋所在地的有关质量监督机构办理质量监督手续,未办理质量监督手续的,不得施工。

2. 加强修缮工程质量检查和验收。中修以上的房屋修缮工程,应当先进行查勘设计,并严格按照设计组织施工。修缮工程必须按照有关质量标准,逐项检查施工质量和工程质量。为了统一房屋修缮工程质量的检验评定方法,进一步提高工程质量,建设部颁布了《房屋修缮工程质量检验评定标准》,对房屋及设备修缮工程质量检验与评定做了详细规定。竣工后,物业服务企业应进行质量检验评定,经检验评定不合格的,不得验收交付使用。

3. 完善修缮工程质量保修制度。房屋修缮工程要实行质量保修制度。质量保修的内容和期限,应当在工程合同中载明。

(三)房屋修缮施工管理

房屋修缮施工管理是指物业服务企业为实现房屋修缮的总目标,针对修缮工程的施工而进行的计划、组织、指挥、调节和监督等管理工作。一般有两种情况:一是物业服务企业自己拥有一支维修养护队伍来进行修缮工程的施工;二是物业服务企业自己没有维修队伍,对房屋的修缮工程实行招标,或以承包方式把房屋的维修养护承包给专业维修队伍。随着市场经济的发展,招标或承包的修缮工程会越来越多。无论哪种情况,施工管理的基本内容都是一致的,包括施工计划管理、施工组织管理、施工调度与施工现场管理、施工质量监督与施工安全管理、施工机器设备与施工材料管理、成本核算管理等。

四、房屋修缮责任的划分

房屋修缮责任的划分是为了确定物业服务企业、业主和使用人应分别承担的修缮责任和担负修缮费用的界限。其基本原则有如下三条:

(一)新建房屋在保修期内

新建房屋的保修期限有两种:一种是建设工程承包单位向建设单位承诺的保修期限;另一种是建设单位向房屋使用者承诺的保修期限。

对于第一种保修期,2000 年中华人民共和国国务院令 279 号《建设工程质量管理条例》中规定,建设工程承包单位应按照其向建设单位出具的质量保修书中规定的保修范围、保修期限和保修责任进行保修。

在正常使用条件下,最低保修期限为:①基础设施工程、房屋建筑的地基基础工程和主体结构工程,为设计文件规定的该工程的合理使用年限;②屋面防水工程,有防水要求的卫生间、房间和外墙面的防渗漏为 5 年;③供热与供冷系统,为两个采暖期、供冷期;④电气管线、给排水管道、设备安装和装修工程,为 2 年。

第二种保修期是针对商品房而言的,2001 年颁布的中华人民共和国建设部第 88 号令《商品房销售管理办法》中规定,房地产开发企业应对所售商品房承担质量保修责任,具体的保修范围、保修期限等条款在合同中约定。保修期从交付 3 日起计算。

对于商品住宅的第二种保修期,1998 年建设部颁布的《商品住宅实行住宅质量保证书和住宅使用说明书制度的规定》(简称《规定》)中规定:①地基基础和主体结构在合理使用寿命年限内承担保修;②在正常使用条件下各部位、部件保修内容与保修期:屋面防水 3 年;墙面、厨房和卫生间地面、地下室、管道渗漏 1 年;墙面、顶棚抹灰层脱落 1 年;地面空鼓开裂、大面积起砂 1 年;门窗翘裂、五金件损坏 1 年;管道堵塞 2 月;供热、供冷系统和设备 1 个采暖期或供冷期;卫生洁具 1 年;灯具、电器开关 6 个月;其他部位、部件的保修期限,由房地产开发企业与用户自行约定。

以上是商品住宅第二种保修期的下限,开发商实际承诺的保修期不得低于建设工程承包单位向建设单位出具的质量保证书约定保修期的存续期;存续期少于《规定》中确定的最低保修期限的,开发商承诺的保修期不得低于《规定》中的保修期下限。

非住宅商品房的保修期限不得低于建设工程承包单位向建设单位出具的质量保证书约定保修期的存续期。

在保修期限内发生的属于保修范围的质量问题,房地产开发企业应履行保修义务,并对造成的损失承担赔偿责任,因不可抗力或使用不当造成损失的,房地产开发企业不承担责任。

(二)保修期满后

保修期满后,由业主承担房屋修缮责任,并承担修缮费用。对业主委托物业服务企业管理的物业,具体规定如下:

1. 物业服务企业承担房屋建筑共用部位、共用设施设备、物业规划红线内的市政公用设施和附属建筑及附属配套服务设施的修缮责任。

房屋建筑共用部位包括:楼盖、屋顶、梁、柱、内外墙体和基础等承重结构部位和外墙面、楼梯间、走廊通道、门厅、电梯厅、楼内车库等。房屋建筑共用设施设备包括:共用的上下水管道、落水管、邮政信箱、垃圾道、烟囱、供电干线、共用照明、天线、中央空调、暖气干线、供暖锅炉房、高压水泵房、楼内消防设施设备、电梯等。物业规划红线内的市政公用设施和附属建筑包括:道路、室外上下水管道、化粪池、沟渠、池、井、绿化、室外泵房、自行车房棚、停车场等物业。规划红线内的附属配套服务设施包括:网球场、游泳池、商业网点等。

修缮费用按建设部《城市异产毗连房屋暂行规定》执行。由各业主按份额比例分担,做法是建立物业维修资金,事先向各业主按比例收取,在全体业主的监督下专款专用。

上述修缮责任及费用应在物业服务合同中写明。

2. 业主承担物业内自用部位和自用设备的修缮责任。自用部位和自用设备是指户门以内的部位和设备,包括:水、电、气户表以内的管线和自用阳台。业主可自行修缮,也可委托他人或物业服务企业修缮。但物业服务企业应负检查监督的责任。修缮费用由业主支付。

(三)其他情况

凡属使用不当或人为造成房屋损坏的,由其行为人负责修复或给予赔偿。

第二节　房屋完损等级评定与危房鉴定

一、房屋完损等级评定

房屋完损等级是指对现有房屋的完好或损坏程度划分等级,即房屋的质量等级。评定房屋完损等级要按照原城乡建设环境保护部 1985 年开始执行的《房屋完损等级评定标准》(简称《完标》)规定的统一标准、项目和评定方法,通过目观、检测和定量、定性的分析,对整幢房屋进行综合性的评价。评定时要进行细致全面的检查与调研,必要时辅以测试和验算,以构件或房屋的完损程度确定构件或房屋的完损等级以及是否属于危险构件或危险房屋。

（一）房屋常用结构及其组成部分

房屋按常用结构分为钢筋混凝土结构、混合结构、砖木结构和其他结构。评定房屋完损等级按下列三部分及其项目进行：

1. 结构部分——基础、承重构件、非承重墙、屋面、楼地面等项目。

2. 装修部分——门窗、外抹灰、内抹灰、顶棚、细木装修等项目。

3. 设备部分——水卫、电器照明、特殊设备（如消防栓、避雷针装置、电梯）等项目。

（二）房屋完损等级的分类

房屋完损状况，根据各类房屋的结构、装修、设备等组成部分的完好及损坏程度分为：

1. 完好房。指房屋的结构、装修和设备各部分完好无损，使用正常或虽个别分项有轻微损坏，但不影响居住安全和正常使用，一般经过小修就能具备正常使用功能的房屋。

2. 基本完好房。指房屋结构部位和构件基本完好，或虽有轻微损坏，但不影响正常使用，经一般性维修即可恢复的房屋。

3. 一般损坏房。指房屋结构有一般性损坏，部分构件有损坏或变形，屋面局部漏雨，装修局部有破损，油漆老化，设备管道不够通畅，水卫、电照管线、器具和零件有部分老化、损坏或残缺，不能正常使用，需要进行中修或局部大修更换部件的房屋。

4. 严重损坏房。指房屋年久失修，结构有明显变形或损坏，个别构件已处于危险状态，屋面严重渗漏，装修严重变形、破损，油漆老化见底，设备陈旧不齐全，管道严重堵塞，水卫、电照的管线、器具和零件残缺及严重损坏，已无法使用，需要进行大修或翻修、改建的房屋。

5. 危险房。指房屋承重构件已属危险构件，结构丧失稳定和承载能力，随时有倒塌的可能，不能确保住用安全的房屋。

对于有地震设防的城市，在划分房屋完损等级时，应结合抗震能力进行鉴定，房屋经过维修后，应调整其完损等级。

（三）房屋完损等级评定方法

《完标》对房屋各个组成部分的完损标准及等级作了详细具体的规定。房屋完损等级根据房屋各个组成部分的完损程度综合评定。

1. 钢筋混凝土结构、混合结构、砖木结构房屋完损等级的评定方法。

此类房屋的完损等级评定方法有以下 4 种：

(1)结构、装修、设备部分各项完损程度符合同一个完损标准，则该房屋的完损等级就是分项所评定的完损程度。

(2)结构部分各项完损程度符合同一个完损标准，在装修设备部分中有一二项完损程度下降一个等级，其余各项仍与结构部分符合同一完损标准，则完损等级按结构部分的完损程度来确定。

(3)结构部分中非承重墙或楼地面分项完损程度下降一个等级完损标准，在装修或设备部分中有一项完损程度下降一个等级完损标准，其余三个组成部分的各项都符合上一个等级以上的完损标准，则完损等级可按上一个等级的完损程度来确定。

(4)结构部分中地基基础、承重构件、屋面等项的完损程度符合同一个完损标准，其余各分项完损程度可有高出一个等级的完损标准，则完损等级可按地基基础、承重结构、屋面等项的完损程度来确定。

2. 其他结构房屋完损等级的评定方法。其他结构房屋是指竹、木、石结构，窑洞、捆绑等类型的房屋(通俗称简易结构)。此类结构的房屋，在评定完损等级时按以下两种方法来确定：

(1)房屋的结构、装修、设备等部分各项完损程度符合同一个完损标准，则该房屋的完损等级就是分项的完损程度。

(2)房屋的结构、装修、设备部分等绝大多数项目完损程度符合一个完损标准，有少量分项完损程度高出一个等级完损标准，则该房屋的完损等级按绝大多数分项的完损程度来确定。

(四)评定房屋完损等级的一般做法

房屋完损等级评定可分为定期和不定期两种。

1. 定期评定房屋完损等级。每隔一定时期(1～3 年，或根据各地规定)对所管房屋进行一次全面的逐幢完损等级评定，这种评定可以全面、详细地掌握房屋完损情况。

2. 不定期评定房屋完损等级：①根据气候特征，如雨季、台风、山洪、暴风雪等，主要对危险房屋、严重损坏房屋和一般损坏房屋等进行检查，评定完损等级；②房屋经过中修、大修、翻修和综合维修竣工验收以后，重新进行评定完损等级；③接管新建房屋后，要进行评定完损等级。

(五)房屋完好率、危险率的计算

计算房屋完损等级，一律以建筑面积(平方米)为计量单位，评定时则以幢作为评定单位。房屋完好率是房产管理与经营单位(包括物业服务企业)的一个重要技术经济指标。所谓房屋完好率,是指完好房屋的建筑面积与基本完好房屋的建筑面积之和,占总的房屋建筑面积的百分比,公式如下:

$$房屋完好率=\frac{完好房建筑面积+基本完好房建筑面积}{总的房屋建筑面积}\times 100\%$$

所谓危房率,是指整幢危险房屋的建筑面积占总的房屋建筑面积的百分比,公式如下:

$$危房率=\frac{整幢危险房屋的建筑面积}{总的房屋建筑面积}\times 100\%$$

二、危房鉴定与管理

危险房屋(简称危房)由于随时有倒塌的可能,不能确保使用安全。因此,在物业管理中,危房的鉴定使用与管理就占有特殊的位置,物业服务企业对此要给予特别的重视。为此,建设部先后颁发了《危险房屋鉴定标准》(简称《危标》)(GJ13—86)和《城市危险房屋管理规定》。

(一)危房的鉴定机构

房屋安全鉴定是一项专业性、技术性要求很强的工作,危房的鉴定更应慎之又慎。按《城市危险房屋管理规定》,危房的鉴定由房地产行政主管部门设立的房屋安全鉴定机构负责。经鉴定属危险房屋的,鉴定机构必须及时发出危险房屋通知书;属于非危险房屋的,应在鉴定文书上注明在正常使用条件下的有效时限,一般不超过一年。

(二)危房鉴定

1. 危房分类。危房分整幢危房和局部危房:整幢危房是指随时有整幢倒塌可能的房屋;局部危房是指随时有局部倒塌可能的房屋。

2. 鉴定单位。危房以幢为鉴定单位,以建筑面积(平方米)为计量单位。整幢危房以整幢房屋的建筑面积(平方米)计数;局部危房以危及倒塌部分房屋的建筑面积(平方米)计数。

3. 鉴定原则:

(1)危房鉴定应以地基基础、结构构件的危险鉴定(具体标准参见《危险房屋鉴定标准》)为基础,结合历史状态和发展趋势全面分析,综合判断。

(2)在对地基基础或结构构件是否发生危险的判断上,应考虑构件的危险是孤立的还是关联的。若构件的危险是孤立的,则不构成结构的危险;若构件的危险是相关的,则应联系结构判定危险范围。

(3)从历史状态和发展趋势上,应考虑下列因素对地基基础、结构构件构成危险的影响:①结构老化的程度;②周围环境的影响;③设计安全度的取值;④有损结构的人为因素;⑤危险的发展趋势。

4. 危险范围的判定:

(1)整幢危房:①因地基、基础产生的危险,可能危及主体结构,导致整幢房屋倒塌的;②因墙、柱、梁、混凝土板或框架产生的危险,可能构成结构破坏,导致整幢房屋倒塌的;③因屋架、檩条产生的危险,可能导致整个屋盖倒塌并危及整幢房屋的;④因筒拱、扁壳、波形筒拱产生的危险,可能导致整个拱体倒塌并危及整幢房屋的。

(2)局部危房:①因地基、基础产生的危险,可能危及部分房屋,导致局部倒塌的;②因墙、柱、梁、混凝土板产生的危险,可能构成部分结构破坏,导致局部房屋倒塌的;③因屋架、檩条产生的危险,可能导致部分屋盖倒塌,或整个屋盖倒塌但不危及整幢房屋的;④因搁栅产生的危险,可能导致整间楼盖倒塌的;⑤因悬挑构件产生的危险,可能导致梁、板倒塌的;⑥因筒拱、扁壳、波形筒拱产生的危险,可能导致部分拱体倒塌但不危及整幢房屋的。

(3)危险点。危险点是指单个承重构件,或围护构件,或房屋设备,处于危险状态的。

(三)对危房的管理

对被鉴定为危险房屋的,应按危险程度、影响范围,根据具体条件,分轻、重、缓、急,安排修缮计划。对危险点,应结合正常维修,及时排除险情。对危房和危险点,在查清、确认后,均应采取有效措施,确保使用安全。

对危房的使用管理一般可分为以下4类情况处理:①观察使用,适用于采取适当安全技术措施后,尚能短期使用,但需继续观察的房屋;②处理使用,适用于采取适当技术措施后,可解除危险的房屋;③停止使用,适用于已无修缮价值,暂时不便拆除,又不危及相邻建筑和影响他人安全的房屋;④整体拆除,适用于整幢危险且已无修缮价值,需立即拆除的房屋。

对前两类情况,物业服务企业应在管理中加强安全检查,能解危的,要及时解危;解危暂时有困难的,应采取安全措施,并做好排险解危的准备,切实保证住用人的安全。

第三节　房屋修缮工程

一、房屋修缮工程的分类

为了加强房屋修缮的科学管理,合理安排修缮资金和加强修缮工作的计划性,应实行分类指导,通常是按房屋的完损状况和工程性质、结构性质、经营管理性质进行工程分类。

(一)按房屋的完损状况和工程性质划分

根据房屋的完损状况和相应的工程性质,房屋修缮工程可分为翻修、大修、中修、小修和综合维修5类:

1. 翻修工程。指原有房屋需全部拆除、另行设计、重新建造或利用少数主体构件进行改造的工程。它包括原地翻修改建、异地翻修改建、小区复建房等。

翻修工程主要适用于:①主体结构全部或大部严重损坏,丧失正常使用功能,有倒塌危险的房屋;②因自然灾害破坏严重,不能再继续使用的房屋;③主体结构、围护结构简陋、无修理价值的房屋;④地处陡峭易滑坡地区的房屋或地势低洼长期积水又无法排出地区的房屋;⑤国家基本建设规划范围内需要拆迁恢复的房屋。

翻修工程投资大、工期长,应尽量利用旧料,其费用应低于该建筑物同类结构的新建造价。翻修后的房屋必须达到完好房屋的标准。新建住宅小区,基本上不存在翻修工程。

2. 大修工程。指需牵动或拆换部分主体和房屋设备,但不需全部拆除,一次费用在该建筑物同类结构新建造价的25%以上的工程。

大修工程主要适用于:①主体结构的大部分已严重损坏,有倒塌或有局部倒塌危险的房屋;②整幢房屋的公用生活设备(包括上水、下水、电照、通风、采暖等)必须进行管线更换,需要改善新装的房屋;③因改善居住条件,需局部改建的房屋;④需对主体结构进行专项抗震加固的房屋。

大修工程的主要特点是,工程地点集中、项目齐全和具有整体性。大修后的房屋必须符合基本完好或完好标准的要求。在进行大修工程时,可考虑适当增添新的设施,改善居住条件。

3. 中修工程。指需牵动或拆换少量主体构件，保持原房的规模和结构，一次费用在该建筑物同类结构新建造价的20%以下的工程。

中修工程主要适用于：①少量结构构件形成危险点的房屋；②一般损坏的房屋，如整幢房屋的门窗整修，楼地面、楼梯维修、抹灰修补、油漆保养、设备管线的维修和零配件的更换等；③整幢房屋的公用生活设备，如上下水管道、通风采暖设备管道、电气照明线路等需局部进行更换改善或改装、新装工程的房屋以及单项目维修的房屋。

中修工程的主要特点是，工地比较集中、项目较小、工程量较大和常有周期性。中修后的房屋70%以上必须符合基本完好或完好标准的要求。

4. 小修工程（零修工程或养护工程）。小修工程即房屋的日常养护。指为了保持房屋的原有完好等级，进行日常养护和及时修复小损小坏的工程。具体内容见本章第四节。小修工程的平均费用一般为房屋现时造价的1%以下。

5. 综合维修工程（成片轮修工程）。指成片多幢（大楼可为单幢）大、中、小修一次性应修尽修，其费用在该片（幢）建筑物同类结构新建造价的20%以上的工程。这类维修工程应根据各地的情况、条件的不同，考虑到一些特殊要求，如抗震、防灾、防风、防火等，在维修中一并予以解决。

综合维修工程主要适用于：①该片（幢）大部分严重损坏，或一般性损坏需进行有计划维修的房屋；②需改变片（幢）面貌而进行有计划维修的工程。

经过综合维修后的房屋，必须符合基本完好或完好房的标准要求。综合维修工程在统计时计入大修工程项目内，可以不单独列出。

（二）按房屋的结构性质划分

按应修房屋的结构性质，可分为承重结构的修缮和非承重结构的修缮两部分。

1. 承重结构的修缮。指对房屋的基础、梁、柱、承重墙以及楼盖的基层等主要受力部分进行修缮。这是房屋修缮的重点。房屋修缮，安全第一，只有房屋的承重部分修缮好了，非承重部分的修缮才有意义。

2. 非承重结构部分的修缮。指对房屋的门窗、墙皮、非承重墙面、地面、顶棚、上下水道和附属部分的修缮，也称为维修养护工作。非承重结构部分维修养护得好，对承重结构部分也会起保护作用，同时是对房屋外貌的装饰、美化，可以维持和改善住用环境。非承重结构部分的维修应以保证承重结构部分的完整无损为前提。

（三）按经营管理性质划分

按经营管理的性质，可分为恢复性修缮、赔偿性修缮、改善性修缮、救灾性修缮、返工性修缮5类。

1. 恢复性修缮，又称基本修缮，不含重建。按性质，其费用应在经营性维修费项下列支。

2. 赔偿性修缮。属于人为损坏或由于使用不当造成，按有关法律的规定，其费用应由引起损坏的一方即当事者负担。

3. 改善性修缮。指超越原房屋的修缮标准或原房屋规模的修缮。它不属于简单再生产范畴，其费用应另有专款开支或由用户负责。若经过改善性修缮后能调增租金的，也可进行。

4. 救灾性修缮。属于自然灾害或意外灾害造成，其费用应由专款解决或在保险费中开支。

5. 返工性修缮。由于房屋设计或施工方法不当造成，其费用应由设计或施工部门负责，或拨专款解决。

在房屋修缮工程中还要考虑各地的不同情况，把抗震、防治白蚁，预防水、火灾、抗洪、防台风、防雷击等一些特殊要求，一并予以解决。

二、房屋修缮的标准

修缮标准是按不同的结构、装修、设备条件，将房屋分为"一等"、"二等以下"两类分别制定的。

（一）房屋的分类

符合下列条件的为一等房屋：钢筋混凝土结构、砖混结构、砖木（含高级纯木）结构中，承重墙柱不得使用空心砖、半砖、乱砖和乱石砌筑；楼地面不得有用普通水泥或三合土面层；使用纱门窗或双层窗的正规门窗；墙面有中级或中级以上粉饰；独厨、水、电、卫设备，采暖地区有暖气。低于上述条件的为二等以下房屋。划分两类房屋的目的在于对原结构、装修、设备较好的一等房屋加强维修养护，使其保持较高的使用价值；对二等以下的房屋，主要是通过修缮，保证住用安全，适当改善住用条件。

（二）修缮标准

修缮标准按主体工程、木门窗及装修工程、楼地面工程、屋面工程、抹灰工程，油漆粉饰工程，水、电、卫、暖等设备工程，金属构件及其他等9个分项工程进行确定。

1. 主体工程。主要指屋架、梁、柱、墙、楼面、屋面、基础等主要承重构件的维修。当主体结构损坏严重时，不论修缮哪一类房屋，均应要求牢固、安全，不留隐患。

2. 木门窗及装修工程。木门窗应开关灵活，不松动，不透风；木装修应牢固、平整、美观，接缝严密。一等房屋的木装修应尽量做到原样修复。

3. 楼地面工程。楼地面工程的维修应牢固、安全、平整，不起砂、拼缝严密不闪动，不空鼓开裂，地坪无倒泛水现象。如房间长期处于潮湿环境，可增设防潮层，木基层或夹砂楼面损坏严重时，应改做钢筋混凝土楼面。

4. 屋面工程。屋面必须确保安全，不渗漏，排水畅通。

5. 抹灰工程。抹灰应接缝平整，不开裂、不起壳、不起泡、不松动、不剥落。

6. 油漆粉饰工程。油漆粉饰要求不起壳、不剥落、色泽均匀，尽可能保持与原色一致。对木构件和各类铁构件应进行周期性油漆保养。各种油漆和内、外墙涂料，以及地面涂料，均属保养性质，应制定养护周期，达到延长房屋使用年限的目的。

7. 水、电、卫、暖等设备工程。房屋的附属设备均应保持完好，保证运行安全，正常使用。电气线路、电梯、安全保险装置及锅炉等应定期检查，严格按照有关安全规程定期保养。对房屋内部电气线路破损老化严重、绝缘性能降低的，应及时更换线路。当线路发生漏电现象时，应及时查清漏电的原因，进行修复或更换线路。对供水、供暖管线应做保温处理，并定期进行检查维修。水箱应定期清洗。

8. 金属构件。应保持牢固、安全，不锈蚀，损坏严重的应更换，无保留价值的应拆除。

9. 其他工作。对属于物业管理范围的庭院原有院墙、院墙大门、院落内道路、沟渠下水道、阴井损坏或堵塞的，应修复或疏通。

第四节　房屋的日常养护

一、房屋日常养护的含义

房屋日常养护是为确保房屋的完好和正常使用所进行的经常性的日常修理、季节性预防保养以及房屋的正确使用维护管理等工作，是物业服务企业房屋修缮管理的重要环节。房屋日常养护与房屋修缮一样，都是为了保证房屋能正常使用，但两者又有区别。日常养护是对房屋及时的预防保养和经常性的零星修理；修缮则是相隔一定时间后，按需要进行的大、中修等。

通过对房屋的日常养护，可以维护房屋和设备的功能，使发生的损失及时得到修复；对一些由于天气的突变或隐蔽的物理、化学损坏导致的猝发性损失，不必等大修周期到来就可以及时处理。同时，经常检查房屋完好状况，从养护入手，可以防止事故发生，延长大修周期，并为大中修提供查勘、施工的可靠资料，最大限度地延长房屋的使用年限。同时，可以不断改善房屋的使用条件，包括外部环境的综合治理。

二、房屋日常养护的类型及内容

房屋日常养护可分为零星养护、计划养护和季节性养护。

（一）零星养护

房屋的零星养护修理，指结合实际情况确定或因突然损坏引起的小修，包括：①屋面筑漏（补漏）、修补屋面、修补泛水、屋脊等；②钢、木门窗的整修，拆换五金、配玻璃，换窗纱、油漆等；③修补楼地面面层，抽换个别楞木等；④修补内外墙、抹灰、窗台、腰线等；⑤拆砌挖补局部墙体、个别拱圈，拆换个别过梁等；⑥抽换个别檩条，接换个别木梁、屋架、木柱、修补木楼等；⑦水卫、电气、暖气等设备的故障排除及零部件的修换等；⑧下水管道的疏通，修补明沟、散水、落水管等；⑨房屋检查发现的危险构件的临时加固、维修等。

日常零星养护项目，主要通过维修管理人员走访住户和业主或住户的随时报修两个渠道来收集。零星养护的特点是修理范围广，项目零星分散，时间紧，要求及时，具有经常性的服务性质。

零星养护应力争做到“水电急修不过夜，小修项目不过3（3天），一般项目不过5（5天）”。

（二）计划养护

房屋的各种构件、部件均有其合理的使用年限，超过这一年限一般就开始不断出现问题。因此要管好房子，不能等到问题出现后再采取补救措施，而应该制定科学的大、中、小修三级修缮制度，以保证房屋的正常使用，延长其整体的使用寿命。这就是房屋的计划养护。例如，房屋的纱窗每 3 年左右就应该刷一遍铅油保养；门窗、壁橱、墙壁上的油漆、油饰层一般 5 年左右应重新油漆一遍；外墙每 10 年应彻底进行一次检修加固；照明电路明线、暗线每年检查线路老化和负荷的情况，必要时可局部或全部更换等。这种定期保养、修缮制度是保证房屋使用安全、完好的非常重要的制度。

一般楼宇设施的保养周期和翻新周期如表 8 –1 和表 8 –2 所示。

物业服务企业应根据具体楼宇所选用的设备、材料型号的质量来推算其使用年限。

计划养护主要属于房屋保养性质，即定期对房屋进行的检修保养。计划养护任务应安排在报修任务不多的淡季。若报修任务多，应先安排报修任务，再做计划养护工作。

表 8 –1　一般楼宇设备的保养周期

设　备	事　项	周　期
楼宇内	走廊及楼梯粉刷	每 3 年 1 次
外　墙	修补粉刷外墙	每五六年 1 次
供水系统	检查、唧油及调试各水泵	每半个月 1 次
	清洗水池	每 1 月 1 次
电梯	例行抹油及检查	每周 1 次
	彻底检查及大修	每年 1 次
消防设备	日常巡视及保养	每月 1 次
	聘用政府认可的消防设备保养公司进行检查及维修并向消防处提交报告	每年 1 次
沟　渠	清理天台雨水筒及渠闸	每周 1 次
	清理明渠及沙井之沉积物	每两周 1 次
机器栏杆	检查锈蚀的窗框、栏杆、楼梯扶手	每月 1 次
	涂漆	每年 1 次

表 8－2　一般楼宇设施翻新周期表

种　类	项　目	翻新周期(年)
楼宇附加装置	屋顶覆盖层	20
	窗	20
	门	30
	五金器具	20
修　饰	墙壁	15
	地板	10
	天花板	20
供水及卫生设备	水管	30
	洁具	20
电力	电线	30
	电力装置	15
通风	空调	15
其他	电梯及自动扶梯	20

(三)季节性养护

季节性养护主要是做好季节性的对房屋的预防保养工作。例如，防台、防汛、防梅雨、防冻、防治白蚁等。

三、房屋日常养护的考核指标

房屋日常养护考核指标主要有：定额指标、经费指标、服务指标和安全指标。

(一)定额指标

维修养护工人的劳动效率要100%达到或超过人工定额；材料消耗要不超过或低于材料消耗定额。要通过合理组织生产，发挥劳动潜力和充分回收利用旧料，努力降低小修养护成本。达到小修养护工程定额的指标，是完成小修养护工作量，搞好日常服务的必要保证。因此，工程定额指标的完成情况，应作为考核维修养护人员劳动绩效，进行工资总额分配的主要依据之一。

(二)经费指标

小修养护经费主要通过收取物业管理服务费来筹集,不足部分从物业服务企业开展多种经营的收入中弥补。

(三)服务指标

1. 走访查房率。一般要求管理员每月对辖区的住(用)户要走访查房50%以上;每季对辖区内住(用)户要逐户走访查房一遍。其计算公式如下:

$$\text{月走访查房率}=\frac{\text{当月走访查房户数}}{\text{辖区内住(用)户总户数}}\times 100\%$$

$$\text{季走访查房率}=\frac{\text{当季走访查房户数}}{\text{辖区内住(用)户总户数}}\times 100\%$$

请注意:走访查房户数计算时对月/季内走访如系同一户超过一次的均按一次计算。

2. 养护计划率。管理员应按每月编制的日常养护计划表依次组织施工。考虑到对急修项目需及时处理,因此在一般情况下,养护计划率要求达到80%以上。遇特殊情况或特殊季节,可统一调整养护计划率,其计算公式如下:

$$\text{月养护计划完成率}=\frac{\text{当月完成属计划内项目的户次数}}{\text{当月养护计划安排的户次数}}\times 100\%$$

3. 养护及时率。其计算公式为:

$$\text{月养护及时率}=\frac{\text{当月完成的小修养护户次数}}{\text{当月全部报修中应修的户次数}}\times 100\%$$

请注意:当月全部报修中应修的户次数,指剔除了经专业人员实地查勘后,认定不属于小修养护范围,并已作其他维修工程类别安排的和因故不能安排维修的报修户次数。

(四)安全指标

确保住用、生产安全,是日常养护的首要指标,是考核工作绩效的重要依据。为确保生产安全,物业服务企业应建立一系列安全生产操作规程和安全检查制度,以及相配套的安全生产奖惩办法。建设部颁布的《房地产经营、维修管理行业经济技术指标》规定,必须确保住用安全,杜绝塌屋死亡事故;保证安全生产,杜绝重大伤亡事故,年职工负伤事故率小于3‰等等。

DI 第 九 章 JIU ZHANG 物业设备管理

第一节 物业设备管理概述

一、物业设备管理的含义

房屋设备管理是物业管理中重要的基础管理工作，是物业服务企业日常工作的主要内容之一。

物业设备是指附属于房屋建筑的各类设施的总称，它是构成房屋建筑实体不可分割的有机组成部分，是发挥物业功能和实现物业价值的物质基础和必要条件。

在我国，随着社会经济的发展和现代科技的进步，物业设备的种类日益增多，使用领域不断拓宽，新型产品纷纷涌现，人们对提高生活质量的需求与日俱增，对物业设备的功能与质量的要求也在不断提高，正向着先进、合理、完备的综合性设备系统的方向过渡。物业设备种类是否齐全、档次的高低、服务质量的好坏已成为房屋建筑质量、造价的集中体现，是确定房屋使用功能的主要指标之一，是决定其未来效用与商业价值的一个极为重要的因素和先决条件。

所谓物业设备管理，就是要通过保养、维修等手段，保障物业设备的安全、正常运行，延长设备的使用寿命。

随着生产力的发展和社会的进步，物业设备管理的内涵变得更为丰富。20 世纪 60 年代末 70 年代初的能源危机，使“建筑节能”的观念提高到前所未有的高度。能源管理成为建筑设备管理中的重要内容。到了 90 年代，建筑节能从当初单纯地抑制需求、减少耗能量渐渐地发展为合理用能、提高能源利用率的理性阶段。

信息产业突飞猛进的发展,促进了建筑的智能化。1984 年随着美国哈特福德市(HARTFORD)标志智能建筑时代开始的第一幢智能大厦的建成,智能型建筑便如雨后春笋般地拔地而起。应用在其中的建筑设备也变得多样化、复杂化,组成了一个庞大而又复杂的系统。

随着人们对生活和工作中舒适性要求的提高,室内空气质量问题(Indoor Air Question IAQ)和环保问题越来越被人们所重视,对建筑设备的性能要求和对设备的运行维护水平等均提出了更高的要求。

总之,在现代城市中,房屋建筑附属设备、设施成为反映一个城市在经济、科技、文化、生活等方面发展水平的重要特征和人类物质文明进步的重要标志。

二、物业设备的构成与分类

物业设备种类繁多,功能各异,一些具有更新、更完善功能的新型产品不断涌现。现代民用建筑房屋常用设备主要有:房屋建筑卫生设备、房屋建筑电气工程设备和智能化技术设备系统。

(一)房屋建筑卫生设备

1. 给排水设备系统,主要包括:

(1)给水设备。这是指用人工方法提供水源的设备,有供水箱、供水泵、小水表、供水管网四个方面,组成生活给水系统、生产给水系统、消防给水系统。这三种给水系统,并不一定需要单独设置,可按水质、水压、水温及室外给水系统情况,考虑技术、经济和安全条件,将其相互组成不同的共用系统,如生产、生活、消防共用给水系统,生活、消防共用给水系统等。

(2)排水设备。这是指用来排除生产、生活污水和屋面雨雪水的设备,包括:排水管道、通风管道、清通设备、抽升设备、室外排水管道等。根据所接纳的污(废)水性质,房屋的排水管道可分为生活污水管道、工业废水管道、室内雨水管道,组成生活污水排水系统、生产污水排水系统、雨(雪)水排水系统。

(3)热水供应设备。这是指房屋设备中热水供应部分,包括:洗浴器具、供热水管道、热水表、加热器、循环管、自动温度调节器、减压阀等。

(4)消防设备。这是指房屋设备中的消防装置部分,包括:喷淋系统、消防栓、灭火机、灭火瓶、消防龙头、消防泵和配套的消防设备,如烟感器、温感器消防报警系统、防火卷帘、防火门、抽烟送风系统、防火阀、消防电梯、消防走道及事故照明、应急照明等。

(5)卫生设备。这是指房屋设备中的卫生部分,主要包括:浴缸、水盆、面盆、小便斗、抽水马桶、镜箱、冲洗盆等。

2. 燃气设备系统,主要包括:

(1)厨房设备。这是指房屋设备中用来做饭菜的部分,包括:烤炉烘箱、灶台、洗菜盆、工作台、冰箱、冰柜等。

(2)燃气设备。这是指房屋设备中的燃气供应部分,包括:煤气灶、煤气管、煤气表、供气管网等。

3. 房屋供暖、通风、空调设备(HVAC)系统。供暖(Heating)、通风(Ventilating)、空调(Air Conditioning)系统是满足物业使用者舒适需求的系统。随着社会的进步,大家对于物业的舒适性要求越来越高,相应地,HVAC 设备系统的管理也就显得越发重要。

HVAC 系统主要包括:

(1)室内供暖设备。这是指用来供暖的设备,包括:锅炉、壁炉、鼓风机、水汀片、循环泵等设备。按所用带热体(热媒)不同,可分为热水供暖系统和蒸汽供暖系统两大类。一般民用建筑大多采用热水供暖系统。

(2)室内通风设备。这是指房屋内部的通风设备,包括:通风机,进、排气口及一些净化除尘设备等。

(3)室内空调设备。这是指用于使室内空气流动,给住用者带来凉爽感觉的设备,包括:制冷机、深井泵、空调机、电扇、冷却塔、循环泵等设备。

(二)房屋建筑电气工程设备

房屋建筑电气工程设备主要包括:

1. 供电及照明设备。这是指给房屋提供电源及照明的各种装置,包括:铁盒子、电表、总开关、供电线路、户外型负荷开关、户内型漏电保护自动开关、插座、照明器等。在大型商厦、住宅区等规模较大的场合,供电设备还包括:变压器房内设备、配电房设备及楼层配电箱等。

2. 弱电设备。这是指给房屋提供某种特定功能的弱电设备与装置。随着现代化建筑水平的提高,房屋的弱电设备越来越多。目前主要包括:通讯设备、广播设备、共用天线设备、闭路电视系统及网络设备等。

3. 运输设备。这是指房屋设备中载运人或物品的设备。目前,建筑中主要的运输设备是电梯。根据用途的不同,电梯主要有如下几类(见表 9-1)。

表 9－1

项　目	内　容
乘客电梯	用来载运乘客，备有完善的安全装置，轿厢要求舒适性好
载货电梯	用来载运货物，可以有人伴随，有必备的安全装置
客货两用电梯	客货两用电梯是一种可载运乘客和货物的两用电梯
杂物电梯	杂物电梯也叫服务电梯，供图书馆、办公楼、饭店运送图书、文件、食品等小型货物的电梯。其结构简单，又不设必备的安全装置，所以不允许人员乘坐，轿厢较低
观光电梯	轿厢壁是透明的，供乘客观光之用。常运行在大宾馆大厅中央或高层大楼的外墙上，它使建筑空间化、活泼化，也增强了建筑造型的艺术性
车辆电梯	用于运送车辆，其轿厢较大，有时无轿厢顶
自动扶梯	垂直方向的交通工具，与地面成 30～35 度的倾斜角。一般以 0.5m/s 速度运行，最高不超过 0.9m/s。通常安装在大型商场、车站候车大厅等处
自动人行道	倾斜角为零度的自动扶梯，在水平方向上连续运送乘客。通常用在大型车站、机场、会展大厅中
其他电梯	冷库电梯、防爆电梯、建筑工程电梯等

按速度可分为速度在 2m/s 以上的高速电梯，速度在 1.5m/s 以上的快速电梯和速度在 1.0m/s 以上的低速电梯，目前，大多数住宅客梯选用低速电梯，少数超高层住宅选用快速电梯。

按电动机拖动方式可分为交流双速电梯、直流快速电梯和交流调速电梯。

按控制方式可分为信号控制电梯、集选控制电梯、微机程序控制电梯和简单手柄控制电梯等。

4. 防雷装置。建筑物防雷设施有针式和栅式两大类，其中避雷针又可分为单支和双支及多支保护等几种形式。避雷设施由接闪器、引下线和接地极三个部分组成。

（三）智能化技术设备系统

智能建筑主要由三大系统集成：楼宇自动化（Building Automation）、办公自动化（Office Automation）和通信自动化（Communication Automation），即所谓的“3A”。通常所说的 5A 写字楼，除了以上的 3 个“A”之外，又包括了防火自动化(Fire Automation)和保安自动化(Safety Automation)。但在国际上,通常定义的BA系统中已经包括了FA和SA系统。因此本书采用"3A"的提法。

1. 楼宇自动化系统的技术设备。主要包括:设备自动控制系统、防火自动化系统和保安自动化系统三大部分。

(1)设备自动控制系统。设备自动控制系统由中央工作站、各类传感器和主控制器构成。传感器主要是对被控对象进行检测;检测结果通过综合布线系统传送到中央工作站;中央工作站内的计算机系统对信号进行比较和处理,将指令发送给相应的设备系统执行;主控制器则主要用来控制传感器的参数设定和自动调节。

(2)防火自动化系统。防火自动化系统主要由各类烟感温感传感器、火灾自动报警主机、各类人工报警装置构成。

(3)保安自动化系统。保安自动化系统主要由摄像机、监察器、录像机等视频监控设备和各类紧急报警装置构成。

2. 办公自动化系统。办公自动化系统是指借助于各种办公设备共享信息资源,并由这些办公设备与办公人员构成服务于某种办公目标的人机信息系统。这其中包括:资料档案管理、多媒体信息查询、电视会议、财务计划、人力资源管理以及面向信息的数据库系统等。

3. 通信自动化系统。通信自动化系统是智能化物业的中枢神经系统。它包括以数字式程控交换机为中心的通信系统,以及通过楼宇的结构化综合布线系统来实现的计算机网络、卫星通信、闭路电视、可视电话、电视会议等系统的综合。其目的是要达到物业内部之间以及物业内部与外部之间广泛的信息沟通与共享。

这一系统的发展与计算机技术的发展,特别是与网络技术的发展密切相关。其中,物业内部的通信系统主要基于结构化的局域网系统,传输媒体从话音、数据发展到图像以及动画;物业内部与外部的通信系统主要通过邮电部门的公共通信网来连接,如现已有公共数据交换网、DDN数字数据网和电话通信网等。

三、物业设备管理的基本内容与要求

(一)物业设备管理的特点

从物业管理的角度来看,物业设备管理具有以下4个明显的特点:

1. 服务性功能强。各类房屋设备尽管功能各异,但其根本目的都是为住用人提供某种特定的服务,改善其工作生活条件和物业的整体环境。无论是给排水、供电照明等日常使用的设备,还是消防、自动报警等紧急情况下使用的设备,都与广大住用人的日常生活、工作密切相关。设备管理失误影响大,如暖气大面积不热或电梯经常停驶,不仅会造成生活困难,而且可能形成社会的不安定因素。因此,房屋设备管理的"管、修、用"必须以管理为基础,维修为保障,围绕向住用人提供良好服务这个核心而展开。

2. 经营性特点突出。房屋设备一次性投资大,使用年限短,更新换代快,运营服务、维修保养费用高,各种费用的及时收取和合理分摊是房屋设备管理中的一个突出的重要问题。例如,一部中档电梯造价达 30 万～40 万元,每次事故都可能造成成千上万元的经济损失或缩短其使用寿命。在物业管理体制下,房屋设备的管理带有明显的经营性特点,即房屋设备管理实质上是房屋设备的经营管理。

3. 专业性、技术性要求高。各类房屋设备性能各异,结构复杂,具有很强的专业性和技术性。例如,大容量的锅炉房,锅炉容量达数十吨,供暖面积可达几十万平方米,其中有巨大的储煤场、复杂的仪表设备、装卸设备、供电设备及大量管网。因此,房屋设备的使用维修需要各种专业技术知识,严格的规范化、标准化的科学管理制度及大量的技术工人和专业技术人员。

4. 综合性强。房屋尤其是高层建筑是一个具有综合使用功能的有机体,其设备种类繁多、数量庞大、管路重叠、阀门罗列。这些设备在任何时候都要协调地共同工作才能保证设备各项功能的正常发挥。任何一个部位出了故障都会影响到整体功能,给住用人带来不便与烦恼。同时,房屋设备的管理涉及电力、电信、燃气、供热、供水、排水、道路、环卫、绿化、路灯、消防、公安交通等专业工作的管理,物业服务企业应和这些专业管理部门统一协调,明确各自的职责分工,确保各类设备的正常运行。

(二)物业设备管理的基本内容和要求

各类物业设备尽管组成、构造和性能不同,但管理的基本内容是相同的。从物业设备管理的全过程看,管理的内容包括:设备的选型购置、安装调试、接管验收、运行管理、更新改造以及安全管理、经济管理等方面。其中,物业设备的基础管理、运行使用管理、安全管理、维修养护管理以及设备的更新改造是物业服务企业最主要的几项管理工作。

物业设备管理的基本原则是行业管理与专业管理相结合,强化政府的行业管理,突出物业服务企业的集中专业化管理。对物业设备管理的基本要求是:良好的服务质量、经济的管理费用、及时的维修,确保设备的完好率与使用安全。

1. 物业设备的基础管理。物业设备的基础管理是指为实现物业设备管理目标及职能服务、提供有关资料信息依据、共同管理准则和基本管理手段的必不可少的基础管理工作。主要有:

(1)技术档案资料的管理。物业设备结构复杂、管线纵横,对各类设备都要建立设备卡片、管理账册与技术档案。主要包括3类:①设备原始资料,如设备验收资料、设备安装与结构图、设备登记表等;②设备维修资料,如报修单、事故记录、大中修工程记录、更新记录;③设备管理资料,如运行记录、普查记录、运行月报、考评资料、技术革新资料等。设备基础资料管理工作的基本任务有两个方面:一是做好设备技术档案的保管;二是为设备运行、维护、管理等提供资料信息依据。

(2)标准化管理。物业设备的标准化工作主要包括两类:①技术标准,如各类设备的验收标准、完好标准、维修等级标准等;②管理标准,如报修程序、信息处理标准、服务规范及标准、考核与奖惩标准等。设备标准化工作的基本功能有两个方面:一是为设备管理职能的实施提供共同行为准则和标准;二是为设备的技术经济活动提供基本依据与手段。

(3)规章制度。物业设备管理的规章制度主要包括3类:①生产技术规程,主要有设备的安全操作规程与保养维修规程;②管理工作制度,包括,运行管理制度、巡视工作安全管理制度、预防检修制度、值班工作制度等;③责任制度,包括,岗位责任制度、记录与报告制度、安全制度、交接班制度等。

(4)教育培训。基础教育包括两类对象:一类是对本企业员工的培训与教育,其基本内容有:员工的技术业务岗位培训、思想教育、职业规范的教育等;另一类是对业主、使用人的宣传与教育,其重点是有关合理与安全使用设备的宣传教育。

2. 物业设备的运行使用管理。物业设备的运行使用管理是设备在日常运行与使用过程中的各项组织管理工作,它具有日常性、安全性和广泛性的特点和要求。设备运行管理主要有以下几个方面的内容:

(1)设备运行的劳动组织。概括地讲,劳动组织的具体任务:一是要在合理分工与协作的基础上,合理配置劳动力;二是根据设备操作的技术要求与岗位设置的要求,采取合理的劳动组织形式以提高劳动效率。

具体地讲,主要包括:①定员工作,也就是要根据劳动分工特点、设备运行要求和管理的需要,合理确定工作岗位的人数。其主要方法有:按设备定员、按岗位定员和按比例定员三种方式。②作业组的组织,如电梯设备运行组、水电设备组等。③工作轮班组织,也就是劳动的时间组织,如电梯设备运行的轮班组织。工作轮班组织的基本形式有单班制和多班制两种,在多班制的条件下就存在工作轮班的组织问题。一般地说,在设备连续运行的条件下,必须妥善解决轮班组织问题,即便是实行单班制,夜间也要设值班岗。

(2)设备运行的管理制度。物业设备根据使用时间的不同,可分为日常使用设备,如给排水、供电、燃气、电梯等设备;季节性使用设备,如供暖供冷设备;紧急情况下使用的设备,如消防、自动报警设备。各类设备都要制定相应的设备运行使用制度。运行管理制度是全体员工的工作依据与准则,主要包括:设备的安全操作规程、设备的巡视工作制度、岗位责任制度、值班与交接班制度、记录与报表制度、报告制度和服务规范等。

3. 物业设备的能源管理。在设备运行管理中一个很重要的问题就是节省能源,包括:水、电、燃气、燃油等各种一次及二次能源。能源支出往往达到总设备管理支出的50%左右,因而能源管理是设备管理中十分重要的一个问题。

作为与设施系统相关的内容,能源管理不会单独存在,而是体现在设备管理的各个环节当中。现代能源管理的起源可以追溯到20世纪70年代早期发生在北美的石油危机。这次危机导致了两个后果:一是出现了体积更小、高度节能的设施;另一个是,认为能源费用是成本的主要构成部分,需要对它进行控制。

传统的能源管理的做法是,设置一些能耗指标,根据这些指标来选购设备,以满足节能的需要。但是,这种做法往往事倍功半,投资不小,收效不明显。管理程序的优化比硬件设施的改进更有效果,好的能源管理计划可以节约30%~33%的费用。

(1)能源节约措施。在物业公司的能源支出中,水、电占了绝大部分。诸如以下的做法会使物业公司节约大量的能源费用:

①节电措施:在能源支出中,电费支出往往占到总能耗费的一半以上。

因此,要节省能源支出,首先要从节电入手。

对于供配电设施,要对无功负荷进行补偿,以提高功率因数,功率因数控制在0.9以上。对于变压器,根据负荷变化情况,按技术特性,通过运行方式的安排,把运行中的变压器负载安排在0.5~0.7之间,提高供电效率。对于空调、制冷设备,根据不同负荷要求,开、停部分机组及其附属设备,以提高制冷系统的运行效率。对于不同季节,合理调整新风比例,以减少新风处理能耗。对于照明设备,采用节能灯具,通过光度传感器、时间继电器或手动控制来节电。对于电梯,无人使用时,处于待机状态。不需要时关闭照明、风机、传送机械等。

②节水措施:如果在前期管理中做到了对给排水分类处置的话,就可以建立中水系统,对其再次利用:

对一般的生活污水,如冷却水,沐浴洗漱、洗衣排水等,由于其水质好,悬浮物浓度低,进行简单处理后可以直接用来冲洗停车场、道路、清洗汽车等。对一些杂用水,如厨房排水等,其油脂含量较高,利用隔油池、格栅对其处理后可以用来浇花。充分利用雨水来冲洗厕所、道路、汽车等。对厕所排水,可将由分质排水得到的厕所用水和粪便直接排入沼气池发酵,沼气可供物业服务企业食堂等公用部门使用。

中水工程是现代市场经济条件下物业服务企业节省成本、提高效益的一种较为有利的手段,如广东省"丽江"花园每年仅此一项就可节约60多万元。①

(2)能源管理制度。设计出好的节能措施并不代表能够做好节能工作,好的措施要有好的管理制度来保证它的实施。以下是对物业服务企业能源管理制度的一些建议:

①成立专门委员会组织能源管理程序的制定,确定基本制度并推广;指定一个对设施经理负责的能源管理经理组成的指导委员会,由一个高层经理领导,包括预算指导、设施经理和两三个一线作业经理的指导委员会;成立技术委员会,由设施经理及一线作业经理、工作人员组成;在每一个部门中指定一个对能源管理问题负责的高级管理人员。

②所有的策略都由技术委员会制定,由指导委员会表决通过,由物业公司经理签署执行。

---

① 任培,程志荣:《建筑小区给排水设施的物业管理》,《中国给排水》2001年第10期。

③为每件设施建立详细的能源消耗基准线。至少每年计算超过基准线的能源消耗,并制定相应的对策来防止产生更高的消耗。在这个过程中,应当向设施生产厂家寻求必要的帮助。

④执行等级化的能源管理标准,制定能源管理的投入计划,每年对能源管理的绩效进行一次评估,并以此调整下一年的投入计划。

⑤能源管理应该与所有设计一致,所有新的设计都能从能源管理的角度进行审视,满足能源管理方面的要求。

4. 物业设备的安全管理。安全管理在物业设备管理中占有很重要的位置。物业设备种类繁多,涉及面广,具有一定的危险性,特别是电气工程设备,在使用、操作和维修过程中,稍有疏忽,往往会造成机毁人亡的重大事故。同时,设备的合理使用和安全操作也是减少维修损失、延长设备寿命的一个重要环节。设备的安全管理主要涉及 4 个方面的工作。

(1)维修操作人员安全作业的培训与持证上岗。维修操作人员是安全管理的重点对象。国家对安全性能要求高的设备实行合格证制度,如电梯、消防,要求使用和维修人员经培训考核后持证上岗。其培训内容包括:安全作业训练、安全意识教育和安全作业管理。

(2)对业主和使用人的安全教育和宣传。对业主和使用人的安全教育和宣传的主要目的在于通过宣传教育,使他们了解设备安全使用知识,提高自我保护的安全意识,从而为安全管理建立广泛的群众基础。一般可以针对不同设备、不同环境、不同对象,采取有针对性和灵活多样的形式,如电梯使用过程中张贴在轿厢内的“乘梯须知”;定期或不定期召开业主和使用人座谈会等。

(3)建立设备的安全管理措施和使用规定。为确保设备在使用中的安全,还必须做好一系列安全防范措施和使用规定。如对一些特殊的或具有危险性的设备应设计和安装必要的安全保护装置;定期进行设备的安全检查和性能测试;制定相应的管理规定,如消防通道的管理规定、电梯安全使用的规定等。

(4)安全责任制度。物业服务企业应有主管领导负责安全管理工作,在岗位责任制度中,安全必须作为一项责任内容明确下来,做到安全管理,人人有责,形成一整套安全责任体系。

5. 物业设备的保养与维修管理。物业设备的保养与维修管理是指为保证设备完好率,使设备处于正常良好的运行状态,延长设备使用寿命,对各类房屋设备进行的日常保养与及时的维修管理。采取预防保养可以大大延长设备使用寿命(见图9－1)这是物业设备管理中重要的一个方面。

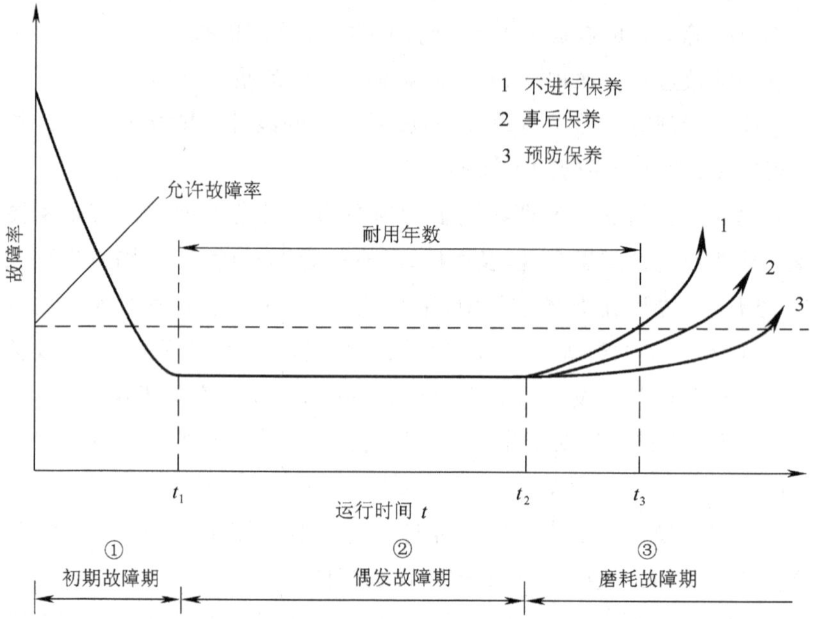

图9－1　典型的设备故障曲线①

图9－1中的1,2,3三条曲线分别代表了三种不同的保养方式:①只使用不保养;②事后保养;③预防保养。

在初期故障期,根据“木桶原理”,为了降低故障率,物业设备管理人员要了解装置中寿命最短的部件或组件,并加以特别注意。还要了解设计、施工和材料方面的缺陷和不足,找出造成设备不可靠的原因并加以解决,尽快使设备故障率下降并进入稳定运行状态。

在偶发故障期,设备的故障率下降到允许故障率之下。此时,应着重提高物业设备管理人员对故障的检测诊断能力和修理能力,加强对物业设备管理人员的教育培训,加强对备品的管理。

在磨耗故障期,设备和系统接近或达到各自的寿命期,由于零部件的磨损和材质的劣化使故障率上升。但如果在磨耗故障期之前将部分零部件更新可以降低此时的故障率。

---

① 龙惟定:《物业设施管理与暖通空调》,《暖通空调》1998年第4期。

因此,加强对设备的日常保养,出现问题及时修理,可以使设备的偶发故障期和磨耗故障期延长,从而有效延长设备的寿命周期。

(1)设备的日常保养。物业设备的日常保养是指物业服务企业和城建部门、供电部门、自来水公司、煤气公司等单位及有关人员对设备所进行的常规性的检查、养护、添装、修理和改善等工作。这是一种养护性质的工作,其目的在于及时处理设备在运行使用过程中由于技术状态的发展变化而引起的大量常见的设备故障,随时改善设备的使用条件与状况。包括:

①三级保养制。三级保养制是指日常维护保养、一级保养和二级保养。日常维护保养是指设备操作人员所进行的经常性的保养工作。主要包括:定期检查、清洁和润滑,发现小故障及时排除,及时做好紧固工作以及必要记录等。一级保养是由设备操作人员与设备维修人员按计划进行保养维修工作,主要包括对设备进行局部解体,进行清洗、调整,按照设备磨损规律进行定期保养。二级保养是指设备维修人员对设备进行全面清洗、部分解体检查和局部修理,更换或修复磨损件,使设备能够达到完好状态的保养。

②设备点检。设备点检是指根据要求用检测仪表或根据人的感觉器官,对设备的运行情况和某些关键部位的磨损程度进行检查和校验,及时发现设备的隐患,避免和减少突发故障,提高设备的完好率。设备的点检分为日常点检和定期点检。日常点检即每日检查和交接班检查,并同设备的日常保养相结合,主要由操作人员实施;定期点检同设备维修相结合,按维修计划由专业人员实施。

(2)设备的维修。物业设备的维修是指通过修复或更换磨损部件、调整精度、排除故障、恢复设备原有功能所进行的技术活动。维修活动具有如下的特点:

①维修成本高。房屋设备的维修要比房屋建筑的维修成本高,这是因为房屋设备与房屋建筑相比更容易在使用中发生损耗,而且由于技术的进步其更新换代也更快,因此,维修更新的间隔期较短,维修更新的成本也就比较高。

②维修技术要求高。房屋设备是在房屋建筑内部,其灵敏度和精确程度的要求都比较高,而维修工作的好坏直接影响到设备在运行中技术性能的发挥。因此,房屋设备的维修技术要求很高。

③突然性与计划性、集中与分散相结合的特点。房屋设备的故障往往

是突然出现的，因此，房屋设备的维修也就有很大的突然性；但另一方面，由于房屋设备都有一定的寿命期和大修更新周期，因此，其维修又有很强的计划性。

物业设备维修根据设备的完损状况，可以做以下分类，见表9－2。

表9－2

项　目	内　容
零星维修工程	指对设备进行日常的保养、检修及为排除运行故障而进行的局部修理。通常只要修复、更换少量易损零件，调整较少部分机构和精度。此外还包括设备在使用过程中发生突发性故障后的紧急修复
中修工程	指对设备进行正常的和定期的全面检修，对设备部分解体修理和更换少量磨损零部件，保证设备能恢复和达到应有的标准和技术要求，使设备能正常运转到下一次修理。更换率一般在10%～30%
大修工程	指对设备进行定期的全面检修，对设备要全部解体、更换主要部件或修理不合格的零部件，使设备基本恢复原有性能。更换率一般超过30%

（3）物业设备保养与维修的原则：

①严格把好质量验收关，依法管理，统一规划，完善各项配套设备和设施。

②以预防为主，坚持日常保养与按计划维修并重，使设备经常处于良好状态。

③对房屋设备做到“三好”、“四会”和“五定”。“三好”是指用好、修好和管理好重要的房屋设备；“四会”是指物业维修人员对房屋设备要会使用、会保养、会检查、会排除故障；“五定”是指对房屋主要设备的清洁、润滑、检修要做到定量、定人、定点、定时和定质。

④实行专业人员修理与使用操作人员修理相结合，以专业修理为主，同时提倡设备的使用操作人员参加日常的维护保养和进行部分的小型维修。

⑤完善设备管理和定期维修制度。制定科学的保养规程，完善设备资料和维修登记卡管理，合理制定定期维修计划。

⑥修旧利废，合理更新，降低设备维修费用，提高经济效益。

⑦搞好与相关部门的协调，如水、电、煤气、电话、邮政通讯、工商、税务、物价、公安、消防、环卫、绿化、市政、交通、街道委员会等方方面面，都要认真考虑并妥善处理好与这些部门的关系，搞好系统协调。

6.设备更新改造。设备更新改造是指设备使用到一定年限后，技术性能落后、效率低、耗能大或污染（腐蚀、废气、粉尘、噪音）问题日益严重，须更新设备，提高和改善技术性能。

（1）设备的寿命。设备的寿命原理是设备更新改造的重要理论依据，设备的寿命通常可分为设备的物质寿命、技术寿命和经济寿命。

①物质寿命，是指设备从开始使用到报废为止所经历的时间。设备物质寿命的长短主要取决于设备的自身质量，运行过程中的使用、保养、更换与修复。

②技术寿命，指设备从开始使用到因技术落后而被淘汰为止所经历的时间。设备的技术寿命在很大程度上取决于社会技术进步和技术更新的速度与周期。一般地讲，设备的技术寿命短于其物质寿命，而延长设备的技术寿命的主要手段是进行设备的技术改造。

③经济寿命，指设备从开始使用到因经济上不合算而停止使用所经历的时间。所谓经济上的不合算，是指设备继续使用所需要的维修费用大于其继续使用所能产生的效益。设备的经济寿命年限往往发生在物质寿命的后期阶段，并与设备本身的物理性能、技术进步速度及设备使用的外部环境变化等都有直接联系。一般地讲，设备的经济寿命年限是设备更新的主要依据。

（2）设备更新改造应注意的问题。进行设备的改造与更新决策时，不能单纯考虑物质寿命，还要考虑其经济寿命与技术寿命。

①确定设备合理的使用年限，要注意把设备的物质寿命、技术寿命和经济寿命结合起来考虑，从社会的、经济的和环境的效益角度，选择更新与改造的时机。

②在做好设备的维护保养、修理工作的同时，要注意适时进行设备的技术改造，以延长物业设备的使用寿命。

③设备的最佳更新时期，应首选设备的经济寿命年限，这是国际上普遍认同的做法。从理论上讲，设备经济寿命的确定，通常以设备的物质寿命周期为基础，通过确定一个设备维修费用的经济界限来确定。

（3）设备更新改造的类型：

①设备的改造。指为满足使用功能的要求或改进技术的要求，对设备装置所进行的更新改造，如对设备的容量、功率、形状、体积所进行的改进工作，或应用最新科技成果改进现有设备的技术状况和技术水平所进行的

工作，如对大楼的电气系统，运用数字程控交换机为核心的电话语音通讯、传真机、互联网等手段建立通信网络。

②设备的原型更新。指同型设备的以新换旧。原型更新往往操作方便，便于维修，管理人员又掌握其性能及运行管理。

③设备的技术更新。指以技术上更先进、经济上更合理的新设备，替换物质上无法继续使用、经济上不宜继续使用的陈旧设备。

第二节　给排水设备的管理与维修

水是人类赖以生存的基本要素，是物业使用功能的保障条件之一。因此，给排水系统的工作正常与否，将直接影响到工作、生活环境和物业功能的发挥。给排水的管理是物业管理中最基本的日常管理服务工作。

一、管理范围的界定

物业服务企业应与给水、排水等专业管理部门明确各自的管理职责，相互分工，通力合作。如北京市对居住小区物业服务企业与各专业管理部门职责分工如下：

（一）给水设备

建筑物给水方式有多种，一般平房和多层楼房均由城市供水管网供水。高层建筑则需要进行二次供水，因为城市管网的水压无法满足高层供水需要，多采用加压水泵和高位水箱向高层供水。

高层楼房以楼内供水泵房总计费水表为界，多层楼房以楼外自来水表为界。界限以外（含计费水表）的供水管线及设备，由供水部门负责维护、管理；界限以内（含水表井）至用户的供水管线及设备由物业服务企业负责维护、管理。

供水管线及管线上设置的地下消防井、消火栓等消防设施，由供水部门负责维护、管理，公安消防部门负责监督检查；高、低层消防供水系统，包括泵房、管道、室内消火栓等，由物业服务企业负责维修管理，并接受公安消防部门的监督检查。

（二）排水设备

室内排水系统由物业服务企业维护管理。居住小区内道路和市政排水设施的管理职责，以3.5米路宽为界，凡道路宽度在3.5米（含3.5米）

以上的，其道路和埋设在道路下的市政排水设施，由市政工程管理部门负责维护、管理；道路宽度在3.5米以下的，由物业服务企业负责维护、管理。居住小区内各种地下设施检查井盖的维护、管理，由地下设施检查井的产权单位负责。有关产权单位也可委托物业服务企业维护、管理。

二、给排水设备的验收与检查

给排水设备状况直接影响给排水系统的正常运行，关系住户的切身利益和日后的管理工作的难易。因此，必须从接管验收开始就严格履行国家有关规定，仔细验收，不合格者一律不能进住。同时，还要加强日常运行中的检查工作。

（一）建设单位应提交的文件

验收中建设单位应提供下列文件：①全部的设备施工图纸（包括竣工图）；②设备试验记录、隐蔽工程测试记录；③供水卫生许可证、水质化验单、质监部门工程质量验收合格证和洽商记录。

（二）应验收项目

1. 生活泵、备用泵、消防泵应是正规企业生产的产品，要有产品合格证。安装合格，无异响、无颤动、有防水。

2. 水箱防腐涂料必须有省级以上（含省级）卫生部门颁发的“产品卫生安全性评价报告”。水箱无漏水，各接口处应有防渗漏处理。

3. 水位控制装置动作灵敏，电器设备完好并有防水措施。

4. 生活供水管道、水箱或储水池安装完毕必须进行清洗和消毒，并取得卫生防疫部门的“卫生许可证”。

5. 消防设备必须进行设备及性能试运转，必须符合设计使用要求并经过消防部门验收签字。

6. 二次供水管道所用管件及连接方式应按有关规定执行。

7. 凡有保温层的以及暗敷设供水管道，必须有隐蔽前所做水压试验记录。

8. 生活供水箱、泄水管、溢水管均不能与生活污水管道及设备直接连接，必须有可靠的空气隔断及防污染装置。

9. 生活与消防合用一水箱时，必须留有消防储水量，水箱的消防出水管与生活用水出水管应有符合消防要求的储水量间距。

10. 水箱的位置、箱口、高度、与屋顶的距离、环境等必须符合有关规定。

三、给排水设备的运行管理

（一）服务标准

给排水的服务标准如下：

①有卫生防疫部门核发的“供水卫生许可证”；②保持供水设施周围的环境清洁；③保证供水安全，每年进行一次水质化验；④水箱水池加盖加锁，每年清洗消毒一次；⑤供水管理与操作人员应按规定进行身体健康检查并取得健康合格证；⑥保证供水不间断，零修接到报修后按时限要求赶到现场处理；大修时要提前通知，并采取临时供水措施；⑦消防泵每月试泵一次，保证泵能转、水能上。

（二）档案管理

二次供水设备要以每个泵房为单位建立设备档案，设备档案的内容包括：①验收的全部文件；②大、中修工程改造、更新工程的所有文件；③事故报告；④年度的安全普查记录；⑤本年度的卫生许可证和水质化验单；⑥消防泵试运行情况登记表等。

四、给排水设备维修保养管理

给排水设备的维修保养分为：维护保养、故障急修、修理工程。

维护保养分为：日巡视检查、周保养、月养护、年保养。厂家有特殊要求的应遵照厂家的要求。保养时如发现设备不正常应进行检查，待修理正常后再运行。

故障急修是指：供水设备在运行中发生一般故障的检查修理。通过调整更换部件后使设备达到正常运行。

正常运行频率的设备修理工程可分为维修保养和大修。当水泵与电控设备磨损严重或性能全面下降时，应进行大修；大修定为 5 ~ 6 年一次。如设备性能完好，周期可适当延长。为再减少一个污染源，提高供水系统的技术含量而进行的工程称为供水设备改造。若厂家有具体规定以及对技术指标有特殊要求的，可依厂家规定。应在有关的技术规范、标准中提出完成保养和维修的技术指标，这是注重每个设备的基本功能，维持和提高其技术含量，使设备处于最佳运行状态的基本规定，也是减少设备故障、保证安全运行、确保用户的供水需求的重要途径，应严格遵照执行。

第三节　供暖设备管理

一、供暖设备管理综述

供暖设备是寒冷地区建筑物不可缺少的组成部分。目前我国两种主要的采暖方式是集中供暖和分户采暖。分户采暖比较适宜在低密度住宅区使用,而多层或高层住宅小区中采用集中供热分户计量的方式较好。近年来,尽管分户采暖的应用增长很快,但是集中供暖仍然是绝大多数小区使用的采暖方式。本节将主要介绍集中供暖的管理。

(一)供暖管理职责划分

1. 采用锅炉供热的,其供热设备、设施及供热管线均由物业服务企业负责维护、管理,或由其委托专业供暖公司维护、管理。

2. 采用集中供热的,其供热管线及供热设备、设施,均由集中供热部门负责维护、管理。集中供热部门可将居住区内供热交换站及二次供热管线、用户室内散热设备等,委托物业服务企业维护、管理。

(二)集中供暖管理的内容

集中供暖系统由热源(供热锅炉房)、热网(供暖管网)、散热设备(热用户)三部分组成。供暖管理对象是供暖系统的生产和再生产过程。具体管理内容为热源管理、热网管理和热用户管理。

(三)供暖管理的特点与要求

供暖设备除具有房屋设备的一般特点外,还具有如下特点:

1. 管理的系统性。供暖设备管理的本质是把供暖系统的三个部分有机地结合起来,保障系统的正常运行。因此,在管理上就具备更强的系统性,如不能只管热源而忽视管理用户。

2. 明显的季节性。供暖时间随纬度的增加而延长,少则 3 个月,长则 8 个月。系统在供暖期间满负荷运行,工作紧张,运营期过后设备闲置。这就对工作人员的管理及设备的管理提出了特殊要求。

3. 经营性更突出。供暖过程既是生产过程又是消费过程,费用投入大,具有很强的经营性。物业管理者必须增强经营意识,加强对供暖管理的经济可行性分析,制定合理的收支方案与标准。

4. 对环保要求高。燃料的燃烧会排放烟尘和有害气体，燃料的存放与运送，燃烧废料的回收与处置要占用场地和通道，这就会给环卫管理带来一定困难，而居民对生活环境的要求、政府对环保的要求却越来越高，这些都对供暖管理提出了更高的环保要求。

（四）供暖的物业管理模式

供暖管理模式主要有两种，即自营管理和交给专门的供热管理公司管理。

1. 自营管理。自营管理就是由物业服务企业组建专门机构对供暖系统全面负责，管理其运行和维护。包括热源管理、热网管理和热用户管理。

2. 委托专门的供热管理公司管理。委托专门的供热管理公司管理，就是由物业服务企业（甲方）与供热管理公司（乙方）签订管理合同，由乙方对供热系统负责运行和维护，即进行热源与热网管理；甲方提供必要的费用和监督，即进行热用户管理。

二、供暖锅炉房的管理

（一）供暖锅炉房的接管

锅炉运行的管理工作是从竣工验收开始的。做好验收工作有利于保证施工质量，便于了解和掌握供暖系统状况和设备使用性能，对系统投入运行后的维修与管理有重大意义。因此，物业服务企业在接管供热锅炉房时，应认真进行验收检查。对欠缺的部分，要求施工企业进行整改，或者由开发商提供资金，物业服务企业进行整改。

接管新建锅炉房应检查锅炉各种技术图纸、质量证明书、说明书及锅炉房设计及安装资料。

接管已运行多年的锅炉房，还应注意查阅历年锅炉房运行记录，检验、维修报告及档案，检查各种辅助设备是否能够正常运行，同时移交锅炉房设备运行以来提取的设备折旧费和大修理资金。

（二）锅炉在运行前应具备的条件

1. 锅炉使用登记证。新装或移装的锅炉，必须向当地劳动部门登记，经检验合格获得使用登记证后，方允许投入运行；运行的锅炉，必须按规程要求进行定期检查，办理换证手续后方可投入运行。

2. 运行锅炉的检验。包括运行状态下定期外部检验、定期停炉内外部检验和水压试验。定期检验和水压试验计划与检验质量,应报送主管部门和市、地以上(含市、地)劳动部门锅炉压力容器安全监察机构进行监督检查。

运行锅炉每两年进行一次运行状态下的外部检验;一般两年进行一次停炉内外部检验;6 年进行一次水压试验。

除定期检验外,锅炉有下列情况之一时,也应进行内外部检验:①移装或停止运行 1 年以上,需要投入或恢复运行时;②受压元件经大修或改造后(还应进行水压试验);③发生重大事故后;④根据锅炉运行情况,对设备状态有怀疑时。

在进行内外部检验时,使用单位应提前将炉膛清理干净,将所有的入孔、手孔打开,并派人配合检验人员进行检验。

3. 司炉工及水质化验员操作证。锅炉投入运行前,上岗的所有司炉工及水质化验员,必须经过理论知识和实际操作的培训,经当地劳动部门考试合格后,发给操作证,方可允许上岗。司炉工人所操作的锅炉必须与所取得的上岗证书相符。

4. 健全各项管理制度。主要包括:

(1)岗位责任制。按锅炉房的人员配备,分别规定班组长、司炉工、机修工、水暖工、仪表工、电工、水质化验等人员职责范围内的任务和要求。

(2)锅炉及其辅机的操作规程,其内容应包括:①设备投运前的检查与准备工作;②启动与正常运行的操作方法;③正常停运和紧急停运的操作方法;④设备的维护保养。

(3)巡回检查制度。明确定时检查的内容、路线及记录项目。

(4)设备维护保养制度。规定锅炉本体、安全保护装置、仪表及辅机的维护保养周期、内容和要求。

(5)交接班制度。应明确交接班的要求、交接内容和交接手续。

(6)水质管理制度。应明确水质定时化验项目和合格标准。

(7)清洁卫生制度。应明确锅炉房设备内外卫生区域划分和清扫要求。

(8)安全保卫制度。

5. 锅炉房运行各项记录。主要包括:①锅炉及附属设备的运行记录;②交接班记录;③水处理设备运行及水质化验记录;④设备检修保养记录;⑤单位主管领导和锅炉房管理人员的检查记录;⑥事故记录。以上各项记录应保存 1 年以上。

6. 锅炉及辅助设备经检查维修保持完好状态。投入运行前要求设备完好率为 100%,所有动力及传动设备在运行中必须保持不带病运行、不带病备用。在供暖期设备运行前,应做一次冷态(锅炉不点火)试运行的全面检查。

(三)锅炉操作管理

锅炉操作管理是热量生产即热水或蒸汽形成并输出热网的全过程管理,是热源管理的核心。利用锅炉供暖的过程是系统化的连续过程。因此,要有不同的分工,要建立锅炉操作的岗位责任制和轮班制。同时,要根据物业的不同类型和用途,制定不同时点供热量计划,即供暖时间过程控制计划。

(四)锅炉及附属设备的维护

锅炉的大修工作一般安排在供暖前或供暖后停运期间进行,以不影响供暖为原则,时间限制小。大修的目的是对锅炉进行彻底全面的检查,该更换的主要设备要更换,运行中出现的问题逐一排除解决,千万不能勉强凑合。

运行期间设备维护也是很重要的工作,在水质硬化度高的地区,要定期清除水垢、检查除尘和净化设备,检查各阀门、开关的灵活性和封闭性等等,做到随时发现问题随时维修。运行期间维修时间受到严格限制,不能太长。所以物业服务企业的设备维护部应昼夜派人监视锅炉。

三、供暖管网的管理

(一)供暖管网的接管

物业服务企业从开发商手中接管供暖管网时,应审查其设计和施工是否符合国家的有关规范要求,并索要相关资料。

接管新建供暖管网时,最好由原开发商负责维修调试一个采暖期或一段时间。在这期间接管方还可以进行热态的检查验收。物业服务企业应利用这段时间组织人力对热网进行检查,对热用户分远、中、近和上、中、下有代表性的房间进行室内测温,无误后方可接管。

接管已运行几年的旧热网时,最好在考查一个供暖期或一段时间后进行接管。并且要求对方移交在已运行的几年中所应提取的热网设备折旧费和大修理资金及热用户的采暖费收费档案。

(二)热网设备的维修

为了保证供热的可靠性,必须对热网设备、管路、阀门、伸缩器(补偿器)、支架、法兰垫等进行检查与修理;对地下建筑物要及时清理、抽水和排水。检修一般分为预检预修和事故抢修两种。

1. 预检预修。预检预修一般在非供暖期进行。为了检查出需要更换或修理的管段,对热力管道必须做严密性与强度检验。检验方法是对管路进行水压试验和水温试验。

在热力管路外部状态检查和水压记录及挖井检查记录的基础上,可编制管路大、中、小修计划,按计划进行修理。

2. 事故抢修。事故抢修是对运行中的热网设备突然损坏而进行的修理。事故抢修的工作程序如下:①查出损坏部位,并用分段阀门将其关闭,同时关闭从损坏管段引出的各支管的阀门;②使干管中未损坏的管段恢复运行;③排除损坏故障;④开通管路,并恢复向关断的用户供热。

四、供暖用户管理

供暖用户管理是供暖过程的重要管理环节,主要包括:

(一)订立供暖条款

在合约中要订立供暖条款,如合约中规定:"乙方(管理方)负责小区的集中供暖服务和管理工作,甲方(业主)接受乙方供暖服务和管理工作,愿意以国家制定的标准或双方商定的标准按期交纳取暖费。"这有利于管理供暖用户,防止不按规定取暖,到期不交或拖延交纳取暖费等不良行为。

(二)制定供暖管理办法

制定供暖管理办法,并在用户手册中阐明以增加管理的透明度,如设立24小时值班人员,公布接待电话,处理用户报修。在用户手册中还应说明供暖费的收费标准与交纳方式。

(三)教育用户最经济地取暖

1. 教育用户自觉控制热水(汽)流通量,保持室内适当温度(18℃),不宜造成过热、过冷或忽热忽冷。

2. 用户家中暂时无人或长期无人居住时,自觉关闭散热器热水(汽)入口阀门,减少热量的无效耗散。

3. 检查房间的密封性能,加强保温措施。

4. 用户家庭装修需变动散热器位置、型号时,要取得管理人员的现场认可,否则视为违约行为,用户承担由此造成的一切后果。更不能无故损坏散热设备,遇有问题不能解决时,请管理人员解决。

(四)供暖费用的收取

1. 供暖收费的计算方法有 3 种:①按建筑面积或使用面积计;②按热水或蒸汽的实际流通量计;③按户计。不论面积大小每户承担同样标准的取暖费。实际上,最常用的方法是第一种,最合理的方法是第二种,第三种方法适用于特殊场合。

2. 用户供暖管理费用的交纳和监督。按期交纳供暖管理费用是用户的责任。供暖管理费应在供暖期前交纳。对未能按期交纳的,管理人员要调查用户情况,弄清不交的原因,如出差时间长、经济困难或无人居住等,只要经济条件允许,都应监督上交,对久拖不交的可诉诸法律。对于个别用户(已交费)室内采暖温度长期达不到标准(16℃以上)的,或在某一个时效内(如 24 小时)用户报修而没有及时维修等情况,影响正常采暖的,可制定合理的补偿标准。

第四节 供电设备的管理与维修

电力系统是其他系统正常工作的基础。住宅小区或高层楼宇要保持正常使用,都离不开电力的正常供应。

目前,供电方式主要有两种:一种是供电部门把电力直接送到用户单位,另一种是供电部门把高压电送到小区或高层楼宇,通过该地区变电站再送到各用户单位。

对供电设备管理的目的是保证正常运行,不间断供电。为此,物业服务企业必须了解和掌握全部设备的各种资料,制定有效可行的管理办法,搞好供电设备的正常维护保养。

一、管理范围的界定

(一)居住小区

居住小区内住宅楼低压供电设备的管理职责如下:①使用架空线路供电的,高层楼以楼内配电箱为界,多层楼以楼外墙为界。界限以内(不包括配电箱和计费电度表)至用户的供电线路及设备,由物业服务企业负责维护、管理。②使用地下埋设线路供电的,以电缆进线兀接箱为界。界限以内(不包括兀接箱和计费电度表)至用户的供电线路及设备,由物业服务企业负责维护、管理。③上述界限以外供电线路及设备由供电部门与建设单位协商落实维护管理职责。

(二)非居住小区

非居住小区的其他物业供电线的产权分界与维护管理的职责,一般按下列原则执行:①低压供电的,以供电接户线的最后(第一)支持物为分界点,支持物属供电局;②10kV 及以下高压供电的,以用户厂界外或配电室前的第一断路器或进线套管为分界点,第一断路器或进线套管的维护责任由双方协商确定;③35kV 及以上高压供电的,以用户厂界外或用户变电站外第一基电杆为分界点,第一基电杆属供电局;④采用电缆供电的,本着便于维护管理的原则,由供电局与用户协商确定;⑤产权属于用户的线路,以分支点或以供电局变电所外第一基电杆为分界点,第一基电杆维护管理责任由双方协商确定;⑥计费电表及附属件的购置、安装、移动、更换、校验、拆除、加封、启封等,均由供电局负责办理。

二、物业电气设备的接管验收

物业电气设备的接管验收应由建设单位、施工单位和使用单位共同参加,主要达到以下要求:

第一,供电范围内各建筑物的构造方式、用电内容及其主要要求(如住宅和商业服务设施、工厂车间、办公楼等,对用电的要求是不一样的)。

第二,供电方式、电压等级、用电容量、分配方案、配线方法(如高、低压重点保护单位,单、双路供电等)。

第三,全部电器平面图、系统图和原理图。所有专用设备的产品说明书、配件图、各类产品的出厂合格证明、有关设备的试验、检验报告单等。

第四,施工中的各级、各阶段的验收证明书,变更洽商记录及调试记录(如绝缘遥测记录、接地电阻值的测定、单或全负荷试验结果报告、各支路的负荷电流实测记录、电压变化情况记录等)。

第五,核对实际安装的线路及设备的数量、规格、型号、位置是否与图纸要求一致,地下埋设管线的具体位置与平面图是否一致。

第六,正式使用后,各用户内的主要用电设备数量、容量及使用规律与负荷变动情况等。

三、电气工程设备的管理

（一）一般内容

1. 定期巡视维护、重点检测与维修。根据供电范围内的具体情况，定出各项工作（巡视、检测与维修等）的固定日期和具体内容（可分为一般部位及重点部位，一般项目和重点项目等）。

2. 建立各项设备档案。一般需建立如下档案：电气平面图、设备原理图、接线图等有关图纸；用电电压、频率、功率、实测电流等有关数据；维修记录、运行记录、巡视记录及大修后的试验报告等各项记录。

3. 积极有效地宣传安全用电、合理用电的知识，掌握用电的一般知识和应遵守的用电规定。

（二）供电系统管理

对供电系统的管理要做好以下工作：①建立严格的配送电运行制度和电气维修制度；②负责供电运行和维修的人员必须持证上岗，并配备主管电气工程技术人员；③建立 24 小时运行和维修值班制度，及时排除故障；④加强日常维护检修，公共使用的照明，指示灯具线路、开关要保证完好，确保用电安全；⑤停电应预先告示，以防发生意外事故；⑥对临时施工及住（用）户装修要有用电管理措施；⑦发生地震、火灾、水灾等情况，要及时切断电源。

（三）配电房管理

配电房是供电中心，属小区或大楼的“心脏”，应制定严格的规章制度，加强管理。

（四）供电设备的正常维护和保养

供电设备的维护范围，必须按照供电规则中所规定的产权分界点的划分原则来执行。其中规定：低压供电的以供电进户线的最后支持物为分界点，支持物属供电局；10kV 及以下高压供电的，以用户厂界或地区界外或配电室前的第一断路器或进线套管为分界点。供电局和用户分工维护管理的供电设备，未经分管单位同意，对方不得操作或变动。

四、避雷设施的管理

（一）建（构）筑物防雷等级的划分

一类建（构）筑物，是指存放爆炸物品或经常发生瓦斯、蒸汽、粉尘与空气的混合物，因电火花能发生爆炸，致使建（构）筑物损坏或人员伤亡者。

二类建（构）筑物，凡储存大量易燃物品的房屋（构筑物），或具有重要政治意义的民用建筑物。

三类建筑物，凡不属于前两类的范围，但需要做防雷保护的建筑物。

（二）防雷装置的一般要求

一般建筑物的防雷设施有针式和带式两大类，避雷针又可分为单支、双支、多支保护等几种形式。建筑物的防雷装置，一般由三个基本部分组成：接闪器、引下线和接地装置。这三部分要严格按照有关规范的具体要求安装。

（三）维修与检测

维修与检测主要包括：①接闪器应保持镀锌、涂漆完好；②引下线应保持镀锌、涂漆完好，在易受机械损伤的地方，地面上的1.7米至0.3米处应加保护设施；③接地线，防雷接地、电气设备的保护接地和工作接地，都是合在一起的，组成混合接地系统。为防止雷击时产生的跨步电压，故接地装置与道路及建筑物的主要入口距离一般不得小于3米。

避雷装置的检查包括外观巡查和测量两个方面。一般可用摇表来测量各类建筑物的防雷接地电阻是否符合要求。接地电阻的检测每三年进行一次。

外观检查主要包括对接闪器、引下线等各部分的连接是否可靠，有没有受机械损伤、腐蚀、锈蚀等情况，支撑是否牢固。外观检查每年应进行一次。雷雨后也应注意对防雷保护装置进行巡视，发现问题，及时处理。

第五节　电梯设备管理

电梯已成为高层建筑不可缺少的垂直交通运输工具，电梯的正常安全运行与人们的生活质量密切相关。电梯的管理包括电梯的运行管理、设备管理、安全管理与经营管理。

电梯是一种具有高技术含量的专用设备。物业服务企业可设置专门的机构对电梯进行集中的专业化管理,也可委托社会上的专业机构进行管理。对经管电梯数量大、种类多的物业服务企业最好组建自己的专业队伍进行集中管理,这有利于提高服务水平和经营效益。

一、电梯的运行管理

(一)运行时间及运行制度

北京地区高层住宅电梯一般实行全天24小时服务。日常运行时间为每天早6时至晚24时。司梯人员要替班用餐,保证电梯不间断连续运行。夜间必须配备司梯值班人员,遇居民有特殊情况需用电梯,值班员要随叫随到及时开梯服务。

(二)运行报表制度

为掌握电梯运行状况和搞好经营,应建立起填写运行记录与报表制度。各种表格应由物业服务企业统一印发。包括:①电梯运行记录;②报修单;③电梯运行月报;④电梯设备年报;⑤电梯事故月报表。

二、电梯的设备管理

完好的设备是优质服务的基础。电梯的设备管理主要有:电梯的接管验收、维修管理和技术档案资料管理。

(一)承接验收

1. 验收工作是由设备安装转入使用的一个重要过程,第一次验收为初验,对发现的问题应商定解决意见并确定复验时间。复验仍不合格的应限定解决期限。对设备的缺陷及不影响使用的问题,可作为遗留问题与建设单位签订协议保修或赔款补偿。对这类协议必须是在设备能用,不致出现重大问题时方可签订。验收后的验收单与协议等文件应由物业管理单位签署。

2. 验收时应注意对重点部位进行检查。

3. 交验时应提交完整的电梯设备安装与建筑施工图,包括:竣工图、安装说明与使用说明书、隐蔽工程记录与性能测试记录、装箱单、配套产品合格证及随机工具与备用品备用件。

4. 其他有关问题:①保修期。按规定,产品在出厂一年半内保修,安装质量在一年内保修。特殊要求可与施工单位协商决定。②司机休息室与维修间。按常规每幢独立的塔楼单梯应在首层配一居室的值班休息室,双通梯及三通梯均只设一间休息室。每维修 1~10 部电梯应配一维修点(相当于二居室面积)。但附近建有集中维修用房的除外。③通向楼顶的楼梯口未设计梯门的应补装铁栅栏门,并装防盗报警装置。④提供高档电梯贵重的易损件和备件费。

以上 4 项应在验收时协商议定。

(二)维修管理

电梯是一种使用相当频繁的设备,在整个运行过程中,其主机与各零件都在发生不同程度的自然损耗,而良好的维修保养可减少损耗,提高可靠性,确保安全,延长电梯的使用寿命,节约资金。

电梯维修等级、周期与要求如下:

1. 零修。指日常的维护保养,其中包括排除故障的急修和定时的常规保养。因故障停梯接到报修后应在 20 分钟内到达现场抢修。常规保养分为周保养、半年保养和一年保养。

周保养:每梯每周 1 次,每次不少于 4 小时。

半年保养:每梯每半年 1 次,每次不少于 8 小时。侧重于重点部位的保养。

1 年保养:每梯每年 1 次,每次不少于 16 小时。为较全面的检查保养。

为不影响电梯运行,保养工作应安排在低峰或夜间进行,同时可将连续工作分成阶段进行。

2. 中修。指运行较长时间后进行的全面检修保养,周期一般定为 3 年。

3. 大修。指在中修后继续运行 3 年时间,因设备磨损严重须更换主机和较多的机电配套件以恢复设备原有性能而进行的全面彻底的维修。如果设备性能完好,周期可适当延长。

4. 专项修理。指不到中、大修周期又超过零修范围的某些须及时修理的项目,如较大的设备故障或事故造成的损坏,称专项修理。

5. 更新改造。电梯连续运行 15 年以上,如主机和其他配套件磨损耗蚀严重,不能恢复又无法更换(旧型号已淘汰或已换代)时,就需要进行更新或改造。

(三)技术档案资料的管理

电梯技术档案资料包括设备原始资料与维修管理的资料。

1. 设备档案。每部电梯均应在接管后建立单独的档案。包括:①电梯验收文件。包括验收记录、测试记录、产品与配套件的合格证、电梯订货合同、安装合同、设备安装图与建筑结构图、使用维护说明书、遗留问题处理协议与会议纪要等。②设备登记表。主要记载设备的各项基本参数与性能参数,如型号、功率、载重量等。③中、大修工程记录。记载大、中修时间、次数、维修内容与投资额及工程预决算文件等。④事故记录。记载重大设备,人身事故发生的时间、经过与处理结论等。⑤更新记录。记载本梯更新时间、批准文件。

2. 维修资料。包括报修单、运行记录、普查记录、运行月报及有关考评材料等。

三、电梯的安全管理

电梯作为一种交通运输设备本身就具有一定的危险性,其维修工作又具有高空作业和带电作业的特点,因此,对安全工作必须有严格的管理制度。电梯的安全管理首先是对司机、维修人员的安全作业的训练;其次是对设备安全的监督检查;第三是对用户的安全教育。

(一)对司机、维修人员的安全管理

1. 持证上岗。根据政府有关规定,电梯作业属特种作业。电梯司机和维修工要经统一考核后持证上岗。

2. 制定安全操作规程。制定"司机安全操作规程"、"电梯维修安全操作规程",人手一册,严格执行。

3. 加强培训与考核工作:

(1)对司机和维修工都应进行岗前培训。培训的重点是学习安全操作规程,使司机熟悉所操纵的电梯运行性能、操作方法、应急措施等,使维修人员熟悉维修的基本程序与技术标准、故障的检查、排除方法等。经培训后司机上岗前应经过不少于两周的带班操作训练。对维修工还要进行经常性的技术培训。此外还要经常进行职业道德教育,提高为人民服务和遵纪守法的自觉性。

(2)除上岗考核外,对所有在岗的司机每半年要进行一次安全规程的考核。对屡次违反操作规程不听教育的要取消其司机资格。对维修工要进行技术等级考核和定期的安全操作考核。

(二)设备安全管理措施

为了安全运行,电梯设备本身在设计和制造时已设置了多种安全装置。在使用中必须经常检查这些装置的可靠性,定期进行安全机构动作试验与整体性能试验。这些在维修使用说明中都有明确的规定,关键是严格执行。

建筑物对电梯设备的安全,还要求有防火、防水、防盗、抗震等措施。例如,通向机房的楼梯口应设有防火的安全铁门,机房应装有防盗报警器、灭火器。机房内不应有上下水管线,井道坑应做好防水层,机房地板所开的孔洞应有防水隔离圈,井道内壁不应有梁、柱管道等凸出部分,以保证安装、维修、安全运行的需要。

(三)对住户的安全教育

对住户的安全教育主要包括:①制定"乘梯须知",并张贴或悬挂在轿厢内;②向用户宣传电梯安全使用知识;③对破坏电梯设备的要责令赔偿,必要时应依法制裁。

(四)安全责任制

物业管理部门应有主管领导负责安全管理工作,如果实行承包,安全必须作为一项责任内容。对造成重大人身、设备事故的责任人要做认真、严肃的调查处理。

第六节　智能设备管理

自从世界上第一座智能大厦——都市大厦(City Palace)在美国康涅狄格州建成之后,智能建筑便风靡全球。随着智能化技术的发展,特别是互联网技术的迅速发展,智能化不再局限于办公建筑,而且向居住建筑渗透,近年来,数字化社区层出不穷。

一、智能设备管理的特点

智能建筑、数字化社区与传统物业相比,不仅仅是先进电子设备的应用,在设施的管理上也与传统的设备管理有很大的不同。

(一)智能设施敏感性高

智能化系统的管理与传统设备管理的最大不同,在于它是以微电子类产品为主体的设备设施。传统物业设备零部件形状、尺寸和位置的精度是以毫米甚至是厘米来衡量的，而且其寿命一般较长。而微电子设备则完全不同，其精度要达到微米甚至更小的量级，而且对周围环境十分敏感，因而，智能系统极易由于电子元件的老化和周围环境的扰动而影响其运行。

（二）智能设施需持续运行

许多智能化建筑的日常运转已经离不开智能化系统的持续性运行，例如，智能门禁系统，必须保证一年 365 天、一天 24 小时的正常运转。因此，传统的停机检修，应急抢修的设备管理已不能适应智能建筑管理的需要。

（三）增加了信息管理

智能设备的管理与传统设备管理相比，增加了信息管理的内容。电子设备以及网络的应用，会在使用过程中每天生成大量的历史数据。这些信息需要定期整理、分析、归档，并且要保证信息的安全性。这种要求是传统设备管理中没有的。

二、智能设备管理的原则

由于智能设备管理存在着以上一些特性，其具体的管理措施与传统设备管理自然是不同的。

（一）重视保养

由于智能设备持续性运行的特点，要尽量避免停机检修，对应急抢修的情况，必须在保证不间断正常运行的前提下进行预案维护，及时排除可能发生事故的隐患，特别要注意对智能化系统中容易老化的烟感、温感、水位等末端设备进行定期检测。

在保养中，要求从以往的定性检查深入到对系统每个零部件物理层的定量化检测。例如，从电源的通断转移到供配电系统的电压、频率的质量与稳定性的检测，对设备、线路、接点的老化与漂移的检测等。这些都是传统建筑物业管理中没有的深层的工作层面。

另外，要重视对电子元件工作环境的保养，避免灰尘、水气，甚至老鼠、蟑螂、蚂蚁的活动对微电子器件产生的物理损害和静电破坏。

（二）建立应急预案

质量再好的设备、再细致的保养也无法避免设备出现故障。由于日常管理中存在对于智能设备的依赖，因此，对于所有可能出现的、会影响到智能化系统正常运行的内部因素和外界因素都要有充分的应急预案，制定缜密的操作内容和操作程序。一旦出现事故，要有切实可行的应急手段，保证物业的正常运转，直到排除故障。例如，电子监控系统一旦出现故障，应当在最短的时间内以人工巡查代替电子设备，否则，很容易导致盗窃、火灾等事故的发生。

（三）重视信息管理

在对智能设备的管理中，既要保证传输线路、载体的正常完好，还要采取口令、密码、多重复核等技术进行监视，制止非法入侵、窃听、窥视和非法拷贝等信息资源的被破坏或流失。要做好计算机网络安全防护工作，安装高性能的网络防火墙及杀毒系统。要配备专门的网络安全管理人员，力争防患于未然，做到网络安全万无一失。

三、智能设备的管理制度

（一）设立智能设备管理委员会

可由一名高层经理主管物业的智能设备管理，并协同设施经理，以及几名一线经理组成专门的智能设备管理委员会。

（二）制定智能设备运行管理的相关制度

智能设备管理委员会要负责制定智能设备的操作规程，保养、维修计划，各种突发情况的应急预案等等。其中应有一系列报警处理规程，诸如现场报警处理、设备报警处理、主机报警处理、系统报警处理等。要预先规定故障处理制度和报警时间要求。对故障的检查与发现，故障的报告与记录，故障的处理与排除要有明确的规范。

（三）对智能设备运行效果的评价

对智能设备要由设施经理及相关一线经理监督操作规程等方案的实施，并定期对智能设备的运行效果进行评价。对于智能化系统而言，它的实际运行效果并不是单纯取决于智能化系统自身是否合格，而是智能化系统与机电设备、建筑环境、人工管理等各种因素综合作用的结果。

例如，对智能温控系统的评价，就不能仅仅关注空调设备以及相关智能设备运行是否正常，而应当从测试空调机冷热水的实际运行和变化着手，弄清整个空调系统的运控状态，检验其运行效果是否达到了控制环境、节约能耗的目的。否则应当对其运行制度进行调整，甚至对智能设备进行调整。

DI SHI ZHANG 第十章 物业综合管理

物　业　管　理

第一节　物业综合管理概述

一、物业的综合管理及其特点

（一）物业综合管理的概念

物业综合管理是指除房屋修缮管理和设备管理之外的各项管理服务工作，主要包括：环境管理、安全管理和风险管理。

房屋建筑主体管理和房屋设备、设施管理主要是针对物业本身的管理，也称为物业基础管理；而综合管理则主要是针对物业住用人的服务与管理。前者的目的是确保物业的完好与正常使用，使物业保值增值；后者主要是为保证物业正常良好的工作、生活秩序，创造优美舒适的工作、生活环境。

（二）物业综合管理的特点

物业综合管理除具有物业管理委托性和有偿性的基本特征外，还具有以下3个突出特点：

1. 综合性强。无论是高层楼宇，还是住宅小区，物业综合管理都有很强的综合性。比如，一个住宅小区，本身就是一个小型的社会，其住用人复杂，包括男女老幼，工、农、商、学、兵各社会阶层。各自不同的职业、生活习惯的差异、文化背景的区别等等，都会导致对物业管理提出不同的要求，出现各种矛盾和纠纷。同时，人员复杂流动性大，每天进出的人流难以计数；其中可能包括一些品质不良、素质不好的人，甚至偷窃、扒窃的流窜犯等夹杂其间。如果是一幢商业大厦，或者是文化娱乐场所，那么客流量、流动性就更大，人员也就更为复杂，这些都给综合管理带来了一定难度，使物业综合管理不仅要维护正常的工作、生活秩序，还要面临可能发生的一系列突发事件。

2. 专业性强。物业综合管理的每项内容，其自身几乎就是一个专业，如保安、消防、绿化等管理工作，都要求具体从事该项工作的人员具有一定的专业知识和专业技能，有的还要求管理人员要经过专门培训。

此外，一些管理工作还要求有专门的工具、器材或装置。

3. 政策性强。在物业综合管理中，可能出现这样那样的问题，会面临不同性质的种种矛盾，需要调解大大小小的各类纠纷。在这些问题、矛盾和纠纷中既有违法犯罪行为，如偷窃、行凶；又有违反治安管理条例的行为，如扰乱社会秩序，打架斗殴等；更多的则是违犯一般规章制度、管理规定以及破坏社会公共道德的行为，如违章停车、私占公共部位等。在物业综合管理中，必须对这些行为给予及时的纠正、解决和处理。此外，因政策性很强，物业管理人员必须切实掌握好法律、政策的界限和是非、道德的标准。

二、物业综合管理的实施

（一）物业综合管理的运作形式

物业服务企业是物业综合管理的组织者与管理者。各项管理工作的具体运作有两种形式：一是将一些要求明确、职责清晰或专业性强、技术要求高（如电梯）的服务项目委托给社会上的专业化服务公司，如清洁服务公司、电梯公司；二是物业服务企业自行组建相应的部门，配备必要的操作服务人员来具体实施。无论哪种方式，都要接受服务对象的监督检查，而物业服务企业对所提供的管理服务都要负全部管理责任。

1. 委托专业服务公司。随着物业管理的全面推进，社会上各类专业服务公司将越来越多。专业化的服务公司一般具有人员精干、技术水平高、技术装备全、服务质量好、服务收费合理等特点。一些新组建的公司，尤其是所管物业规模不大的，招聘专业服务公司来承担专项服务，对减少冗员、提高服务质量、降低服务成本有较大效果。这也是今后物业管理发展的方向之一。

在委托专业服务公司时，可先行试用考察一段时间，再正式签订委托服务合同。委托时间不要过长，一般是 1 ~ 2 年。特别要注意委托时间不得超过物业服务企业自身的聘用期限。合同签订后,物业服务企业要指派专人负责与专业服务公司的联系与监督管理。

2. 自行组建专业服务队伍。根据需要,物业服务企业可以设立相应的部门或机构,聘用有关技术人员和操作人员,组建自己的专业服务队伍,提供相应的服务。绝大多数物业服务企业都有自己的专业服务队伍。

本章以物业服务企业自行组建专业服务队伍为主,介绍有关服务与管理的具体内容、要求与运作。

(二)物业综合管理的工作要点

物业综合管理的工作要点主要有以下 4 个方面:

1. 确保国家有关规定与行业标准的执行。对物业综合管理中一些专业技术要求高、与住用人生命财产密切相关的项目,国家都有一些严格的规定,其技术标准与规范必须严格执行。

2. 规范服务人员的行为。在规章制度中大量的是各项工作制度、岗位责任制、管理制度等,这些都是为了规范服务人员的行为、确保服务的质量,使工作规范化、制度化、公开化,做到及时、周到、优质;同时也便于检查、监督、考核与管理。

3. 明确服务对象的权利和义务。规章制度的另一个作用就是明确服务对象在接受服务过程中所享有的权利和应该承担的义务,双方要互相配合,搞好服务工作。

物业服务企业必须高度重视管理制度的建设,尽可能参照国家有关部门推荐的示范文书,广泛听取住用人的意见,结合实际情况来制定。

4. 注意协调好与有关部门、机构的关系。物业服务企业在综合管理的实施中要主动接受政府各相关主管部门的指导、监督和检查,注意协调好与这些部门、机构的关系,如政府绿化管理部门——园林局等,公安部门,如派出所等。

第二节 物业的环境管理

物业的环境指的是物业辖区内、房屋周围明确征用、占用、租用的地域。物业的环境管理包括环境卫生管理(简称环卫管理)和环境绿化管理。

一、物业的环卫管理

（一）环卫管理的含义

环卫管理，是指物业服务企业通过宣传教育、直接监督和日常清洁工作，保护物业环境，防治环境污染，及时进行日常生活垃圾的分类收集、处理和清运。通过清、扫、擦、拭、抹等专业性操作，维护所有公共地方和公共部位的清洁卫生，从而塑造文明形象，提高环境效益。

环卫管理是物业管理中一项经常性的管理服务工作，其目的是净化环境，给住用人提供一个清洁宜人的工作、生活环境。

（二）环卫管理的机构设置

物业服务企业可以将所管物业环境卫生的日常清扫保洁工作，委托给专业化的清洁服务公司具体实施，物业服务企业只需设环卫主管 1～2 人负责环境卫生的检查与监督。也可以下设环卫部来负责所管物业的环卫管理，并招聘专业清洁人员进行日常的清扫保洁工作。环卫部的班组设置和人员配备可根据物业的类型、布局、面积以及清洁对象的不同而灵活设置。对于一个规模较大的物业服务企业来说，其保洁部一般分设三个班组：楼宇清洁服务班（组）、高空外墙清洁班（组）、公共区域清洁班（组）。

物业服务企业应接受所在地环境卫生管理部门的业务监督和工作指导。

（三）环卫管理中清洁卫生的范围与要求

1. 清洁卫生的范围。物业服务企业清洁人员负责清洁卫生的范围可分为 3 个方面：

（1）楼宇内的公共部位。指楼宇内从底楼（含地下）到顶楼天台的所有公共部位，这是一个空间的概念，包括：楼梯、大厅、天台、电梯间、公用卫生间、公共活动场所、楼宇外墙等。

（2）物业区域内的公共场地。指物业辖区内楼宇前后左右的公共地方，这是一个平面的概念，包括：道路、空地、绿地、公共停车场、公共娱乐地方等所有公共场地。

（3）生活废弃物。物业辖区内的生活废弃物包括垃圾和粪便两大类。

2. 清洁卫生工作的基本要求：

（1）清洁卫生工作的基本要求是“五定”，即“定人、定地点、定时间、定任务、定质量”。对上述范围内的任何一个地方都应有专人负责清洁卫生，并明确其清扫保洁的具体内容、时间和质量要求；而每一个清洁人员都要知晓自己负责清扫保洁的范围、时间、任务与质量要求。

(2)不同类型、不同档次的物业对楼宇内公共部位清洁卫生的质量要求不同，物业服务企业可根据自己所管物业的特点和实际情况制定相应的对清洁卫生的具体要求。这些要求一要具体、二要明确，以便于监督检查。如楼梯每日清扫几次，质量要求是什么；每日做什么，每周做什么，每月做什么等。

(3)物业区域道路清洁标准可以参照建设部颁布的马路清扫质量标准：一是每天清扫两遍、全日清洁；二是达到“六不”、“六净”，即不见积水、不见积土、不见杂物、不漏收(垃圾)堆、不乱倒垃圾和不见人畜粪；路面净、路沿净、人行道净、雨水口净、树坑墙根净、果皮箱净。

(4)垃圾的清除必须及时，做到当日垃圾当日清除，并建立合理的分类系统。如果采用垃圾通道的方式，要保持通道清洁；如采用在各楼道设垃圾桶或分发垃圾袋的方式，必须设专人负责，最后送到垃圾站或转运站。粪便一般纳入城市污水处理系统。

(四)环卫管理的基本措施

环卫管理的基本措施包括：制定管理制度、搞好卫生设施建设和做好环卫宣传工作3个方面。

1. 制定管理制度。管理制度是搞好环卫管理工作的保证。管理制度包括：清洁员的岗位责任制、劳动纪律要求、奖惩条例；清洁卫生检查制度及清洁机具使用操作和保养细则等。

2. 搞好卫生设施建设。搞好环卫工作，除应具备日常使用的清洁机械、工具、物料等外，还应有相应的环卫设施，包括：环卫车辆，如清扫车、洒水车、垃圾运输车等，以及为便利群众、维护环境卫生的便群设施，如果皮箱、垃圾桶、垃圾清运站等。物业服务企业应多方筹集资金，添置新设施，同时做好这些设施的保养工作。

3. 做好环卫宣传教育工作。环卫工作，一在经常，二在保持。因此，环卫部在做好清洁工作的同时，还要做好环卫宣传教育工作，注意把提高人的清洁卫生意识、纠正不良习惯与清洁管理相结合，使住户自觉地参与到环卫工作中。同时广泛征求住户的意见，只有在双方共同的努力下，才能创造出优美、洁净的物业环境。

二、物业环境的绿化管理

绿化是对环境的美化,绿化管理是物业环境管理不可缺少的基础性工作,更是建设健康社区的重要组成部分。下面以住宅小区为例介绍物业环境绿化管理。

(一)绿化的基本知识

1. 绿化的功能。绿化,简单地说,就是栽种绿色植物(树木、花卉、草皮等)以改善自然环境和人民生活条件的措施。绿化有两个方面的功能:物质功能与精神功能。

(1)物质功能。物质功能指绿化具有遮阳、隔声的功效;能蒸发水分、增加空气中的相对湿度,降低气温,改善小气候;通过植物的物理吸附、过滤作用和生理变化的代谢反应(如光合作用),能吸收和富集氟化氢、二氧化硫、二氧化碳、臭氧、氯气、氨气等有害物质,起到净化空气的作用;还具有防风、防尘、防噪音、杀菌、防病和改善小气候的作用。

(2)精神功能。精神功能指绿化可以美化环境,分隔空间,成为人们休闲娱乐的场所,起到丰富生活、陶冶情操、消除疲劳的效果。

2. 绿化系统。绿化系统是指不同规模、不同种类的绿地,按点、线、面、环相结合的原则,组成相互协调的有机体系。就城市而言,指城市范围内的绿地系统。从物业管理的角度说,物业管理区域内的绿化可以称为物业环境绿地系统,是城市绿地系统的重要组成部分。

3. 住宅区环境绿地系统的组成。住宅区环境绿地系统包括:

(1)公共绿地。公共绿地指物业范围内公共使用的绿化用地,如居住区公园、林阴道、居住组团的小块绿地等。

(2)公共建筑和公用设施专用绿地。公共建筑和公用设施专用绿地指物业范围内的学校、幼托机构、医院、门诊所、影剧院周围的绿地。

(3)宅旁和庭院绿地,即住宅四周的绿地及住宅阳台绿化。

(4)街道绿地,即指物业范围内各种道路的行道树等绿地。

(二)环境绿化评价指标与基本要求

1. 环境绿化评价指标:

(1)绿地率。绿地率指小区内绿地用地面积与小区总用地面积的比率。其公式如下:

$$绿地率 = \frac{小区内绿地用地面积}{小区总用地面积} \times 100\%$$

(2)绿化覆盖率。绿化覆盖率指小区绿地覆盖面积与小区总用地面积的比率。其公式如下:

$$绿化覆盖率 = \frac{绿地覆盖面积}{小区总用地面积} \times 100\%$$

绿地覆盖面积指乔灌木树冠垂直投影面积、空地被植物覆盖的面积、屋顶绿化覆盖面积的总和。多层次绿化面积不得重复计算。

(3)人均公共绿地面积。人均公共绿地面积指小区内每人平均所占的公共绿地面积。其公式如下:

$$人均公共绿地面积 = \frac{小区公共绿地面积}{小区内居住总人口}$$

小区公共绿地,指为小区服务的集中的公用绿地,包括运动场地,儿童、青少年活动场地,老年人休息绿地,小区内的中心公园,广场绿地,河(湖)滨绿地,设置有行人休息设施的林阴道绿地等。

2. 环境绿化的基本要求:

(1)根据居住功能以及居民对绿地的使用要求,采取集中与分散,重点与一般,点、线、面结合的原则,使小区公共绿地、庭院绿地和道路两侧绿地合理,花坛、树木、建筑小品配置得当,以形成完整统一的居住区绿地系统,并与周围的绿地系统相协调。

(2)新建小区,公共绿地人均1.2平方米以上;旧区改造的小区,人均不低于0.5平方米。

(3)绿地管理及养护措施落实,无破坏、践踏及随意占用现象。

3. 城市环境绿化管理的分工。按规定,城市绿化分工范围如下:

(1)新建小区道路建筑红线之外的,归园林部门绿化和养护管理;道路红线之内的归房管部门或物业服务企业绿化和养护管理。

(2)新建小区街坊内部有路名的道路归园林部门绿化和养护管理;没有路名的道路归房管部门或物业服务企业绿化和养护管理。

(三)绿化管理的基本内容

绿化管理既是一年四季日常性的工作,又具有阶段性的特点,如对植物树木的修剪、整形。绿化管理的基本内容包括:绿地的建设、绿化的日常养护及居住区绿化管理规定的制定与落实。通常绿化的规划审批、建设施工中的质量监督和竣工验收由园林绿化部门负责;日常养护和管理由物业服务企业负责，同时接受园林绿化部门的技术业务指导、监督与检查。

物业服务企业应根据所辖物业的实际情况，设置专门的绿化管理部门并配备适量的人员。除管理人员和绿化工人外，还应有 1 ~ 2 名技术员，负责绿化的技术指导、绿化工人的技术培训和住户的技术咨询工作。

1. 园林绿化建设。园林绿化建设指新辟绿地的设计与营造、原有绿地的恢复与整顿和逐步提高绿地级别；有绿化的设计、植物的选择、配置及施工 4 个环节。简述如下：

(1)绿化设计。园林绿化是一个功能与美观相结合的整体，设计原则是“适用、经济、美观”。小区的园林绿地，要求以绿为主，形成系统；见缝插绿，节约用地；合理配置，注意景观。要根据小区的特点，设置精巧的园林艺术小品和丰富多彩的园林植物进行绿化，使其形成优美清新的环境。重点美化部分应放在小区出入口处等引人注目的地方。同时还要注意竖向绿化。竖向绿化就是使绿化向空间发展，包括屋顶、墙面、阳台等绿化，并与地面绿化紧密协调结合，使整个小区变成一个绿色世界。

小区绿化要与周围建筑风格浑然一体，还要注意周围是闹市，还是广场、街道，根据不同的功效进行适宜的绿化和小品布置。

(2)植物选择。园林绿地中有植物、建筑、山石、道路、水体、小品等。但植物是园林绿地的主体。对于大面积绿化，应选择易长、易管、少修剪、少虫害、有特色的优良树种，一般以乔木为主，也可考虑一些有经济价值的植物，一些重点绿化地段，如居住区入口、公共活动中心，可选种一些观赏性的乔灌木或少量花卉。行道树宜选用遮阳力强的落叶乔木，老年人及儿童休憩、游戏场所忌用有毒或带刺植物，运动场地则应避免大量扬花、落果、落花的树木等。

(3)配置方式。小区园林绿化布置可采用规则式和自然式两种形式。接近房屋建筑物的园区采用规则式，远离房屋的地方采用自然式。两者结合起来，则形成混合式园林。

园林植物配置，不仅要取得绿的效果，还要给人以美的享受。因此，必须考虑植物的外形、四季景色变化等方面的特性，仔细选择，合理配置。

(4)施工。施工是达到设计效果的重要一环，它直接影响绿化的质量与日后的养护工作，影响花木的生长及绿地美化的效果和各种功能的发挥。绿化工程可由园林工程部门承建，也可由物业服务企业自行组织施工。在具体施工过程中必须严格按照设计图纸施工，确保工程质量。

2. 绿化的日常养护。绿化的日常养护是巩固绿化成果、提高绿化质量的保证。绿化日常养护工作包括:浇水、除草、松土、施肥、整形修剪、防治病虫害、围护、涂白、立支柱等以及加强宣传教育和派人巡视、防止人为毁坏等。日常养护具有经常性、针对性和动态性的特点。经常性要求一年四季连续不断地做好养护工作;针对性要求养护工作要针对不同树木花草的不同习性进行;动态性要求要掌握不同季节、不同生长期的养护重点。

3. 居住区绿化管理规定的制定与落实。绿地的建造是环境绿化的前提,物业管理企业对环境绿化的日常养护是保证,但物业环境特别是居住区绿化效果的保持,更离不开广大住用户的爱护。因此,物业服务企业要采取多种形式,向广大住用户特别是儿童进行宣传教育,使人人都来关心爱护绿化,制定相应的绿化管理规定并抓好落实。

绿化管理规定主要包括:①人人有权利和义务管理和爱护花草树木;②不攀折花木以及在树木上晾晒衣物;③不损坏花木,保护设施及花坛;④行人或车辆不得跨越、通过绿化地带,不碰坏绿篱栅栏;⑤不往绿地倾倒污水或投扔杂物;⑥不在绿化范围内堆放物品车辆;⑦不在树木上及绿化带内设置广告牌;⑧人为造成花木及保护设施损坏的,根据有关主管部门规定进行处罚,若为儿童所为,由家长负责支付罚款。

第三节　物业的安全管理

一、物业安全管理的含义、特点和意义

(一)物业安全管理的含义

物业安全管理是指物业服务企业采取各种措施和手段,保证业主和使用人的人身财产安全,维持正常的生活和工作秩序的一种管理工作,是物业管理的重要内容,包括治安管理、消防管理和车辆道路管理。

物业安全管理作为一项职业性的服务工作,是介于公安机关职责和社会自我防范之间的一种专业安保工作,较之社会治安管理工作的另外两种形式(公安机关和企事业单位的治安联防)具有补充国家安全警力不足、减轻国家财政负担的优点。因此,物业安全管理的服务内容和规范会随着社会总体经济水平的提高、社会分工的进一步细化得到进一步的扩展和延伸。

(二)物业安全管理的特点

物业安全管理的目的就是要保证和维持物业的所有者及使用人有一

个安全舒适的工作、生活环境和秩序，以提高生活质量和工作效率。

物业安全管理是物业管理基础管理以外的专项管理，与物业基础管理相比较，如下区别：

1. 管理对象不同。安全管理是管人及其行为；基础管理主要是管理物业本身。

2. 管理目的不同。安全管理是为了保证人的生活、工作的安全、舒适；基础管理主要是为了物业的保值和增值。

3. 管理方法不同。安全管理是通过服务来实施管理；而基础管理是通过管理达到服务的目的。

4. 对企业信誉影响力不同。安全管理的好坏是一个物业服务企业整体水平的标志。一般来讲，安全管理好的企业其基础管理的质量也高。

5. 影响范围不同。由于整个社会是由许多个物业管辖区域组成，所以，物业安全直接影响到整个城市的治安，关系到整个社会的综合治理。因此，物业安全管理的目的是同维护社会安定团结、保障人民安居乐业的基本目标相一致的。

（三）物业安全管理的意义

无论是居住物业还是非居住物业，作为人们生活、工作和休息的场所，基本功能之一就是为业主和使用人的人身、财产提供安全和保护。从这个意义上讲，安全管理是最基础的工作。另外，从法律角度看，物业服务企业与业主或使用人签订物业服务合同，安全管理是主要内容之一。从合同双方的权利义务来讲，业主及使用人按规定交纳了安保费，物业服务企业就有义务来保护业主及使用人的人身和财产安全。如果在安全管理上发生了问题，那么该物业服务企业的信誉也将受到损害，在日益激烈的市场竞争中，其竞争力也将被削弱。所以，安全管理不仅对业主和使用人来讲是必不可少的，对于物业服务企业来讲，也是其业务中不可缺少的和必须搞好的部分，对整个社会而言也是非常重要的工作。所以说，各权利主体都必须关心物业安全管理。

二、治安管理

（一）物业管理中治安管理的属性

1. 物业管理中治安管理的内容和性质。物业管理中的治安管理是指各物业服务企业为防盗、防破坏、防流氓活动、防意外及人为突发事故而对所管物业进行的一系列管理活动。这是一种企业的管理服务行为，同时又是社会治安管理系统的一个重要组成部分，但它既不同于公安机关治安，又区别于社区内的治安联防队。

2. 物业管理中的治安管理与公安机关治安管理的区别：

（1）职责范围不同。公安机关是国家专政机关，其重要职责是镇压威胁和危害国家安全的敌对势力，打击危害社会治安的刑事犯罪活动，保护人民生命财产安全，维护社会治安秩序。物业管理中的治安服务只是按物业服务企业与业主及使用人签订的合同规定，向业主及使用人提供治安管理服务，协助公安机关预防、制止在物业管理区域内的各种危害业主及使用人人身财产安全的犯罪活动。

《物业管理条例》第47条规定："物业服务企业应当协助做好物业管理区域内的安全防范工作。发生安全事故时，物业服务企业在采取应急措施的同时，应当及时向有关行政管理部门报告，协助做好救助工作。物业服务企业雇请保安人员的，应当遵守国家有关规定。保安人员在维护物业管理区域内的公共秩序时，应当履行职责，不得侵害公民的合法权益。"

（2）职权不同。公安机关在执行任务时可依法行使国家行政权力，可以依法使用一定的专政措施和手段，如侦察、审讯、拘留、收容审查等；而物业服务企业则不能采取上述手段，只是协助和配合公安机关执法、执罚，在执勤中有权对可疑人员盘问，对现行违法犯罪嫌疑人有权扭送公安机关处理。

（3）工作方式不同。公安机关利用法律、行政、经济等途径，可以采取公开或秘密的手段、措施治理社会治安；而物业服务企业采取的服务方式和手段有一定局限性。此外，属于国家武装性质的公安机关是各级政府执法的行政部门；而物业服务企业的保安部门是置于公安机关领导下的治安防范组织，不属于公安机关序列，也不属于政府职能部门，这是非常重要的区别。

社会治安管理工作概括起来有三个层面：一是公安机关；二是物业管理区域内的治安管理服务；三是企事业团体的自我安全防范。在这三个层面中，公安机关占主导地位，是主要力量。物业管理中的治安管理既担负维护客户（业主和使用人）的人身财产安全的任务，又积极地协助公安机关打击违法犯罪活动，发挥辅助的作用。第三个层面是前二者的群众基础。《物业管理条例》第20条规定："业主大会、业主委员会应当配合公安机关，与居民委员会相互协作，共同做好维护物业管理区域内的社会治安等相关工作”，建设部2003年6月颁布的《业主大会规程》第34条也有相同规定。

由此可以看出，物业管理中的治安管理服务是介于公安机关和自我防范之间的一支专业治安队伍，它在治安管理中的地位和作用，既不能与公安机关并驾齐驱，又不能与一般群众性的治安保卫组织相提并论。“责任重大、权力有限”是物业管理中治安管理的最大特点。

（二）治安管理工作的基本内容

治安工作分为安全保卫和正常的生活、工作秩序的维持两部分，其基本内容包括：

1.建立健全物业安全保卫组织机构。物业服务企业应设立专职保安部门来负责所管区域内治安保卫工作的具体实施。可聘用社会上的专业保安公司，也可自己组建保安部来实施治安管理。

2.制定和完善各项基本制度和岗位责任制。治安管理工作，主要是通过落实各项治安管理制度来实现的。物业服务企业应根据各自的实际情况制定各项治安管理制度与规定。这些制度与规定包括两个部分：

（1）保安部内部制度。包括各级保安人员的岗位责任制，如“保安员值班岗位责任制”等；工作制度，如“门岗值班制度”、“保安员交接班制度”等；管理制度，如“保安员培训制度”、“保安员奖惩制度”等；以及有关规定，如“保安员器械使用管理规定”等。通过这些制度，明确各级保安人员的职责与权力，规范其行为。

（2）住（用）户应遵守的规定。指针对住（用）户的保安管理的各项规定，如“治安保卫管理规定”、“防火管理规定”等。通过这些规定，约束住（用）户的日常行为，减少各类事故的隐患，共同搞好治安防范工作。

3.保安员的配备及其培训。根据治安区域大小和当地社会治安情况配备相应数量的保安员，实行24小时值班制度。定期对保安员进行职业道德教育与业务培训。培训后，考核合格，方能上岗。

4.建立正常的巡视制度。建立正常的巡视制度，并明确重点保卫目标，做到点、面结合。该项工作包括：门卫、守护和巡逻。

（1）门卫。商住小区或商业大厦的进出口应设置门卫，并实行24小时值班制。

（2）守护。守护是指对特定或重要目标实行实地看护和守卫，如一些重点单位、商场、银行、证券所、消防与闭路电视监控中心、发电机房、总配电室、地下车库等。安排守护人员时，应根据守护目标的范围、特点及周围环境，确定适当数量的哨位。

(3)巡逻。巡逻是指在一定区域内有计划地巡回观察，以确保该区域的安全。巡逻一是发现和排除各种不安全因素，如门窗是否关好、车辆是否按要求停放、各种设施设备故障和灾害隐患、值班、守护不到位或不认真等；二是及时处置各种违法犯罪行为。巡逻路线一般可分为往返式、交叉式、循环式三种，但无论采用何种方式都不宜固定，上述三种方式也可交叉使用。在巡逻时要特别注意重点部位的巡察。

5. 完善区域内安全防范设施。除了人力外，治安管理还应注重技术设施。物业服务企业可根据财力与管理区域的实际情况配备必要的安全防范设施。

(1)保安设施。指物业区域内为保安服务的公共设施，例如，住宅小区四周修建的围墙或护栏；大厦中紧急情况下的通道等。

(2)保安装置。保安装置包括：①报警装置。如红外线报警器、自动报警器、玻璃门窗报警器以及安全撤离系统等。②门户密码开启装置。密码钥匙、安全卡、远距离控制门锁等。③闭路电视监视器。包括：在主要入口处、电梯内、贵重物品存放处及易发生事故的区域或重点部位安装闭路电视监视器，发现异常情况及时采取措施。

6. 联系区内群众，搞好群防群治。社会治安是一项系统工程，要充分发动群众，增强广大住(用)户的自我安全防范意识和遵纪守法意识，调动社会各部门的积极性，配合物业服务企业共同搞好社会治安的综合治理。

7. 在当地公安派出所的指导下搞好治安管理。我国社会治安工作由公安机构统一负责管理。物业服务企业应与当地公安部门建立良好的工作关系，接受指导，争取配合，这对搞好治安管理工作具有重要意义。

8. 与周边单位建立联防联保制度。治安案件的发生，有时并不局限于物业管理企业所管范围，因此，需要与相邻单位或相邻物业服务企业建立联防联保制度，密切配合，共同搞好治安工作。

9. 为保安员配备必要的保安器具，办理人身保险。保安工作具有一定的危险性，因此，要为保安人员配备必要的警械器具和通讯设备；并为保安人员办理人身保险，解除意外事故带来的一系列问题的烦扰。

三、消防管理

(一)消防与消防管理的指导方针

消防管理的任务是预防物业火灾的发生,最大限度地减少火灾损失,为业主(或租户)的生产和生活提供安全环境,增强城市居民的安全感,保护其生命和财产安全。消防管理在物业管理中占有头等重要的地位。物业管理中最常见的意外事故是火灾,给住用人的生命财产带来最大危害的也是火灾。因此,搞好消防工作是物业安全使用和社会安定的重要保证。

消防工作包括防火和灭火两个方面。灭火是在起火后采取措施进行扑救;防火是把工作做到前头防患于未然。消防工作的方针是"预防为主,防消结合"。消防工作由公安机关实施监督。物业消防管理要以《中华人民共和国消防条例》和《高层建筑消防管理规则》为准则,立足于火灾的预防,并从人力、物力、技术等多方面做好随时灭火的充分准备。

(二)消防管理的基本内容

消防管理的内容主要有:消防宣传教育、消防队伍建设、消防制度制定、消防设施、器材配置与管理以及紧急情况下的疏散,其核心是三落实,即"队伍落实、制度落实和器材落实"。

1. 消防宣传教育。火灾发生的原因固然很多,但都与人的消防意识、对消防工作的重视程度和社会责任感有关。因此,消防管理中的首要任务就是向全体物业管理人员和所有住用人,特别是儿童搞好消防宣传教育。

2. 建立高素质的、专群结合的消防队伍。消防队伍的建立是消防工作的组织保证,物业服务企业应下力气建设一支高素质的专群结合的消防队伍,组成以物业服务企业为主、住用人为辅的消防管理网络。

3. 制定消防规章制度。物业服务企业应根据所管物业的环境和条件,制定完善的消防制度和防火规定,约束和规范管理人员和住用人的日常行为,以避免火灾事故的发生。

(1)消防制度。消防制度主要包括:①消防岗位责任制度:根据消防工作"谁主管,谁负责"的原则,建立各级领导负责的逐级消防岗位责任制,上至公司经理,下至消防员,都对消防负有一定责任。②消防值班制度:即消防值班员的工作制度。包括:工作职责与要求,交接班制度,定时巡视,发现火灾隐患的处理程序,消防设备、设施的定期检查与保养制度等。③消防档案管理制度:建立消防档案,对火灾隐患、消防设备状况(位置、功能、状态等)、重点消防部位等都要记录在案,以便随时查阅。

(2)防火规定。防火规定指从预防的角度出发,对易引起火灾的各种行为作出规定,以杜绝火灾隐患。主要包括:消防设施、设备的使用、维护、管理规定;公共通道、楼梯、出口等部位的管理规定;房屋修缮和装修中明火使用规定;电气设备安全使用规定;易燃、易爆物品的安全存放、储运规定等。

4. 消防设施、器材的配备与管理。

(1)消防设施、器材的配备。消防设施、器材是灭火工作的物质基础,包括:灭火器(主要包括:泡沫灭火器和干粉灭火器),消防栓,自动喷水灭火系统,火灾自动报警系统(包括:区域报警系统、集中报警系统和控制中心报警系统)等。

(2)对消防设施、器材的管理。消防设施、器材最大的特点是平时不使用,只有在发生火险时才使用,必须确保其随时处于完好状态,随时可以启用。为此,政府部门和物业服务企业都必须强化对消防设施、器材的管理。

政府管理部门通过制定严格的消防法规,制定了消防合格证制度。对新建房屋,必须经过对消防设施、设备的检查,符合消防要求和安全规定后,颁发消防合格证。任何建筑,只有取得消防合格证后,才可投入使用。与此同时,要建立消防工作的检查监督制度,在重大节假日、火灾易发季节及每年都要进行消防工作检查,重点是查制度落实、查设施完好、查火灾隐患。

物业服务企业主要负责消防设施、器材的日常管理、保养和维修。通过专人定期的巡视、检查、保养和对所发现的问题及时解决,确保各类消防设施、器材随时处于完好状态。消防设施的维修需要专门的技术,特别是一些关键设备,应聘请持有合格消防牌照的专业公司进行维修和保养。

(三)高层建筑的消防管理

1. 高层建筑消防的特点:

(1)耐火极限低。出于减轻建筑物自重的考虑,对其燃烧性能和耐火极限不能定得过高。加上现代高层建筑内的装饰材料、家具等很多是高分子材料,这也增加了火灾的危险性。

(2)火险因素多。高层建筑内火源、电源多,电气线路纵横交错,电气设备多,因而引起火灾的可能性也大。

(3)火势蔓延快。高层建筑物内有许多通道、竖向井,发生火灾时这些都会成为火势蔓延的途径。另外,越是在建筑物的高处,风速越大,这也是加速火势蔓延的一个因素。

(4)疏散困难。高层建筑平时常集中很多的人员;层数多,疏散距离长;发生火灾时普通电梯电源被切断,这些都增加了疏散的困难。

(5)扑救难度大。高层建筑高达几十米,甚至超过一二百米,一般的地面消防车和登高消防车的能力,都难以满足扑救高层建筑火灾的供水需要和登高疏散抢险的要求。

因此,消防管理对于高层建筑有更重要的意义,要有特殊的安全措施。

2. 高层建筑消防管理的主要措施:

(1)防火分隔。消防部门要对高层建筑进行内部分区,设置防火和防烟区域;对电梯井、管道等也要进行分隔。

(2)做好安全疏散的准备工作。要经常检查楼房公共通道,不要把闲杂物品堆放在楼道内;检查消防供水系统,保证消防用水输送到必要的高度。

(3)设置自动报警设施。物业管理消防部门要在楼房适宜部位安装固定灭火装置。

(4)设置火灾事故照明设备和疏散标志。在高层建筑的楼梯间、走道、人员集中场所和发生火灾时必须坚持工作的地方(如配电房、消防控制室等)有事故照明设备,在人员疏散的走道、楼梯等处设有灯光显示的疏散标志。疏散标志的电源应用蓄电池,其他事故照明也可使用城市电网供电。

四、车辆道路管理

(一)车辆道路管理的重要性

车辆是人流、物流的载体,道路是人流、物流流动的通道。物业相对独立于其外部环境,车辆、道路是对外联系的主要载体与通道,在物业中有着特殊的重要性。车辆道路管理的目的是为了建立良好的交通秩序、车辆停放秩序,确保业主的车辆不受损坏和失窃。其作用主要表现在以下二个方面:

1. 人、物保持顺畅、快捷地对外联系的保障。物业,无论是居住型物业、商业型物业、办公型物业还是工业型物业,总是人员、物资相对集中的地方,物业本身功能的发挥在很大程度上取决于顺畅、快捷地对外联系。这种对外联系主要表现为辐射和吸收两个方面。辐射,就是人、物的对外输出;吸收则是人、物的对内输入。这两方面往往同时进行。车辆道路管理就是理顺这两方面及其内在的关系，从而使辐射和吸收进行得顺畅和快捷。这种人、物的有序流动是物业功能发挥的必要保障。

2. 生活、生产安全、便利、舒适的保障。车辆的有序停放和通行可以降低噪声污染、尾气污染；物业中道路的美化、绿化、养护有利于物业的通风、采光；步行空间的建立还可以创造美好的生活情趣。物业中的道路空间不仅是人、车通行的空间，而且还是地下工程设施的空间，路面下的空间常常埋有给水、排水、供电、电话、煤气、供热管线，有的物业道路下还埋有有线电视线路、真空集尘管道、石油管道，有时地下停车场、地铁、地下街、防空设施也通过物业的道路下方。物业中的道路还担负着物业防灾的重要任务。道路是发生灾害时的缓冲和遮断地带，也是疏散人流、物流的通道。所以，车辆道路的管理是道路畅通的保障，是物业中人们生活、工作安全的保障。

3. 从发展的眼光看，车辆道路的管理将越来越重要。随着我国综合国力的增强和人民生活水平的提高，机动车的数量显著增加；与此同时，道路的扩建改建由于受土地、规划、地理等因素的制约发展速度却没有那么快。车、地紧张的矛盾越发显现出来，而且越来越突出。由于规划等原因，物业中的道路在已建成的多数物业中面对车辆的激增已变得十分紧张。在这种情况下，有效的车辆道路管理就显得更为重要。

不同的物业，车辆道路管理有不同的侧重点。下面以居住区为主，介绍车辆道路管理的有关内容。

（二）居住区道路的规划要求

1. 居住区道路的功能。居住区内部道路的功能主要包括：居民日常生活方面的交通活动；通行清除垃圾、粪便、递送邮件等市政公用车辆；居住区内公共服务设施和工厂之间货运车辆通行；供救护、消防等特种车辆的通行；铺设各种工程管线的需要；道路的走向和线型是组织居住区内建筑群体景观的重要手段，也是居民相互交往的重要场所（特别是一些以步行为主的道路）。

2. 居住区道路的分级。根据功能要求和居住区规模的大小，居住区道路一般可分为三级或四级。

（1）居住区级道路——是居住区的主要道路，用以解决居住区的内外联系。车行道宽度不应小于 9 米，红线宽度一般为 20～30 米。

（2）居住小区级道路——是居住区的次要道路，用以解决居住区内部的联系。车行道宽度一般为7米,红线宽度根据规划要求确定。

(3)居住组团级道路——是居住区内的支路,用以解决住宅组群的内外联系。车行道宽度一般为4米。

(4)宅前小路——即通向各户或各单元门前的小路,一般宽度为3米。

此外,在居住区内还可能有专供步行的林阴步行道。

3.居住区道路系统的基本形式。居住区道路系统基本上分为3种形式:

(1)人车交通分流的道路系统。由车行和步行两套独立的道路系统所组成,交叉处都设立交。这种形式一般适用于私人小汽车较多的居住区。

(2)人车混行的道路系统。当居住区内私人小汽车数量很少时,可采用这种形式。我国目前大多数居住区都采用人车混行的道路系统。

(3)人车部分分流的道路系统。这种形式是在人车混行的道路系统的基础上,另外设置一套联系居住区内各级公共服务中心或中小学的专用步行道,但步行道和车行道的交叉处不采取立交形式。

(三)车辆道路管理的主要内容

车辆道路管理包括道路管理、交通管理与车辆管理。

1.道路管理。道路由动态交通设施、静态交通设施和道路交通附属设施三部分组成。动态交通设施包括物业的各级道路;静态交通设施包括停车场、广场;道路交通附属设施包括各种路名牌、分离墩、分道线、道路照明设施、绿化带、排水设施及防护设施等。居住区道路管理的内容主要为对已建成道路、设施的维修及部分道路的改造与新建。

道路设施在使用过程中,受交通荷载及自然条件如雨、雪、风等影响,会产生磨耗或损坏;一些人为现象也会对设施的正常运行产生影响,如挖路埋管、私搭乱建、沿路开店、个别人有意无意地损坏设施等等。道路设施管理的主要任务就是制定物业道路设施的管理办法,负责物业道路的养护维修和设施的日常管理,对非法占用道路的行为进行纠正和处罚。

物业服务企业应建立专门的道路及设施的养护、维修队伍。其主要工作内容是:掌握各类设施的布局、结构情况;负责对道路的日常巡查,随时发现并纠正违反物业管理规定的现象,并根据物业道路管理规定作出相应的处理;执行物业服务企业下达的道路维修计划;负责道路设施的日常养护工作,随时了解设施的运行状况,发现异常及时上报和处理。

2.交通管理。交通管理的任务是正确处理人、车、路的关系,在可能的情况下做到人车分流,重点是机动车行车管理。物业服务企业除加强对司机和广大住户的宣传教育外,要制定居住区道路交通管理规定。其主要内容是:①建立机动车通行证制度,禁止过境车辆通行;②根据区内道路情况,确定部分道路为单行道,部分交叉路口禁止左转弯;③禁止乱停放车辆,尤其在道路两旁;④限制车速,铺设减速墩,确保行人安全。

在物业管辖范围内,发生交通事故,应报请公安交通管理部门处理。

3. 车辆管理。车辆管理包括对机动车、摩托车、自行车的管理。应坚持物业服务企业与公安交通部门管理相结合的原则。物业服务企业的主要职责是禁止乱停乱放和防止车辆丢失、损坏。

(1)机动车管理。机动车管理是通过门卫管理制度和车辆保管规定来落实的。门卫包括停车场门卫和物业区域大门门卫。对进出的机动车必须坚持验证放行制度,对外来车辆要登记。对车辆的保管,物业服务企业应与车主签订车辆保管合同或协议,确定停车地点,收取停车费,明确双方责任。

(2)摩托车、自行车管理。居住区内为确保摩托车、自行车的存放安全,应设有专人看守的存车棚(场)。车主需委托保管车辆时,先办理立户登记手续,领取存车牌,并按指定位置存放,物业服务企业负责其安全。

4. 停车场管理。无论是住宅小区还是商贸楼宇,都应设有专用的机动车停车场。停车场分地上停车场(停车楼)和地下停车库两大类。其管理要点基本相同,主要有以下 4 个方面。

(1)场内车位划分要明确。为安全有序地停放车辆,避免乱停乱放现象,停车场内应用白线框明确划分停车位。停车位分固定车位和非固定车位,大车位和小车位。车主必须按类使用车位,需经常停放的车辆,应办理有偿使用固定车位的手续,外来车辆和临时停放的车辆有偿使用非固定车位。

(2)场内行驶标志要清楚。为便于管理,停车场一般只设一个进口和出口,进出口的标志一定要明确。场内行驶路线要用扶栏、标志牌、地上白线箭头指示清楚。

(3)进出停车场管理要严格。车辆进入停车场要验证发牌,并做登记,驶离停车场时要验证收牌,对外来车辆要计时收费。在车辆进出高峰时,管理人员还要做好现场的车辆引导、行驶、停放与疏散工作。

(4)车辆防盗和防损坏措施要得力。为避免在场内车辆被盗和被撞等事件的发生，一方面，管理人员要加强对车辆进入的登记与车况的检查，实行24小时值班制度和定期（如15分钟）巡查制度；另一方面，要教育提醒车主在场内要服从管理人员的指挥与安排，缓慢行驶，注意安全，按规定车位停放车辆，离开时锁好车门，调好防盗系统至警备状态，随身带走贵重物品。

（四）不同物业车辆道路管理的特点

1. 居住物业。居住物业应大力提倡步行空间的建立，为居民提供公共庭院和通行、娱乐的场所。还应发展公共交通，通过小区班车的形式为居民提供上下班、节假日集中出行服务。对于停车场的管理应注意扰民问题，停车场最好设在物业小区的四个边缘地带，这样既减少出行时间又保证了居住物业的安静、清洁。同时，要注意做好车辆的有序存放和保管，防止车辆被盗。

2. 办公物业。办公物业的车辆道路管理的重点应放在车辆的调度工作上。物业服务企业应对物业中单位上下班情况进行了解统计，组织人力集中管理，统一调度，如对道路可采取定时单向通行等办法，充分利用上下班时的道路空间。同时，办公时间的车辆出入应采取登记的办法严格控制外来车辆的存放，对于单位车辆应采取定位存放的办法，以便进行合理有效的管理。

3. 商业物业。对于一般商业物业，物业服务企业必须配合公交系统的车辆进行定线定站，双休日增加车辆等，为顾客提供方便。对于高档商业物业应主要做好物业停车场的建设和管理。必要时，物业服务企业可拥有自管班车，为顾客提供定线不定站的服务。

4. 旅游物业。旅游物业客流量的季节性强、方向性强。物业服务企业应设立专门的由物业直达旅游地的旅游往返车辆，在旅游季节为游客提供出行的方便。旅游物业的管理者还应重视出租汽车的管理、停放、疏导工作。

5. 工业物业。以仓库、厂房为主体的工业不同于上述四种物业，它的车辆管理主要集中在对货运车辆的管理上。要注意货运车辆的吨位、高度与道路条件的配合；并为货物的装卸提前做好准备，以减少货运车辆的停放时间，提高货运效率；值得一提的是工业物业夜间运输的问题，夜间运输可以提高运输效率，但物业服务企业应做好对道路辅助设施的管理，如对路标、照明设施进行日常的养护和维修。

五、安全管理中常见突发事件的处置

（一）安全管理中突发事件的处置原则

在物业安全管理中常会碰到各种各样的问题及突发事件。物业服务企业尤其是安全部门及人员在面对这些问题和突发事件时，首先，应保持冷静，采取必要的紧急措施，控制和防止事态的蔓延和扩大；然后运用各种手段，降低事件的损失，迅速解决问题。其次，判断该事件的性质，是一般的违规、违约行为还是违法行为，即是民事纠纷还是刑事案件。最后，在事件结束后，认真调查，分清责任。总之在处置突发问题时，既要坚持原则，依法处理，又要有一定的灵活性。

（二）安全管理中常见突发事件的处置方法

1. 发生刑事案件时的处置方法：首先，要迅速向公安机关或保卫部门报案；其次，注意保护现场，禁止无关人员入内，以免破坏遗留痕迹和物证；再次，抓紧时机向目击者和周围群众了解情况并认真记录；最后，向到达现场的公安人员认真汇报案件发生情况，协助破案。

2. 遇到犯罪分子偷盗或抢劫时的处置方法：①保持镇静，设法制服罪犯，发出信号，召集附近保安员或群众支援；②对逃跑的罪犯，要看清人数、衣着、面貌、身体特征、所用交通工具及特征，及时报告公安部门和保卫部门；③有固定现场的，要保护好现场，没有固定现场的，保存好犯罪分子遗留的物品，特别是作案工具，要避免破坏指纹痕迹。

3. 执勤中发现客户斗殴的处置办法：①立即劝阻斗殴双方离开现场，如能确认属违反治安管理规定或犯罪行为，应及时报告公安机关或将行为人扭送公安机关处理；②提高警惕，防止坏人利用混乱之机，进行破坏活动或偷窃活动；③说服、劝阻围观群众离开，确保保安区域内的正常治安秩序。

4. 对醉酒滋事或精神病人闯入目标的处置办法：①进行劝阻或阻拦，让其离开保安目标区域；②及时通知酒醉者和精神病人的家属或工作单位，由他们领回，或采取控制和监护措施。如有危害保安目标或危害社会安全的行为，可将其强制送到有关部门处理。

5. 发现有人触电的处置办法：发现有人触电应马上赶到现场，关闭电源，在未关掉电源之前切不可用人体接触触电人，以防自己触电，要用绝缘的东西把线头或人拉开，立即进行人工急救，并呼叫急救中心或送医院急救。

6. 停电或电梯发生故障、电梯关人的处置办法:遇电梯发生故障或停电、电梯关人,应首先通知电梯维修人员前来处理。电梯关人应依下列步骤先行释放电梯内乘客:①在行动中要注意自己的安全;②应先将电梯机房总电源切断;③用专用厅匙小心开启厅门,用力开启电梯轿厢门,通知厢内乘客保持镇定,身体各部位不可探出轿厢,以免发生危险;同时查看轿厢地台与楼面高低相差情况,在确保安全的情况下可放行乘客。

7. 发生火警时的处置方法:当火灾或其他意外事故(如爆炸)发生,而又无法制止或控制险情,处于紧急情况时,应立即报警、切断火源或事故源,并积极组织人员疏散。尤其是高层住宅和商贸楼宇,疏散路线长,人员分散,组织疏散困难。一般做法是:先及时切断火源;然后利用楼宇内的分割装置,如商场内的防火卷帘等将事故现场隔断,阻止灾情扩大;组织人员通过紧急通道、疏散楼梯等迅速撤离。紧急情况下的疏散关键是组织工作,平时应进行一定的训练,以便有备无患。

在确保人员安全的情况下,为避免险情扩大,应尽量将危险品转移至安全处;然后可将贵重财产运送至安全地带。

8. 遇到不执行规定、不听劝阻的人的处置办法:对不执行有关管理规定者,要立即规劝。对不听劝阻者,查清姓名单位,如实记录并向保卫部门汇报。发生纠纷时,要沉着冷静,以理服人,对蛮横无理者或故意扰乱者,视情节轻重报告公安机关依法处理。

第四节 物业的风险管理与保险

一、风险管理与保险概述

(一)风险的定义

从管理的角度来说,所谓"风险",是指发生某种不利事件或损失的各种可能性的总和。风险具有以下 3 个特征:

1. 负面性,即风险是与损失或不利事件相联系的,没有损失就没有风险和风险管理。

2. 不确定性。风险是与偶然事件相联系的,即发生不利事件或损失是不确定的,可能发生也可能不发生。

3. 可测性。凡是风险都是与特定的时间和空间条件相联系,因此,风险的发生是可以测定的。这种可测性也就是数学或统计学所说的概率或几率。所以,风险可以通过大量的观测结果来揭示出它潜在的必然性。这种风险的可测性是保险公司能够经营保险的基础。

(二)风险的类型

风险的类型是根据不同的标准或参照物,对风险的内容进行适当的归并和划分的结果。从物业管理的需要来说,主要介绍下面几种分类。

1. 财产风险、责任风险及人身风险。这是按风险的对象来划分的。①财产风险是指一切财产发生损毁、灭失和贬值的风险;②责任风险是指他人遭受财产损失或身体伤害,在法律上负有赔偿责任的风险;③人身风险是指人们因生、老、病、死而遭到损失的风险,这种风险的产生时间不确定。一般来说,财产风险和人身风险比较容易了解和控制,但责任风险则比较复杂且难以控制。

2. 自然风险、社会风险、政治风险、经济风险和技术风险。这是按风险发生的原因来划分的。①自然风险是指由自然因素和物理现象造成的实质风险,例如,火灾、洪水、雷电等造成的风险;②社会风险是指由于个人或团体的不可预料的反常行为造成的风险,如盗窃、罢工、动乱等所带来的损失;③政治风险是由于种族、宗教、政治势力之间的冲突、暴乱、战争而导致的风险;④经济风险是指在商品生产和销售活动中,由于经营不善、市场预测的错误或者市场情况的变化而导致的价格涨跌等风险;⑤技术风险是指由于技术进步、技术结构及相关因素的变动而导致的设备无形损耗、产品被迅速淘汰等风险。事实上,上述 5 种风险很难严格区分。自然风险、经济风险、社会风险因积累过久、处理不当,很可能导致政治问题而引发政治风险。自然风险、社会风险、技术风险又通常伴随着经济风险。

(三)风险的成本

风险的成本是指人们在处理风险过程中所付出的代价或遭受的损失。人们在处理风险时,必须对风险的成本进行分析,这样才能以最小的成本有效地控制风险的发生。一般来说,风险的成本包括以下 3 个方面:①防范、分散或转移风险的费用;②风险所带来的损失及处理费用;③风险的社会成本。

(四)风险管理

风险管理是指有目的、有意识地通过计划、组织和控制等活动来避免或降低风险带来的损失。确切地说,风险管理就是利用各种自然资源和技术手段对各种导致人们利益损失的风险事件加以防范、控制以至消除的过程。其目的是以最小的经济成本达到分散、转移、消除风险,保障人们的经济利益和社会稳定。

(五)保险的概念

保险是为了应对特定的自然灾害或意外事故,通过订立合同实现补偿或给付的一种经济形式,是进行风险管理的主要手段之一。

保险是因为自然灾害或意外事故的存在而产生的,物业是保险的主要对象之一,在物业管理过程中应充分利用保险,减少损失,以便在意外事故发生后能尽快恢复正常生产和生活。

保险区别于其他经济形式的本质特征表现在以下8个方面:承担风险的冒险性;以大数法则和概率论为依据的科学性;与法律有极其密切亲缘关系的合同性;以承担债务责任为经营方式的负债性;以参加者互助共济关系为基础的相互性;以大量客户群为基础的广泛性;反映组织后备基金弥补经济损失功能的保障性;以及体现货币资金融通职能的金融性。

二、物业保险的目的及应注意的问题

(一)购买物业保险的目的

1. 分散意外损失。由于物业管理涉及的某些风险所造成的损失金额巨大,物业管理者或业主即使已在预算中准备了备用金也难以应付如此巨大的损失。通过投保,物业管理者就可以将意外经济损失分散、转移到保险人身上,以减轻物业管理者和其所服务的业主经济损失的程度。

2. 利于善后工作。购买保险不仅可以分散、转移巨大的经济损失,还可在意外发生后,减轻物业管理者处理索赔方面的负担,专心处理意外的善后工作。否则,不但在索赔方面会带来不应有的损失(这是由于物业管理者在处理赔偿的估价方面肯定没有专业保险人有经验),而且,由于缺少精力顾及善后工作,不能及时恢复对用户的服务,从而导致物业管理者的信誉受损。

(二)物业管理涉及的保险种类

保险的种类很多,但物业管理工作中经常涉及的主要有以下三类:财产保险、公共场所保险和雇主责任保险。

（三）物业管理的投保决策

购买保险可以转移风险，并可以获得保险机构在降低风险方面的有效服务。但是为了获得上述好处，物业管理者及业主必须支付一定的保险费，从而加大了管理开支或业主的负担。因此，正确地进行投保决策就显得极为重要。

物业管理者为了能正确地投保，必须遵循一定的决策步骤，以获得降低风险和增加成本之间的最佳平衡。其基本步骤如下：

1. 详细调查。为了正确地投保，物业管理者必须了解在其管辖的范围内存在哪些风险因素。为此必须对所有的建筑、道路、设施、设备以及各种物业管理工作，特别是维修领域进行彻底的调查，并进行分类登记。

2. 确定所需的保险。在调查登记的情况下，对各种风险按照前面讲的风险管理方法进行分类。也就是确定哪些风险是可以避免的，哪些风险是可以忍受而保留的，哪些风险是可以采取种种措施进行预防和抑制的，只有对那些用上述三种方法不能解决的，并且潜在的损失将超出业主或物业管理者能够或愿意承担的风险才确定购买保险。但需指出的是，还有一种保险是不管你愿意与否非买不可的，带有强制性质的保险，如机动车辆的第三者责任险。

3. 保险金和保险费的确定。保险金和保险费的确定是根据风险带来损失的程度以及物业管理者或业主的财务预算状况来确定的。保险金过多或不足都会对投保人不利。在这方面要注意保险的几个特点：①保险价值一般是以重建、重置成本计算，不考虑市场价值，因此，在投保时注意重建、重置成本，并且在续保时根据当时的重建、重置成本进行调整；②赔偿额一般是根据保险金的比例来赔偿的；③多种保险不会得到多重的赔偿，因为保险的原则是保障损失而不是借意外来牟利。

4. 选择信誉良好的保险公司。一般来说，选择保险公司的标准有以下几项：

（1）保险公司的实力。保险公司的实力是首先要考虑的。因为对投保人来说，重要的是一旦发生损失，保险人能否得到及时补偿。

（2）工作效率与服务态度。工作效率与服务态度统称为服务质量，这是选择保险公司第二位要考虑的。通常，保险人能提供的服务有：帮助投保人进行风险分析，提供咨询；协助投保人采取损失预防和减轻的技术；及时合理地处理投保人提出的索赔要求；对保险合同的各项条款提供咨询。

对物业管理来说,保险公司的工作效率和态度,会直接影响到物业管理者的工作进度及声誉。

(3)保险成本。保险成本一般是指投保人支付的保险费。如果在前两个标准类似的情况下,则保险成本就成了选择保险公司的关键。很显然,保险费率越低越好。在计算比较保险成本时,由于保险合同的有效期限不同,因此必须考虑货币的时间价值因素。

5. 分析保单条款。保单的条款与投保双方今后的权利义务关系极大。对此,物业管理者或保险经纪人要仔细分析各项条款,比较各种不同保险公司的同一类保单的各种条款的优劣,选择最有利于自己的条款。

(四)保险顾问和保险经纪人

由于对风险的识别及管理、保险合同的内容、投保额的计算、索偿的程序都是复杂的,其中涉及大量的专业知识,为了避免太多的麻烦,同时能提高投保的成本效益,在经济许可的情况下,物业管理者可借助保险顾问或保险经纪人的帮助。保险顾问或保险经纪人的优点是有较深的专业知识,能帮助设计合适的保险计划和选择合适的保险公司。又由于保险顾问同时代表着许多投保人,因此在争取合理保费时要比单独的投保人处于更有利的地位。

(五)购买物业保险应注意的问题

要特别提请注意的是物业管理者在购买保险后并不意味着可以高枕无忧、轻率处事。因为一旦发生保险事故,不仅会带来重大的经济损失而且会给用户带来诸多不便;同时有些意外除了涉及经济责任以外,还会涉及法律责任,而在这方面,保险公司无能为力;另外,不科学的管理会让保险公司对物业服务企业的能力失去信心,他们会将保费提高,增加业主或物业管理者的负担。

三、财产保险

财产保险的含义有广义和狭义两种。广义的财产保险包括:财产保险、农业保险、责任保险、信用保险等以财产或利益为保险标的的各种保险。从狭义来说,单指财产保险,其包括的主要险种为:火灾保险、企业财产保险、家庭财产保险、涉外财产保险等。物业管理中涉及的财产保险主要是物业的火险。

(一)火灾保险

火灾保险是财产保险的一种,它是对因火灾及保险单中列明的各种自然灾害和意外事故所引起的财产损失给予经济保障的保险。传统的火灾保险仅承保三种危险,即火灾、闪电、爆炸,其余保险如地震、洪水、空中飞行物坠落等均视为火灾保险的附加险。而我国现行的企业财产保险、家庭财产保险、涉外财产保险实际上是由火灾保险及其附加险组成的财产综合险。

1. 火灾保险的承保范围。火灾保险对因火灾、闪电、爆炸所造成的保险标的物的损失负赔偿责任。除非经保险人同意并缔结特别合约,对下列财产的损失,火灾保险合同不予承保:①寄托或寄售的货物;②金银珠宝、古玩、古画、艺术珍品、电脑资料等;③票据、现金、邮票等有价证券以及图册、文件、枪支弹药、爆炸物品等。

2. 火灾保险的除外责任。火灾保险的除外责任包括:①保险标的自身变化、自身发热或烘焙所致的损失;②由于地震、飓风、洪水、冰雹等自然灾害以及战争、暴乱、罢工等战争或政治风险;③直接或间接由于核反应、核子辐射和放射性污染;④投保人的故意行为或重大过失。

3. 火灾保险的保险金额的赔偿计算。固定财产的保险金额可以按照账面原值或原值加成数确定,也可以按重置重建价值确定。固定资产的保险价值是指出险时的重置价值。保险标的发生保险责任范围内的损失,按以下方式计算赔偿金额:

(1)全部损失。保险金额等于或高于保险价值时,其赔偿金额以不超过保险价值为限;保险金额低于保险价值时,按保险金额赔偿。

(2)部分损失。按账面原值投保的财产保险金额等于或高于保险价值时,其赔偿金额按实际损失计算,保险金额低于保险价值时,其赔偿金额按保险金额与保险价值的比例计算;如果是按账面原值加成数,或按重建重置价值投保的财产,则按实际损失计算赔偿金额。

(3)如果保险单所载财产不是一项时,应分项计算,其中每项固定财产的赔偿额不得超过其投保时确定的保险金额。

4. 火灾保险的费率。火灾保险费率的计算方法有分类法和表定法两种。

(1)分类费率。即将性质相同的危险进行归类,给每类以确定的费率。没有特殊明显的因素存在,通常不作调整。我国按建筑物占有性质分为工业险、仓储险和普通险三类,其中又分为六级工业险、五级仓储险及五级普通险。

(2)表定费率。即在以上分类费率的基础上,按各种危险因素的大小进行调整而形成的费率。表定费率调整所考虑的因素有:用途,指建筑物使用的目的;位置,指建筑物因周围环境被延烧的可能性;构造,主要指建筑物的材料,也考虑建筑物的大小及形式;防护,指消防设备及消防人员的配备。

(二)物业火险的投保范围

物业火险投保范围有两种:一种是建筑结构火险,另一种是建筑内物件火险,也可称为不动产火灾保险和动产火灾保险。对于这两种情况,物业管理人应作不同的考虑。

1. 建筑结构火险。建筑结构火险通常包括建筑物的外墙、地基、梁柱、室内固定间隔、公共设施和设备等。考虑购买建筑结构火险时,物业管理人要对选择购买整座建筑的结构火险,还是只购买公共部位的结构火险进行决策。具体决策标准是:如果管理规约已有明确规定,则遵守管理规约的规定;如果管理规约没有规定,则物业管理者可以根据实际的财务状况进行综合考虑。因为整座大楼的结构火险与公共部位的火险,在投保范围上有很大程度的不同,因而其保险费也有相当大的差别。值得注意的是,如果物业管理者决定只购买公共部位的火险,则必须同时通知该座建筑物内的所有业主,让他们知道这个决定。因为他们有权知道这个重大情况,而为他们各自的物业作出投保与否的决策。

2. 物业内物品的火险。由于物业内物品在遭受火灾时所受到损失的程度和几率都较高,所以其保费也较高。除非物业管理者负责管理的建筑为单一业主所拥有,并清楚地知道物业内物品的数量和价值,否则很难掌握各单位内所存放的物品的数量并作出准确的估价来投保。

(三)物业综合险

对物业除了保火险外,通常对其他的风险,如地震、飓风、洪水、自动灭火系统漏水、破坏、暴动、空中运行物体坠落、水箱满溢或水管爆裂所引起的损失也进行保险。一般来说,对这些风险的保险可结合火险一起购买一个物业(财产)的综合险。

四、公众责任保险

公众责任保险，主要承保各种团体及个人在固定场所从事生产、经营等活动以及日常生活中由于意外事故而造成他人人身伤害或财产损失，依法应由投保人所承担的各种经济赔偿责任。它是一种无形财产保险，承保的是投保人的损害赔偿责任，是没有实际标的的。

（一）保险责任

公众责任保险承保的是被保险人在保险期限内，在保险地点发生的，由被保险人的侵权行为造成的依法应由被保险人承担的对第三者的民事赔偿责任。保险人承担的公众责任保险赔偿责任，包括被保险人应付给受害方的赔偿金和有关费用。这里要注意的几点是：①保险人在任何情况下均不承担任何刑事责任；②被保险人依法应承担对第三者人身伤害的经济赔偿仅指身体上的伤残、疾病、死亡，不包括受害人的精神伤害；③公共责任保险直接保险的对象是被保险人，受害人无权直接向保险人索赔；④有关费用指的是被保险人因侵权行为而应付给受害人的法律诉讼费用及经保险人事先同意的被保险人自己支付的费用。

（二）除外责任

公共责任保险的除外责任，包括以下 3 个方面：

1. 绝对除外责任。除了一般所共有的除外责任，如被保险人的故意行为、战争及政治动乱、人力不可抗拒的自然原因外，还有其特定的内容。例如，任何与被保险人一起居住的亲属引起的损害事故并不构成公众责任险的赔偿对象；由于震动、移动或减弱支撑引起的任何土地、财产或房屋的损坏责任。

2. 公众责任不能保，但其他保险可承保的除外责任，如为被保险人服务的雇员受到的伤害，被保险人所有或以其名义使用的各种机动车辆、飞机、船舶等引起的损害故事等。

3. 可以附加承保的除外责任，如公众场所被保险人占有或以其名义使用的电梯、起重机或其他升降机导致的损害事故，一般公众责任险不予承保，但可在基本保险单上扩展加保。

（三）保险费率及保险费的计算

1. 保险费率。没有固定的保险费率，而是视每一被保险人的风险情况逐笔议定费率。

2. 保险费是按赔偿限额选择适用的费率计算。一般分为3种:①有累计赔偿限额的:保险费 = 累计赔偿限额 × 适用费率;②无累计赔偿限额的:保险费 = 每次事故赔偿限额 × 适用费率;③其他,按经营场所的面积计算:保险费 = 场地占有面积 × 单位面积保险费。

(四)赔偿限额与免赔额

1. 赔偿限额是公众责任保险人承担经济赔偿责任的最高限额。由于公众责任险承保了人身伤害和财产损失两种情况,因此赔偿限额的计算有几种不同的方法:①规定每次事故的混合限额,无分项限额、无累计限额;②规定每次事故的人身事故和财产损失的分项限额,再规定保险期内累计赔偿限额;③规定每次事故赔偿限额,不分项,再规定整个保险期内累计赔偿限额。

2. 免赔额是保险人的免责限度。公众责任保险对他人财产损失一般规定了每次事故的免赔额。即无论受害人财产损失程度如何,保险人不负责赔偿免陪额以内的赔偿,而是由被保险人自己承担。

3. 法律费用的承担。如果被保险人承担的对第三者的赔偿金超过了赔偿限额,则法律费用按以下公式分摊:保险人应摊费用 = 全部法律费用 × 赔偿限额 ÷ 被保险人应付赔偿额。

DI 第十一章 SHIYIZHANG 物业管理经费与财务管理

第一节　物业管理经费的来源

为推动和规范物业管理的发展，国家和政府先后制定了一系列有关政策，建立了多渠道、多层次的物业管理经费筹集机制。

从总体上看，物业管理经费的来源主要有以下几个方面。

一、定期收取物业服务费

根据国家发展和改革委员会、建设部制定的《物业服务收费管理办法》（发改价格[2003]1864 号）（以下简称《收费管理办法》），物业服务企业可以而且应该就其提供的物业服务收费。该费用是指物业服务企业按照物业服务合同的约定，对房屋及配套的设施设备和相关场地进行维修、养护、管理，维护相关区域内的环境卫生和秩序，向业主收取的费用。简称物业服务费或物业费。

在物业管理经费的筹集中，物业服务收费应是物业管理经费长期稳定的主要来源。通过双方谈判，制定合理的收费标准，确保稳定的资金来源是每一个从事物业管理的物业服务企业必须面对的一个非常重要的问题。

二、物业共用部位、共用设施设备专项维修资金[①]

一个物业管理区域内有两个以及两个以上产权人的，建设部、财政部

---

① 原称为“物业共用部位、共用设施设备维修基金”。2007 年 10 月 1 日实施的修订后的《物业管理条例》，改为“物业共用部位、共用设施设备专项维修资金（简称专项维修资金）”。

制定了《住宅共用部位共用设施设备维修基金管理办法》(以下简称《维修基金管理办法》)(建筑房[1998]213号),非住宅商品房可以参考该办法执行。另外,《物业管理条例》也对专项维修资金的相关事宜作出了规定。

专项维修资金属于全体业主所有,专项用于物业共用部位、共用设备实施保修期满后的大中修和更新、改造。这些费用一旦需要支出,数额巨大,单靠日常管理收费无法负担,因此,有必要以资金的形式事先提取。

物业的共用部位是指物业主体承重结构部位(包括基础、承重墙体、柱、梁、楼板、屋顶等)、户外墙面、门厅、楼梯间、走廊通道等。

物业的共用设施设备是指物业区域内,由全体业主或部分业主共同拥有并使用的上下水管道、落水管、水箱、加压水泵、电梯、天线、供电线路、共用照明、消防设施、绿地、道路、沟渠、池井、非经营性停车场库、公益性文体设施和共用设施设备使用的房屋等。

物业共用部位、共用设施设备专项维修资金的筹集、使用与管理见本章第三节。

三、物业服务企业开展多种经营的收入和利润

在不向政府要钱、不增加业主和使用人的经济负担的情况下,物业服务企业可根据物业状况和自身情况,开展多种经营,创造经济效益,以业养业,补充物业管理经费的不足。

物业服务企业开展多种经营有以下两种情况:

(一)利用物业共用部位、共用设施设备进行经营活动

在征得相关业主、业主大会同意后,物业服务企业可以利用物业共用部位、共用设施设备进行经营活动。这种经营活动所得收益属于业主,应主要用于补充专项维修资金,经业主大会同意,也可弥补物业服务费的不足。

(二)利用自身条件,开展各种经营活动

物业服务企业可以利用自身条件,开展多种经营活动,如组建工程队,完善住宅小区配套建设,建小区围墙、停车场等,开办商店、餐饮、健身房、美容美发厅等。这些经济实体既为物业内住用人服务,也可向社会承接业务,用多种经营取得的部分利润,弥补管理经费的不足,实现以业养业的目的。此时的收入和利润,从性质上讲属于物业服务企业的收入和经营利润。其收入和利润事先无法准确地测算和预计,因此,这种收入和利润并

不属于物业管理经费的主要来源。之所以将物业服务企业开展多种经营的部分利润也作为物业管理经费的一个来源，主要是考虑目前我国物业管理的市场经济体制尚不完善，从推动物业管理的运作、建立物业管理良好声誉和人民群众经济承受能力的实际出发，而提出的在一定时期内的带有较强过渡色彩的措施。

四、政府多方面的扶持

考虑到目前我国的实际情况，广大居民的收入水平和低租金的住房政策，普通住宅物业管理经费完全由住户负担尚有一定困难。因此，为推动物业管理的发展，政府还在多方面对物业服务企业给予大力扶持。特别是对经济适用住房、按房改房政策出售的公有住房、普通居民住宅，物业服务收费实行政府指导价。其收费标准低于管理服务成本的，各地人民政府给予优惠政策。

目前，政府对物业管理的扶持主要体现在制定相关的政策和给予一定的资金支持，主要包括：①制定住宅小区物业服务收费办法和政府指导价，加强对收费的管理；②规定物业服务企业可享受国家对第三产业的优惠政策，在开展多种经营中可适当减免部分税金等；③《物业管理条例》第 52 条规定：供水、供电、供气、供热、通讯、有线电视等单位，应当依法承担物业管理区域内相关管线和设施设备的维修、养护责任。

五、开发建设单位给予一定的支持

开发建设单位为了自身的声誉和经济效益，对所建造的物业，尤其是住宅日后的物业管理也会给予必要的支持。其主要体现在完善物业的各种配套设施和环境的建设等。

六、业主的赞助

物业管理服务的质量直接关系到全体业主的切身利益，其中家庭经济状况较好的部分业主的赞助也是物业管理经费的来源之一。这种来源的前提是物业服务企业和业主之间建立的良好关系以及区域内业主之间的良好人际关系，业主大会可以设立专项赞助资金，所得款额用于物业管理费用的补充，以减轻小区内其他业主的负担。随着社会经济的发展和人民群众收入的提高，业主赞助会逐渐有所增加。

第二节 物业服务费的构成与测算

原国家计委、建设部1996年制定了《城市住宅小区物业管理服务收费暂行办法》(计价费[1996]266号),对物业管理服务收费作出了原则性规定。2003年11月,国家发展和改革委员会、建设部制定了《物业服务收费管理办法》,为保障业主和物业服务企业的合法权益,进一步调整和规范了物业服务收费行为。该办法自2004年1月1日起执行,同时废止原来的《城市住宅小区物业管理服务收费暂行办法》。

一、物业服务费的收费原则

《物业服务收费管理办法》规定,物业服务收费应当遵循合理、公开以及费用与服务水平相适应的原则。这是总原则,在物业管理的实际运作中,物业服务收费特别是费用的计算与确定,要遵循以下几点:

(一)合理

物业管理是有偿服务,物业服务企业提供管理服务是需要成本或支出的;作为企业,也应获取一定的利润。合理就是有偿服务的体现,指的是业主应对物业服务企业管理、资金、人力、技术的付出给予合理的补偿。

(二)公开

公开包括事先公开和事后公开。事先公开指收费标准要事先向业主明示,2004年7月,国家发改委和建设部联合发布了《物业服务收费明码标价规定》(发改价格[2004]1428号),对此作出了详细规定。事后公开指物业服务企业应当向业主大会或者全体业主公布物业服务资金年度预决算,并且每年不少于一次公布物业服务资金的收支情况。业主或者业主大会对公布的物业服务资金年度预决算和物业服务资金的收支情况提出质询时,物业服务企业应当及时答复。

(三)费用与服务水平相适应

物业管理服务是有不同档次、不同标准的。不同的服务水平对应着不同的收费,费用与服务水平相适应说的是按质论价、优质优价。

(四)竞争

国家提倡业主通过公开、公平、公正的市场竞争机制选择物业服务企业;鼓励物业服务企业开展正当的价格竞争,禁止价格欺诈,促进物业服务收费通过市场竞争形成。

(五)双方协商

物业服务费的确定在遵循上述几点原则的基础上,最后由业主和物业服务企业双方通过充分的协商确定,而不是哪一方单方说了算。

(六)政府监督

物业服务收费牵涉到广大业主和物业服务企业的切身利益,政策性很强。因此,必须切实加强政府价格主管部门和房地产行政主管部门对物业服务企业的服务内容及标准和收费项目及标准的监督。

二、物业服务费的定价形式和计费方式

(一)物业服务费的定价形式

《物业服务收费管理办法》第6条规定:物业服务收费应当区分不同物业的性质和特点,分别实行政府指导价和市场调节价。具体定价形式由省、自治区、直辖市人民政府价格主管部门会同房地产行政主管部门确定。

1. 政府指导价。物业服务收费实行政府指导价的,有定价权限的人民政府价格主管部门应会同房地产行政主管部门根据物业管理服务等级标准等因素,制定相应的基准价及其浮动幅度,并定期公布。具体收费标准由业主与物业服务企业根据规定的基准价和浮动幅度在物业服务合同中约定。

按照我国《价格法》的规定,政府指导价的确定应通过听证会,征求业主、物业服务企业和有关方面的意见后最终确定。同时,政府指导价的具体适用范围、价格水平,应当根据经济运行情况,按照规定的定价权限和程序适时调整。消费者、经营者可以对政府指导价提出调整建议。

2. 市场调节价。市场调节价,是指由经营者自主制定,通过市场竞争形成的价格。在实际招标和中标谈判中,通过市场竞争,物业服务收费实质是业主和物业服务企业双方协商的结果。实行市场调节价的物业服务收费,由业主与物业服务企业在物业服务合同中约定。

(二)物业服务计费方式及区别

《物业服务收费管理办法》第9条规定:业主与物业服务企业可以采取包干制或者酬金制等形式约定物业服务费用。包干制和酬金制是两种不

同的计费方式，下面简要介绍两种方式的特点、区别及适用条件。

1. 包干制。包干制是指由业主向物业服务企业支付固定物业服务费用，盈余或者亏损均由物业服务企业享有或者承担的物业服务计费方式。实行包干制时，物业服务费用的构成包括：物业服务成本、法定税费和物业服务企业的利润。

包干制的最大特点是无论管理好坏，经营盈亏均由物业服务企业承担，而与业主无关。实行包干制的前提是对物业服务费标准双方事先要有约定和承诺，即包干的具体额度。通常，实行政府指导价的物业，其物业服务收费实行包干制。当业主方对物业服务收费的测算和市场行情不甚明了时，往往对包干的额度把握不定，此时不宜实行包干制。

包干制是物业服务企业按照与业主双方约定的物业管理收费标准来收费，而不论管理得好坏、经营盈亏，物业服务企业的收费标准不变的一种合作模式。在这种模式下，节省的开支可能成为物业服务企业的利润。其特点是执行起来较为简单，利于小型的物业服务企业采用。同时，在业主委员会成员管理水平有限、精力有限的情况下，实行包干制省去了对物业服务企业进行账目监督和审计等问题，简便易行。

2. 酬金制。酬金制是指在预收的物业服务资金中按约定比例或者约定数额提取酬金支付给物业服务企业，其余全部用于物业服务合同约定的支出，结余或者不足均由业主享有或者承担的物业服务计费方式。

实行酬金制方式，预收的物业服务资金包括物业服务支出和物业服务企业的酬金。预收的物业服务支出属于代管性质，为所交纳的业主所有，物业服务企业不得将其用于物业服务合同约定以外的支出。如果物业服务收费采取酬金制方式，物业服务企业或者业主大会可以按照物业服务合同约定，聘请专业机构对物业服务资金年度预决算和物业服务资金的收支情况进行审计。

酬金制实质是实报实销制，物业服务企业按双方协商确定的预算预收基本费用，一个会计年度结束后进行决算并向业主多退少补。在这种模式下，物业服务企业只拿与业主事先约定好的酬金部分（酬金可事先约定提取比例或固定额度）。由于预收的物业服务支出是代管性质，所以采取酬金制，这笔支出不交纳相关税金。

从上述分析可以看出，酬金制更体现了市场经济的要求，更加透明化，一般较高档的物业适合选择酬金制的计费方式。

三、物业服务费的构成

物业服务费(X)实行包干制的,其构成包括:物业服务成本(X_1)、法定税费(X_2)和物业服务企业的利润(X_3)三部分,即

$$X = X_1 + X_2 + X_3$$

实行酬金制的,预收的物业服务资金(X),包括物业服务支出(X_1)和物业服务企业的酬金(X_4)两部分,即

$$X = X_1 + X_4$$

可见,包干制或者酬金制,物业服务费的构成最主要的是物业服务成本或者物业服务支出。其构成一般包括以下部分:①管理、服务人员的工资、社会保险和按规定提取的福利费等;②物业共用部位、共用设施设备日常运行、维护费用;③物业管理区域清洁卫生费用;④物业管理区域绿化养护费用;⑤物业管理区域秩序维护费用;⑥办公费用;⑦物业服务企业固定资产折旧;⑧物业共用部位、共用设施及公众责任保险费用;⑨经业主同意的其他费用。

物业共用部位、共用设施设备的大、中修和更新、改造费用,应当通过专项维修资金予以列支,不得计入物业服务支出或者物业服务成本。

需要说明的是,在物业管理区域内,由物业服务企业接受委托代替收取供水、供电、供气、供热、通讯、有线电视等费用的,其委托手续费应向委托单位收取,不得向业主收取手续费等额外费用。

四、物业服务费的测算

(一)住宅小区公共性物业服务收费标准测算的原则

住宅小区公共性物业服务收费标准由各地根据本地区综合服务项目、劳动付出状况、物价指数变化、住户的经济承受能力,以及住宅小区的档次制定。

物业管理费的测算,在坚持以上原则的基础上,按其构成,分项具体测算。可分为以下几个步骤:

1. 根据住宅小区的规模、档次和管理目标,设立岗位,配备相应能力的人力资源。

2. 估算住宅小区进行统一管理、达到确定的管理目标,所发生的各类各项费用。

3. 考虑统一管理能取得的社会效益、环境效益和经济效益。

(二)物业服务成本或物业服务支出测算的具体方法

物业服务成本或物业服务支出的测算可用一个简单公式来进行:

$$X_1 = \sum_{i=1}^{9} x_i (i = 1,2,3,\cdots,9)$$

式中:X_1——物业服务成本或者物业服务支出收费标准,单位为:元/月·平方米;

x——各分项费用收费标准,单位为:元/月·平方米;

i——分项项数;

$\sum$——对各分项费用算术求和。

1. 管理、服务人员的工资、社会保险和按规定提取的福利费等(x_1)。该项费用指物业服务企业的人员费用。包括:基本工资、社会保险和按规定提取的福利费、加班费和服装费。

(1)基本工资(F_1,元/月)。各类管理、服务人员的基本工资标准根据企业性质,参考当地平均工资水平确定。

(2)社会保险费(F_2,元/月)。包括医疗、工伤保险、养老保险、待业保险、住房基金(含住房公积金)等,应根据当地政府的规定由企业确定。

(3)规定提取的福利费(F_3,元/月)。包括以下3项:①福利基金,按工资总额的14%计算;②工会经费,按工资总额的2%计算;③教育经费,按工资总额的1.5%计算。上述3项费用之和即为按规定提取的福利费。

(4)加班费(F_4,元/月)。加班费按人均月加班2~3天,再乘以日平均工资计算,日平均工资按每月22个工作日计算。

(5)服装费(F_5,元/月)。按每人每年2套服装计算,其服装标准由企业自定。住宅小区物业服务企业一般应不超过中档服装标准。计算出年服装费总额后再除以12个月,即得每月服装费。

该项费用的测算方法是根据所管物业的档次、类型和总收费面积,先确定各级各类管理、服务人员的编制数;然后确定各自的基本工资标准,计算出基本工资总额;再按基本工资总额计算上述各项的金额;汇总后即为每月该项费用的金额,最后分摊到每月每平方米。

其测算公式为:

$$x_1 = \frac{F_1 + F_2 + F_3 + F_4 + F_5}{S}(\text{元/月·平方米})$$

式中：S——总收费面积（单位为平方米）。

2. 物业共用部位、公用设施、设备日常运行、维修及保养费（x_2）。该项费用包括小区楼宇内共用部位及小区道路环境内的各种土建零修费；各类共用设施、设备的日常运行、维修及保养费，不包括业主拥有房产内部的各种设备、设施的维修、养护、更新费用；公用天线保养维修费用；高压水泵的运行、维修费用；冬季供暖费。这些费用按国家和当地的现行规定与标准另行收取。

物业共用部位，公用设施、设备日常运行、维修及保养费可按以下两种办法进行测算：

（1）成本法。先分别测算各分项费用的实际成本支出，然后再求和。该项总费用大致包括以下各分项：

①共用部位及道路的土建零修与保养费（F_1，元/月）。

②给排水设备日常运行、维修及保养费（F_2，元/月）。包括维修保养费及电费。电费的计算公式如下：

$$电费 = W \times 24 \times a \times 30 \times P_{电}$$

式中：W——设备用电总功率；

a——使用系数＝平均每天开启时间/24；

30——每月天数；

$P_{电}$——电费单价（元/度）。

③电气系统设备维修保养费（F_3，元/月）。

④燃气系统设备维修保养费（F_4，元/月）。

⑤消防系统设备维修保养费（F_5，元/月）。

⑥公共照明费，包括大厅、门厅、走廊的照明及路灯、装饰灯（含节日装点灯）费用（F_6，元/月）。包括维修保养费及电费。电费的计算公式如下：

$$电费 = (W_1 \times T_1 + W_2 \times T_2 + \cdots) \times 30 \times P_{电}$$

式中：W_1——表示每天开启时间为 T_1（小时）的照明电器的总功率（千瓦/小时）；

T_1——表示每日开启的时间（小时）。

上述各项的维修保养费均是一个估算值或经验值。

⑦不可预见费（F_7，元/月）。可按 8% ~10% 计算① ~ ⑥项的不可预见费。

⑧易损件更新准备金（F_8，元/月）。易损件更新准备金指一般共用设

施设备的更新费用，如灯头、灯泡、水龙头等。不包括重大设施设备的更新费用。其测算公式为：

$$F_8 = \frac{\sum(M_i + I_i)}{12 \times Y_i}$$

式中：M_i——一般公共设施的购置费，包括照明系统、给排水系统、电气系统、消防系统等；

I_i——各设施的安装费用；

Y_i——各设施的正常、安全使用年限。

此项费用也可分别计入各相关项目的维修保养费中，而不单独列出。

将上述8项费用求和后，再除以总收费面积，即得到每月每平方米应分摊的费用，公式为：

$$x_2 = \frac{\sum_1^8 F_i}{S}$$

式中：S——总收费面积（单位为平方米）。

（2）简单测算法。以住宅每平方米建筑成本为基数，普通多层住宅共用设施设备建造成本，按住宅建筑成本的15%～20%计取，折旧年限按25年计算，每月/平方米建筑面积应分摊的共用设施的维修保养费，按月折旧费的40%提取。其计算公式：

$$x_2 = \frac{\text{每平方米建筑成本} \times 15\%}{25\text{年} \times 12\text{月/年}} \times 40\%$$

上述两种测算方法，简单测算法简便易行，一般适用于普通住宅小区的费用测算。测算时，要注意建筑成本应取现时同类住宅的建筑成本计算。成本法需要较多的物业管理实践与经验，一般适用于高档住宅和写字楼、商贸中心等物业的费用测算。

3. 物业管理区域清洁卫生费用（x_3）。清洁卫生费，指楼宇内共用部位及小区内道路环境的日常清洁保养费用。包括：①清洁工具购置费（如垃圾桶、拖把等）（F_1，元/年）；②劳保用品费（F_2，元/年）；③卫生防疫消杀费（F_3，元/年）；④化粪池清淘费（F_4，元/年）；⑤垃圾外运费（F_5，元/年）；⑥清洁环节所需的其他费用（F_6，元/年）。

可按实际情况计算出各项年总支出，求和后再分摊到每月每平方米收费面积。其公式如下：

$$x_3 = \frac{\sum_{1}^{6} \text{各项费用年支出}}{12 \times \text{总收费面积}} = \frac{\sum_{1}^{6} F_i}{12 \times S}(\text{元 / 月 · 平方米})$$

4. 物业管理区域绿化养护费用(x_4)。小区环境内绿化的养护费用包括:绿化工具费(如锄头、草剪、枝剪、喷雾器等)、劳保用品费(手套、口罩、草帽等)、绿化用水费、农药化肥费用、杂草杂物清运费、补苗费、小区环境内摆设的花卉等项费用。

(1)成本法。绿化管理费包括以下各项:①绿化工具费(F_1,元/年);②劳保用品费(F_2,元/年);③绿化用水费(F_3,元/年);④农药化肥费(F_4,元/年);⑤杂草清运费(F_5,元/年);⑥景观再造费(F_6,元/年),此项包括补苗费、环境内摆设花卉等费用。

上述各项费用通常按年估算,除以 12 个月和总收费面积即得出每月每平方米应分摊的绿化管理费。

$$\text{绿化管理费 } x_4 = \frac{\sum_{1}^{6} F_i}{12 \times S}(\text{元 / 月 · 平方米})$$

(2)简单测算法。按每平方米绿化面积确定一个养护单价,如 0.10 ~ 0.20 元/月 · 平方米,乘以总绿化面积再分摊到每平方米建筑面积。

绿化面积用总建筑面积除以容积率再乘以绿化覆盖率计算,也可按实际绿化面积计算。计算公式为:

$$\text{绿化管理费 } x_4 = \frac{\text{绿化面积} \times \text{养护单价}}{\text{总收费面积}}(\text{元/月 · 平方米})$$

$$\text{绿化面积 } m^2 = \frac{\text{总建筑面积}}{\text{容积率}} \times \text{绿化覆盖率(平方米)}$$

5. 物业管理区域秩序维护费(x_5)。这里的秩序维护费指封闭式小区公共秩序的维持费用,秩序维护包括小区日常的保安和交通、消防等秩序的维护,其费用主要体现在保安费用上。

(1)保安器材装备费(F_1,元/年)。包括:保安系统日常运行电费、维修与保养费;日常保安器材费(如对讲机、警棍等);更新储备金。其计算公式为:

$$\text{更新储备金} = (M_{\text{保}} + I_{\text{保}})/Y$$

式中:$M_{\text{保}}$——保安系统购置费;

$I_{\text{保}}$——保安系统安装费;

Y——保安系统正常使用年限。

(2)保安人员人身保险费(F_2,元/年)。

(3)保安用房及保安人员住房资金(F_3,元/年)。

按实际情况计算各项年总支出,求和后再分摊每月每平方米收费面积。

$$秩序维护费用\ x_5 = \frac{年总支出}{12 \times 总收费面积} = \frac{\sum_{1}^{3} F_i}{12 \times S}$$

6. 办公费用(x_6)。办公费用指物业服务企业开展正常工作所需的有关费用。包括:①交通费(含车辆耗油、维修保养费、车辆保险费、车辆保养费、车辆养路费等)(F_1,元/年);②通讯费(电话费、传真费、传呼机服务费、电报费等)(F_2,元/年);③低值易耗办公用品费(如纸张、笔墨、打印复印等)(F_3,元/年);④书报费(F_4,元/年);⑤广告宣传社区文化费(F_5,元/年);⑥办公用房租金(含办公用房水电费)(F_6,元/年);⑦其他杂项(F_7,元/年)。

上述各项费用一般按年先进行估算,汇总后再分摊到每月每平方米收费面积。对已实施物业管理的住宅小区,可依据上年度的年终决算数据得到该值。办公费计算公式为:

$$办公费用\ x_6 = \frac{年各项费用之和}{12\ 月 \times 总收费面积} = \frac{\sum_{1}^{7} F_i}{12 \times S}$$

7. 物业服务企业固定资产折旧费(x_7)。该项费用指物业服务企业拥有的各类固定资产按其总额每月分摊提取的折旧费用。各类固定资产包括:①交通工具(汽车、摩托车、自行车)(F_1,元/年);②通讯设备(电话机、手机、传呼机、传真机)(F_2,元/年);③办公设备(桌椅、沙发、电脑、复印机、传真机等)(F_3,元/年);④工程维修设备(管道疏通机、电焊机等)(F_4,元/年);⑤其他设备(F_5,元/年)。

按实际拥有的上述各项固定资产总额除以平均折旧年限,再分摊到每月平方米收费面积。计算公式为:

$$固定资产折旧费\ x_7 = \frac{固定资产总额}{平均折旧年限 \times 12\ 月 \times 总收费面积} = \frac{\sum_{1}^{5} F_i}{5 \times 12 \times S}(元/月 \cdot 平方米)$$

固定资产平均折旧年限一般为 5 年。

8. 物业共用部位、共用设施设备及公众责任保险费用(x_8)。共用部位和共用设施设备及公众责任保险费用是《物业服务收费管理办法》实施后出现的一项新的收费内容，将成为今后物业支出的一项。其中共用部位、共用设施设备保险费用，是物业服务企业代替业主交纳的保险费用，公众责任保险费用是由于物业管理工作特殊性决定的一项保险费用。这两类保险费用通常据实计算，计算公式为：

$$x_8 = \frac{F}{S}$$

式中：F——物业服务区域内总共交纳的共用部位、公用设施设备及公众责任保险费用；

S——总收费面积(单位为平方米)。

9. 经业主同意的其他费用(x_9)。该部分费用为业主和物业服务企业共同协商决定的费用，如业主大会、业主委员会活动经费由全体业主分摊，经全体业主同意，可以将其按照面积分摊的方式计算在公共性服务收费中。但是，如果是个别业主的意愿(愿意多出一份力，提高小区内的物业服务质量)，则可以让物业服务企业将该部分收入划入“赞助费用取得”，作为物业服务企业资金收入的一部分。

(三)法定的税费

物业服务收费如实行包干制，其费用第二部分是法定税费(X_2)。法定税费指按现行税法，物业服务企业在进行企业经营活动过程中应交纳的税费。物业服务企业享受国家第三产业的优惠政策，应交纳的税费主要是营业税及附加，即两税一费。

1. 营业税(F_1)(元/月·平方米)。营业税按企业经营收入的5%征收。以物业服务成本作为基数再乘5%即得每月每平方米应分摊的数额。即

$$F_1 = X_1 \times 5\%$$

2. 城市维护建设税(F_2)(元/月·平方米)。城市维护建设税按企业营业税的7%征收，每月每平方米分摊的数额为：

$$F_2 = F_1 \times 7\%$$

3. 教育附加费(F_3)(元/月·平方米)。教育附加费按营业税的3%征收，每月每平方米应分摊的数额为：

$$F_3 = F_1 \times 3\%$$

两税一费合计为经营总收入的5.5%。即

$$X_2 = F_1 + F_2 + F_3 = X_1 \times 5.5\%$$

在计算营业税时，企业的经营总收入不包括物业服务企业代有关部门收取的水费、电费、燃（煤）气费、房租及维修资金，即对这些费用不计征营业税，但是对委托单位支付给物业服务企业的手续费部分要计征营业税。

（四）物业服务企业的利润

物业服务企业作为独立的自负盈亏的经济实体，也应获得一定的利润 X_3。利润率由各省、自治区、直辖市政府物价主管部门根据本地区实际情况确定的比率计算。普通住宅小区物业管理的利润率一般不高于社会平均利润率。将 X_1 与 X_2 之和乘以利润率即得到每月每平方米建筑面积分摊的利润额。计算公式为：

$$X_3 = (X_1 + X_2) \times a \text{（元/月·平方米）}$$

式中：a——利润率。

（五）物业服务企业的酬金

实行酬金制的物业服务企业，酬金的提取通常有两种计算方式，即固定提取比例和固定提取数额。

固定提取比例是指双方事先约定酬金提取的比例，如 8%，10%。此时要明确的是以实际年终决算的物业服务支出为计取基数，还是按事先约定的预收资金为计取基数。此时，

$$X_4 = X_1 \times k$$

式中：k——事先约定的提取比例。

公式中 X_4 暂取前面计算的物业服务支出。

固定提取数额，是指双方事先约定不管年终决算物业服务支出的多少，每年或每月提取固定数额的酬金（f）。此时，每平方米物业收取的酬金数额为：

$$X_4 = \frac{f}{S} \text{（元/月·平方米）}$$

（六）物业服务费用计算和确定时需要注意的几个问题

在物业服务费用的测算过程中还有几个问题需要特别提及，应引起注意。

1. 前期物业管理的费用测算。《物业管理条例》规定，建设单位应当在销售物业之前，制定业主临时公约、选聘物业服务企业，签订前期物业服务合同。前期物业服务合同至业主委员会与物业服务企业签订新的物业服

务合同生效时终止。从中可以看出，前期物业服务合同包括两个阶段：合同签订之日起到物业的正式交接（业主开始入住）；正式交接后到新的物业服务合同生效。这两个阶段由于物业服务企业的人力、物力和责任均不同，所以支出的费用也不同。

（1）顾问费和开荒费。在前期物业管理的第一阶段，由于物业未正式交接，物业服务企业不可能全面进住，只是发挥咨询、顾问作用和进行各项准备工作。咨询、顾问发生的费用称为前期顾问费；进行各项准备工作，通常称为开荒，发生的费用称为开荒费。这两笔费用由双方根据投入的人力、物力、财力和工作的范围协商议定。

（2）固定资产投入。任何物业服务企业进行物业管理服务，都需要配备一些固定资产，例如，办公、通讯、交通、工程维修等设备与器械。在物业服务成本或者物业服务支出的构成中，均列入了固定资产折旧这一项，就是对此的补偿。问题在于最初购买固定资产的费用由谁支付、如何支付值得注意。一般固定资产的购置有3种办法，相应的固定资产的产权归属是不同的。

①物业服务企业自行出资购置。此时，每年的折旧费由物业服务企业提取，固定资产产权属于物业服务企业。

②物业服务企业向业主方借资购买。此时，每年的折旧费由物业服务企业提取后还给业主（通常，此笔费用不计取利息），固定资产产权属于物业服务企业，物业服务企业更换时，可带走剩余的固定资产。

③业主方出资自行购买，交由物业服务企业使用。同样，每年折旧费由物业服务企业提取后付给业主，但固定资产产权属业主。物业服务企业更换时不能带走剩余的固定资产。

这里需要强调的是，物业服务企业无权也不应该向业主方要求所谓的“物业管理启动费”。

（3）保修期内维修费用的计算。物业在竣工交付使用后都有一个法定的保修期。在保修期内，原施工方应对共用部位（比如道路、场地等）实行保修；一些大型设施、设备的供应商应对提供的设施、设备提供保修和一定期间的养护（如电梯、水泵等）。保修期通常1～2年，在保修期内，发生的维修、养护费用除甲方责任外，由乙方（施工方或设备供应商）负担。因此，在前期物业管理中业主入住后的第一年内，一方面因为是新建物业，共用部位、共用设施设备发生损坏的概率很小；另一方面，发生后的维修费用大部分由乙方负担。所以,第一年的物业服务费用中这一部分应有相应的扣除或减少。通常第一年的收费标准单算,低于以后的收费标准。

2. 物业服务企业的酬金提取问题。我们在前面有关物业服务企业的酬金一节中已经说过,实行酬金制的,酬金的提取通常有两种计算方式:固定提取比例和固定提取数额。显然,这两种计算酬金的方式都不利于激励物业服务企业努力提高管理水平,减少支出。因此,如何调动和激励物业服务企业的积极性,在确保物业管理服务水平不降低的情况下,减少各类开支,尽量节约服务成本,是值得认真研究的。按照市场经济共赢的原则,可采用浮动的酬金计算方式。即先确定一个基本的物业服务支出总额和相应的提取比例或提取数额,在年终决算时,如果物业服务水平达到合同要求,而实际支出小于原定的支出额时,可相应提高酬金的提取比例或提取数额。

3. 物业服务费的收缴率问题。由于多种原因,物业服务费的收缴率不可能达到100%,这就产生了漏交的问题。如果将因个别业主漏交、拒交而造成的损失摊到其他业主身上,显然是不合理的。

解决这一问题的正确途径是:①要广泛宣传,让全体业主明了物业服务费的实质是属于全体业主的,不交费、不按期交费的业主侵占的是其他按时交费的业主的利益;②在物业服务合同的谈判和签订时,双方有必要确定一个基本收缴率,如业主方应保证缴费率达到95%或90%以上,如达不到基本收缴率,则业主方违约;③当个别业主逾期(通常3个月)不交纳物业服务费用时,业主委员会应当督促其限期交纳,逾期不交纳的,业主委员会可以出具证明,物业服务企业据此可以向人民法院起诉;④通常拒交费用的业主会说出种种拒交费用的原因或理由,如对物业服务企业的某种做法有意见,或认为物业服务企业侵犯或损害了自己的利益等,对此,应另案处理。处理这类问题的基本原则是该交费先交费,因为费用和全体业主有关,存在的问题该解决的也要解决,这些问题是与物业服务企业或与个别人有关,不能把这两类不同的问题混在一起。

4. 住宅小区内非住宅物业的收费问题。在同一住宅小区内,会有部分物业属于经营性用房,如底商。对此类非居住性质的房屋,物业服务费如何收取是个值得研究的问题。首先应分清此类用房的产权性质,如是属于全体业主的共用部位用于经营,其经营收益属于业主,其物业服务费是否收取、收取多少均已含在其经营成本或收益中,故不存在问题。对于产权属于个人,而用于经营性的房屋,物业服务费收取多少,是否与用于居住的房屋收取同一标准的物业服务费,一直未有明确的规定。依据业主自治的原则,这一问题可由全体业主共同商定。考虑到此类房屋的经营性的特点,人流、物流频繁,其收费原则上高于居住房屋的收费标准。

5. 物业服务费用的调整问题。物业服务合同是有期限的,在此期限内,对于实行包干制的物业服务费能否调整,如何调整也是一个值得考虑的问题。随着经济的发展,全社会的工资水平在上升,物价指数稳中有升,水、电等能源费也在逐步上调,这些都直接导致物业服务成本或者支出的增加。如果收费标准一定几年不变,则有失公允,也不利于物业管理行业的发展。因此,在物业服务合同洽谈时,双方应对物业收费的调整作出具体约定。例如,实行政府指导价的,政府指导价调整时,物业服务费做相应调整;当消费指数上升超过某一数值时,物业服务收费作部分调整;此外,还有当地最低工资标准的提高,水、电等能源费用的上升等等。

第三节　维修资金的筹集、使用与管理

《物业管理条例》规定,住宅物业、住宅小区内的非住宅物业或者与单幢住宅楼结构相连的非住宅物业的业主,应当按照国家有关规定交纳专项维修资金。专项维修资金属业主所有,专项用于物业保修期满后物业共用部位、共用设施设备的维修和更新、改造,不得挪作他用。

由于维修资金是住房制度改革后出现的一个新事物,所以《维修基金管理办法》对维修资金的筹集、使用与管理作出了较详细而具体的规定。

一、维修资金的筹集

维修资金的筹集,分以下两种情况:

(一)商品房销售

商品房在销售时,购房者与售房单位应当签订有关维修资金交纳约定。购房者应当按购房款2% ~3%的比例向售房单位交纳维修资金,收取比例由省、自治区、直辖市人民政府房地产行政主管部门确定。如北京市规定,商品住宅购房者应按购房款的2%交纳。售房单位代为收取的维修资金属于全体业主共同所有。

(二)公有住房出售

公房出售以后,维修资金由售房单位和购房人双向筹集。

1. 售房单位按照一定比例从售房款中提取，原则上多层住宅不低于售房款的 20%，高层住宅不低于售房款的 30%，该部分维修资金属售房单位所有。

值得注意的是，《维修资金管理办法》给出的公房出售单位筹集维修资金的提取比例是下限。考虑公房竣工使用年限的不同，应在此下限的基础上根据房屋竣工使用年限的不同制定不同的提取比例。《中央国家机关公有住房售后共用部位共用设施设备维修资金归集管理使用暂行办法》规定：售房单位从其售房款中按多层住宅竣工 10 年以下 25%、竣工 10 年（含 10 年）以上 35%；高层住宅竣工 10 年以下 35%、竣工 10 年（含 10 年）以上 40% 的比例提取。

2. 购房者按购房款 2% 的比例向售房单位交纳维修资金。售房单位代为收取的维修资金属全体业主共有，不计入住宅销售收入。

不管是商品住宅销售后还是公有住房出售后，如遇到某些重大原因，维修资金不敷使用时，经当地房地产行政主管部门或业主委员会研究决定，按业主占有的住宅面积比例向业主续筹。具体办法由市、县人民政府制定。

二、维修资金的使用与管理

（一）维修资金的使用

维修资金的使用执行《物业服务企业财务管理规定》，专款专用，专项用于住宅共用部位、共用设施设备保修期满后的大中修、更新与改造。

业主委员会成立前，维修资金的使用由售房单位委托的物业服务企业提出使用计划，经当地房地产行政主管部门审核后划拨。业主委员会成立后，维修资金的使用由物业服务企业提出年度使用计划，经业主委员会审核后实施。

这里有两点需注意：一是维修资金必须专款专用，不得挪作他用，当物业服务费不足时，也不能挪用维修资金本金；二是维修资金的使用不能由物业服务企业说了算，必须经过相应的审核，如果业主委员会无能力审核，可请政府主管部门、银行或有关机构审核。

（二）维修资金的管理

维修资金属于代管资金，因此，必须加强对维修资金的管理。其要点主要有：

1. 如何代管:

(1)业主委员会成立以前,维修资金由当地房地产行政主管部门代管。具体做法是:商品房销售,在业主办理房屋权属证时,销售单位将代收的维修资金移交给当地房地产行政主管部门代管。公有住房销售,出售单位应将双向筹集的维修资金移交给当地房地产行政主管部门下设的维修资金管理中心或公积金管理中心。

(2)业主委员会成立后,经业主委员会同意,房地产行政主管部门将维修资金移交给物业服务企业代管。物业服务企业应在受托银行开设维修资金专户。物业服务企业代管的维修资金,应当定期接受业主委员会的检查和监督。

(3)物业服务企业发生变更时,代管的维修资金账目经业主委员会审核无误后,应当办理账户转移手续。账户转移手续应当自双方签字盖章之日起 10 日内送当地房地产行政主管部门和业主委员会备案。

2. 维修资金的利息及使用:

(1)维修资金应当在银行专户存储,专款专用。维修资金自存入维修资金专户之日起按规定计息。

(2)为了保证维修资金的安全,维修资金闲置时,除可用于购买国债或者用于法律、法规规定的其他范围外,严禁挪作他用。

(3)维修资金净收益转作维修资金滚存使用和管理。经业主大会同意,维修资金的净收益部分可用于弥补物业服务费的某些不足。

3. 维修资金明细户的设置。维修资金明细户一般按单幢住宅设置,对带有电梯的住宅,应按单元设置。具体办法由市、县房地产行政主管部门制定。业主转让房地产所有权时,结余的维修资金不予退还,随房屋所有权同时过户。

4. 维修资金结余。因房屋拆迁或者其他原因造成住房灭失的,维修资金代管单位应当将维修资金账面余额按业主个人交纳比例退还给业主。

5. 维修资金的监管。考虑到维修资金牵涉到全体业主的共同利益,《维修基金管理办法》规定:各级房地产行政主管部门和财政部门负责指导、协调、监督维修资金的管理和使用。

市、县财政部门和房地产行政管理部门应当制定维修资金使用计划报批管理制度、财务预决算管理制度、审计监督制度以及业主的咨询和对账制度等。

第四节 收益性物业的物业服务费构成与测算

一、收益性物业物业服务费用测算的特点

由于大多数收益性物业都有其自身的特点，其费用项目还可能由于物业类型、规模以及物业服务合同的不同而有所差别，可根据实际需要将有关收支项目进一步细化或合并。

收益性物业管理中的收入包括租金收入和其他经常性收入。经营费用的数量和类型依物业类型和规模及所处的地区而有所不同，但仍存在物业管理行业公认的通用费用项目。在与国家规定的物业服务费用构成不矛盾的前提下，每一个物业服务企业都可以用自己的方式来定义费用，某些费用项目还可能需要进一步细分，以适应特定物业在管理过程中对经营费用管理的需要。此外，有时业主也要求采用一种特定的费用分类方式。

二、收益性物业的物业服务费用的构成

（一）人工费

物业管理及服务人员的工资和福利应列在一个科目下，但有时需要进一步分列会计明细科目，如工资、补贴、劳保福利和国家或地方政府要求交纳的保险费（如医疗、失业保险）、统筹费、公积金（如住房公积金）等。为了了解人工费在不同工作岗位上的分布，还可以将人工费按员工的工作岗位分别列入物业经营费用中的有关子项（如行政管理、保养、维护、清洁卫生、保安等）中去。此时工资、福利等不是列在人工费科目下，而是列在物业经营管理费的有关子项下，但要便于集中统计人工费。

人工费一般在每月的月中支付一次（也可以按每周、每两周或每半个月支付一次），租金收入一般是在每月的月初收取。所以，从财务管理的角度来说，月初可集中精力进行租金的收缴工作，月中就可以从本月收取的租金中支付人工费和其他费用，月末就得到可以交给业主的物业净经营收入，在需要加班工作时，还要计算并向员工支付加班费。

（二）共用部位、共用设施设备日常运作、维修及保养费

1. 维修与保养费。该项费用主要用于核算物业外部和内部的总体维修和保养费用支出。建筑物内、外立面的清洗、电梯维修与保养、锅炉检查

和维修、空调维修与保养、小型手动工具和防火设备购置等通常都列在维修与保养科目下。其他与此相关的费用包括:管件、供电设备、地面修补和地毯洗涤费等。支付给负责物业维修与保养工作承包商的费用应该在物业维修与保养费科目下分列。

2. 室内装修费。室内装修费是一项开支较大的经营性费用,所以经常与维修和保养费分列。室内装修科目一般包括:材料费(墙纸、涂料等)、工器具和设备使用费(摊销)、人工费、管理费和承包商利润(如果将该工作发包给承包商的话)。

3. 生活用水和污水排放费。该项费用随季节而有所变化。大多数物业同时收取生活用水和污水排放费用,因为在一宗物业中污水排放的数量与生活用水的使用量有关。

4. 能源费(电、气、油料等)。为了较准确地计算,该项费用可能要根据物业所消耗能源的类型进一步划分为几个详细科目。能源费一般每月支付一次,各种能源的价格可能经常调整,所以尽管每月各类能源的使用量相对变化不大,但每月应支付的能源费也会有所差别。如果能源费由租客承担(例如,在商业物业中),则物业服务企业还要增加一个细目,以便按租金比例计算和收取每个租客应交纳的能源费。对于共用部位的能源费,要视每个租客使用物业的时间和方式不同,进行合理分摊。

5. 康乐设施费。健身设备主要在写字楼物业中,供租客的员工使用。健身设备、游泳池和其他康乐设施的维修、保养和日常使用属于康乐设施费范畴。康乐设施中每一项具体的服务内容还可单独分列费用细目,以便使物业服务企业可以通过汇总各单项设施的费用支出情况,得出所有康乐设施运营成本。救生员、器械使用指导员和其他康乐服务人员的工资可以在这里计入,也可以在人工费项目中记录。

6. 杂项费用。该项费用主要记录那些为保持物业正常运转而需支出的非经常性的、零星的费用项目。停车位画线、配钥匙、修理或重新油漆物业内外的标志或符号等所支付的费用常列在该项。还要考虑地区性和季节性的问题,例如,在我国北方地区清扫积雪的费用可能要单列费用细目,但在南方地区就可以列入杂项费用;在南方防止虫害就要分列项目,但在北方就可列入杂项费用。

(三)清洁卫生费

清洁卫生费所包括的范围主要取决于清洁卫生工作所负责的楼面面

积大小。包括:建筑物内外地面的清扫、大堂和走道地面打蜡、洗手间的清扫和消毒以及垃圾清运费用。对单元内部使用空间的清洁卫生工作,要视租赁合约的情况而定,如物业服务企业负责单元内部使用空间的清洁卫生,则应单独列项,即与共用部位的清洁卫生费用分开管理。

大型物业一般要和城市的环卫公司签订合约,请其负责垃圾清运工作。垃圾清运费用的数量主要取决于物业每月需清运的垃圾的数量(重量和体积),或需设置的垃圾筒的数量以及需要垃圾清运车的数量。

(四)绿化管理费

绿化管理费主要取决于物业环境绿化面积的大小和美化大堂、楼道等公共部位而支付的花卉等费用支出。

(五)秩序维护费用

秩序维护费用主要体现在区域内的保安费用上。大多数物业服务企业都与保安公司签订保安合同,请保安公司提供保安服务。其他与安全有关的费用支出常列在相应的直接费用中,例如,停车位和共用部位的夜间照明费用应计入能源费的电费中;如果是非保安人员负责出入登记工作,则其工资、福利等支出就计入人工费中。

(六)办公费

办公费是一个宏观的概念,包括:零星办公用品、低值易耗品支出、邮寄费和其他与现场办公室运作相关的费用,如常年聘请法律顾问的费用等。此外,广告宣传及市场推广费也可列入办公费或单列。有时一些非标准的收费如报税准备费等也在办公费支出。

低值易耗品费用主要包括那些经常更新的日常消耗品的费用支出。物业服务企业可利用该项记录那些可以大宗购买的日常消费品支出,不定期的购买或不经常更新的材料有时也可计入该项。写字楼物业的日常消耗品供应常计入办公费。清洁卫生工作中的消耗材料费用可以包括在清洁卫生费或物业保养费中。

广告宣传和市场推广费用是办公费的一个子项目,其支出的数量取决于物业的空置水平、市场的供求状况、通讯物业的新旧程度。新落成的物业较之已经在市场中树立起形象的物业要花费更多的市场推广费用。该项费用的实际支出应单独管理。

法律费用是办公费中的又一重要子科目。经常出现在该费用科目下的支出包括:为催收拖欠租金而诉诸法律的费用、预估房产税的支出、定期检查法律文件(如租约、合同等)等费用支出等。视物业的规模和进行法律咨询的频率不同,律师费是该项下的经常费用。

(七)固定资产折旧费

固定资产折旧费指物业服务企业拥有的交通、通讯、办公、工程修理及各类设备、机械等固定资产的折旧支出。其折旧年限通常统一按5年计算。按固定资产总额分摊到每月,逐月提取,单独设立科目。

(八)共用部位、设施设备及公众责任保险费用

共用部位、设施设备及公众责任保险费用由物业产权人支付,由物业服务企业代替交纳。

(九)经业主同意的其他费用

经业主同意的其他费用由业主和物业服务企业协商确定,一般根据具体情况调整。

(十)不可预见费

收益性物业管理中常有一些预计不到的费用支出,如短期内物价的上涨、意外事件的发生等。为此,在经营费用的测算过程中,通常列入一项不可预见费,可按前9项费用的5%计算。不可预见费应单独设账,其支出应严格控制。

(十一)法定税费

法定税费包括:营业税及附加,按上述各项总和的5.5%计税,按月交纳。

(十二)企业管理费及利润

物业服务企业的管理费和利润通常是占物业有效毛租金收入的一定百分比,如果有效毛租金收入低于预计的某一数值时,还可以确定物业管理费和利润的一个最低值。其具体比例可根据政府有关规定和当地物业管理市场情况确定。通常,从事收益性物业的管理,其企业管理费和利润的提取比例高于从事居住物业的物业管理。

(十三)房产税

对收益性物业来说,业主应交纳房产税。我国城市房产税的征收分为按租金征收和按房产原值征收两种情况,按年计征,分期交纳。按租金征收时税率为12%,按房产原值征收时税率为1.2%。该税在有些地方每月

征收一次,有些地方半年或一年征收一次。但物业服务企业在确定该项费用的预算时一般是以月为基础的,也就是说用每月留出来的房产税供需要交纳房产税时使用。对于商场和写字楼等商业物业,有些租约规定交纳房产税的义务由租客承担,或以租金的一定比例向租客另外收取(即租金中不含房产税),作为物业服务企业的代收代交费用。该项代收代交费用可以按月估算和收取,由物业服务企业存入专项账户,以便在需要交纳房产税时使用。

应该指出的是,每一宗物业由于其用途、档次、所处城市和物业服务合同不同,有关费用的内容和测算依据也会有一定差异。

第五节　物业服务企业的财务管理

一、物业服务企业财务管理的含义与内容

(一)含义

企业财务管理是指企业为了取得最大的效益,按照资金运动规律和国家财经政策,筹集、运用、分配和监督企业资金,处理企业同各方面的财务关系的一项经济管理工作,是企业管理活动的基础和中心。

物业服务企业财务管理是指物业服务企业的财务活动,是协调、处理各方面财务关系的一项经济管理工作。

(二)内容

财务管理,是企业管理的基础和中心,其主要内容包括:资金的筹集、资金的投放及资金的收回和分配三个方面。

1.资金的筹集。为满足企业生产活动的需要,以不同的方式从各种渠道取得资金,称为企业的资金筹集。物业服务企业是以盈利为目的的经济实体,而从事生产经营的必要条件是具有一定数量的资金。成功的企业经营要求企业获取资金并有能力及时偿付账款,使资金流动顺畅,在流动中实现保值、增值。

物业服务企业可以通过发行股票、吸收直接投资等方式筹资,也可通过向银行借款、发行债券、租赁、应付款项等方式取得资金。但不同时期,不同来源的资金,其使用成本也不相同。企业如果不慎重选择筹资方式,可能造成过多的筹资费用,而增加企业经营风险。所以,物业服务企业的

财务管理部门在进行筹资决策时，必须对各种筹资方式的资金成本加以比较和抉择，使一定时期的资金来源及其数量与经营需求相一致。

2. 资金的投放。物业服务企业筹集资金的目的是为了把资金运用于生产经营活动，以便获得盈利。物业服务企业可以把筹集到的资金用于购置固定资产、流动资产等形成对内投资，也可以用于购买其他企业的股票、债券，或与其他企业联营形成对外投资。

3. 资金的收回和分配。物业服务企业通过生产经营取得营业收入，收回资金。营业收入，扣除营业成本和税金后，剩余部分为企业的营业利润。营业利润、投资净收益和其他净收入构成企业的利润总额，在交纳所得税后应按规定的程序进行分配。首先弥补亏损，其次提取公积金、公益金，最后向所有者分配利润。

物业服务企业的筹资管理、投资管理和利润分配管理三个方面相互联系、相互依存、共同构成企业财务管理的基本内容。

二、有关物业服务企业财务管理的规定

我国企业财务制度体系由《企业财务通则》、行业财务制度和企业内部财务管理办法三个层次组成。《企业财务通则》是财务制度体系中最基本的法规，适用于我国境内所有企业。它属于行政法规，是企业从事财务活动必须遵循的基本原则和规范，也是国家进行财务管理、制定具体财务制度的法规依据。物业服务企业必须严格遵守《企业财务通则》规定的基本原则和规范。

为规范物业服务企业财务行为，有利于企业公平竞争，加强财务管理和经济核算，结合物业服务企业的特点及其管理要求，财政部制定了《物业管理企业财务管理规定》(简称《财务管理规定》，财基字[1998]7号)。

《财务管理规定》明确规定，物业服务企业执行《施工、房地产开发企业财务制度》，并根据物业服务企业的经营特点和管理要求，对物业服务企业的一些特性财务活动作出了具体规定，即共性财务政策部分，按照《施工、房地产开发企业财务制度》执行，特性财务政策部分按照《财务管理规定》执行。这两个文件是物业服务企业财务管理工作的基本准则和依据。下面着重介绍物业服务企业特殊性财务政策《财务管理规定》。

三、《财务管理规定》的适用范围

第一,《财务管理规定》适用于我国境内的各类物业服务企业(以下简称企业),包括国有企业、集体企业、私营企业、外商投资企业等各类经济性质的企业;有限责任公司、服务有限公司等各类组织形式的企业;也适用于其他行业独立核算的物业服务企业。即凡属于我国境内的物业服务企业,不论所有制性质如何,也不论其组织形式、经营方式如何,都应执行。

第二,物业服务企业从事主营业务以外的其他多种经营活动,按照兼营业务的性质,执行相应行业的财务制度。

下面着重将物业服务企业特性财务做一简要介绍。

四、代管基金的概念及管理

代管基金是物业服务企业财务管理工作中的一项重要内容。

(一)代管基金的概念

代管基金是指企业接受业主委员会或者物业产权人、使用人委托代管的房屋共用部位和共用设施设备维修资金。代管基金属于物业产权人所有。

(二)代管基金的管理

代管基金应当专户存储,专项使用,并作为物业服务企业的一项长期负债管理,只能用于房屋共用部位和共用设施设备的大修、中修、更新和改造,不得用于一般的日常维修养护。物业服务企业应按照有关法律、法规或者章程、协议的规定,对代管基金的管理和使用情况定期向物业产权人、使用人报账,接受物业产权人、使用人的检查与监督。经过业主委员会或者物业产权人同意后,代管基金可以用于购买国库券等投资风险小的金边债券,但不得用于炒买炒卖股票、房地产和期货等高风险投资经营活动。代管基金产生的利息净收入,应当经业主委员会或者物业产权人、使用人认可后,转做代管基金滚存使用和管理。

(三)物业共用部位和共用设施设备经营收益的管理

在征得相关业主、业主大会的同意后,物业服务企业利用物业共用部位和共用设施设备进行经营的,所得收益属相关业主所有,这部分收益主要用于补充专项维修资金,也可以按照业主大会的决定使用。

五、成本和费用

成本和费用是企业生产经营过程中的货币表现。对成本和费用的管理是物业服务企业财务管理的核心内容,成本和费用核算是否准确、真实、合理,关系到经营成果的计算是否正确,直接影响国家、企业和职工个人的利益分配。它对于加强企业的经营管理,提高经济效益,增强企业的市场竞争能力,都具有重要作用。

(一)营业成本

1. 营业成本的构成。物业服务企业的营业成本,是指企业在从事物业管理活动中,为物业产权人、使用人提供维修管理和服务所发生的各项直接支出,包括:直接人工费、直接材料费和间接费用等项目。

(1)直接人工费。直接人工费用是指在直接从事物业管理活动中,为物业产权人、使用人提供维修管理和服务所发生的各项直接支出,包括:直接人工费、直接材料费和间接费用等项目。

(2)直接材料费。直接材料费是指在从事物业管理活动中直接消耗的各种材料、燃料和动力、零件、低值易耗品、包装物等。

(3)间接费用。间接费用是指物业服务企业为组织和管理本辖区物业管理活动所发生的各项支出以及其他不能直接归属某个项目的费用。包括:物业服务企业管理人员的工资、奖金、津贴和补贴、职工福利费、劳动保护费、办公费、差旅费、邮电通讯费、交通运输费、水电费、取暖费、固定资产折旧费及修理费、租赁费、财产保险费、保安费、绿化维护费、低值易耗品摊销以及其他费用等。此外,营业成本还包括物业服务企业所属各物业管理单位(非法人实体)经营共用设施设备,如经营停车场、游泳池、各类球场等共用设施支付的有偿使用费和对管理用房进行装饰装修发生的各项支出等。

2. 进行营业成本核算应注意的几个问题。物业服务企业进行营业成本核算时,应注意以下两个问题:

(1)实行一级成本核算的企业,为简化成本核算,可以不设间接费用,所发生的各项支出直接计入管理费用。

(2)《财务管理规定》中确定的营业成本是针对物业服务企业的主营业务来讲的。企业主营业务以外的其他附营活动,如企业从事的工业生产、运输、商业贸易、物资供销、饮食服务等,其成本核算比照相关的行业财务制度执行。但对其他附营活动无论怎样核算,均要作为其他业务支出纳入物业服务企业的经营收支体系管理。

(二)期间费用

物业服务企业的期间费用是指与企业经营没有直接关系或关系不密切,不需要在各个会计期分摊而直接计入当期损益的费用。主要包括管理费用和财务费用。

1. 管理费用。管理费用是指企业行政管理部门为管理和组织经营活动而发生的费用,包括:公司经费、工会经费、职工教育经费、劳动保险费、待业保险费、董事会费、咨询费、审计费、诉讼费、排污费、绿化费、税金、土地使用费、技术转让费、技术开发费、无形资产摊销、开办费摊销、业务招待费、团体会费、独生子女补助费、坏账损失、存货的盘亏毁损和报废(减盘盈)损失以及其他管理费用等。此外,企业总部支付的管理用房有偿使用费和企业总部对管理用房进行装饰装修发生的各项直接支出,也作为管理费用核算的开支项目。

2. 财务费用。财务费用是指企业在经营活动中为筹集资金所发生的各项费用,包括:企业生产经营期间发生的利息支出(减利息收入)、汇兑净损失、金融机构手续费以及筹集资金发生的其他财务费用等。

做好财务费用的管理和核算,必须把握以下两点:①企业生产经营期间发生的筹资费用,计入财务费用;②筹建期间发生的筹资费用,应分别按不同情况处理,属于费用性支出的计入开办费,属于资本性支出的,如与购建固定资产有关,在固定资产尚未办理竣工决策或尚未交付使用之前,计入有关的固定资产购建成本。

(三)不得列入成本和费用的项目

物业服务企业购置和建造固定资产、购入无形资产和其他资产的支出,不得列入成本费用。购建固定资产、无形资产所发生的支出属于资本性支出,不能混同于费用性支出列入成本、费用。购建固定资产所发生的支出只能通过固定资产折旧方式从当期收入中补回。至于其他资产属于有专门用途或因其他原因参与企业生产经营周转的资产在财务上也不得列入成本、费用项目。

六、营业收入及利润

经营成果是物业服务企业一定时期内经营业绩的综合反映。如何确认营业收入，营业收入怎样分类，包括哪些内容，是物业服务企业准确核算经营成果的基础，也是物业服务企业财务管理工作中必须解决的理论问题。

（一）营业收入

物业服务企业的营业收入，是指物业服务企业从事物业和其他经营活动所取得的收入。根据物业服务企业的经营特点，应按下列原则对物业服务企业的营业收入进行分类：凡为物业产权、使用人提供服务，为保持房屋建筑物及其附属设施设备完好无损而进行维修、管理所得的收入作为主营业务收入；凡主营业务以外，从事交通运输、饮食服务、商业贸易等经营活动所取得的收入作为其他业务收入。

1. 主营业务收入。主营业务收入包括物业管理收入、物业经营收入和物业大修收入三项。

（1）物业管理收入是指物业服务企业利用自身的专业技术，为物业产权人、使用人提供服务，为保持房产物业完好无损而从事日常维修、管理活动而取得的收入。管理收入划分为公共性服务费收入、公众代办性服务费收入和特约服务收入三块。

（2）物业经营收入是指物业服务企业经营业主委员会或者物业产权人、使用人提供的房屋建筑物及其附属设施取得的收入，如房屋出租收入和经营停车场、游泳池、各类球场等共用设施的收入。

（3）物业大修收入是指物业服务企业接受业主委员会或者物业产权人、使用人的委托，对房屋共用部位、共用设施设备进行大修等工程施工活动所取得的工程结算收入。

2. 其他业务收入。其他业务收入，是指企业从事主营业务以外的其他业务活动所取得的收入。包括：房屋中介代销手续费收入、材料物资销售收入、废品回收收入、商业用房经营收入及无形资产转让收入等。

（1）房屋中介代销手续费收入。这里指物业服务企业受房地产开发商的委托，对其开发的商品从事代理销售活动而取得的手续费收入，称为房屋中介代销手续费收入，作为其他业务收入处理。

（2）无形资产转让收入。无形资产和有形固定资产一样，属于可供企业长期使用的资产。但无形资产是一种特殊的长期资产，与固定资产有较大区别，转让方法也不尽一致。一般而言，固定资产转让是所有权的转让，无形资产转让情况比较复杂，按是否入账可分为已入账的无形资产转让和未入账的无形资产的转让；按转让方式可分为所有权转让和使用权转让。为便于核算、简化手续，无论是否入账的无形资产转让，也无论是所有权还是使用权的转让，无形资产的转让收入均作为其他业务收入处理。

(3)材料物资销售收入。材料物资销售收入是指企业不需用的材料物资对外出售所取得的收入。

(4)商业用房经营收入。商业用房经营收入是指企业利用业主委员会或者物业产权人、使用人提供的商业用房，从事经营活动所取得的收入，如开办商店、饮食店、美容美发、彩扩中心、歌舞厅等为物业产权人、使用人提供方便所取得的经营收入。这些服务项目不是维持住宅小区和商业楼宇等正常运转所必需的基本服务，相对维持住宅小区和商业楼宇的正常运转而言，属于较高层次的服务项目，因此，不能列为企业的主营业务收入，只能作为其他业务收入处理。

3. 房屋出租收入与商业用房经营收入的区别。房屋出租收入作为主营业务收入(物业经营收入)处理，商业用房经营收入则作为其他业务收入处理。这主要是由于物业服务企业的经营特点所决定的。

一般来说，物业服务企业往往根据经营需要，对商业用房要重新进行改造，添加一部分经营设施，增加这些房屋的经济功能，以从事营业性经营活动。这种商业用房经营收入绝不仅仅是房屋本身所带来的收益，而是由于企业利用房屋作为载体从事某种营业性经营活动所带来的一种收益。因此，它不能与房屋出租收入混为一谈，只能依据其相关的财务制度核算，作为物业服务企业的其他业务收入处理。为此，物业服务企业利用物业产权人、使用人提供的房屋所获取的收入，应分别按不同情况处理：一是物业服务企业不对业主委员会或者物业产权人、使用人提供的房屋再行添加任何设施，而直接用出租收取的房屋租金应作为主营业务收入中的物业经营收入处理；二是一旦物业服务企业根据经营需要，对业主委员会或者物业产权人、使用人提供的房屋(如商业用房)，再添加一部分经营设施，增加房屋的经济功能，从事健身房、卡拉 OK、歌舞厅、美容美发、彩扩中心、商店、饭店等经营活动所取得的收入，应比照相关行业财务制度的有关规定核算，其经营收入作为物业服务企业的其他业务收入处理。

4. 物业服务企业营业收入的确认原则。根据企业营业收入确认的一般原则，对物业服务企业营业收入的确认原则问题，《财务管理规定》中规定“企业应当在劳务已经提供，同时收讫价款或取得收取价款的凭证时确认营业收入的实现"。这是物业服务企业营业收入确认的一般原则。根据物业服务企业的经营特点,对营业收入的确认原则又作了两方面的具体补充规定:

(1)企业与业主委员会或者物业产权人、使用人双方签订付款合同或协议的,应当根据合同或者协议所规定的付款日期,作为营业收入的实现。在这一日期,无论企业是否实际收到价款,均应作为营业收入处理。如公共服务费收入和公众代办性服务费收入均应按照这一原则进行处理,不得以收付实现制代替权责发生制。

(2)物业大修收入,应当根据业主委员会或者物业产权人、使用人签证认可的工程价款结算账单确认为营业收入的实现。物业服务企业接受业主委员会或物业产权人、使用人委托,对住宅小区和商业楼宇等物业进行大修理等工程施工活动,由物业服务企业自行出具工程价款结算账单,但必须经委托方签章认可后,才能作为营业收入处理。

（二）利润

1. 利润总额的概念及其组成内容。利润总额是企业在一定时期内实现盈亏的总额,集中反映了企业生产经营活动各方面的效益。企业利润,是企业最终的财务成果,是衡量企业经营管理的重要综合指标。企业利润总额包括:营业利润、投资净收益、营业外收支净额以及补贴收入。

为了全面准确地反映物业服务企业的经营成果,根据物业服务企业的经营特点,把物业服务企业的经营成果分为主营业务利润和其他业务利润两大部分。物业服务企业的利润组成,用公式表示如下:

利润总额 = 营业利润 + 投资净收益 + 营业外收支净额 + 补贴收入

营业利润 = 主营业务利润 + 其他业务利润

主营业务利润 = 营业收入 - 营业成本 - 营业税金及附加 - 管理费用 - 财务费用

其他业务利润 = 其他业务收入 - 其他业务支出

投资净收益 = 投资收益 - 投资损失

营业外收支净额 = 营业外收入 - 营业外支出

2. 利润总额的组成部分。在利润总额的组成内容中,营业成本、期间费用和其他业务支出已在前面做了介绍。这里只对营业税金及附加、投资净收益、营业外投入、营业外支出、补贴收入等内容重点加以说明。

(1)营业税金及附加。营业税金及附加是指企业按税法规定交纳的营业税、城市维护建设税和教育费附加等。

(2)投资净收益。投资净收益是指投资收益扣除投资损失后的净额。投资收益和投资损失是指企业对外投资所取得的收益或发生的损失。

投资收益的内容包括:对外投资分得的利润、股利和债券利息,投资到期收回或者中途转让取得款项高于账面价值的差额,以及按照权益法核算的股权投资在被投资单位的净额资产中所拥有数额等。

(3)营业外收入。营业外收入是指与企业生产经营活动没有直接因果关系,但与企业又有一定联系的收入。列入营业外收入的项目主要有:固定资产的盘盈和处理固定资产净收益、罚款收入、因债权人的原因确实无法支付的应付款项、教育费附加返还款等。

(4)营业外支出。企业营业外支出与营业外收入相对应,是指企业生产经营活动没有直接因果关系,但与企业又有一定联系的支出。列入企业营业外支出的项目主要有:固定资产盘亏、报废、毁损和出售的净损失、非常损失、公益救济性捐赠、赔偿金、违约金、滞纳金和被没收的财物损失等。

(5)补贴收入。补贴收入是指国家拨给企业的政策性亏损补贴和其他补贴,如部分房管所转为物业服务企业后,由于承担直管公房和单位公房的管理任务,房租水平偏低,导致这部分物业服务企业亏损严重,财政部门和主管部门根据国家统一规定,拨给这部分物业服务企业一部分亏损补贴等。物业服务企业收到亏损补贴后,要作为补贴收入并入企业利润总额。

DI SHIER ZHANG 第十二章 物业信息管理

第一节 物业信息概述

一、物业信息

(一)信息的定义

信息是对客观世界的现象,通过直接观察或对讯息的语文解释而得到的知识。讯息是人们通讯活动中的实体,而信息是讯息的含义或内容。因此,可以这样说,信息是人们对客观世界的认识,即知识。

信息与数据是两个不同的概念。数据是存储在一种媒介物上的非随机的记号或符号,它通过有意识的组合来代表关于客观世界中某个实体(具体对象、事物、状态或活动)的信息。数据本身是一种记号或符号,它本身并不代表知识,只有通过有意识的组合,才能传达出有关实体的信息。

信息概念的重要性在于,它是人类一切社会活动的基本条件之一,是与物质能量并列的人类活动的最重要的概念。人们从事种种社会活动,其间总要交流思想、记录情况、分析问题,这些都是在处理信息。自从人类进入文明社会以来,就一直以种种方式记录和处理信息,特别是进入现代社会以来,人们接触的范围越来越广,工作越来越复杂,需要处理的信息越来越多,而给予处理的时间却越来越短,因而不得不考虑到信息管理的问题。

(二)物业信息的定义

物业信息就是有关物业(包括物业管理)的知识。它是人们在物业的产生、交易、维护、处理过程中人与人、人与物、物与物关系处理的各种记录、文件、合同、技术说明、图纸等资料的总称。例如,承包合同、委托监理合同、土地使用权证、设备使用说明、施工图、租赁合同、纳税记录、抵押贷款合同等都是有关物业的信息。

正如信息对于人类社会活动的重要性一样,物业信息对于物业管理的高效优质具有极其重要的意义。不利用或不会利用物业的信息,都将给物业本身、物业的业主以及物业服务企业带来不同程度的损害。

(三)物业信息的来源

物业信息的来源按不同的标准有不同的分类。按时间顺序分,有涉及规划阶段、施工阶段、验收阶段、招商阶段、入户阶段、日常管理阶段等不同阶段的信息;按物业管理参与者的不同来分,有来自业主、物业服务企业、政府部门、承租户和其他相关企业的信息;按信息的性质分,有来自技术、经营、行政人事、法律法规等方面的信息。

(四)物业信息的分类

为了了解物业信息的具体内容,我们按时间顺序列出以下一些主要的内容:

1. 设计规划阶段的信息。包括:土地购买合同、土地使用证等权属证书;规划许可证、建筑许可证、预售许可证等各类项目批准证书;建筑图、施工图、施工预算、施工组织设计等图纸文件。

2. 施工及验收阶段的信息。包括:竣工图;竣工工程项目一览表;设备技术清单;设备技术手册、使用说明及质保证明;设备安装调试记录;土建施工记录;建筑物监测记录;隐蔽工程的验收记录;工程事故发生及处理记录;图纸会审记录、设计变更通知和技术核定单;项目的重要技术决定和文件;验收计划和验收会议纪要;验收记录;返修记录;验收总结报告等。

3. 委托管理阶段的信息。包括:委托管理招标文件;物业管理投标文件;物业管理合同等。

4. 租赁阶段的信息。包括:出租物业的平面图纸;租赁许可证及委托书;租金及管理费测算书;租赁合同;广告策划资料等。

5. 用户入住信息。包括:入住通知书、入住须知;管理公约;用户资料;业主委员会章程;用户手册;用户房屋验收表;用户进住交费单等。

6. 日常管理信息。包括:业主、租户变动、更换情况;各部门工作规范,管理制度;各部门工作记录;大中小修记录;维修承包合同及预决算;保安、清洁、绿化及处理资料;年度工作计划、总结、报告;人事档案;保险资料;法律法规及政府有关文件;财务报表、工资报表、管理费、租金收交凭证等资料。

(五)物业信息与信息流的特点

1. 多样性。物业信息来源的多样性造成了物业信息的多样性,来自业主、设计单位、建设单位、物业服务企业、政府部门、承租户等方面的信息都是物业信息的重要组成部分。

2. 持续性。物业信息的生产贯穿物业整个生命周期,如设计规划、施工及验收、委托管理、招商、用户入住、日常管理等阶段都有大量的物业信息需要进行收集、整理和加工。

3. 动态性。在各种自然、社会因素作用下,物业处于动态发展变化过程中,因此,物业信息存在着极强的动态性,如数量的增减、价值的变化、产权的更替等。

4. 基础性。物业信息是进行物业管理的基础,物业信息的收集、整理和加工是物业服务企业的一项基础性工作,对物业信息的管理和运用是物业管理水平高低的标志。

二、信息在物业管理中的作用

(一)信息的认识作用

人类知识的积累是信息收集与加工的结果,而经验实质上就是大量信息的积累、整理并从中抽象出规律性的内容。物业管理过程中所涉及的事务繁杂,要进行有效管理,必须要求物业管理者有多方面的经验。这些经验的取得,离不开对所收集的信息进行分析与提炼,从而得到规律性的内容。例如,对物业设备的检验、保养、维修记录的分析使物业管理者对某种设备出故障、损坏的规律有所了解,这样就可以适当安排人力、备件以最低的成本来保证最佳的运营状态。

(二)信息的心理作用

在管理中,信息还能发挥巨大的心理作用。在社会经济组织中,除技术和社会因素外,心理的因素也不可忽视,在某些情况下,它还能起相当大的作用。例如,在租赁活动中,可以通过各种渠道,以各种不同的方式向社会公众传播该物业的特有优势,以激起客户的租赁欲望。也可以定期发布物业管理信息资料,向用户传达物业管理的近期和远期的工作目标、实施计划等,以使全体用户了解,从而使用户体会到主人翁的感觉,在心理以至行动上对物业管理工作积极支持和配合;对物业管理中遇到的各种困难,也实事求是地让用户了解,以取得他们的谅解和同情。另外,物业管理者也应懂得严格控制一些不应扩散的信息,避免带来消极的影响。

(三)信息的预测作用

信息不仅反映过去,而且还可以预测未来,这就是信息的预测作用。用信息进行预测是建立在对已有信息深入分析的基础之上的。预测的方法有多种,有外推法、模拟法等。物业服务企业在物业管理工作中应充分利用信息的预测作用,例如,可以利用市场分析的资料预测物业的租金,利用同街区其他同类物业的经营费用信息以及物业过去几年经营费用信息和当前的实际状况预测本物业今后的经营费用和维修费用。

(四)信息的控制作用

作为人为系统,社会经济系统总是围绕某一或某些设定的目标进行活动的。也就是说,在某种控制的作用下,以保证目标的实现。在这里信息对保证控制起着十分重要的作用:①把目前状态与期望状态进行比较;②依据测得的偏差与事先设定的原则和标准,作出采取何种行动的决策;③把决策即决定采取什么行动的命令向下传达给执行部门;④执行过程中自身状况的变化信息再反馈到管理部门,进行新一轮的再循环,以保证管理目标的实现。

在物业管理中,不论是物业服务企业目标的实现、业主管理目标的实现,还是具体某个设备设施的正常运行,某个维修项目的成本、进度、质量管理,都离不开信息处理的过程,离不开信息的控制作用。

第二节　物业档案资料管理

一、物业档案

(一)档案的定义

根据国家标准局发布的《档案著录规则》,档案定义为:"国家机构、社会组织和个人从事政治、经济、科学、文化等社会实践活动直接形成的文字、图表、声像等历史记录。"

档案、文件、资料是几个不同的概念,他们既有联系也有区别。文件,是人们现行的、从事社会活动的一种手段或媒介,是它的作者行使权力、表达意志、交流思想、对外联系所使用的一种工具,它的最大特点是现行性。档案,则是完成了文书处理程序和现行使命,由个人或团体归档保存的材料。两者是同一物体的不同发展阶段、行使不同使命的两种事物和概念。资料的概念比较大,从广义上它可以包括档案、文件及其他各种文、形、声材料等,而在档案学学科中,资料经常指的是除了档案以外的其他材料。

在实际的物业管理中,人们一般对档案、文件、资料不作区分,统称档案资料管理,又称基础资料管理。

(二)物业档案资料的概念和作用

物业档案资料,是指人们在物业的开发和管理活动中形成的,作为原始记录保存起来以备查考的文字、图像、声音以及其他各种方式和载体的文件。

物业管理资料的形成是贯穿于物业寿命全过程的,而不局限于物业管理阶段。因此,物业服务企业必须收集、接管在物业管理阶段以前形成的档案资料。

物业档案资料的作用主要包括:

1. 凭证作用。物业档案资料是原始记录,是历史的真凭实据,具有法律凭证作用。例如,物业接管验收中的原始记录,可以成为日后保修、索赔的凭据;房屋入住中的原始记录,可以成为日后管理与服务的依据;物业装修管理中的原始记录,可以成为日后行政处罚和追究法律责任的凭证等等。

2. 参考作用。物业档案资料记录了从物业的生成到当前的全部过程。因此,它对于人们查考既往情况,总结经验教训,摸清管理规律,具有重要的参考作用。例如,根据用户的基本状况的动态记录,可以了解服务对象的层次和差别,不断增加新的服务项目,有针对性地满足用户的需求。另外,它对于管理费用的分摊、使用纠纷的调解、维修范围的确定都有着不可或缺的参考作用。

二、物业档案资料管理

(一)物业档案资料管理的内涵

物业档案资料管理,是指物业服务企业在物业管理活动中,对物业的原始记录进行收集、整理、鉴定、保管、统计、利用,为物业管理提供客观依据和参考资料的活动。

我国物业管理刚刚起步，正处于探索阶段，物业档案资料管理也是如此，尚存在一些问题，具体表现在：①资料、文件收集不齐全，特别是一些工程技术资料，这会给日后物业的维修等管理工作带来困难；②分类、归档不科学，以至于造成查找困难，浪费人力和时间；③保存方式不科学，使得资料、文件受损，影响资料的使用效果和时间；④资料档案没有专人负责，人多手杂，造成分类不固定，存放不确切，甚至使档案资料遭受损坏或遗失。针对这种情况，更需要加强物业档案资料的管理。

（二）物业档案资料管理的特点

物业档案资料管理有两大特点：

1. 动态性。在自然的、社会的、人为的因素的作用下，物业的实物形态和使用状况经常处于变化发展之中。例如，物业数量的增减，完损情况的变化，结构和用途的改动，物业价值的起落，产权人的更替，使用人的死亡、外迁、分户、过户等等，都是经常发生的。因此，物业档案资料管理是一种动态性很强的管理。

2. 基础性。物业档案资料管理是物业管理的基础工作，是管理现代化的基础和物业管理水平的标志。管理现代化需要以计算机为中心的信息处理。信息是一种无形的资源，也是管理要素之一。物业档案资料管理多数表现为人工方式的前处理，这是信息处理的基础性工作，只有前处理工作做好了，计算机的信息处理工作才有基础。同时，物业档案资料是整个物业管理活动的各种原始记录，具有真实性、可靠性，管理者的管理意识、文化素质、业务水平、工作作风等都会在物业档案资料中反映出来。因此，它是物业服务企业的一项基础性工作，其管理的好与坏，成为衡量物业管理水平高低的标志之一。

（三）物业档案资料管理的基本要求

物业档案资料管理的基本要求是必须遵循自然形成规律，强调原始记录的重要性，要做到：

1. 数据准确，资料翔实；不错不漏，账实相符；妥善保管，查询方便。

2. 保证档案资料的完整、准确、新鲜、安全。完整，是指对档案资料的整体性的要求，做到不残缺、不遗漏、无空白、不分散。准确，是指账实相符，真实可靠，这是档案资料的价值所在。新鲜，是指档案资料必须具有动态性，是活的最新的客观记录。安全，一是指保密上的安全，严格遵守借阅制度;二是指保管上的安全,如“八防”:防火、防光、防潮、防尘、防盗、防虫、防鼠、防有害气体。

3. 做到“十清”,即物业来源清、物业数量清、物业质量清、物业价值清、结构类型清、设备设施清、绿化苗木清、租金费用清、使用情况清和维修更新情况清。

(四)科学化、规范化、自动化的物业档案资料管理

物业档案资料管理的专业性很强,工作内容十分丰富,要做到科学化、规范化、自动化的物业档案资料管理,应掌握以下要点:

1. 档案资料的收集工作要尽可能完善、及时。所谓完善,指档案资料的收集不仅包括物业空间构成上的方方面面,从时间上讲也要自始至终,从物业的规划设计到售后服务的资料都必须齐全。

及时,即要不失时机,抓住“6 时”:

(1)物业接管时。此时是全面掌握房屋建筑、附属设施、公共设施、绿地绿化等物业基本情况的最佳时机。

(2)用户入住时。此时是全面掌握业主或使用人基本情况和物业使用情况的最佳时机。

(3)上门访问时。通过主动上门访问,与业主或使用人进行对话和沟通,核对已有记录,注记变动情况。

(4)接待投诉时。通过日常接待和处理投诉,掌握动态变化,修正原有记录。

(5)维修更新时。此时应将维修更新后的物业变动情况记载在案。

(6)检查评比时。此时应将已经建立的物业档案资料进一步整理完善,以备查考。

2. 建立标准化的图、档、卡、册、表。为了避免物业管理活动原始记录的随意性,必须建立标准化的图、档、卡、册、表等。它们是物业档案资料常见的形式与内容相结合的产物,一旦建立使用,便要相对稳定,分类妥善保管。

(1)图是指在实地查勘的基础上,对照 1:500 房地产分幅平面图,根据管理需要绘制的各类房屋平面图。包括:房屋分幢平面图、房屋分户平面图、房屋分层分户平面图、产业概况示意图以及房屋竣工图、各种线路图、管道走向图、窨井下水道位置图等。

(2)档是指在管理活动中形成的各类文字资料。由于其数量大、种类

多,因此是物业档案资料的主要部分。包括:房屋接管、变更、注销通知单和回报单,房屋接管验收记录,管理合同副本,房屋产权证副本,配屋单,租赁凭证副本,租金测估计算表,分户过户报告,买卖过户通知单,交换过户通知单,增搭建处理记录,业主和用户来访记录以及各类统计资料表格等。

(3)卡是指根据管理工作需要而制作的产业目录卡、设备保养卡、维修记录卡等。卡的特点是:内容浓缩、检索方便。

(4)册是指为了提高管理效率而建立的房屋建筑设备手册(大手册)、房屋使用手册(小手册)、绿化管理手册、业主和使用人交费记录手册等。

(5)表是指根据管理工作的需要而设立的各类表格。包括:房屋验收质量登记表、用户入住进度表、用户情况登记表、房屋装修申请表、住户欠租(费)情况表。

3. 进行科学合理的分类存档。分类存档就是按照档案资料本身内在的规律进行科学的划分。一个有序的资料库是一个完整的树形图,从大分类到小分类,再至细分、排序;归档要及时,分类要合理。

根据物业服务企业的特点,可以按部门、按内容,然后按年度进行分类。这主要考虑到在实际工作中,文件、资料、档案不作严格的区分,另外在归档时,可以照顾到从文件到档案的连贯性。部门的分类根据各个公司的情况可以作不同的分类,如办公室、财务部、经营服务部、清洁部、保安部、工程部等。

4. 建立动态管理机制。由于物业档案资料管理具有动态性,因此必须建立动态管理机制。凡是管理程序的各个环节,有关人员都要进行及时、经常、完备的动态注记。动态注记可以分为以下两种:

(1)随时动态。即结合日常管理业务随时进行的动态注记。例如,大手册、小手册中的各项内容,设备保养卡上的维修更新记录,文件袋内资料增减,注记封面记录等。

(2)定期动态。即按规定期限进行的动态注记。例如,产业基本情况统计资料每年结合年报调整统计一次。房屋完损等级除了大修、中修、综合维修时随时注记外,每年度需结合普查工作动态注记普查资料,并在大手册上全面动态校正一次。年终结合年报调整统计数字。每年上门核对一次小手册的有关内容,如有变动及时注记等等。

第三节　物业管理信息系统

一、物业管理信息系统

现代物业管理的一个显著特征是，高技术的含量越来越多，信息处理技术的地位显得越来越重要。信息系统及其应用已是衡量物业服务企业实力和竞争力的重要尺度。

（一）物业管理信息系统的含义

管理信息系统是对一个组织机构的各种日常性工作所产生的大量的数据进行处理的系统，同时也是一个为管理提供信息的信息处理系统。它能够预测组织的各种运行情况，能利用信息控制组织的活动，并帮助实现其规划目标。

物业管理信息系统，是利用计算机硬件和软件，对物业管理中的建筑物、住户、费用、工程、管理人员、绿地、附属设施、治安消防、交通、清洁卫生、投诉等信息资料统一进行一系列收集、传递、加工、存储、计算等操作，反映企业的各种运行状况，辅助企业决策，促进企业实现规划目标的应用系统。物业管理信息系统是专用于物业管理的一套事务处理软件，它是一个十分庞大的系统，国内外已有许多软件公司开发了这方面的软件。

（二）物业管理系统的功能要求

1. 物业管理系统的功能可覆盖物业管理的所有环节，与其他软件相配合以实现物业管理的办公自动化。包括：①存储各类资料和数据，如各类数字、表格、图纸、录像、声音等；②记录每天发生的各项管理事务，如治安、投诉、房屋维修、设备保养及维护、工程施工等；③计算、记录各类费用，实现财务电算化。

2. 采用方便灵活的输入方法。①住户界面简洁，普通人稍加培训即可方便地使用；②具有检测程序，保证输入系统数据的安全与正确；③输入方法多样，如录像机、水电表扫描仪等设备采集的数据资料均可引入系统使用。

3. 高效的查询与输出手段。①组合数据，可多方面地反映管理状况，以表格、图像等方式输出；②自动分类统计，可绘制图形，纵横比较；③在保证数据安全的基础上，实现共享；④按管理人员思考、处理问题的习惯横向、纵向查寻各类相关信息；⑤实现远程访问；⑥以多种设备输出；⑦可以在全局图上自由定位，并可以放大局域部分，查看细节部分和有关资料。

4. 与其他软件有良好的接口。

（1）可以把系统中的数据输出到其他软件中，利用其他软件的特长进行处理或输出（如利用文字编辑工具输出系统中的资料和提供系统中的数据供图形处理软件使用等），也可以把其他系统中的资料输入本系统使用或直接调用其他系统的功能，如把制图软件中的建筑图等自动引入系统或调用三维图形制作软件，显示房屋状况。

（2）虽然管理信息系统没必要具备太强的除数据处理之外的专业处理能力，但它必须具备与其他专业处理软件共享数据的能力，达到互相配合、发挥各自所长的功能，并具有扩展接口。

5. 建立与外界交流信息的网络系统。①与外界环境可以方便地交流各种信息；②与住户相互沟通，住户的计算机可以访问到物业服务企业的计算机中向外界公布的信息；③办公达到无纸化作业，财务实现通过银行进行自动转账。

6. 辅助管理人员的日常工作：①根据设定的工作日程表，提示哪些工作需要完成；②根据累计的资料，分析各类设备的运行情况和问题，提供解决方案；③个人日常管理，承担记录每天的设备检测等工作，成为规范化管理的一部分；④分别向高层管理者和一般管理人员两个层次提供不同的统计材料，为决策提供初步的依据。

二、使用物业管理信息系统的重要性

物业管理作为房地产综合开发的最后一个环节，也是延时最长、与社会各方面接触最多的部分，它承担着物业及其设备的保养与维修、保安、消防、清洁卫生、环境美化、楼宇验收与接管、住户各种费用的收缴等大大小小的繁琐事务，而且还要与设计单位、发展商、环保部门、治安部门以及煤气、供电、供水等部门相互联系。

（一）传统方式进行的物业管理存在的问题

采用传统的手工方式进行物业管理，不但耗费很大的人力、物力和时间，而且很难达到规范化管理的效果。存在的主要问题有：

1. 不利于信息采集。传统的物业管理，对诸多业务的处理和操作工序繁杂、手工统计汇总工作量大、信息可靠程度差、时效性差。对于外部信息,特别是互联网提供的信息开发和利用得不够。

2. 不利于信息的存储。传统的手工信息管理,经常造成大量的有价值的历史数据丢失,对企业长期发展造成损失。

3. 不利于信息的使用。传统的物业管理,数据资源的编码和分类管理不科学,难以进行数据的统计,无法对业务过程和企业资源进行科学、有效、及时的优化配置和监管。各物管部门之间、部门与物业服务企业之间数据信息不能共享、信息交换缓慢、管理成本高、工作效率低、重复作业多;公文下达上传速度慢、沟通困难、信息传递失真。

4. 不利于公司的规范管理。传统的物业管理缺乏标准化、规范化的科学管理手段,导致各物管事务所、公司管理部门在理解、贯彻、执行公司政策和法规方面存在差异,尤其在库存材料,物品的采购、入库、出库管理上体系杂乱,易出问题。

5. 不利于提高效率,降低成本。例如,传统物业管理对用户的计费、收费采用人工管理,不能直观地监控、催缴;在设备管理上很难做到依照物业设备的要求进行定期保养等等。

6. 不利于增值服务的开展。传统的物业管理难以充分利用小区设施和住户资源,开展可盈利的增值服务内容。

(二)物业管理信息系统的作用

要将事务繁杂、资料众多的工作系统规范地管理起来,必须使用物业管理信息系统。具体来说,使用物业管理信息系统,能够在以下几方面带来明显的效果:

1. 有效地改善物业管理中有关资料的存储方式。在物业管理中有关物业的各种规划档案、管道图、平面图、验收文件等等资料,往往是相当庞杂的,利用管理信息系统,不但可以把所有资料存入到一块小小的硬盘中去,而且还可以直接把建筑设计院利用计算机做的各种图纸、各类照片等统统加入到管理系统中,可方便、快捷地查找、翻阅、修改、复制各项资料。

2. 分类记录物业管理日常发生的各种事务。物业管理日常接触到的林林总总的各类事务手工处理起来既繁琐,又不规范,利用计算机可以将各项事务分门别类而又相互关联地存储起来,及时进行统计分析,甚至自动判断、提示管理人员哪些资料不完善,还有哪些工作需要做等等。在物业管理信息系统中,它往往是以表格的方式由管理人员填写日常发生的各项事务,而后自动以统一的格式显示或打印出来,并以图表的方式显示统计结果，由于所有工作都是自动进行的，因而可以显著地减少管理人员的重复性工作。

3.计算物业管理中发生的各项费用，实现财务电算化。物业服务企业的财务管理是非常繁琐的，各式各样的表格、凭证，不但要做到账目清晰，更要保证数字万无一失，采用计算机和相应的财务管理软件则可以做到这一点。因为计算机不但可以记录各项费用，而且大大简化了统计、制表、核查、分析等工作。计算机之所以能够分担人的工作，是因为它可以按照制定好的规则（即程序）高速度地完成计算操作，如一个千余户的住宅小区的所有住户一个月的水电费不到一秒钟即可计算完毕，而这千余户住户一年发生的各项费用在计算机中占不到1M的空间。

4.实现物业管理信息的共享与高速交换。计算机的发展势必与通讯行业合二为一，各个企业的运作将极大地依赖于网络，支付款项、传递文件、查询资料，甚至做广告等等都能通过计算机在网络上进行。当计算机与“信息高速公路”连接上以后，借助基于光纤的通讯线路，顷刻间即可完成与世界各地的信息传递交换。物业服务企业同住户和外界之间的交流也可以通过计算机完成，例如，收发文件、划拨账目等，住户也可以用自己的计算机查询管理处保存的房屋资料、交纳的各项费用，获取管理费使用情况报告等。

5.提高物业管理的质量。物业管理信息系统一方面以涉及各个行业、功能非常强大的应用软件有效地改善着物业管理中传统的处理事务的方式；另一方面，物业管理系统的规范化操作又促使物业管理实践按规范执行，提高管理人员处理事务的效率和自身素质，从而提高管理质量。

6.实现物业管理决策科学化。在物业管理中，计算机能够存储和查找各类信息，并能按规则进行统计、比较、绘制图形等工作，可为领导的决策提供材料和依据。

总之，使用物业管理信息系统进行物业管理是提高管理质量、改善企业形象的重要手段，每个物业管理人员都应当从企业的发展和提高企业竞争力这样的高度充分认识这个问题。

三、使用物业管理信息系统的注意事项

物业服务企业运用物业管理信息系统进行具体事务的管理需要综合考虑四个方面的因素：第一，管理的范围、深度和想要达到的管理效果；第

二,现有管理流程的规范化程度;第三,管理人员综合应用计算机的能力;第四,资金的投入能力。

具体来说,使用物业管理信息系统需要注意下列事项:

(一)建立以管理人员为中心的管理信息系统

物业管理是以人为中心进行的,计算机作为为人服务的辅助工具,必须服从管理者的习惯。在系统设计初期,就应当分清哪些事务要由人具体处理,哪些信息需要存入计算机;切忌贪求管理系统全面详尽,把管理者的任何活动都存入计算机中,致使管理人员为其所累。在管理系统中应只记录必要的信息,并依据各项业务的特点,降低手工输入量,使得处理具体事务的人的灵活性与计算机存储容量大、计算速度快的特长能相得益彰,真正提高物业管理信息系统的实用性和高效率。

(二)建立物业管理信息系统的使用制度

必须采取强有力的措施推动物业管理信息系统在物业管理各项工作中的应用。在管理系统刚开始使用阶段,要查找各种文件、档案、图片等原始数据资料并输入计算机中,工作量很大,为此须有专门人员负责进行。当系统进入正常使用后,要建立诸如月末整理数据,一次性把本月的维修、投诉、治安、文件等事务输入系统,并由专门领导定期检查的制度,保证数据的完整和系统持久地运行下去;同时,还应该努力通过管理信息系统促进企业各项工作的规范化运行,改变原有的工作方式。后期的维护和使用工作也很重要,搞好各种资料的存档工作,为管理信息系统的运用创造良好的环境。

(三)对管理人员进行定期培训

是否具有熟悉系统功能和流程的操作人员,是决定系统使用情况的关键要素。因此,物业服务企业要制定以掌握基本知识和常用应用软件操作为目标的短期培训计划;同时,要从整体上制定提高管理人员使用计算机的熟练性以及使系统的使用走向制度化为目标的长期培训计划。由于物业管理信息系统的使用效率和受训程度成正比关系,特别强调要有意识地引入计算机参与具体管理,使管理信息系统逐渐渗透到每个角落,促进管理人员在使用过程中能越来越熟练地进行操作;更重要的是,还要进一步探索利用管理信息系统改进原有管理方式的途径。此外,随着管理流程的不断改进,需要及时针对业务的变化对系统进行升级,并对管理人员定期进行培训,以跟上业务的发展。

四、某物业管理信息系统举例①

(一)物业管理信息系统的平台及开发技术

根据当前物业信息化走势以及参考多个物业开发的项目经验,经过充分的论证和比较,选用 Microsoft 公司的系统和开发平台并采用 B/S 结构来提供应用。

1. 软件平台:

●Windows Vista

Windows vista 是一种可以在网络环境中用做客户和服务器的多功能操作系统。它是主从结构、可靠、稳定且安全的系统平台,是为具有大型业务系统机构而设计的一种强大的、多用途的服务器操作系统。

●Microsoft SQL Server

Microsoft SQL Server 是一个高性能的关系型数据库管理系统,它具有客户机 P 服务器体系结构、图形化的用户界面及丰富的编程接口工具。

2. 开发平台:物业管理信息系统的软件开发主要运用 Microsoft 公司的 Visual Studio 开发。它不仅是创建浏览器 P 服务器应用的最佳方式,而且也是创建其他类型应用(如非数据库应用、OLAP 应用)的一个极为优异的环境。

3. 设计思想:本系统的设计采用了 Microsoft DNA 思想,系统构建在多个逻辑层或物理层之上。WindowsDNA 的核心是网络和客户/服务器应用发展模型的集成,该系统通过一个公共对象模型实现。WindowsDNA 使用一套通用的服务集,如构件、动态 HTML、网络浏览器和服务器、脚本、事务处理、信息序列、安全性、目录、数据库和数据存取、系统管理以及用户界面。这些服务以统一的方式公开于各个层面,供应用程序使用。

(二)物业管理信息系统功能分析

1. 小区介绍:

(1)小区简介:将小区地址、区域面积及用户等资料登记入档,使小区规划一目了然。

---

① 此处主要参考陈晓芳:《物业管理信息系统的分析设计》,《福建教育学院学报》2003 年第 1 期。

(2)图片介绍：将物业特有的人文环境、地理交通、工程图纸等输入到计算机，让管理的物业空间构思更立体化。

(3)公共设施：齐备的公共设施，可随时查看其相关的负责人或占地面积等信息。

(4)规章制度：随时阅读公司的规章制度，严格员工的纪律性和工作的合理性。

(5)相关单位：记录与物业服务企业有联系的单位信息，提供快捷的查询方式。

(6)业主委员会成员：建立业主委员会成员的姓名、职务、工作等资料的档案信息。

(7)业主委员会会议：记载每次会议情况，为管理提供最可靠的依据。

2. 楼宇管理：

(1)楼盘楼阁：输入包括编号、名称、地址、楼盘地区、地址、面积、竣工、封顶日期等详细楼盘楼阁信息，并提供完善的查询方法。

(2)单元：提供快速生成单元基本资料的功能。

(3)单元变更资料：针对住户的入住变更信息进行登记、查询、统计管理。

(4)楼宇资源浏览：可查到所管理物业的单元信息、住户信息等所有相关资料，并可进行各种操作。

(5)住户登记：建立业主、住户及住户成员的基本信息档案，并自动统计整个物业的入住率、空置率、出租率等明细资料。

(6)住户验房登记：住户对房屋结构的验收和意见以及房管员的意见登记。

(7)住户装修申请：对申请装修物业的业主，按照申请步骤给予登记审批。

(8)出入证件办理：住户出入的依据，防止不法人员的进出，加强治安管理秩序。

(9)住户查询：对于住户的所有相关信息均可进行指定查询、模糊查询。

3. 财务管理：

(1)收费设定：系统可根据不同时期的政策规定，由用户自己任意灵活设定相应的收费标准及方式。

(2)表设置:登记物业所属的各种计量表的名称、类型、量程、倍率、单价等信息,并可直接对住户进行设置安装。

(3)分摊设置:对住户应该分摊的各种费用提供包括按用量分摊、面积分摊等分摊方法,并可自定义对临时产生的分摊费用进行预设(如电梯费等)。

(4)总表安装:采用"树型结构"形式定义各级总表、共用表,使它们之间的关系更加简单、明朗、清晰。

(5)总表抄表:记录、查询所属物业每个总表、公共用表的每月读数。

(6)用户抄表:对每一用户使用的各种表进行读数记录,系统应同样可提供与自动抄表系统之间的数据接口。

(7)分摊运算:系统根据预设的分摊方法,抄表读数自动计算出每一用户的实际分摊费用。

(8)应收款:可查看任意时间段内客户的应收款项、收费项目、各表读数、应收日期等全部资料,做到账款清晰,一目了然。

(9)收款:对发生的各种应收款项(如管理费、水费、电费、书报费等)进行现金收款或银行划账操作。

(10)查询:全方位自定义查询功能。

4. 设备管理:

(1)设备登记:登记应条理清晰,其中应包括制造商、负责人、使用部门等各种信息,以便查询及管理。

(2)设备检查:检查各种设备项目、内容、结果的登记。

(3)设备故障报告:周密的检查,故障得以及时解决的记录。

(4)设备维修:将出现故障的设备进行维修护理,确保其能正常运行工作。

(5)设备保养:日常对设备的保养工作及完成情况,经过审核后的情况登记。

5. 保安管理:

(1)保安资料:记录保安详细的档案信息。

(2)工作安排:根据需要对保安各项工作的内容、时间做适当的安排。

(3)执勤记录:保安工作情况的记录。

(4)物品出入登记:对物品的进出进行记录,可防止不法分子的非法行为发生。

(5)交接登记:交班时的记载,便于工作的有序进行。

(6)来访登记:陌生客户来访记录,有效进行治安管理,可随时监测,以防发生事件。

(7)报案登记:案件发生后对整个事件进行调查,以便在处理过程中提供有效的证据。

6. 系统管理:

(1)备份与恢复。

(2)用户权限管理。

(3)远程数据管理。

(4)系统操作日志。

(5)财务数据导出。

(6)公司设置。

以上内容可归纳为图 12－1。

- 一、小区介绍
  - 1. 小区简介
  - 2. 图片介绍
  - 3. 公共设施
  - 4. 规章制度
  - 5. 相关单位
  - 6. 业主委员会
  - 7. 业主委员会会议
- 二、楼宇管理
  - 1. 楼盘楼阁
  - 2. 建单元
  - 3. 单元变更资料
  - 4. 楼宇资源浏览器
  - 5. 住户入住登记
  - 6. 住户验房登记
  - 7. 住户装修申请
  - 8. 出入证办理
  - 9. 住房查询
- 三、财务管理
  - 1. 收费设定
  - 2. 表设置
  - 3. 分摊设置
  - 4. 用户抄表
  - 5. 总表安装
  - 6. 总表抄表
  - 7. 分摊运算
  - 8. 应收款
  - 9. 查询
  - 10. 收款
- 四、设备管理
  - 1. 设备登记
  - 2. 设备检查
  - 3. 设备故障报告单
  - 4. 设备保养
  - 5. 设备维修
- 五、保安管理
  - 1. 保安资料
  - 2. 工作安排
  - 3. 执勤记录
  - 4. 物品出入登记
  - 5. 交接登记
  - 6. 来访登记
  - 7. 报案登记
- 六、系统管理
  - 1. 备份与恢复
  - 2. 用户极限设置
  - 3. 远程数据管理
  - 4. 系统操作日志
  - 5. 系统设置
  - 6. 公司设置

图 12－1　物业管理信息系统功能分析

（三）物业管理信息系统的运行环境

1. 网络硬件环境：PII450、256M 以上机型的服务器，硬盘空间 10G 以上。

2. 网络软件平台：Windows2000 或以上版本的网络操作系统。

3. 数据库软件：MSSQLServer2000 或 MSSQLServer7.0 数据库系统。

4. 工作站的软件环境：Windows98/2000/XP/Vista。

DI SHISANZHANG 第十三章 居住物业的物业管理

第一节　居住物业的含义及特点

一、居住物业的含义

在我国,一般按原始设计用途把房屋建筑分成两大类,即居住物业和非居住物业。所谓居住物业,是指居民赖以生存的空间和必要的条件,即住宅以及附属的设备和设施,是以居住为主要功能的物业。

居住物业包括各类住宅、公寓、别墅及住宅小区等。“小康不小康,关键看住房”。看住房既要看住宅建设的数量和质量,更要看居住环境、社区管理与服务的水平。

二、住宅的功能要求

住宅是家庭最基本的居住与生活空间,人生大约 2/3 以上的时间是在家庭居住环境中度过的。所以住宅应以家庭为核心,以人为本,满足居住与生活的最基本需要,满足人民居住水平逐步提高的需要。

住宅建筑应在户型、结构、平面及空间布局、厨卫设施设备、建筑美观上满足不同功能与质量要求,在采光、通风、保温(隔热)、隔声等物理环境与安全防卫、社交、私密性等社会心理方面使人们的居住感到安全、舒适和方便。

居住外部环境与家庭居住生活质量密切相关。住宅的配套公共服务设施,绿化美化清洁的环境,室外游乐、休闲、活动交往的场所,以及交通出行的便利都是人、住宅与环境协调的重要内容。

人们对居住的需求由低到高可分为四个档次或级别:第一级为生理需求,主要体现在对住宅遮风避雨、饮食睡眠、卫生安全等最起码的生存需求;第二级为伦理需求,体现家庭成员之间合理分居的社会伦理需要;第三级为发展需求,要求住宅应分别包括人际沟通和安静适宜的阅读、学习和工作的场所;第四级为享受需求,主要体现对舒适、美学和个性心理的追求。在不同的社会经济发展水平下,人们对每一个需求档次的客观标准不尽相同。即便是居住在简陋、破旧、拥挤的住宅中,人们也可以通过一幅画、一盆花而体现对美的追求。但是,就整体而言,对低一级的需求难以满足时,将难以充分考虑对高一级的需求。

居住物业管理就是通过对住宅的管理和服务,确保其功能的完善与正常发挥,满足人们各层次的需求。

三、现阶段我国居住物业的特点

改革开放以来,我国住宅建设取得了前所未有的发展,随着房地产综合开发生产方式的推行、住房制度改革的深入和社会主义市场经济体制的逐步建立和完善,人们的居住条件得到了极大的改善和提高。从总体上说,现阶段我国居住物业呈现以下三个特点:

(一)产权多元化

随着城镇住房制度改革的不断深入,由过去的福利实物分房走向公房出售和货币化分配,个人购房。目前,我国居住物业的产权已呈现出多元化的格局,有完全产权的商品房、经济适用住房、售后公房、租赁房,租赁房又分为公房租赁(含廉租房)和私房租赁。不同产权房屋的并存导致了相应管理政策的不同。

(二)档次的多样化

居住物业从高档公寓、别墅、高档商品房到普通住宅、经济适用房等具有不同的档次和类型,其造价、功能、户型、面积等呈现巨大差异,不同档次和类型的住宅对管理的要求也就有很大差异。物业服务企业必须针对不同档次和类型的住宅实行相应的管理和服务。

(三)管理体制和管理方式的多样化

我国正处在由计划经济体制向社会主义市场经济体制转轨的历史时期,在房屋管理体制上也正在逐步从政府房管部门直管和企事业单位自管向社会化、专业化、市场化的物业管理体制转变。但由于各地经济发展水平不平衡,物业管理推进有先有后。因此,在体制转轨时期,多种管理体制并存将持续相当一段时间。

第二节　居住物业管理综述

目前,我国住宅按照住用人是否拥有房屋的产权,是拥有全部产权还是部分产权可分为商品房住宅、房改中向个人出售的住宅以及尚未实行房改的租赁住宅三类。这三类住宅在物业管理的实施中是有区别的。简述如下:

一、商品住宅及其管理要点

商品住宅是指国家或开发企业投资建造的,按市场价全额出售给购房者住用的住宅,以及其他以市场价格交易的各类住宅。随着住房制度改革的深化,住房商品化的推进,今后将逐渐增加其在城市住宅中所占的比例。

商品住宅由于是全额出售,购房者拥有房屋的全部产权,包括房屋的所有权、使用权、收益权和处置权。购房者是业主。在签订购房合同时,应同时签订前期物业管理服务协议和临时管理规约。

商品住宅应按国务院发布的《城市私有房屋管理条例》、《物业管理条例》和《城市异产毗连房屋管理规定》实施管理,总的原则是在“自有、自住、自管”的基础上,全面推进社会化、专业化、市场化的物业管理。在物业管理的实施中,主要是划清自有产权部分与共有产权部分的界限、责任及相关费用的分摊。凡自有产权部分的管理、维修与养护均由业主负责并承担相应费用;若干业主共有产权部分的管理、维修与养护由共有业主负责或委托物业服务企业负责并按业权比例分摊其费用。

需要说明的是,目前政府大力推动面向中、低收入家庭的经济适用住房的建设。经济适用住房可视做“准商品房”,在物业管理的具体实施中,基本参照商品房的管理办法,但对物业管理服务收费有一定优惠。具体可参见各地政府的相关规定。

二、房改中向个人出售的住宅及其管理要点

房改中向个人出售的住宅是指在住房制度改革中,以优惠的价格补贴出售的公有住房。

公房出售后就属于自有住宅,但与商品房住宅又有所不同,主要是房产处置权的有限性。公房出售后,应推行社会化、专业化的管理模式、实行业主自治自律与物业服务企业统一专业化管理相结合,按照《物业管理条例》的原则规定和《城市异产毗连房屋管理规定》及《公有住宅售后维修养护管理暂行办法》来实施管理。其基本原则是住房出售以后,实行住房所有人"自有、自住、自管"的原则。从物业管理的角度来说,主要是划清自用自管与共用共管的范围、责任以及相关费用的合理分摊。

公房出售后维修养护管理工作原则与要点如下:①公房出售前,售房单位应当对其进行必要的检修。②公房出售时,应制定对所有购房人具有约束力的有关房屋使用、修缮、管理等方面共同行为守则的业主管理规约或房屋使用公约。购房人在签订房屋买卖合同时,同时签订业主管理规约或房屋使用公约。③公房出售后,业主委员会成立前,住宅的维修养护管理由售房单位或售房单位委托的管理单位承担;业主委员会成立后,住宅的管理,由业主委员会选聘的物业服务企业,按照双方签订的物业服务合同进行管理。④公房出售后,住宅共用部位和共用设施设备的维修养护,由当地人民政府制定具体办法。要建立公房售后住宅共用部位和共用设施设备的维修养护基金。⑤电梯、高压水泵、供暖锅炉房等共用设施设备的运行、维护与更新及其费用的分摊,按国家和地方政府现行规定执行。

三、租赁住宅及其管理重点

租赁住宅是指使用人不具有房屋的产权,通过房屋租赁的形式取得在一定时期内使用权的住宅,包括,公有住宅的租赁和集体所有制房产以及私人房产的租赁。从物业管理的角度来看,出租人的业主地位并没有变化,其享有的权利和应尽的义务也没有改变,而承租人作为房屋的实际使用人,其基本权利义务首先受到租赁合同的约束和限制,即业主作为出租人,将哪些权利、义务赋予了承租人。在物业管理中,出租人和承租人首先都应遵守租赁合同的有关规定,其次也都要遵守物业服务合同的各项规定。

租赁住宅的物业管理主要应遵循以下几条基本原则。

(一)为房屋承租单位或承租人服务

国家公有住房或房产经营公司出租住房的目的,是为了不断满足人民居住生活的需要,私房出租是公房出租的补充。因此,租赁住宅的物业管理,必须把维护承租方的合法使用权,为承租住户或承租单位服务放在首位,支持承租方的合理要求,提高为承租方服务的质量。搞好房屋的维护和修缮工作,保证承租方安全、方便地使用房屋。

(二)制定合理的租金标准

公有住房的出租,必须执行国家制定的租金标准。房产经营公司和私人的房产出租,用于住宅的,其租金标准的制定也必须符合国家有关规定,并经物价部门审批,报房管部门备案。

(三)依法维护正常的租赁关系

房屋租赁双方必须依法维护正常的租赁关系,及时处理租赁使用过程中发生的各种问题,注意调解用房纠纷,要坚决遵守国家的有关法律、政策与规定,抵制违反法律、法规与租赁合同的行为。

(四)严格控制租赁房屋的用途变化

租赁房屋的使用要严格按照房屋的设计用途来进行,严格控制租赁房屋的用途变化。原则是生活用房不能随意改变为工业或商业用房,因为用途不同,房屋构件所能承受的重量不同。因此,随意改变房屋的用途,将会影响房屋的安全使用。

综上所述,租赁住宅物业管理总的原则,是将出租的房屋管好、修好和用好,要为房屋承租单位和住户提供较好的服务。在这方面,物业服务企业要采取积极有效的措施,充分利用经济规律和法律手段,通过健全租赁立法,依法整顿房屋租赁市场的秩序,促进租赁住宅物业管理水平的提高。

第三节　住宅小区的物业管理

一、住宅小区的概念及特点

(一)住宅小区的概念

城市居民的居住生活聚居地称为居住区。居住区是具有一定的人口和用地规模，以满足居民日常物质和文化生活需要，为城市干道所分割或自然界限所包围的相对的区域。在规划设计中，居住区按居住户数或人口规模分为规模居住区、居住小区、住宅组团三级，其分级规模如表 13－1 所示。

表 13－1

项　目	居住区	小　区	组　团
户数(户)	10 000～15 000	2 000～4 000	300～700
人口(人)	30 000～50 000	7 000～15 000	1 000～3 000

一个完整的居住区由若干小区组成。同样，一个完整的居住小区由若干居住组团组成。每一个级别均需配套建设相应数量和级别的公共服务设施。对达到一定规模，基础设施比较齐全的居住区称为住宅小区(含居住小区、住宅组团)。

(二)住宅小区的功能

一个完整的住宅小区既有成片住宅、公共建筑配套的市政公共设施、生活服务设施、商业网点和室外绿化等生活的物质环境，又有人际关系和社会公德的社会环境，还有经济环境。因此，从社会和经济，物质和精神两方面考察一个住宅小区时，它是一个集居住、服务、经济、社会功能于一体的社会的缩影。

1. 居住功能。这是住宅小区最基本的功能。根据居民的不同需要，提供各种类型的住宅，如多种户型的居住单元、青年公寓、老年公寓等。在居住功能中，最重要的是它能够提供人们休息的场所和环境，其他的才是如饮食、盥洗、个人卫生、学习、娱乐、交际等功能。

2. 服务功能。城市经济的发展、城市规划、房地产综合开发要求小区的公用配套设施和小区的管理应能为居民提供多项目、多层次的服务，具备完善和多样的服务功能。包括：教卫系统，如托儿所、幼儿园、小学、中学、医疗门诊、保健站、防疫站等；商业餐饮业系统，如饭店、饮食店、食品店、超市、百货店、菜市场等；文化、体育、娱乐服务系统，如图书馆、游泳池、健身房、电影院、录像室等；其他服务系统，如银行、邮局、煤气站、小五金、家电维修部等。

3. 经济功能。住宅小区的经济功能体现在交换功能和消费功能两方面。交换功能包括物业自身的交换,即开展住宅和其他用房的出售或出租;小区管理劳务的交换,即业主通过合同的方式将住宅小区的管理委托出去。消费功能指的是随着城市住房制度改革的不断深化,住宅小区中的住宅将不断地商品化,并进行市场化的管理。包括住宅在购、租两方面的逐渐商品化及小区的管理和服务都是有偿的,住用人将逐渐加大对居住消费的投入。

4. 社会功能。居民的活动是社会活动,聚集在住宅小区的各种社会实体,如行政治安机关、商业服务业、文化教育、银行等是以住宅小区为依托,共同为居民服务,发挥各自的功能,从而形成了一个相互影响和相互制约的社会网络。

(三)住宅小区的特点

住宅小区相对于一般单体住宅或单幢住宅楼来说,更注重物业的整体性、相关性。住宅小区,尤其是新建住宅小区有以下特点:

1. 规划建设集中化,使用功能多样化。由于城市建设的发展和居住水平的提高,住宅小区的规划建设有了很大变化。住宅小区建设由分散的、功能单一的传统方式,向集中化、综合化和现代化方向发展。

新建居民住宅小区多为多层、多栋楼体建筑群,少的几万平方米,多的十几万甚至百余万平方米。在使用功能上,新建的住宅小区大多建有商业、服务业、文化教育、卫生、办公用房、住宅及其配套建筑和设施,组成一个完整的、功能齐全的多功能区。

小区已不仅是人们避风挡寒、生活休息、繁衍后代的栖身之处,而且是学习、工作、教育、科研的重要园地,还是休闲、娱乐、文化、体育活动的乐园,也是进行区域内购物、饮食、生活服务的场所,更是社会主义精神文明和物质文明建设的基地。住宅小区的多功能性,给小区的物业管理工作提出了很高的要求。

2. 房屋结构整体化、配套设施系统化。住宅小区内,多座单体楼宇构成一个小区房屋系统,每栋楼房的地上建筑与地下建筑构成一个整体,区域内供水、排水、供电,各种热力、煤气管网互相相通构成一个网络系统,各种服务设施、配套设施,区域内绿化、道路,各种供水、供电、热力管网都是统一设计规划的,除住宅外,几乎都是为全住宅区服务的,是无法分割的,使住宅小区变成一个小社会。这就必然要求统一管理、统一经营。

3. 产权多元化、管理复杂化。由于住宅建设投资的多渠道、住宅的商品化及房改的深入,使我国房屋的产权结构发生了变化。房屋产权由单一所有制变为产权多元化,一个居住区、同一栋楼宇内,全民、集体、个人、外产等不同的产权共存,在管理上便产生了一个统一管理与按产权或使用权分散管理的基本矛盾。即住宅小区的整体性要求统一管理,产权的多元化则自然地形成分散管理,导致住宅小区各项管理工作复杂化。

二、住宅小区物业管理的目标与原则

(一)住宅小区物业管理的目标

小区物业管理的目标概括起来就是要通过科学的管理手段和专业化的管理技术实现社会效益、经济效益、环境效益的统一。

1. 社会效益。小区管理的社会效益首先表现在为居民提供一个安全、舒适、和睦、优美的生活环境。这一环境不仅是指整个社区的治安、交通、绿化、卫生、文化、教育、娱乐等方面,它对于调节人际关系,维护社会安定团结,都有着十分重要的意义。其次,它可以起到为政府分忧解难的作用。实施小区管理以后,小区复杂繁琐的管理工作和各种投诉的处理,都由物业服务企业负责,政府可以不再为此花费大量的时间与精力,只需制定有关的政策规定,对小区管理实行指导、协调和监督。

2. 经济效益。小区管理的经济效益可从多方面得以体现:

(1)从政府的角度看,未实行小区管理的住宅区,政府不仅要补贴大量资金用于小区房屋的维修,还要在环卫、治安、绿化和其他公共市政设施上投入财力。而实行小区管理的住宅区,政府不仅不投资,还可向物业服务企业收取税收。从这两方面看,经济效益是很明显的。

(2)从开发企业的角度看。实行小区管理不仅有利于房产销售,加速资金的周转,而且有利于开发企业以较高的价格售房,获取更多的销售利润。

(3)从物业服务企业的角度看。小区管理的经济效益不单体现在开发企业身上,还体现在物业服务企业本身。小区管理从单纯收取服务费来讲,是微利的;但如果善于经营,通过开展各种有偿服务,仍会取得较好的经济效益。

(4)从业主的角度看。物业服务企业管理好、维护好房屋住宅及附属设备、设施,延长它的使用寿命,可以保障业主的经济利益。

3. 环境效益。小区内的水、电、煤、阳光、空气、通风以及建筑和人口密度等方面都与居民的身心健康有着密切的关系。小区管理有利于从根本上治理城市住宅区脏、乱、差现象,改善人居环境。因此,搞好环境的绿化、净化,不仅有助于人的身心健康,还将对整个城市建设规模、格局和风貌产生积极影响。

(二)住宅小区物业管理的原则

由具有独立法人资格、实行独立核算、自负盈亏的物业服务企业来进行城镇居民住宅小区的物业管理,与旧体制下那种政企不分、权责不明的福利型管理是截然不同的。应遵循的主要原则有:

1. 业主自治自律与统一专业化管理相结合。住宅小区物业管理首先应遵循业主自治自律与统一专业化管理相结合的实施原则。业主自治自律是基础,但住宅小区的管理又具有技术性、专业性强的特点,必须以专业化管理为主;住宅区的日常管理工作,是大量的、繁琐的,离不开居民的支持。因此,增强居民的群体意识,依靠和组织广大住用人参与管理,发挥业主自治自律的作用,是实行这一原则的关键。

2. 服务至上,寓管理于服务之中。住宅小区的物业管理是一项服务性很强的工作,关系到千家万户的生活、休息、安全、卫生等诸多方面。住宅小区管理中的服务工作,具有长期性和群众性的特点:服务时限很长,往往几十年以上;服务对象范围很宽,男女老幼,各行各业,且流动性大,变化快。因此,物业服务企业必须坚持“服务至上,寓管理于服务之中”的原则,树立“为业主服务,对业主负责”的指导思想。

3. 所有权与管理权相分离。实行所有权与管理权相分离,是现代物业管理与旧式的房屋管理的本质区别之一。这是针对城镇居民住宅小区,特别是旧有居民住宅小区存在的“两权”不清问题提出来的,目的在于解决分散管理与统一管理的矛盾。在依法确认产权权属的前提下,实行管理经营权的集中统一,由一家物业服务企业对某一居民住宅小区实行统一管理、综合治理、全方位服务。

4. 企业经营、独立核算。必须改革原有管理体制,实行政企分开,使管理机构成为经济实体,具有相对独立的经营自主权,逐步实现住宅经营管理的市场化。

5. 有偿服务和费用合理分担。物业服务企业要搞好管理,实行优质服务,就必须有资金来源。住宅小区管理采取有偿服务,合理承担费用的原则,以“保本微利,公平合理”的方针,按照“谁享用、谁受益、谁负担”的原则，由享用人、受益人分担住宅小区的管理经费。

三、住宅小区物业管理的内容与实施

住宅小区物业管理，是指对住宅小区内的房屋建筑及其设备、市政公用设施、绿化、卫生、交通、治安和环境容貌等管理项目进行维护、修缮与整治。包括管理、经营与服务三方面的工作。概括起来讲，主要包括如下基本内容：

第一，住宅小区内，房屋及设备的维护与修缮管理。

第二，住宅小区内，其他方面的管理。具体包括：①违章建筑的管理；②公用市政设施的维护管理；③环境卫生的维护管理；④绿化管理；⑤治安管理；⑥消防管理；⑦车辆道路管理。

第三，开展多种形式的便民有偿服务。从 1994 年建设部发布的 33 号令《城市新住宅区管理办法》以来，各级政府先后发布了一系列有关物业管理的规范性文件，主要都是针对住宅小区物业管理的。本书讲述的内容也主要是围绕住宅小区展开的，上述内容的详述内容参见本书的相关章节。

DI第十四章 SHISIZHANG 非居住物业的物业管理

物　业　管　理

第一节　收益性物业管理概述

一、收益性物业的概念

收益性物业是指用于出租,能够产生经济收入的、以经营性房屋为主体的物业,也称为经营性物业,包括:酒店、写字楼、公共商业物业以及其他可出租的物业,如用于出租的公寓。

二、收益性物业管理的基本模式

收益性物业管理最基本的特点是出租经营与管理服务并重,但关注的重点是使租用建筑物的承租人对其所使用的物业的环境感到满意,并希望继续租用本物业。所以,收益性物业管理工作中的每一部分工作,都应以满足当前承租人的需要并吸引未来的新承租人为中心。通常将收益性物业管理分为以下几个相互联系和影响的工作。见图14－1所示。

图14－1中各项工作内容的基本含义如下:

物业发展目标。这是物业的市场定位。在一宗空置的收益性物业寻找合适的承租人之前,物业管理人员必须清楚地了解其所管理的物业在当地同类竞争性物业市场中的地位。

物业管理目标。该目标的制定过程,实际是在物业发展目标和物业管理实际工作的各个方面之间找到一个现实的、平衡的过程,尤其是承租人管理和财务管理的目标与内容在制定战略性管理目标及其规划时应该很好地协调。

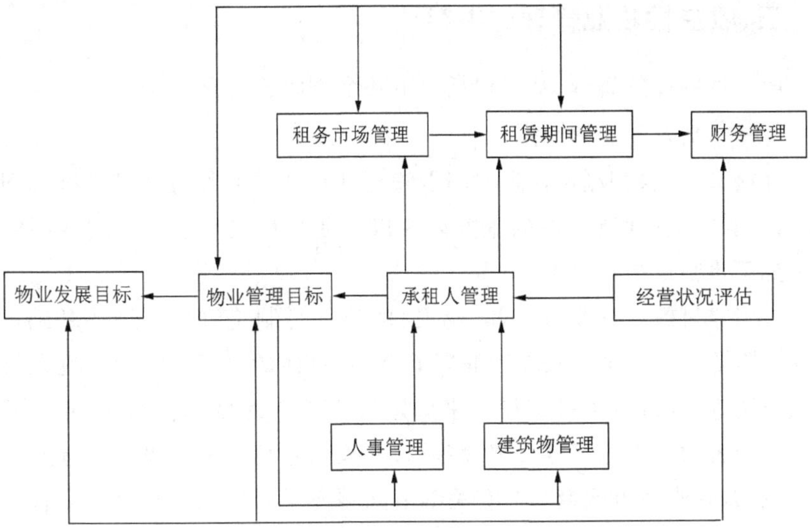

图 14－1　收益性物业管理模式

承租人管理。其目的是为当前的承租人在其承租本物业期间提供满意的服务，以使当前的承租人在其租约期满后能够续租。同时，也为物业创造良好的声誉，以此吸引新承租人，提高市场竞争力，提高物业租金。

租务市场管理。包括吸引和发现可能的承租人、对承租人进行评估筛选并与其进行租约谈判，以最终签订租赁合同。

租赁期间管理。主要指对承租人履行租约义务的监督、制定有效的租金收取政策、服务费管理、租金调整和续租谈判和租期结束时的管理等工作。

人事管理。包括聘用合格的工作人员，对职员进行上岗前的培训和尽可能稳定能干、有责任心、有贡献的职员。

建筑物管理。包括确定适当的建筑物维修养护的标准、建筑物管理办法、对建筑物进行定期检查和公共设施设备的维修养护与管理。

财务管理。业主投资于物业最主要的是要获取投资收益。因此，管理和确保业主的财务收入是收益性物业管理最重要的一个责任。财务管理主要包括：编制预算、处理纳税和保险事宜，以及财务档案管理。

经营状况评估。物业服务企业应经常更新和评估物业的财务状况，以便从中发现物业经营好坏的原因，并且应将分析的结果报告业主，以便采取正确的方法或改变策略来适应未来的市场状况。

三、收益性物业管理的内容

收益性物业的管理,基本包括以下几个方面的内容:

(一)制定管理计划

在接管一宗物业后,首先要制定管理计划并获委托方认可。该计划应详细说明物业管理所提供的服务内容以及所采用的方法。计划的制定一般有如下步骤:

1. 确立目标。物业所有者(业主)的目标是制定管理计划的基础。有时业主除了最大限度地获取利润以外,没有具体的目标。物业管理人员就要通过调查,分析有关投资信息来确定较为具体的目标。此外,业主授予物业管理者的权力范围也有很大差别,有些业主只对重大决策问题发表意见,但也有些业主可能希望对有关细节问题亦予以过问。有时物业管理人员还常常需要就业主提出的相互矛盾的目标做解释工作,例如,有的业主同时提出了最小维护费用和最大增值两个不相容的目标。一旦物业服务企业接受了委托,就要在物业管理目标上与业主达成共识,并尽可能来维护业主的利益。

2. 检查物业质量状况。对物业质量状况的检查是物业管理工作的重要内容。物业管理人员要根据质量状况检查的结果,确定实现业主提出的目标所需的时间、需要进行的修缮工作及其费用。

3. 形成租金方案和出租策略。出租只有在业主和承租人均满意的情况下租约才会得以维持。租金方案十分重要,从理论上来说,租金的确定要以物业出租经营成本、税费和业主希望的投资回报率来确定。在市场经济条件下,物业租金水平的高低主要取决于同类型物业的市场供求关系。从总体上说,物业租金收益必须能抵偿所有的投资成本,并能为投资者带来一个合理的投资回报。过高或过低的租金都有的可能导致业主利益的损失。

对于大型物业服务企业来说,一般较容易确定租金水平或方案,因为他们往往拥有大量类似物业出租的租金数据,使得物业管理人员能很容易确定物业合适的市场租金水平。当然,为准确判断物业的市场租金水平,需要比较已出租的类似物业和待出租物业的差异,并对已知的租金进行相应的修正,进而求取待出租物业的市场租金水平。

租金方案还会受到出租策略的影响,例如,写字楼租金水平受租期长短和承租面积的大小、承租人的资信状况、为承租人提供服务的水平、附属设施的收费水平、是否带家具等因素的影响。

4. 提出预算(包括管理费)。预算是物业管理经营计划的核心,包括详细的预期收益估算、允许的空置率水平和经营费用。这些数字构成了物业管理的量化目标。要根据实际情况对预算进行定期的调整。

预算是物业管理中财务控制和财务计划的重要工具,即当收入低于预算或费用超过预算时应引起物业管理人员的注意;当物业管理人员编制预算时能就未来一年的经营计划作出比较现实的安排。

预算还可以使业主较容易地对物业管理的财务情况进行检查。一旦提出了一个预算,物业管理人员和业主之间的经济关系也就确立了,但在双方共同制定预算的过程中,物业管理人员要努力为业主提出更为完美并切合实际的目标。

5. 签订物业服务合同。一般的服务合同应该包括物业服务企业需定期向业主呈送的文件和报告、物业服务企业的主要工作、物业管理的责任和物业管理的费用。当然,物业的规模越大、承租人的数量越多、物业管理要求提供的服务内容越多,则合同越要详细。

6. 物业管理记录和控制。当委托合同签订后,物业服务企业必须及时收集整理有关数据,以便编制有关报告。

(二)加强市场宣传以提升物业的租金

物业服务企业通常要努力进行市场宣传以使物业达到一个较为理想的租金水平。这种宣传一般围绕着物业的特性进行,很少通过强调租金低廉来吸引承租人。物业服务企业选定了进行宣传的主题后,还要选择适当的宣传媒介,也可带有兴趣的人士前往看楼。经验丰富的物业服务企业在向潜在的承租人展示、介绍物业的过程中,能清楚地从顾客的反应中知晓他是否已经初步决定承租本物业,可及时进行引导,并尽可能用大众化的语言回答顾客的提问。

(三)制定租金收取办法

制定租金收取办法的目的,是尽量减少由于迟付或拖欠租金而给业主带来的损失。租金收取办法要尽量考虑承租人的方便,在物业服务企业和承租人间要建立起良好的信任关系。物业服务企业通常对按时支付租金的承租人实行一定额度的优惠。租金收取方式和时间的选择亦很重要,要根据承租人的收入特点灵活选择收租方式,合理确定收租时间。

（四）物业的维修养护

除应承租人要求而进行的维修外，还要按时对物业进行定期的检查、维修与养护。每次检查维修都要依建筑物各部位和其附属设备的情况有所侧重。检查结果要详细记录并及时报告给业主。

物业服务企业负责物业的维修，必须以不突破维修预算为原则。对于建筑物内主要设备的更新，如供热或空调系统的更新，物业服务企业必须征得业主的同意。此外，要对承租人就建筑物尤其是内部设备的使用提供指导。

（五）安全保卫

安全保卫方面的考虑从建筑物的结构设计就开始了。政府的公共安全部门对建筑物设计过程中的保安措施尤其是防火设计都有明确的要求。物业服务企业通常还要对建筑物内易造成人身伤害的部位作出明确标志，以提醒人们注意安全。为了防止犯罪活动，一般要设置大厦保安人员，锁上人们不经常使用的出入口，对经常使用的出入口派保安人员值班。

（六）公共环境的管理

公共环境的管理是收益性物业管理中的重要内容。写字楼、商场等收益性物业周围的公共环境直接影响该物业内各业主的形象。因此，保持一个优美、整洁、通畅、有序的公共环境和秩序是业主们的基本要求。

（七）协调与业主承租人的关系

及时对话和沟通是建立业主、物业服务企业和承租人三方之间良好关系的关键。作为专业人士的物业管理人员，必须设法建立三方经常沟通的渠道。通过物业服务企业这个中间媒介，使某方的希望、需要、抱怨能及时地让其他各方了解。业主与承租人也可以建立直接的联系渠道。

（八）组织与控制

从业主的角度来说，能否实现预期的物业管理目标，是物业管理工作有效与否的标志。业主如果能够定期地对物业进行观察，则物业维修计划、保安计划的实施情况就很容易识别。物业收入和费用支出的差异大小，也能体现物业管理组织与控制的有效性。此外，如果业主不过问物业服务企业的具体工作，而又对物业管理人员能及时处理所遇到的问题抱有信心的话，那么物业管理的组织与控制就是有效的。

四、收益性物业管理工作的评价

良好的物业管理并不仅仅意味着百分之百的出租率，实际上，没有空置可能预示着物业的租金水平低于市场租金。所以要结合目标标准对物业管理工作进行评价而不能仅凭主观的感觉。当然，对物业管理工作进行评价的主要目的是令物业服务企业为业主和承租人提供更好的服务，并不总意味着决定是保留还是辞退当前的物业服务企业。

物业管理工作的评价应着重从以下几个方面考虑：①与承租人有良好的沟通；②及时收取租金；③及时地处理承租人的有关抱怨；④较好地达到了出租率目标；⑤物业维修状况良好；⑥物业经营费用未突破事先的预算；⑦及时提供有关物业报告；⑧为业主的利益能主动地提出建议；⑨对业主的批评或建议反应迅速。

需要考虑的因素可能还有很多，可以通过对每一项因素打分的方式来作出综合评价。

此外，对于大多数物业来说，由于承租人众多，物业服务企业及其工作人员的能力还应包括协调解决承租人间的矛盾。因为承租人之间的争端并不都需要付诸法律解决，物业服务企业可以成为解决矛盾的中介，使不同承租人之间能和睦相处。

评价的最后一步就是将评价结果与物业服务企业见面，这是物业服务企业改进与业主的关系、提高管理和服务水平的极好机会。

第二节　写字楼物业的管理

一、写字楼物业管理概述

（一）写字楼的含义

写字楼原意是指用于办公的建筑物，或者说是由办公室组成的大楼。广义的写字楼是指国家机关、企事业单位用于办理行政事务或从事业务活动的建筑物。投资性物业中的写字楼，则是指公司或企业从事各种经营活动的建筑物及其附属设施和相关的场地。

业主或投资者投资这类物业的主要目的，是希望通过该项投资，达到资本保值、增值和获得周期性收益。而完善的物业管理服务，对业主投资目标的实现至关重要。

（二）写字楼物业的分类

进行写字楼物业管理的第一步，就是通过对写字楼市场的调查分析并结合所管理的写字楼物业本身的状况对写字楼进行市场定位，为此，物业管理人员通常先将写字楼进行分类。

1. 按写字楼的使用功能划分。按写字楼的使用功能可将写字楼划分为3种：①单纯型写字楼。指写字楼基本上只有办公一种功能，没有其他功能（如展示厅、餐饮等）。②商住型写字楼。指既提供办公又提供住宿。这又有两种形式，一种是办公室内有套间可以住宿；另一种是楼的一部分是办公，楼的另一部分是住宿。③综合型写字楼。指以办公为主，同时又有其他多种功能，除办公外，还有公寓、餐饮、商场、展示厅等多种功能。但用做办公部分的面积最多。

2. 按写字楼的综合因素划分。按写字楼所处的位置、自然或质量状况和收益能力进行分类，通常将写字楼分为甲、乙、丙三个档次。

（1）甲级写字楼。具有优越的地理位置和交通环境，建筑物的物理状况优良，建筑质量达到或超过有关建筑条例或规范的要求；其收益能力能与新建成的写字楼媲美。甲级写字楼通常有完善的物业管理服务，包括24小时的维护及保安服务。

（2）乙级写字楼。具有良好的地理位置，建筑物的物理状况良好，建筑质量达到有关建筑条例或规范的要求；但建筑物的功能不是最先进的（有功能陈旧因素影响），有自然磨损存在，收益能力低于新落成的同类建筑物。

（3）丙级写字楼。物业已使用的年限较长，建筑物在某些方面不能满足新的建筑条例或规范的要求；建筑物存在较明显的物理磨损或功能陈旧，但仍能满足低收入承租人的需求并与其租金支付能力相适应；相对于乙级写字楼，虽然租金较低，但仍能保持一个合理的出租率。

对写字楼物业进行档次划分并对影响写字楼档次级别的因素进行分析，是写字楼物业管理的基本特色之一。这种划分在很大程度上依赖于专业人员的主观判断。人们很容易区别甲级写字楼和丙级写字楼，但如果要区别甲级和乙级写字楼就比较困难。在实践中，常从承租人在寻租或续租写字楼时考虑的因素出发，通过判别写字楼的吸引力来对写字楼进行档次划分。一般要考虑12个因素，即写字楼物业所处的位置、交通方便性、声望或形象、建筑形式、大堂、电梯、走廊、写字楼室内空间布置、为承担人提供的服务、建筑设备系统,物业管理水平和承租人类型。

(三)现代写字楼的特点

现代写字楼同过去传统意义上的办公楼已是两个完全不同的概念。现代写字楼有如下 4 个特点:

1. 所处区位好、规模大。现代写字楼大多建在以经济、金融、贸易、信息为中心的大中城市,同时,有相当规模的面积,办公单位集中,人口密度大。由于这些城市的经济活动频繁,交易量大,信息快而多,交易成功率高,所以吸引众多企业在这些城市设立公司和办事处。特别是城市的中心地段,交通方便,各类商业服务设施齐全,既利于办公人员上班,又有利于贸易的谈判和开展。

2. 多为现代化的高层建筑。现代写字楼大多为高档次高层建筑,有良好的建筑和现代化的设备,不仅外部有自己独特的线条、格局、色彩和装饰等建筑风格,而且内部一般都配有先进的设备,如中央空调、高速电梯、高灵敏的系统化通讯等等,能为客户提供一个舒适的工作环境。

3. 功能齐全、配套设施完善。现代写字楼,能提供各种功能,如前台服务、大小会议室、酒吧、商场、餐厅、车库等,形成独立的工作、生活系统。能满足各种客户办公、高效率工作的需要。

4. 多有专业物业服务企业管理。写字楼由于其档次高,设施设备复杂,管理要求高,一般都委托专业物业服务企业管理。同时由于大多数写字楼是以出租为主,出租率或占有率的高低是该物业的生命线,而出租率的高低与物业管理的好坏休戚相关,因此很多写字楼业主委托物业服务企业代理出租。对物业服务企业来说,为业主获取最大利润是其全部工作的出发点和落脚点,其所有的工作应围绕这个目标。

二、写字楼营销管理的要点

以出租经营为主的写字楼的物业管理,较之一般居住物业的物业管理,其管理内容增加了营销管理。物业服务企业对此应有足够的认识。

营销管理即租赁管理,是写字楼管理中的核心内容。营销管理是保证写字楼经济效益的基础,是衡量物业服务企业管理水平首要的也是终极的指标。

营销管理一般从市场调研入手,在对市场客观环境、同档次同类型写字楼的市场需求状况及竞争对手的分析的基础上,进行市场定位;进而确定和寻找潜在的承租人;制定租金方案;最后进行租约谈判与签约。

(一)写字楼承租人的选择

选择承租人时,考虑的主要准则是潜在承租人所经营业务的类型及其声誉、财务稳定性和长期盈利的能力、所需面积大小及其需要提供的特殊物业管理服务的内容。

1. 承租人的商业信誉和财务状况。物业服务企业必须认真分析每个承租人的信誉对其租住的写字楼物业的影响。潜在承租人的经营内容应该与写字楼中已有承租人所经营的内容相协调,其信誉应能加强大厦的整体形象。物业服务企业还应当分析潜在承租人在从事商业经营过程中的财务稳定性,因为这关系到潜在承租人在租赁期限内能否履行合约中规定的按期支付租金的义务。可以从税务机构、工商管理机构、往来银行、经纪人及承租人提供的财务报表来判断其信誉和财务状况。

2. 所需面积的大小。在选择承租人过程中最复杂的工作之一就是确定写字楼建筑内是否有足够的有效使用空间来满足某一特定承租人的特定需求,满足寻租者对面积空间的特定需要,这往往决定了潜在的承租人能否成为现实的承租人。在考察是否有合适的面积空间可以供寻租者使用时常常要考虑以下 3 个方面的因素:

(1)面积的组合。即建筑物内,能否组合出一个独立的出租单元,以满足某一个特定寻租者的需要。

(2)寻租者经营业务的性质。一些机构需要许多分隔的办公室,而且常常希望这些办公室都能沿建筑物的外墙布置,以便能够获得充裕的自然光和开阔的视野。但也有些公司可能不希望有太多的房间靠近外墙。

(3)寻租者将来扩展办公室面积的计划。如果一个公司在将来期望有较大规模的扩展,必须考虑在建筑物内是否或如何满足其未来业务发展的需要,尤其是当寻租者希望其办公室集中布置时更是如此。

一般来说,为每个办公室工作人员提供 15 ~ 20 平方米的单元内建筑面积比较合适,虽然每个工作人员封闭的办公面积一般只需要 5 ~ 6 平方米,但接待室、会议室、交通面积、储藏面积、办公设备所占的面积以及公共活动所需的面积等应给予足够的考虑。此外,如果出租单元的平面设计中私人办公室数量较多,则人均办公面积的指标可适当提高一些。

3. 需要提供的物业管理服务。有些寻租者为顺利开展其业务,需要提供某些特殊服务,这可能与物业服务企业已提供的标准服务有较大差异。

如果物业服务企业没有适当的考虑这些问题,在将来的物业管理过程中就可能会出现许多矛盾。在接受或拒绝潜在承租人的特殊要求之前,物业服务企业及业主应该考虑整个租赁期限内的实际费用支出以及费用—效益比率,以便在日后签订租约时确定由谁来承担特殊服务的费用。例如,某公司要安装一个计算机工作站,由于工作站需要消耗大量的电力,或许会超过写字楼建筑内供电线路的负荷;有些承租人需要附加独立的冷却系统;也有些承租人由于要安装自重较大的设备,对建筑物的承载力提出了更高的要求等。满足这些要求可能要投入大量的资金。建筑设备系统的改造也有可能会带来一些麻烦。然而,物业服务企业或业主也要考虑可能由此带来的有利因素,如初次安装这些设备可能会给未来安装其他设备带来方便,寻租者很清楚建筑及其附属设备改造或设备安装的工作量和费用,因此很可能会寻求一个长期的租约,以避免这种重复性的投资。

(二)写字楼租金的确定

确定写字楼租金时,一般要认真考虑以下 3 个方面的因素。

1. 计算可出租或可使用面积。准确地测量面积非常重要,它关系到能否确保物业的租金收入和物业市场价值的最大化。

在测量写字楼面积时有三个概念非常重要,即建筑面积、可出租面积和出租单元内建筑面积。根据建设部的有关规定,建筑面积按国家《建筑面积计算规则》计算;出租单元内建筑面积包括单元内使用面积和外墙、单元间分隔墙及单元与共用建筑空间之间的分隔墙水平投影面积的一半;可出租面积是出租单元内建筑面积加上分摊共用建筑面积(包括:电梯井、楼梯间、卫生间、变电室、设备间、公共门厅、过道、地下室、值班警卫室、其他功能上为整栋建筑服务的共用房和管理用房的建筑面积、出租单元与共用建筑空间之间分隔墙及外墙墙体水平投影面积的一半)。在计算分摊共用建筑面积时,凡已作为独立使用空间出租的地下室或车库以及作为人防工程的地下室不应计入分摊共用建筑面积部分。每个独立出租单元的可出租面积 = 出租单元内建筑面积 × (1 + 共用建筑面积分摊系数),共用建筑面积分摊系数 = 整栋建筑物的共用建筑面积 ÷ 整栋建筑物各出租单元内建筑面积之和。

某一承租人承租的面积可以是一层楼的一部分,也可以是整层楼面或数层楼面,对于整层承租的承租人来说,承租人不仅要分摊其所在楼层的共用建筑面积,还要分摊底层大堂及其他所有为全体承租人服务或使用的共用建筑面积。一般老式建筑的共用面积分摊系数较新建筑要大得多。对于写字楼建筑,共用面积分摊系数在0.2~0.3之间。

2. 制定租金方案。写字楼的租金水平主要取决于当地房地产市场的状况。确定租金时,一般应首先根据业主希望达到的投资收益率目标和其可接受的最低租金水平(即能够抵偿抵押贷款还本付息、经营费用和空置损失的租金)确定一个基础租金。当算出的基础租金高于市场租金时,物业服务企业就要考虑降低经营费用以使基础租金向下调整到市场租金的水平。

在一定的市场条件下,某宗写字楼整体租金水平主要取决于物业本身的状况及其所处的位置。但写字楼建筑内某一具体出租单元的租金则依其在整栋建筑内所处的位置有一定差异,尤其是对高层建筑而言。物业服务企业在确定各写字楼出租单元的租金时,常用位置较好的出租单元之超额租金收入来平衡位置不好的出租单元的租金收入,使整栋写字楼建筑的平均租金保持在稍高于基础租金的水平上。

3. 出租单元的面积规划和室内装修。承租人选择写字楼时非常关心其承租部分的有效使用和能否为其雇员提供一个舒适的工作环境。物业服务企业可以通过综合考虑承租人的规模、组织构架、偏好与品味、需要安装的设备和财务支付能力等来帮助承租人确定最佳的承租面积大小并在其所承租的出租单元内就房间布置、办公设备布置、内部通道的安排等进行设计。

室内装修的费用由谁来支付经常是租约谈判过程中的焦点问题。通常,业主要就某些标准化的装修项目支付一些费用,也可能由业主笼统地提供一笔按每平方米单元内建筑面积计算的资金来补贴承租人初次装修需支付的费用。

除标准化装修项目的费用外,其他装修费用由谁来支付,一般视市场条件和写字楼内入住率水平而定。一般有四种选择:由业主支付、由承租人支付、业主和承租人分担、业主支付后由承租人在租约期限内按月等额偿还本息(作为租金的一部分)。在市场状况有利于承租人而非业主的情况下,为承租人提供装修补贴常常被业主或其物业服务企业用来作为吸引承租人的手段。

无论如何安排装修费用的支付,业主和其委托的物业服务企业保留有对整栋写字楼建筑进行统一装修或进行建筑物内部功能调整的权利。

(三)租约与租约谈判

写字楼租约条款的谈判相当复杂,常会有一个很长的谈判周期。物业服务企业也常常参与到租约谈判的过程中来。在通常情况下,业主会事先准备好一个适用于写字楼物业内所有出租单元的标准租赁合约,业主和潜在的承租人可在这个基础上,针对某一特定的出租单元就各标准条款和特殊条款进行谈判,形成一份单独的租约。谈判中双方关注的问题包括:租金及其调整、所提供的服务及服务收费,公共设施如空调、电梯等使用费用的分担方式等。

1. 租赁合约中的标准条款。写字楼物业的租约一般都要持续几年的时间,租约中一般都包括租金定期增加方式的租金调整条款。在这一条款中,要参考一个标准指数如消费者价格指数或商业零售价格指数,来确定租金定期增长的数量或幅度。但承租人和物业服务企业更愿意商定一个固定的年租金增长率或增长量,该增长率或增长量在整个租赁期间内有效。例如,月租金在整个租期内每年增长 10 元/m^2或每年上调 8%。当租期很长时,也可规定每 2 年或 3 年将租金调整 1 次。为使租赁双方共同承担通货膨胀带来的风险,有时规定租金可以按消费者价格指数调整,但同时又规定一个上调比例的最高限,以便由承租人承担最高限以内的风险,由业主承担最高限以外的风险。

在写字楼租约中"毛租"的方式不多见,常采用"净租"的方式。在具体的租约中,要规定代收代缴费用所包括的费用项目名称,以及每项费用在承租人间按比例分摊计算的方法。最常见的代收代缴费用是除房产税和保险费外的水、电、煤气等资源的使用费。此外,设备使用费和写字楼公共空间的维护维修费用也常常单独交纳。设备和公共空间的更新改造投资也要在承租人间进行分摊,但要注意处理好更新改造投资周期与一个租约的租赁周期的关系。

2. 折让优惠和承租人权利的授予。折让优惠是业主给承租人提供的一种优惠,用以吸引潜在的承租人。折让优惠的具体做法很多,如给新入住的承租人一个免租期、为承租人从原来租住的写字楼迁至本写字楼提供一定的资金帮助,或对承租人入住前的装修投资提供资金帮助等。折让优惠可能是由业主先提供一笔资金,供承租人用于装修投资或支付其他费用,但在租赁期间内,这笔资金仍要通过各种方式归还业主。

折让优惠还可能体现在租约续期的有关条款上。如果承租人预计由于自己业务的发展可能会在未来增加承租面积，则一般希望业主在将来（一般是租约期满）能满足其扩展办公空间的要求。但业主很难接受这一做法，因为这样可能会使其腾空的写字楼面积的空置时间增加，从而减少租金收入。作为一种替代的办法，业主通常可以给承租人一个优先权，即如果承租人想扩大其所承租的写字楼面积，而其原租用的写字楼单元的相邻单元又处于空置状态的话，则该承租人在同等条件下有优先承租权。有时承租人还会要求在租约中加上于原租约条件下续租的条款。

一般业主不愿在租约期满时赋予承租人过多的权利。首先，期限较长的租约所规定的租金在租赁期间内很难赶上市场租金水平的可能变化，尽管有租金定期调整的条款，但实际租金常低于市场租金；另外，在租约期满时赋予承租人一定的权利也并不能保证其继续承租。在某些时候，租约中还会包括有关提前终止租约的条款，规定承租人只要提前一定的时间通知业主按规定交纳罚金，承租人就可以提前终止租约。赋予承租人一定的权利，在大多数情况下是业主不情愿的事，但业主为了保持物业的市场竞争力，有时不得不这样做。

三、写字楼物业管理的其他要点

除营销管理外，写字楼物业管理的内容与居住物业管理基本相似，但其标准与要求更高。以下几方面尤其要给予特别关注。

（一）咨询服务

现代化写字楼规模大、客户多，来往联系业务的人很多，客人问讯的工作量相当大，光靠大堂指示牌和大门保安人员难以应付众多的问讯者。因此，一般将宾馆总台式服务引入写字楼，为客户提供一些日常事务的咨询服务。

（二）安全保卫

安全保安工作是写字楼管理中另一项重要工作，它不仅涉及国家、企业和个人财产与生命安全，还涉及大量商业机密。要制定全面的保安计划，完善闭路电视监控系统，前后门警卫、大楼巡逻，对办公时间和非开放时间的进出、探访有严格的监控。

（三）确保各项设施设备的正常运转和能源的供应

现代化写字楼的正常使用离不开水、电等基本能源，离不开各项设施设备，离不开对外通讯联络。对此，物业服务企业要切实给以保证。

（四）做好公关活动

卓有成效的公共关系活动能使写字楼与公众建立良好关系，为写字楼树立起良好的社会形象。物业服务企业的公关活动，包括客户公关活动和社会公关活动，采取多种形式做好公关活动可以提高出租率和售价。

第三节　公共商业物业的管理

一、公共商业物业管理概述

（一）公共商业物业的概念

公共商业物业是随着商业发展而出现的一种出租房屋供商人零售商品的房地产，主要是一个消费者购物的场所。其所包括的范围相当广泛，从小型店铺、百货商场到大型现代化购物中心，面积从十几平方米到十万余平方米，其服务的地域范围从邻里、居住区到整个城市甚至全国。人们已不再仅仅关注商品的质量和价格，还对购物环境提出了越来越高的要求，这就为适应这种需要而发展起来的公共商业物业管理提供了广阔的空间。

（二）公共商业物业的分类

公共商业物业可以从不同的角度进行分类，以下列举了几种主要的分类方式。

1. 按商业辐射区域范围进行分类。公共商业物业依据其商业辐射区域、建筑规模和经营商品的特点，可分为 5 种类型：

（1）市级购物中心。市级购物中心的建筑规模一般都在 3 万平方米以上，其商业辐射区域可覆盖整个城市，服务人口 30 万人以上，年营业额在 5 亿元以上。在市场购物中心中，通常由一家或数家大型百货公司为主要承租人；男女时装店、家用电气设备商店、眼镜店、珠宝店、摄影器材商店、男女鞋店、体育健身用品商店等通常也可作为次要承租人进入中心经营；银行分支机构、餐饮店、影剧院、汽车服务中心等也常常成为这些市级购物中心的承租人。按其所服务的对象不同,市级购物中心也有高档和中档之分。

(2)地区购物商场。地区购物商场的建筑规模一般在1万~3万平方米之间,商业服务区域以城市中的某一区域为主,服务人口10万~30万人,年营业额在1亿~5亿元之间。在地区购物商场中,中型百货公司往往是主要承租人,家具店、超级市场、图书及音像制品店、礼品店、快餐店、男女服装店、玩具店等常常是次要承租人。

(3)居住区商场。居住区商场的建筑规模一般在3 000~10 000平方米之间,商业服务区域以城市中的某一居住小区为主,服务人口1万~5万人,年营业额在3 000万~1亿元之间。居住区商场内,日用百货商店和超级市场通常是主要承租人,自行车行、装饰材料商店、普通礼品店、音像制品出租屋、药店等常常是次要承租人。

(4)邻里服务性的商店。这些商店的建筑规模一般在3 000平方米以下,且以500~1 000平方米建筑面积者居多,服务人口在1万人以下,年营业额在3 000万元以下。方便食品、瓜果蔬菜、日用五金、烟酒糖茶及软饮料、服装干洗、家用电器维修等的经营者通常是这些商店的承租人。

(5)特色商店。这些商店通常以其经营的特殊商品或服务及灵活的经营方式构成自己的特色。如专为旅游者提供购物服务的旅游用品商店、精品店商场、物美价廉的直销店或仓储商店、有较大价格折扣的换季名牌商品店等。这类商店的建筑规模、商业服务半径、服务人口、年营业额等差异较大。

2.按经营方式进行分类。按商业物业的经营方式,可以分为7类:①以纯百货零售为主的商场,比如,燕莎、崇光SOGO;②以大型超市为主的,比如,沃尔玛、家乐福;③以购物中心形式出现的大型综合卖场,比如,东方广场、国贸;④以出租室内高档商铺为代表的,比如,中粮广场、恒基中心;⑤以散铺出租、出售为代表的,比如,万通;⑥以住宅底商出租为代表的,比如,现代城;⑦以其他零售(或批发、零售兼营)为代表的大型商业,比如,太平洋电脑城。

3.按投资产权进行分类。

(1)单一或少数投资商联合兴建并最终拥有产权的商业物业。其特点是投资商实力雄厚,对商业物业的经营及物业管理或自己全部打理,或整体及分项出租,或与专业管理公司合作经营。此类商业物业基本是一些经营商品档次较高、规模较大的商场,集中经营、管理,统一协调是其明显特征。

(2)多产权的商业物业。这类商业物业是由一个或几个投资商联合投资建造,并按房地产运作模式把商业面积划分为众多单元出售而获得回报。购买商业面积的或自己从事商业经营,或转租出去作为投资。此类商业物业主要包括:大型专业商业、小百货批发兼零售市场及大型综合物业的底商铺面等。产权分散、不易集中经营管理、统一协调困难是该类商业物业的明显特点。

4. 按物业本身独立性进行分类。公共商业物业基本上有两种存在形式:一是只经营零售业的独立的建筑物或建筑群;二是某综合用途物业内的一部分。目前,国内外以办公、酒店、住宅或文化娱乐设施为主的综合用途开发通常将零售商店包括在内,成为整体开发的一部分。这种做法的优点是,整体开发的各种使用用途为这些零售商店提供了现成的市场。当然,综合用途物业内零售商场的规模往往受到一定程度的限制。

(三)公共商业物业管理的管理类型

1. 按管理方式不同,可以分为全面委托管理和业主自主管理。

(1)全面委托管理。全面委托管理即发展商或产权人把商业整体面积的物业管理统一委托给一家物业服务企业,签订物业服务合同。这种方式的优点是便于统一指挥协调,便于物业服务企业的工程、保安及保洁等各部门整体配合商业经营活动,处理突发事件时,人工及管理成本比较低。由于目前能够独立承担大型现代化商业物业管理的物业服务企业极少,加之投资商或大业主对把大面积的商业物业交给专业物业服务企业管理的认识有限,或存有重经营轻物业管理的现象,因此,目前这种模式并不常见。

(2)业主自主管理。业主自主管理即由投资商或大业主自己成立物业管理企业进行物业管理。这种方式的好处是业主决策快捷,指挥线路短,不易发生扯皮推诿等现象。但是由业主自行管理往往在管理水平上有所欠缺,可能会出现许多问题。

2. 按管理组织形式不同,可以分为小物业和大物业。目前,一些大型现代化商业物业管理通常的做法是物业的管理组织形式上采取"门里门外"的做法。所谓"门里门外"就是门里小物业,门外大物业。

小物业是指商业经营单位所属的后勤、总务部门中单独设立一些岗位，负责商业经营面积内的保洁、工程小修、内部保安。大物业指在商业经营面积区域外的工作由专业物业服务企业承担，如负责与商业经营相关联的工程大系统的运行、保养，门前三包、外部清洁，消防系统及停车场管理等。

上述分割的形式只是一部分商业物业的做法。它的好处是责任明确，小物业配合商业经营活动更加便捷；弊端是条块分割太明确，统一协调不便，处理突发事件时由于各方各自为政，会导致协调不顺畅，另外各方利益不同，难免会发生扯皮的情况。

3. 根据专业要求把部分管理责任外包。还有一些大型商业物业的大产权人或经营者出于自身的考虑，根据商业物业管理上的特点，将关键专业、费用开支大的专业，例如，工程、消防由自己负责，将一些简单的、劳动密度大的、费用可控制的专业，例如，保洁、保安对外分包。甚至还有将所有专业全部对外分包，对外签订几份甚至十几份各专业委托合同。

这种分包方式从表面上看可以使专业分工更细化、更明确，但是弊端也十分明显，如分工中的沟通环节多，全面协调困难；各自只扫门前雪，缺乏全局意识和协作精神；各合同起止时间不一，谈判扯皮影响正常工作等。这些问题必须严格控制好。

二、公共商业物业管理的要点

（一）明确界定公共商业物业的管理范围

合理、严格、科学地界定物业管理范围是有效管理的前提。物业管理范围的界定实际上就是责任的划分，哪些区域该由物业服务企业来负责，哪些不该管，应当解释得非常清楚，并以文字的形式在合同中确认，必要时还应该附上图纸以补充文字说明的不足。这样，不仅可以减少合同履行阶段的麻烦和矛盾，对于物业管理企业顺利进入及开展管理工作也是非常必要的。

对于一个公共商业物业，物业管理通常的管理范围包括：①地上和地下停车场、自行车棚；②员工食堂、休息室、更衣室、淋浴室、吸烟室；③工程设备机房、维修间、管道间、值班室、开水间；④大楼屋顶、外立面、各楼层天花板及公共区域照明；⑤各楼层走廊楼梯、公共通道、紧急疏散通道、应急照明；⑥消防控制室、警卫室、倒班宿舍、各公共区域消防栓、灭火器；⑦各主要出入口、员工出入口、卸货平台；⑧室外绿地、树木、园林小品、室内公共区域的绿色租摆；⑨商品周转库；⑩商业物业内客人、儿童休息室；⑪商业物业内厕所；⑫物业管理用房；⑬公共区域广告。

特别需要界定的区域有：①专用电梯的使用、维修和保养责任；②公共区域中单一承租方使用的立柱的使用方式、时间和费用；③承租区域天花板照明的更换责任及费用；④承租方单独使用的库房、客人更衣室的消防安全和防盗责任；⑤承租方经营产生的垃圾、包装物的清理；⑥承租方内部装修和改造的审批程序；⑦承租方业务收银管理；⑧承租方室外广告位的进入和更换；⑨承租方二次装修的管理及限定条款（如用电、防火、防盗、人身安全等）；⑩承租方提供的商品的质量责任；⑪物业工程大系统与商业经营区域的接口划分（水、电、空调、燃气、照明的管理与计量）。

（二）制定正确的管理策略

一个公共商业物业项目的成功管理，需要多方面因素的配合，在这些因素中，正确的管理策略、有针对性的管理方案和精确的管理费用测算是三个支柱。

管理策略是指导物业管理的“纲”，纲举目张。管理策略必须站在全局的角度，具备前瞻性，具有全面性，兼顾可行性。不同档次不同风格商业物业的物业管理策略是不同的。对具体的公共商业物业实行什么样的管理策略，既与物业服务企业的战略发展有关，也与特定项目有关。具体可以分为3方面。

1. 管理模式。物业服务企业准备以什么形式对该项目进行管理，是成立子公司，还是分公司、项目部或管理中心。不同形式具有不同的管理意义。建立子公司，说明该项目的重要性和风险是同时存在或者说是均等的，但是子公司的独立性非常强，在一定意义上使总部丧失了一部分对该项目的管理权。

2. 管理承诺。对物业管理委托方必须进行管理承诺，关键是承诺的内容和深度。比如，管理方是否需要垫付开办费，管理是否要承诺优先录用开发商推荐的工作人员，管理方是否只有在委托方同意的情况下才能从项目上撤出。这些承诺，表面上看是管理方的承诺，实际上反映的是管理的主动权掌握在哪一方的根本问题。

3. 管理期限。对一个公共商业物业的管理期限并非越长越好，而是要因项目而异。管理年限的长短可以从一个侧面考量出物业服务企业的管理思路，可以看出物业服务企业的战略布局，可以推断出管理方对项目的本质的评价。

（三）设计有针对性的管理方案

1. 全面了解项目是制定管理方案的前提。要制定出有针对性的管理方案，应当首先组织人力对项目进行全方位的彻底的了解和考察，主要包括：①设备设施的选型是否符合商业项目运转的需要；②平面布局是否体现了以人为本的理念；③内部装饰材料是否满足了对不同商品的照射效果；④库房面积是否充足；⑤楼层走道是否合理；⑥残疾人购物的需求是否得到了合理安排等。

2. 开发商的良好信誉是制定管理方案的保证。项目开发商的作用，在项目开业后的运行中仍十分重要，开发商的良好信誉主要体现在：①良好的银行信誉，充足的资金；②完善的合乎法律的开发手续；③与土地拆迁有关的问题得到了公平的、彻底的解决；④为了开业已经与政府主管部门建立了基本的业务联系；⑤有开业资金的准备。

3. 准确的市场定位是制定管理方案的基础。一个项目的市场定位应该在项目设计论证阶段就完成了，但是随着时间的推移，人们对市场定位会产生新的想法，这不足为怪。

4. 完善管理方案的 5 大组成部分。一个完善的商业物业管理方案应当包括：

（1）机构设置和人员编制。机构和人员设置要考虑到公共商业物业的特殊性，不能照搬写字楼或公寓的管理模式，要注意不应该把由开发商或承租户自己管理的事务以及与物业管理无关的事务管理起来。

（2）费用测算和依据。一个新建的公共商业物业的费用主要包括日常管理费用和开办费用，此内容我们在后面还将详细介绍。

（3）体现专业化的服务内容。物业管理的服务内容应当注意以物业管理合同的约定为准，公共商业物业涉及的比较特殊的工作主要有：收银服务及假钞管理、投诉服务、广告布局及商品陈列服务、商品进出点的核实登记、大型促销活动的协调、反扒、商品垃圾清运和统一开闭店及夜间巡视等。

（4）工作流程。有了服务内容还不够，为了使服务具有可操作性、可检查性，就要制定并不断完善工作流程，这两者是相辅相成的。

（5）规章制度。制定规章制度也就是对项目实行所谓“法制”管理，管理是否严谨，不仅要看规章制度的多少，更要看规章制度的执行和修订情况。

（四）进行精确的管理费用测算

一个新建的公共商业物业的费用主要包括日常管理费用和开办费用。

1. 日常管理费用。日常管理费用主要包括：①公共能耗费，约占总费用的40%，包括：电费、水费、热力费、排污费等，这是指物业内非某一具体承租户使用的能源消耗，是日常开销中最大的一项，应反复测算，力求准确；②工资及福利，约占总费用的30% ~35%；③设施维护费，约占总费用的3% ~5%，是设施维护费3年的平均数，通常新建物业前两年的维护开支不大，但随着设备老化，开支将不断增加；④办公费，约占总费用的3%，包括：办公低值易耗品、员工工服洗涤、节假日装饰费（注意不包括促销费）、交际差旅费等；⑤绿化及清洁费，约占总费用的2% ~3%；⑥保险费，约占总费用的1%，主要包括公共责任险和财产一切险；⑦安保费，约占总费用的0.5% ~1%；⑧不可预见费，约占总费用的2%；⑨管理酬金，由于激烈竞争，据统计，物业服务企业的平均管理酬金比例为2.5% ~3.5%之间；⑩税金，约占总费用的5.5%，即营业税。

2. 开办费。开办费一般采取物业服务企业提交报告和预算，经开发商审批后由开发商分阶段拨付使用的方式支付。主要包括：①筹备期间的工资奖金；②招聘和培训费用；③小型工具购置费；④办公设备购置费；⑤成品保护费；⑥技术支持费；⑦安保费用；⑧工服制作费；⑨办公交际费等。

（五）坚持整体性原则

公共商业物业的日常管理有别于其他物业的管理，一般写字楼或住宅的产权人都具有相对独立的空间和面积，与公共区域和其他区域能明显地甚至完全分开；而公共商业物业基本上不能完全把自己的管理区域与其他区域严格区分开，独立性、封闭性差，难免相互影响。在这种开放的环境中，物业管理一定要坚持整体性原则。整体性原则涉及4个方面：

1. 店铺布局的整体性。一个物业整体布局必须保持风格一致，相同性质的承租商应当安排在同一楼层。

2. 活动安排的整体性。通常一个商业物业在全年的不同阶段都要举办各种形式的促销活动，这种活动应由一个部门统一协调，不能各自为政。

3. 日常管理的整体性。单独经营单位的日常管理必须服从于整体的管理，比如统一的开店和关店时间、统一的收银管理等。

4. 员工管理的整体性。比如员工的服装式样、服务用语、手势、胸牌等应当统一,员工的入店培训最好也能统一进行。

(六)建立风险意识,完善安全管理

市场经济中风险与机遇并存,物业服务企业应当对物业管理中可能遇到的风险想深想透,避免因决策失误给项目管理带来巨大损失,甚至使整个企业陷于困境。

在公共商业物业管理中,可能出现的风险主要有以下几类:

1. 管理模式的风险。物业服务企业是选择成立子公司或分公司,还是组建管理中心或项目部,其所承担的责任和风险程度有相当大的差异。

2. 产权与管理权相分离的风险。当公共商业物业的产权分散时,由于业主利益和期望值的差异,会给物业管理带来众多难题,如拒交管理费用、不参与统一促销活动等。

3. 管理范围不确定的风险。要特别注意商场管理与物业管理的责任和界限的区分。

4. 垫款的风险。由物业服务企业垫付商业物业项目开办费存在很大风险,特别是当投资方或委托方没有足够资金支持的情况下更是如此。

5. 突发事件的风险。合同中通常对突发事件的性质有明确的规定,大都归入不可抗力的范围,但突发事件一旦发生,对企业经营会造成巨大的,而且是直接的影响,必须高度重视。

风险并非不可防范,只要建立严格的风险防范机制,建立应急预案,一旦风险出现,就可以迅速化解,降低风险带来的损害。

公共商业物业的安全管理面很广,主要包括:防火管理、治安保卫、劳动安全、交通安全、财务安全、电脑使用安全和媒体风险防范安全等。

三、公共商业物业的营销管理要点

公共商业物业的服务对象是承租人和顾客,其营销管理包括选择承租人和吸引尽可能多的客流两大任务。这也是公共商业物业管理与其他物业管理最重要的不同之处。

(一)承租人的选择

公共商业物业在选择承租人时,首先应在市场调研预测的基础上进行物业的市场定位,然后确定该物业未来承租人的最佳整体组合形式,最后才是确定每一个具体的承租人。

1. 承租人整体组合的确定:

(1)主要承租人类型的确定。一宗公共商业物业内经营不同商品和服务的出租空间组合，构成了该物业的承租人的组合。以一个大型百货公司为主要承租人的购物中心将以其商品品种齐全、货真价实吸引购物者，以仓储商店或折扣百货商店为主要承租人的商场将吸引那些想买便宜货的消费者。主要承租人的类型决定了每一公共商业物业最好的承租人组合形式。

因此，在确定承租人整体组合形式时第一步是确定主要承租人的类型。

(2)次要承租人类型的确定。在主要承租人类型确定之后，再确定次要承租人的类型。次要承租人所经营的商品和服务种类不能与主要承租人所提供的商品和服务的种类相冲突，两者应该是互补的关系。将每一个独立的承租人都作为整个物业内的一个部分来对待，是使承租人组合最优化的有效方法。

(3)空间位置的安排。各承租人在整个公共商业物业中相对位置的确定也异常重要，如鞋店往往是男女服装店很自然的一种补充，冰淇淋等冷饮店一般设置在商场的入口或与快餐店为邻。当一个新的购物中心落成时，合理地为每个承租人确定位置，对于提高该承租人乃至整个物业吸引消费者的潜力大有益处。这是出租空间的组合。

(4)租期的合理安排。公共商业物业的不同承租人可能会有不同租期。租期20年以上的承租人对于稳定公共商业物业的经营管理及其收入具有主要作用，是公共商业物业发展的基础。租期在10年以上的承租人，对公共商业物业的经营稳定性起到重要作用。租期在10年以下的为一般承租户。安排好这三类承租客商在公共商业物业中的结构比例是公共商业物业管理的一项十分重要的工作。这是租赁时间的组合，一般应以长租期的承租人为主。

2. 承租人的个体选择。如果一个承租人所经营的商品类型、规模、档次等均符合该物业整体组合所确定的要求，就可以对该承租人从以下几方面进行进一步的个体考察。

(1)声誉。声誉是选择公共商业物业承租人时首先要考虑的因素。由于声誉是对商家公众形象的评估，所以物业服务企业要注意了解承租人对待消费者的态度和服务水准。例如，能否方便地享受退货或更换等服务。

除了顾客服务质量外，柜台中商品更迭频率也是考察零售商的一个方面，如果商品包装陈旧或表面积满了灰尘，则说明该商家的销售状况很差；如果柜台内或货架上的商品总在不断地更新，则说明该商家销售状况良好。此外，售货员对所销售的商品了如指掌且着装整洁、服务规范，也可以视为整个商场的一笔无形财富；零售商在多大程度上进行广告宣传，也表明了其在建立和保持声誉方面所作出的努力的大小。

一个新的、发展中的企业可能缺乏有关声誉的记录，但物业服务企业可以评估其经营思想和策略。一个企业如果有一套清晰的发展新业务的计划，且进行了对所处商业区域内消费者的研究，确定了合理的商品种类和适应当地消费者支付能力的价格结构，肯定会好于那些没有认真进行市场策划的商家。

(2)财务能力。物业服务企业还要认真分析可能承租人的财务状况。低于预期的资本回报水平，是商业经营失败的最大原因。这就要求物业服务企业对承租人开展每一项新的商业经营项目进行认真的分析研究。零售业的经营成本不仅包括租金、公共设备设施使用费和建筑物内营业空间的维护费用，还包括存货和流动资金占用利息、职员工资、货架及收款设备折旧、商店设计和广告费用等支出，对于转移经营地点的零售商，迁移成本和迁移过程中的停业损失也应考虑在经营成本之中，潜在承租人有否足够的储备基金来应付开业初期营业额较低的压力，也是衡量承租人财务能力大小的一个方面。

(3)承租人需要的服务。零售商作为公共商业物业内的承租人，往往还有一些特殊的要求，例如，餐饮店需要解决营业中的垃圾处理和有害物排放问题，家具店需要特殊的装卸服务，超级市场需要大面积的临时停车场，银行需要提供特殊的保安服务等。是否提供以及在多大程度上提供这些特殊服务，是租赁双方进行租约谈判时要解决的重要问题。

3. 公共商业物业的租约。公共商业物业的标准租约是根据该类物业的特点制定的，目的在于就容易引起租赁双方矛盾的问题和今后若干年中可能出现的不可预见因素作出具体的约定。租约中除了对租金及其他费用的数量和支付方式、支付时间等作出具体规定外，还要对下面几个特殊问题作出具体规定。

(1)关于每一独立承租单元的用途。制定该项条款的主要目的，是为了防止某一个承租人随意改变其所承租物业的使用方式，保持整个购物中心或商场的统一协调。

(2)限制承租人在一定地域范围内重复设店。该条款旨在防止某一承租人在购物中心的一定距离范围内(通常为4~8公里),重复设立经营内容相似的商店或发展相似的连锁店。这一规定的目的是为了确保百分比租金收入不受影响,因为允许承租人在一定地域范围内重复设立连锁分支店,会分散前往购物中心购物的顾客,影响其在购物中心的营业额。

(3)营业时间。同一个购物中心的承租人之间,营业时间的安排应协调一致。制定该条款的目的在于授权物业服务企业确定整个购物中心统一的营业时间,以方便物业管理工作。统一的营业时间一般以购物中心内的主要承租人为准,次要承租人可以适当缩短营业时间但不能超过统一营业时间。有关营业时间的条款可能还包括随季节变化对营业时间的调整、节假日营业时间的具体规定等。

(4)共用面积的维护。该条款应准确地界定购物中心内共用面积的组成,说明承租人为此应支付哪些费用。该条款往往还授权业主增加、减少或调整共用面积分布的权利。大型购物中心内的共用面积一般包括:大堂入口、电梯和自动扶梯、顾客休息处、走廊及其他共用的面积。共用面积的维护费用通常按承租人独立承租的面积与购物中心可出租总面积的比例分摊。

(5)折让优惠。同写字楼的租约一样,业主为了能够签订新的租约或保持现有承租人到期后续租,常常给予承租人一定的折让优惠。在理想的情况下,给予承租人的任何优惠尽量不要使租约中所载明的租金水平降低,因为任何形式的折让优惠尤其是租金折扣会导致物业价值的下降。

(6)其他条款。除上述条款外,公共商业物业的租约中还经常包括中止租约条款和持续经营条款(保持商业经营活动的连续性和稳定性),有时还有对承租面积的变更、承租人经营风险投保作出规定的条款。此外,还有对承租人使用停车位的权利和限制条款的规定、承租人为整个物业统一的市场推广计划承担财务义务的规定、租期延展、租约中止的处理等。

(二)公共商业物业的促销管理

公共商业物业的促销管理是围绕树立公共商业物业的良好形象,吸引尽可能多的客流而展开的。大体上包括:市场宣传推广、开展促销活动和建立公共商业物业识别系统3个方面。

1. 市场宣传推广。公共商业物业管理者要花费很大的力量进行整个物业的市场宣传与促销活动,并协助物业内的每一个承租人进行市场推广

工作,以在公众中建立该物业的良好形象。可以从3个方面来开展工作:

(1)保持与新闻媒体以及社会公众之间的良好关系。这种关系的建立可以通过积极主动地与各社会机构、团体联系,参与他们的活动。

(2)准备新闻稿供发表。物业管理者可以以自己的名义写一份有趣的、有事实根据的小文章来分析介绍该物业的状况、经营特色、商品优势、售后服务等,以及当前公众关心的社会热点或所愿意了解的信息。这种新闻稿应该强调本物业与众不同的、最吸引客流的特征。这种形式的新闻稿在开始出租新的大型商业物业时特别有效。

(3)利用电视、报刊等媒体作宣传。电视、报刊等媒体经常可被用于各种促销活动的宣传。如果物业管理者有机会、有能力做到这一点的话,应尽量抓住这种机会。

2. 开展促销活动。促销活动的形式或内容可分成3类:①特殊的促销活动。这种活动一般都围绕某个公众感兴趣的新闻事件或新闻人物进行,如欢迎奥运会冠军、庆祝澳门回归等。在活动期间,使购物中心的每一承租商户都参与,除了打折优惠以外,还可包括一系列竞争和趣味活动。②购物中心再装修翻新促销,这种促销类似特殊的促销宣传,但是宣传的重点是购物中心的重要变化以及对新承租商户的介绍。③日常性促销,如夏季促销、节日促销等等。

3. 建立公共商业物业识别系统。企业识别系统(Corporate Identity System,CIS),是强化公共商业物业形象的一种重要方式。完整的CIS系统,由三个子系统构成,即MIS——理念识别系统,VIS——视觉识别系统,BIS——行为识别系统。三者只有互相推进、共同作用,才能产生最好的效果。

CIS是一种以改变企业形象,注入新鲜感,使企业更能引起广大消费者注意,进而提高业绩的一种经营手法。它的特点是通过对企业的一切可视事物,即形象中的有形部分进行统筹设计、控制和传播,供公共商业物业的识别特征统一化、标准化、个性化和专用化。其具体的做法是,综合围绕在企业四周的消费群体及其他的关系群体(如股东群体、竞争同业群体、制造商群体、金融群体等),以公共商业物业特有和专用的文字、图案、颜色、字体组合成一定的基本标志,作为顾客和社会公众识别自己的特征,并深入贯穿到涉及公共商业楼宇有形形象的全部内容。诸如,企业名称、自有商标、商徽、招牌和证章,信笺、信封、账单和报表,包装纸、盒、袋,企业报刊、手册、简介、广告单、商品目录、海报、招贴、纪念品，橱窗、指示牌、办公室、接待室、展厅、店堂，员工服装、服饰、工作包等等。它是公共商业楼宇促销的一项战略性工程，必须系统展开，长期坚持。

第四节　工业物业的管理

一、工业物业及其管理原则

（一）工业物业的含义

所谓“工业”，是指采用自然物质资源，制造生产资料、生活资料，或对农产品、半成品等进行加工的产业。用于工业生产加工的物业称为工业物业。工业物业通常包括工厂、标准厂房、仓库、工业园区。

1. 工厂。指直接进行工业生产活动的场所，通常包括不同的车间。

2. 标准厂房。指由政府批准，在某一区域内进行统一规划、统一设计、统一施工、统一管理，其供水供电、交通通讯等配套设施齐全，布局合理，能满足从事一般工业生产和科学试验需要的标准型建筑物或建筑物群体。也称为通用厂房。

标准厂房一般具有5个特征：①通常采用框架结构、大开间的建筑样式，大可分隔，小可组合，能满足长、短流水线的不同需要；②主体部分的平面均采用矩形，通用性和适用性好，采光和通风条件也较好；③一般由数幢或十几幢厂房及配套用房组成一个厂区，可由多家企业共同使用；④为生产和科研所需要的配套设施比较齐全且复杂，在管理上有特殊要求；⑤厂区一般布局合理，环境优美，建筑物造型新颖，体现出现代工业建筑的风格。

3. 仓库。指储备原材料和存放产品的建筑物及场所。

4. 工业园区。指在一定区域内建造的，以工业生产用房为主，并配有一定的办公楼宇、生活用房（住宅）和服务设施的地方。工业园区既不同于一般的厂房，也不同于标准厂房，它有自己的特点。

（二）工业物业管理的原则

工业物业以生产用房为主，但也有与之相配套的办公用房、生活用房和各种服务设施。所以，在管理方面，它既有与办公楼宇、居住用房相同之处，也有不同于它们的地方。工业物业的管理，应遵循以下几个原则：

1. 统一管理与独立管理相结合。在工业物业区域内,应该有一个统一的物业管理机构负责区域内的治安保卫、清洁卫生、庭院绿化、消防安全、设备设施维修保养等日常管理工作。但是,工业物业往往集生产用房、办公用房、生活用房、商业用房于一体,而且又因权属不同而必然给物业的统一管理带来困难。所以应遵循"统一管理与独立管理相结合"的原则。在整个区域内由一个管理机构负责公共部位的各种管理工作,协调各业主及使用人的关系。在各类用房中可以有独立的管理机构,即使在同一类型的房屋中,也可能有不同的管理机构。如生产用房,各生产单位可能是相对独立的区域或楼宇,因此有自己内部的管理机构,内部管理机构除尽职尽责管理好辖区的事务外,应协助整个工业物业区域内的统一管理机构做好各项工作。

2. 专业管理与自治管理相结合。工业物业或出售或出租,因此,可以像居住物业那样,成立"业主委员会"。业主委员会可对区域内重大问题作出决策,并有权选聘物业服务企业进行统一的管理。作为专业管理机构,物业服务企业的水平影响到工业物业的生产环境、工作环境和居住环境,影响到物业的保值和升值。遵循"专业管理与自治管理相结合"的原则,按照业主的要求与标准实施专业管理,有助于提高生产效率。

3. 物业管理与经营服务相结合。物业管理的现行模式是"统一管理、综合服务"。工业物业一般建在城市的远郊,远离大城市,生活有诸多不便之处。因而物业区域内建造了生活用房、商业用房。尽管如此,一个工业物业区域比一般居住小区要大,要满足不同业主和使用人的要求,势必还有一定的差距。物业服务企业在实施管理时,应急客户之所急,提供各类经营性服务。

总之,工业物业,特别是标准工业厂房、工业园区,是我国改革开放后出现的新生事物。管理好这类物业,是物业管理行业不容推卸的责任。

二、工业物业的管理要点

(一)物业管理的重点是生产用房

生产用房是工业物业的核心,因此,相对其他办公用房、生活用房及服务设施,工业物业的管理重点是生产用房。在生产过程中,因使用不当和使用频繁,易造成房屋损耗,以致带来结构的变化或出现险情。因此,生产用房的随时养护和及时修缮是极为重要的。其养护费和修缮费都较其他物业高。

(二)要确保水电等能源供应和辅助配套设施的正常运转

工业生产离不开水电,有的企业又是24小时连续生产。因此,工业物业管理中最重要的是确保水电供应和各种辅助配套设施的正常运转,保证生产顺利进行。平时就要注意对房屋建筑物附属的供水供电设备系统精心养护和及时维修,并定期检查其性能是否完好。

(三)清洁工作具有一定难度

工业物业卫生保洁工作因工业生产内容的不同而有不同的要求,由于使用功能的特殊性,生产用房难以保持清洁。如厂房内机器的油污容易弄脏走廊等地方,生产过程中排放的有害气体、尘埃等需要花费大量的人力、物力、财力来清除,这些给环境卫生和环境保护带来了困难,因而工业物业的保洁工作具有一定难度。

(四)治安保卫和消防工作要求高

很多生产企业是高科技型的,生产高精尖产品,从原材料到产出品不仅价格昂贵,而且技术保密性强,因此必须加强安全防范措施,从内到外,建立一整套有效的制度。作为生产企业,会使用和接触一些危险品,如果管理不善,则可能发生火灾、爆炸事故。消防工作应坚持以预防为主,配备足够的消防设施和器材,有24小时专职消防人员值班,严防火灾的发生。

(五)保持厂区内货物运输畅通

厂区内货物运输是否畅通,关系到原料、物资、工具设备能否及时供应,产成品能否及时输送出去,直接关系到生产能否顺利进行。因此,保持厂区内货物运输畅通的管理是工业厂房和仓库管理非常重要的一个环节。保持厂区内货物运输畅通的关键是要正确设立和管理厂区内的货物装卸区和货物堆放区,使材料、货物的装卸、堆放不影响厂区道路的畅通,也便于货物的取放。

(六)要加强对共用部位、共用设施的管理

在同一座楼宇内常有多家企业,产权归属和使用方向分散不一。同时,工业楼宇都建有仓库、停车场、装卸货设施、运货电梯,以及适应工业生产要求的供电、供水、排污、照明等共用配套设施。这些设施和装备是为所有业主或租客提供的,各企业不得以任何形式占用在购买或租赁合同中明确的共用部位。各企业应教育员工爱护共用部位和共用设备,如人为损坏，由责任者负责。

第五节　特种物业的管理

一、特种物业及其种类

（一）特种物业的含义

本节所指的特种物业是指除居住物业、商业物业和工业物业以外的其他各类物业。

（二）特种物业的种类

1. 文化类物业。包括：学校、图书馆、博物馆、档案馆、文化馆等。

2. 体育类物业。包括：体育场馆、健身房、游泳馆、网球馆等。

3. 卫生类物业。包括：医院、卫生所、疗养院、药检所等。

4. 娱乐类物业。包括：影视剧场、歌舞厅、卡拉OK厅、游乐场等。

5. 其他物业。包括：机场、码头、农业建筑、寺庙、教堂、宗祠、山庄、教养院、监狱等。

上述的特种物业中有些是公益性的，有些是经营性的。在传统房屋管理体制下，一般按系统进行管理，投资、维修、保养等方面由主管部门承担主要责任。目前，随着经济体制改革的深化和物业管理的推进，这些物业可以由主管部门委托物业服务企业进行管理，也可以由主管部门按照现代物业管理模式自行管理。

二、特种物业的管理要点

特种物业的物业管理，具有一般物业管理的共性，管理专项如物业维护、环境清洁、治安保卫、车辆管理等方面有其共同点。然而，在具体实施物业管理时，物业服务企业还应着重分析各类不同物业的不同特点与差别，有针对性地实行有效的管理和服务。

（一）不同的服务对象

各种不同类型特种物业的服务对象不同，因而决定了其管理重点不同。服务对象首先具有年龄的差别，其次具有滞留时间的差别。例如，学校是青少年集中的场所，他们充满活力，行动敏捷、动作幅度大，相对而言对设备设施的坚固性、耐久性、安全性的要求就比较高。同时,他们在校内一般要滞留 2 ~4 年,有自己的组织可协助进行各方面的管理。又如,游乐场所,各种年龄层次的对象都可能参与,一般滞留时间在 2 小时左右,流动性很大,清洁和疏散就可能成为管理的主要方面。再如,图书馆的接待对象主要是中青年,有一定的流动性,但也有常客,通常滞留半天到一天,因此要求环境安静并适当配置餐饮服务。

(二)不同的服务需求

在特种物业中,求知的场所要求灯光明亮柔和,环境安静,一般说来应铺设地板或地毯。医疗卫生场所应特别强调通风,并配置一定数量的坐椅供患者和家属休息等候,并且分区标识应醒目,等等。

(三)不同的管理对象

物业管理服务除了服务对象因人而异以外,还涉及对"物"的管理。例如,图书馆、档案馆、博物馆收藏了不少珍贵的图书、资料、文物等,对环境的要求比较高,在防火、防盗、防光、防潮、防灰、防虫、防鼠、防有害气体等方面必须采取专门的有效措施。例如,对医院的化疗、放射性工作室应作防护测定,并配以警示装置等。

(四)不同的经费来源

在对特种物业的管理中,凡属经营性的,如歌舞厅、卡拉 OK 厅、健身房等,可以采取自负盈亏的方式实施物业管理。凡属半经营性质的,如疗养院、卫生所等,基本上由主管部门补贴。凡属公益性质的,如图书馆,基本上依靠财政拨款,同时,可以开展一些收费服务获得一些款项,如图书馆的复印、翻译、展览等,但数量一般很小。

特种物业的种类繁多,除了以建筑物为主体的物业外,还有属于建筑物和工程结构的物业,如码头、桥梁、涵洞、水塔、隧道等。它们各具特点,在实施物业管理时,可参照相关物业的管理方法,形成符合自身特点的管理模式。

DI 第十五章 SHIWUZHANG 物业管理的基本理论

第一节　物权理论与物业管理

物业管理的出发点是物，没有物就没有物业管理。物业管理，是所有权人的权利，也是所有权人必须承担的义务。民法中的物权法是物业管理的基本理论之一。2007 年《物权法》的颁布，为我国的物业管理奠定了理论基础。

一、物权法概述

（一）物权和物权法

物权，是对物的权利。有形的动产和不动产都是物。物权是一种财产权，物权法是调整财产关系的法律。物权法主要回答三个问题：财产的归属、财产的利用和财产的保护。物权法首先对物权的基本原则和物权的保护等共同性问题作出了规定，然后就不同的物权逐一作出规定。

物权法是调整物权关系的法律，但调整物权关系并不仅仅只有物权法。调整物权关系的法律有 3 个层次：①《宪法》。《宪法》规定了国家的基本经济制度和对公民合法私有财产的保护。②《民法通则》和《物权法》。1996 年制定的《民法通则》中没有出现物权的概念，但是《民法通则》第五章第一节“财产所有权和与财产所有权有关的财产权”说的就是物权。2007 年制定的《物权法》是民法的重要组成部分，从调整物权关系的基本法角度规定了物权法律制度。③各种单行法。比如《中华人民共和国担保法》、《中华人民共和国土地管理法》、《中华人民共和国城市房地产管理法》等，从民事的、行政管理的角度对物权问题作了大量特殊的、补充性的规定。

（二）物权法的作用

法律作为一种社会规范，其产生和发展有着深刻的社会背景。自然经济一般不需要物权法，高度集中的计划经济体制也不需要物权法，物权法是伴随着市场经济的发展而逐步完备的。

市场经济就是市场对资源配置起基础性作用的商品经济。商品交换之所以能够进行，应有两个条件：其一，有可供交换的商品和货币，即法律上所谓的财产；其二，商品和货币的拥有者可以按照自己的意愿自由处分自己所拥有的商品和货币。实行市场经济的必要前提是对商品和货币所有者的权利保护及自由处分权的保障。与此相对应，在法律制度上就产生了保障所有者不受任何人妨碍地支配其所有物的所有权制度，以及保障所有者按照自己的意志交换其所有物的制度，即进行商品流通的合同制度。随着经济的发展，对物的利用的形式也越来越丰富，物权制度的内容也从简单的财产归属发展到财产利用及财产保护。

在市场经济条件下，物权法的作用包括3个方面：①定纷止争。明确物的归属，明确权利和义务，主要体现为对所有权的规定；②物尽其用。充分发挥物的各种使用和交换价值，主要体现为对用益物权和担保物权的规定；③有恒产者有恒心。鼓励积极创造财富，保护私人财富。

有了物权法，就可以为权利人充分创造、利用和保护财产创造一个良好的法律环境。因此，物权法对经济发展和社会进步具有重要的促进作用。

（三）物权法的特征

民法中的财产法律关系，主要分为物权关系和债权关系。物权调整财产的归属和利用，债权调整财产的流转。物权虽然也是一种私权，但由于物权对社会的特殊作用，物权法表现出一些特殊的性质。

1. 强制规范性。虽然物权是一种私权，但是物权的种类和内容均由法律作出强制性规定，不容许当事人自由创设或者变更其内容，这就是物权法定主义。比较而言，有关债权的规定则实行合同自由原则，合同的种类、形式和内容原则上可由当事人自由约定。

2. 公共性。债权关系原则上仅关系当事人双方利益，具有私人性的特色；但物权具有排他性，物权法所规定的财产归属和利用制度与他人和社会利益密切相关。

18世纪及19世纪初,所有权绝对原则(即所有权神圣不可侵犯,所有权的行使不受任何限制的原则)盛极一时,其结果虽然推动了自由资本主义市场经济的发展,但是由于它过分强调个人利益而忽视了社会整体利益,加剧了个人利益与社会利益之间的冲突,甚至导致了个人滥用其所有权而损害他人利益和社会利益的现象。因此,在19世纪末,民法中关于所有权绝对保护的原则被修正,把所有权的行使必须遵守公共利益作为一项基本原则。

实际上,物业管理中的很多制度都体现了物权的公共性。

公法上对所有权的限制主要表现在对土地使用和开发的限制、对自然环境的保护与对不动产的征收和征用等方面。私法上对于所有权的限制主要表现在:

(1)相邻关系的限制。不动产的所有人应在相邻不动产的所有人和使用人在行使权利过程中提供必要的便利,并要求其容忍来自他人的轻微的伤害。只有在超过了正常妨害限度的情况下,才能提出损害赔偿的请求。

(2)权利滥用的禁止。现代民法思想认为,一切私权皆有公共性,其行使不得违反公共利益或以损害他人为主要目的,否则将因构成权利滥用而被禁止。

(3)诚实信用原则。权利的行使应遵循诚实信用原则,是现代民法的基本思想之一。其实质是要求人们在市场活动中信守诺言,在不损害他人利益和社会利益的前提下,追求自己的利益。

(4)自卫行为。自卫行为包括正当防卫、紧急避险等行为,一般认为,这些行为均具有限制所有权人行使其所有权的功能。

(5)其他限制。其他限制主要指所有权受所有物上的第三人的物权的限制,例如,依合同在所有物上设定了质权或抵押权后,所有权受到相应的限制。

3. 固有法性。物权法的固有法性,是指各国的物权法因国家、民族、历史的差异而互不相同,这与各国债权法往往大同小异正好形成对照。物权制度与人类生存息息相关,与一国的经济体制唇齿相依,尤其是其中关于土地制度的规定更具有特殊性。

但是随着国际贸易的发达,物权国际化趋势日益明显,现如今大陆法系的各国物权制度已是大同小异,大陆法系与英美法系之间物权制度的差异也正在缩小。

(四)《物权法》的基本原则和物权种类

1.《物权法》的基本原则。《物权法》第一章对基本原则进行了规定，主要有：

(1)物权的平等保护：国家、集体、私人的物权和其他权利人的物权受法律保护，任何单位和个人不得侵犯。(第四条)

(2)物权法定：物权的种类和内容由法律规定。(第五条)

(3)物权公示：不动产物权的设立、变更、转让和消灭，应当依照法律规定登记；动产物权的设立和转让，应当依照法律规定交付。(第六条)

(4)遵守法律：物权的取得和行使，应当遵守法律、尊重社会公德，不得损害公共利益和他人合法权益。(第七条)

2. 物权的种类。从理论上讲，通常将物权分为三部分：所有权、用益物权和担保物权。我国《物权法》也采用这样的分类。

所有权是对所有物的使用价值和交换价值的全面支配权，当所有者将其中的使用价值交给他人支配时，就产生了用益物权；当所有者将其中的交换价值交给他人支配时，就产生了担保物权。

从权利的内容来看，所有权包含了占有、使用、收益和处分所有物的权利。在《物权法》第二编中，除所有权的一般规定外，对业主的建筑物区分所有权、相邻关系和共有，用专门章节进行了规定。

用益物权包含了占有、使用和收益的权利，但没有处分的权利。《物权法》第三编规定的用益物权种类有：土地承包经营权、建设用地使用权、宅基地使用权和地役权。

担保物权实际上是一种对物的处分的权利，担保物权人可以通过行使处分权来保护债权的实现。《物权法》规定的担保物权种类有：抵押权、权利质权和留置权。抵押权不转移占有，而权利质权和留置权拥有占有的权利。

随着经济的发展，在同一宗物业上，会共存几个不同权利的持有人。在物业管理活动中，应分清不同权利人的权利和义务，分清物权和债权。

二、建筑物区分所有权理论

(一)基本理论

随着多层与高层建筑的发展，建筑物分割为不同单元并为众多住户所有的情况日益普遍，建筑物区分所有权也就应运而生。

英美法称建筑物区分所有权为“condominium”，德国法称为“居住所有权”，法国法称之为“住宅分层所有权”，日本和我国台湾地区称之为“建筑物区分所有权”，我国《物权法》也采用了“建筑物区分所有权”的概念。

1989 年建设部发布的《城市异产毗连房屋管理规定》和 1998 年建设部、财政部联合颁布的《住宅共用部位共用设施设备维修基金管理办法》实际上都体现了建筑物区分所有权的基本原则。《物权法》第六章正式明确了我国的建筑物区分所有权制度。

对建筑物区分所有权的概念学界尚有争议，主要有一元论说、二元论说和三元论说。一元论说主要认为，建筑物区分所有权为专有所有权；二元论说认为，建筑物区分所有权由专有部分所有权和共有部分所有权两部分构成；三元论说认为，建筑物区分所有权由专有所有权、共用部分持分权和成员权三要素构成。我国《物权法》基本采用了三元论说，认为业主对专有部分享有所有权，对专有部分以外的共有部分享有共有和共同管理的权利。

1. 专有所有权。专有所有权即业主对专有部分享有占有、使用、受益和处分的权利。专有所有权是区分所有权的“物法性”要素，是区分所有权的“单独性灵魂”。一栋建筑，若无构造上与使用上的独立性，仅能成为单独所有或共有，而无法成立区分所有，因而专有部分的存在，是区分所有权成立的基础。

我国《物权法》对专有部分如何界定没有说明；《住宅共用部位、共用设施设备维修基金管理办法》中对于共用部位和共用设施设备的界定，可以看做是对专有部分的间接界定。通常认为，专有部分应该具有独立性，即构造上可以独立出入，机能上具有独立使用价值。在房屋测量的实践中，专有部分体现为“套内建筑面积”。

建筑中专有部分的界定标准，对于房地产销售过程中，哪些部分可以独立出售，哪些部分必须作为共有处理具有重要的意义；对于物业管理活动中权利义务的确认也有重要意义。

对专有所有权的性质，通常认为是一种空间所有权，即专有权的客体并非某一有体物，是由建筑材料组成的空间。

对专有部分的边界如何划分的问题，主要有 4 种见解：

(1) 中心说。中心说认为，专有部分的范围达到墙壁、柱、天花板等部分厚度的中心。此说虽然使各区分所有权人能够充分行使其分割部分的权利，但对整体建筑物的维持与管理较有损害。

(2)空间说。空间说认为，专有部分的范围仅限于由墙壁、地板和天花板围成的空间，分隔部分如墙壁等则为全体或部分区分所有权人共有。

(3)最后粉刷表层说。最后粉刷表层说认为，专有部分包含壁、柱等边界部分表层所粉刷的部分，边界本体则属于共同所有部分。

(4)壁心和最后粉刷表层说。壁心和最后粉刷表层说实为以上三说的折中，认为专有部分的范围应区别内部关系与外部关系而定。在区分所有人之间的内部关系上，尤其是有关建筑物的维持、管理关系上，专有部分应包含壁、柱、地板和天花板等边界部分表层所粉刷的部分；但在外部关系，尤其是对第三人(如买卖、保险、税金等)的关系上，专有部分的范围则包含壁、柱、地板及天花板部分厚度的中心线。目前，人们较多采用此观点。

我国实践中也应用了第(4)种观点，在房地产买卖计算专有部分面积时，采用壁心原则；在物业管理中，采用最后粉刷表层原则。

2. 共有所有权。共有所有权也称“共用部分持分权”，它也是“物法性”要素，是区分所有权的“共同性灵魂”。

我国《物权法》第 73 条和第 74 条对建筑区划内道路、绿地、公共场所、公用设施、物业服务用房和车位、车库的权属界定作出了原则性规定，此外，没有对共有部分界定标准的条款。目前，实践中较多参照 1998 年建设部颁布的《住宅共用部位、共用设施设备维修基金管理办法》中的提法，将共有部分称为“共用部位、共用设施设备”。现有的房屋所有权登记中，对共有部分一般仅登记分摊面积。对共有部分的详细构成，应该在买卖合同和物业服务合同中加以明确规定。

共用部分的性质包括两个方面：①共用部分的从属性。共用部分在法律上为同时附随于数个专有部分而存在的附属物，区分所有人取得专有部分所有权，必须附带地取得共有所有权；②共用部分的不可分割性。我国《物权法》对共有所有权所包含的权利、义务没有明确规定，仅明确了对共有部分的权利必须与专有部分共同处分。

通常认为，共同所有权指建筑物区分所有权人依照法律或管理规约的规定，对区分所有建筑物的共用部分所享有的占有、使用和收益的权利。

所有权人作为共有所有权人的权利，主要包括：①共用部分的使用权，此为共有权人的一项基本权利；②收益权，即共有权人可以取得因共有部分所生的收益的权利，比如，在共有部分上设置广告的收入、共有停车场的收入等,但是应给予经营管理者应得的管理费用。共有部分收益的分配,根据《物权法》第80条的规定,按照业主专有部分占建筑物总面积的比例确定(也可以由全体业主约定其他的分配方式),实践中比较理想的方式是存入专项维修资金账户。

区分所有权人所谓共有所有权人的义务,主要包括以下两种:①依共用部分的本来用途使用共有部分;②分担共同费用和负担。共同费用和负担一般包括:日常维修和更新土地和房屋的共同部分与共用设备的费用,管理事务的费用(包括管理人的酬金),由区分所有权人共同负担的税金等。其分担原则,按区分所有权人所占共有的比例确定,但比例的计算方法,各国规定不一。

3. 成员权。我国《物权法》没有明确提出"成员权"的概念,但规定业主对共有部分享有共同管理的权利,这实际上就是成员权。

建筑物各区分所有权人的专有部分紧密相连,为了实现专有部分的使用,必须使用共有部分。这种建筑物构造、权利归属和行使上的不可分离关系,使各区分所有权人之间形成了事实上的共同体关系,为了维持这一共同体关系的存在和发展,尤其为管理相互间的共同事务和共用部分的使用收益,不得不组成一个管理团体组织(我国称为"业主大会"),并借该团体组织的力量,共同管理共用部分及其他共同事务。各区分所有权人成为该管理团体组织的一个成员,享有责任并承担义务,称为成员权。

通常认为,成员权的特征有4个方面:

(1)成员权是独立于专有所有权和共有所有权之外的权利。专有所有权和共有所有权是"物法性"要素,而成员权是"人法性"要素。共有所有权因财产共有而生,而成员权不仅仅是单纯的财产关系,其中很大部分是管理关系,它是对全体区分所有权人的共同事务所享有的权利和承担的义务。

(2)成员权与专有所有权和共有所有权密不可分,三者共同构成了区分所有权的完整内容。因此,它不得单独作为转让的客体。

(3)成员权是基于区分所有权人的共同关系而产生的权利。

(4)成员权是一种永续性的权利。只要建筑物存在,区分所有权人的团体关系即会存续,原则上不得解散。

成员权的内容包括权利和义务两方面。《物权法》和《物业管理条例》

对区分所有权人(业主)的权利和义务规定得较为详细。

(二)关于共有的两个问题

1. 共有和公有的区别。“公有”是我国计划经济体制下经常使用的一个词语,很多人对“共有”和“公有”的区别仍不太清楚,有时会把区分建筑中的共有部分称为“公有”或“公用”部分。对这两个词的区别可见表15-1。

表15-1 共有与公有的区别

	共 有	公 有
定义	一项财产由两个以上主体共同拥有所有权 是一个法律概念	全民所有或集体所有 有很强的政治意义
主体	两个以上 共有人数明确,共有人发生变动,共有关系就必须发生变化	一个 公有人数多少的变化并不影响公有状态
内容	所有权	实际上是成员权
主体权利和义务	每一个共有人都享有相应的权利和义务	公有的所有权由国家或者集体行使

2. 物权管理区域中共有关系的分类。一个物业管理区域往往包含数栋建筑,以及为整个区域服务的共有设施。此时,区分所有权人的共有部分就要细分为两类:

(1)部分业主共有。部分业主共有是指在一栋建筑中,为该栋建筑所有业主共有的共用部位和共用设施设备,或在一个单元所有业主共有的共用部位和共用的设备设施。前者如该栋建筑主体结构、中央空调、大堂等;后者如该单元独立使用的楼梯、电梯、空调等。

(2)全体业主共有。全体业主共有是指在物业管理区域中,为整个物业管理区域内所有业主共有的共用部位和共用设施设备,比如,小区的道路、绿化、服务于整体区域的设备及设备用房、物业管理用房。

这样的细分是专项维修资金分摊、共有部分收益分摊的基础性工作。

我国《物权法》第73条和第74条对建筑区划内道路、绿地、公共场所、公用设施、物业服务用房和车位、车库的权属作出的原则性规定,实际上是要分清楚两类权属关系:一是业主与政府之间的产权划分;二是业主与开发建设单位之间的产权划分。这些划分主要也是为了明确实践中收入分配和各类费用承担等的权利与义务。

三、相邻关系与地役权

(一)相邻关系

《民法通则》第83条规定:"不动产的相邻各方,应当按照有利生产、方便生活、团结互助、公平合理的精神,正确处理截水、排水、通行、通风、采光等方面的相邻关系。给相邻方造成妨碍或者损失的,应当停止侵害,排除妨碍,赔偿损失。"

《物权法》第七章对相邻关系作出了较为详细的规定。其内容包括:用水、排水,通行,建造、修缮建筑物和铺设管道的需要,通风、采光、日照,弃置固体废物,不可量物(噪声、煤烟、臭气、尘埃、放射性物质等)侵害等。当然,日常生活中出现的问题远远超过了法律所提及的范围。

相邻关系是所有权的延伸,其基本原则是所有权的行使不能侵犯他人合法利益,相当于他人所有权的行使对本人所有权形成了限制。一方所有权人应当对他方所有权的行使提供必要的便利;当然,被提供便利者也应当尽量避免对他人财产造成损害,如果造成损害应进行赔偿。

在实践中,物业管理区域内业主之间的关系处理,绝大多数体现为相邻关系,根据法律规定的原则,业主大会应该将本物业管理区域内各种相邻关系的处理原则和具体方式在管理规约中尽量加以明确。

(二)地役权

《物权法》第十四章对地役权作出了明确规定。地役权人有权根据合同约定,利用他人的不动产,提高自己不动产的效益。比如,A业主获得一处土地的建设用地使用权并兴建酒店,为了酒店客房的景观,A业主与附近一处土地的B业主通过合同约定,B业主在10年内不得在其土地上兴建6层以上的建筑,为此,A业主向B业主每年支付一定的费用作为补偿。

地役权是通过合同约定来调整相邻土地的利用。表面上看,地役权与相邻关系类似,但两者的性质有很大差异,见表15-2。

表 15－2　相邻关系和地役权的差异

	相邻关系	地役权
性质	是所有权的延伸，是所有权制度的一项内容	是用益物权的一种，但具有从属性，不得单独转让和抵押
产生方式	由法律直接规定 是法定权利，不用登记	经当事人之间的合同约定产生，不是法律上必须负担的义务 是一种独立的物权，可以登记。未经登记不得对抗善意第三人
对象	土地或建筑物的所有权（使用权）人，必须是相互毗邻的不动产	仅限于土地所有（使用）权人之间，两方土地只要有事实上的利用关系即可，不一定在物理上相连
内容	法律调节的是最基本的内容，是最小限度的调节	具体内容由双方根据实际情况约定，反映了独特的需求，是一种广泛的调节，是对相邻关系的补充
期限	无期限	有期限，但不得超过建设用地使用权等用益物权的剩余期限
费用	一般是无偿的	一般是有偿的

地役权制度的设置具有弥补相邻关系不足的作用。比如，相邻土地权利人可以约定双方土地的特定部分不建造建筑，不得开启某特定窗户，不得从事某种营业，不贩卖某种商品等，这样能够最大限度地弥补相邻关系，有利于鼓励人们对自己土地的有效利用和维护。

《物权法》有关地役权的规定，为实践中地役权的设定打下了基础。地役权反映业主之间的关系，但是作为物业服务企业，也应当对其有充分了解，并关注其可能对管理工作提出的新要求。

第二节　公共选择理论与物业管理

物业管理在实施过程中必须以业主为核心。业主要组成业主大会，通过投票来形成共同的意见，委托物业服务企业承担具体管理工作。这就如同一个小型的国家，所有的公民形成一个民主决策机构，形成决议后，将具体的管理工作授权给政府进行。

一、物业管理的公共产品属性

物业管理最基本的工作是对所有业主提供的常规性公共服务,也就是所有业主共同支付的物业服务费所包含的服务内容。这部分服务在一个物业管理区域内具有公共产品属性,是对所有业主同时提供的,也是对所有业主都相同的。因此,物业管理决策必须通过业主大会由全体业主共同决定。

根据经济学的相关理论,商品或服务可以分为两大基本类别:私人产品和公共产品。其判断标准是商品或者服务的"竞争性"和"排他性"。用通俗的语言说,一个人消费的产品不能再被其他人消费,则具有竞争性,比如食品、衣服等;一个人消费的产品还可以同时被其他人消费,则具有非竞争性,比如有线电视信号等。"排他性"指的是,能够排除某一特定人对该产品的消费,比如,食品店出售的食品,可以排除不付费的人消费。但是,当某一种产品在技术上无法分割,不能排除他人消费,或者排除他人消费的成本很高,以至于从经济上不可行时,就称其具有"非排他性",比如,无主的牧场、空气、国防等。

同时具备竞争性和排他性的商品或服务属于私人产品。同时具备非竞争性和非排他性的商品或服务就是公共产品。公共产品的典型例子是国防、自然景观等。

物业管理的常规性服务,在一个物业管理区域内具有非竞争性和非排他性。无论是对整个物业管理区域的安全防范、清洁卫生服务,对共有部位和共有设施设备的养护、维修,还是对档案的管理等服务,在一个业主享受的同时,其他业主也同样享受,而且这些服务无法按业主个人分割,一旦提供则无法排除任何一个业主不享受服务。因此,物业管理在一个物业管理区域内是纯公共产品,与政府提供的公共服务是类似的。纯公共产品消费的最大问题在于"搭便车"行为,也就是不交物业服务费同样可以享受到物业管理服务,这就如同逃税者同样可以享受到政府提供的公共服务一样。

正因为物业管理的常规性服务对所有业主是同质的,因此,必须要形成一个所有业主的共同意见,物业管理工作才能实行。在一个物业管理区域中,不同业主的意见必然有所差异。业主在业主大会会议上如何表达意见、不同的规则会导致什么样的结果、存在什么样的弊病,这些都是公共选择问题。

二、公共选择理论概述

(一)公共选择理论的产生

公共选择理论是政治经济学的一个分支,它正式发端于1957年詹姆斯·布坎南和沃伦·特纳在美国弗吉尼亚大学创办的"托马斯·杰斐孙"中心。

公共选择理论以理性的"经济人"的行为作为个人行为的基本假设,分析的核心问题是要阐明把个人偏好转化为社会决定的机制的选择。这些机制主要可以分为直接民主制(全民投票)和间接民主制(指定代表)两大类。每一类机制中又包含若干不同的程序和规则。

公共选择的实证理论对不同的机制进行广泛探讨,分析并比较各种规则对个人行为和态度的影响,旨在说明这种或那种投票制度在多大程度上有利于或不利于社会资源的最优配置。

(二)直接民主制的几个规则

目前,《议事规则》主要采用的是由全体业主直接投票的方式,这是直接民主制度的方式。直接民主制度的主要投票规则及其问题如下:

1. 一致同意规则。由于所有人都能从公共物品的提供中受益,因此,提供公共物品的明显投票规则似乎应该是全体一致统一,或者至少没有一个人反对。典型的例子是联合国安理会的决议必须得到5个常任理事国的一致认可(同意或不反对)。

一致同意规则的优点在于能够使所有参与者的利益得到绝对平等的保障,每个个体都有很强的欲望去表达真正的个人意愿。一致性规则的主要缺陷在于最终方案的产生需要经过一而再、再而三的讨价还价,特别是在一个业主人数众多、偏好各不相同的大型住宅区中,寻找最佳的方案所造成的时间损失会超过所得。因此,目前有关业主大会各项投票规则中,都没有采用一致同意规则。

2. 多数通过规则。多数通过规则指一项集体行动方案,必须由所有参与者中超过半数或超过半数以上的某一比例(比如1/2,2/3或3/4)的认可才能实施。目前业主大会的各项投票规则,采用的基本上都是多数通过规则。

在多数通过规则下,一项决策通过与否取决于能否得到达到某一多数比例的参与者的支持,因此,最终集体决策结果体现的只是参与者中属于多数派的利益,属于少数派的利益则被忽略了。决策的实施,将使多数派成员的福利得到改善,而少数派的福利则可能受到损害。由于集体决策的最终结果对全体成员都有强制性,这意味着多数派成员无形中将自身意愿强加给少数派成员。

多数通过规则中存在的问题很多,由于大量问题需要复杂的数学分析才能解释,此处仅简单介绍问题之一:收买选票行为。

由于单个参与者的选择行为在多数投票规则下具有可忽略性,它无形中助长了参与者不重视选举的行为。这种情况在目前的物业管理中实际存在,业主会认为自己的一票无足轻重,因此根本不参与投票。

当许多人存在这种想法时,便会出现一种选举可能为利益集团操纵的危险。只要接受收买的收益大于参与选举的净收益(比如,在领导人选举中用概率计算的,选上理想候选人的期望收益减去参与选举的成本),选民即可能被收买,使利益集团拥有更强的能力显示自身偏好。

但应注意,收买行为成立的基础使实施收买的利益集团能够识别选民是否按收买要求投票,若投票程序的设计使任何人无法识别他人投票结果,则收买行为或收买的效果将被大大削弱。

3.改进的投票规则。在一致同意规则和多数通过规则的基础上,可以设计出其他一些可供选择的投票规则,这里介绍两种:

(1)加权投票规则。加权投票的基本特点是,根据利益差别,将参与成员进行"重要性"程度分类,然后凭借这种分类分配票数,最后根据实际得到的赞成票数的多少,而不是实际参与人数的多少确定候选方案。

假设在物业管理区域中包含住宅、商业、写字楼等多种物业类型,就可以根据决策事项的不同设定不同的加权规则。比如,装修时间的表决给住宅业主双倍的投票权,出入管理方案的表决给住宅和写字楼业主双倍的投票权,商业经营时间给住宅和商业的业主双倍的投票权。

(2)否决投票规则。否决投票规则首先让参与投票的每个成员提出自己认为可供选择的方案,汇总后,每个成员再从汇总的方案中否决掉自己最不喜欢的方案,此时投票顺序可以任意确定。这样,最后剩下的没有被否决掉的方案就是全体成员都可以接受的集体选择结果了。

否决投票规则更有利于成员之间的沟通和各成员真实愿望的表达,但是它要求参与选择行为的个体具有某种共同性。若参与决策人数众多、所要解决的问题比较复杂、各方的利益冲突比较大时,否决投票规则可能得不出选择结果。

4. 用脚投票。在私人商品市场上，消费者可以用购买或不购买商品来表明态度。同样，在政治市场上，个人也可以用发出呼声（投票）或退出（脱离该政治市场）来表达自己的愿望。比如，当业主对自己所在物业管理区域的物业管理服务不满时，他/她可以选择迁出这一社区；或者在购房时不选择物业服务差的社区，这都是用脚投票。用脚投票将带来“人以群分”的结果。美国有学者对城市社区的趋同性实证研究后发现，可供选择的社区数量越多，社区内部的趋同性就越明显。

5. 革命。当用手投票和用脚投票都不能适当表达偏好时，在物业管理中，就有了更换物业服务企业的行为——革命。

要更换物业服务企业（相当于开始一场革命），付出的成本主要是时间和精力以及更换物业服务企业可能带来的各种短期的不便，获得的收益主要是成功更换物业服务企业带来的预期收益（以概率计算）。若边际收益大于边际成本，则革命有可能发生。

应当注意到，革命的领导者和参与者所付出的成本是有差别的。对于需要具体操作更换物业服务企业程序的少数业主委员会委员（相当于革命的领导者）来说，他们付出的成本要大得多，但他们获得的收益未必大于普通业主（相对来说，真正的政治革命的领导者虽然面临更大的失败风险，但是革命成功后往往能从新的政治地位中带来很大收益），这就会带来普通业主的“搭便车”行为。而且革命本身并不能保证带来建设性的成果。如果革命是以破坏民主制度基本规则的非法途径来进行，那将给业主自治带来毁灭性的打击。

（三）间接民主制（代议制）及其问题

当公共选择的参与者人数众多时，直接民主制的运作将耗费大量时间和人力物力甚至因高昂的成本，根本无法运行，这时就必须以某种方式选举出代理人。物业管理中的“业主委员会”就相当于代理人的角色。代理人通过制度的授权，拥有一定的权力，这就是间接民主制（代议制）。

公共选择理论主要讨论了代议制中的 3 个问题：①代表们在竞选期间和当选后的行为；②选民在选举代表中的行为；③代议制下结果的特征。按照公共选择理论一贯的假定，代表和选民一样都是理性的经济人，都一心追求自身效用的最大化。代议制的问题基本上都可以用委托代理理论来分析。

代议制中最普遍的弊病就是寻租行为。由于在代议制下,每一个选民对代议制结果的影响是有限的,这也就带来了普通选民对代表关心甚少或者“搭便车”行为,此时,某些数量比较少的特定利益集团却有极大的动力去说服代议机构满足他们的特殊需求(这种需求显然是与社会的普遍利益不一致的),因为一旦说服成功,他们将获得巨大的利益(也就是“租”)。这种利益集团的说服行为就是寻租,寻租大多以贿赂的方式进行。

在物业管理中,这种可能寻租的特殊群体,可能就是积极竞选业主委员会委员的业主,也可能是物业服务企业或者是希望通过业主委员会谋求商业利益的单位。因此,有必要从制度上保证业主委员会委员能够代表业主大会的意志行动,这与政府行为的监督是一样的。

《物权法》规定,业主委员会作出的决定侵害业主合法权益的,受侵害业主可以要求人民法院予以撤销。这提供了一个司法的基本保障,是一个最后的底线。《条例》和《规程》要求政府对业主委员会的行为进行监管,但这只能起到协助作用,政府部门不可能有足够的精力去密切监督每个业主委员会的行为。因此,最重要的,是要通过《议事规则》,建立业主委员会活动的各项规章制度,用制度规范行为,防患于未然。

三、公共选择理论在物业管理中的应用

(一)对于民主规则的理解和接受

公共选择理论是建立在选民接受并参与民主制度的基础上的,而当前物业管理面临的第一个问题恰恰是业主对民主制度的理解和接受问题。在实践中,大量物业管理区域因为各种原因尚未成立业主大会;或者成立业主大会后,业主根本不参与投票,民主制度还不能开始运行,也还谈不上制度的好坏。

物业管理在我国发展时间还不长,业主自治更是基层民主制度中的新生事物。任何一种制度的推行必须是上有制度、下有习惯。目前制度框架已经基本建立,但是业主自治的习惯尚未养成。学习如何行使权利,需要一个漫长的过程,也必然是一个曲折的过程。业主自治是一个正确的方向,不能因为存在困难而放弃。业主自治是业主基于财产权而拥有的权利,无从放弃,不可能由政府或者其他人来代替业主行使权利;如果不实行业主自治,物业管理区域难免走向无政府主义的混乱状态,使得物业管理工作无法正常开展,最终损害的是业主自身的利益。

因此，未来一段时期的首要任务，是要让广大业主接受民主制度的理念，并积极参与实践。在这个阶段，仍需要政府对于业主大会的成立做大量指导工作。没有实践，任何制度都无法发展。

(二)对业主自治各项制度的深化

业主在业主大会上的投票规则相当于直接民主制的规则，业主委员会的规则相当于间接民主制的规则。每一种制度的设计都有其自身的优势和劣势，不同的社区应根据自身特点选择最适合的方式。

现有的法律、法规对业主自治制度只规定了基本原则，这些基本原则在实践中如何落实，还需要在实践中不断摸索和总结。政府制定的各项示范文本只是一个起步阶段的参考，随着物业管理行业的不断发展，业主自治的规章制度将不断深化、细化，越来越具有操作性。这些经验的积累将是业主的共同财富，也必将推动我国基层民主的发展。

第三节 委托代理理论与物业管理

《物权法》规定业主可以自行管理建筑物及其附属设施，也可以委托物业服务企业或者其他管理人管理。在以社会化专业分工为基础的现代化社会中，委托专业管理人(包括物业服务企业和其他管理人)是实施物业管理的主要模式。

物业管理委托专业管理人进行的必要性有两个方面：

一是来源于物业管理工作的专业性。物业管理工作涉及若干不同专业的知识，物业档次越高，设施设备越完善，没有受过专业训练的普通业主越不可能自行管理，现代社会所有权与管理权的分离，本质上就是为了保证专业性工作的质量，通过社会化大生产保证工作质量并降低工作成本。

二是因为物业管理工作不仅要完成各专业的劳务工作，更重要的是完成对所有专业工作的组织管理以及客户关系的管理，才能实现其"对人服务"的核心功能。物业管理不仅是劳动密集型行业，更是管理密集型行业。如果业主自行分包物业管理中各个专业工作，实际就是要求业主承担起物业服务企业对劳务工作的计划、组织、协调和监督等工作。这些工作对于非专职的业主来说并不容易。由于专业知识和精力所限，很可能业主自行管理的成本远大于委托专业管理人管理的成本。

实际上，无论是委托专业管理人还是由业主自行组织物业管理工作，只要物业管理工作不由业主亲自完成，就形成了事实上的委托关系。当物业管理工作由专业的物业服务企业来承担时，更有利于通过各种行业管理制度来减少委托关系中的问题。

在委托关系中会产生委托代理问题，也就是代理人（即受委托人，比如，物业服务企业）因为各种原因没有为委托人（比如，业主）考虑而损害了委托人的利益。委托代理关系是现代化生产的普遍现象，委托问题也成为现代社会的普遍问题，制度经济学、信息经济学、组织行为学等多个学科都对委托代理问题进行了一定的探讨，研究了委托代理理论问题产生的原因以及减少委托代理损失的途径。在物业管理行业中，同样要研究其委托代理问题的原因、表现以及解决途径，以促进整个行业的健康发展，保障业主和企业双方的利益。

一、物业管理中的委托代理关系

物业管理的权利来源于业主，在由业主区分所有的物业管理区域中，业主通过业主大会形成统一的意见，由业主大会委托物业服务企业提供物业管理服务。业主大会设立业主委员会负责具体工作的执行。物业服务企业的服务可以通过本公司员工提供，也可以将其中一部分委托给其他专业公司，由其他专业公司提供。最终，物业服务由物业公司或专业分包商的员工直接面对业主提供。这些关系如图 15－1 所示。

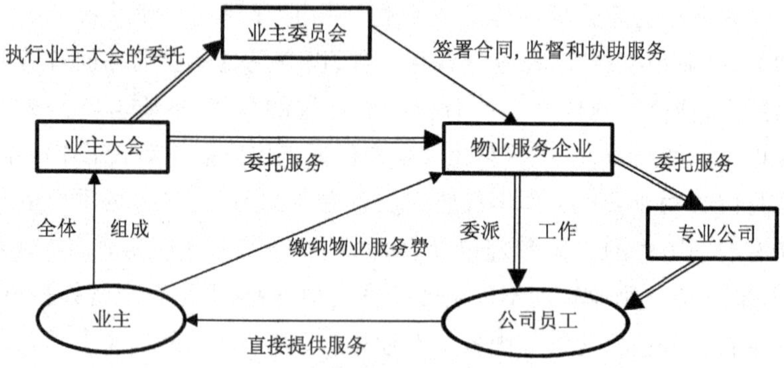

图 15－1　物业管理中的委托关系

在物业管理活动中，主要存在 3 个层次的委托代理关系：①（成立业主委员会时)业主大会委托业主委员会执行日常工作;②业主或业主大会委托物业服务企业提供服务;③物业服务企业委派员工或专业分包公司执行具体工作。

物业管理活动直接体现为业主缴纳物业服务费,享受物业服务企业员工提供的物业服务,但由于其中包含了大量委托代理关系,在实践中就会出现大量委托代理问题。

二、委托代理问题概述

(一)委托代理问题产生的根源

委托代理理论以理性的经济人为分析起点,认为委托代理问题产生的根源在于两方面:

1. 由于理性的经济人追求自身利益而非他人利益的最大化,委托人与代理人的利益不可能完全一致,因此,代理人追求的是自身利益最大化,而非委托人利益的最大化。

2. 由于信息不对称,导致委托人无法充分了解和监管代理人的行为,因而,代理人就有可能为了满足自身利益而损害委托人利益。

只要这两个前提成立,委托代理问题就不可避免。因此,委托代理理论讨论的核心问题是如何减少委托代理损失,而非如何消除委托代理问题。

(二)委托代理问题的典型表现

委托代理关系通常以合同的形式加以确认。委托代理问题的表现可以按照合同签订前后分为两大类。

1. 逆向选择。逆向选择是在合同签订前发生的委托代理问题。为了研究信息不对称问题,经济学将商品(产品或服务)分为两大类:搜索商品(search good)和体验商品(experience good)。搜索商品的质量信息可以在消费之前进行判断(比如,普通的服装),消费者只要付出较少的搜索成本(比如,观察、询问等)就可以判断产品质量。而体验商品的质量在消费之前无法充分判断(比如,去餐厅就餐、听音乐会、理发等),消费者不仅要付出搜索成本,还要在支付产品价格之后才有可能判断其质量。通常而言,服务行业所提供的服务,由于其生产和消费必须在生产者和客户的互动中同步完成,都具有体验商品的特征。

搜索商品通常较少有信息不对称的问题,而体验商品的信息不对称问题就比较严重。物业管理服务是体验商品，在体验商品的交易中，生产者（如物业服务企业）掌握着消费者（如业主）不了解的信息，交易时就会导致逆向选择，即劣币驱逐良币。其典型案例是在旧车市场上，由于买主不了解旧车真实质量的好坏，只愿意支付最低价格，从而高质量的旧车难以出售。

2. 道德风险。道德风险是在合同签订后发生的委托代理问题。由于信息不对称，委托人无法监督代理人的实际工作质量从而给予相应的报酬，代理人就有可能偷工减料，以较少投入来获得自身利益的最大化。

（三）激励机制

减少委托代理损失的核心问题是激励机制的设计，其目的是尽量让代理人与委托人的利益兼容，促使代理人更好地实现委托人的利益。激励机制包括两个方面：一是正向的，干好了怎么办；二是反向的，干得不好怎么办。

从经济学角度出发设计激励机制，主要体现为经济利益在委托人和代理人间分配方式的计算，其典型方式有：

1. 固定租金：比如，商铺业主（委托人）向租户（代理人）收取固定房租，额外收入由租户所有。

2. 目标产量承包：比如，企业董事会与经营者签订承包合同，完成目标产量则给予奖励，否则不支付报酬甚至进行处罚。

3. 分成制：分成制是指委托人与代理人双方都按一定的比例从收益中获得各自的利润。在信息不对称的情况下，分成制是相对较好的一种激励机制。

从社会学角度来看，在经济因素之外，人际关系、文化认同、身份地位、声誉和成就感等因素，同样能够激励代理人积极工作。

三、物业管理中的委托代理问题

在这里我们主要分析业主大会与业主委员会、业主或业主大会与物业服务企业之间的委托代理问题，物业服务企业与员工（或专业分包公司）的委托代理问题属于企业内部管理问题，本节不加以讨论。

（一）业主大会与业主委员会

业主委员会由全体业主选举产生，执行业主大会交办的工作。相当于把全体业主的事情委托给几个业主委员会委员执行。

按照委托代理理论的分析，如果业主委员会委员的个人利益与全体业主的共同利益不完全一致，而全体业主又不能充分监督和了解业主委员会委员的工作情况，就可能发生委托代理问题，也就是业主委员会委员可能将个人意愿强加于全体业主，损害全体业主的共同利益。目前，业主委员会委员的工作并不是专职工作，相当于一种志愿者服务，最多能取得一些必要开支的补贴。但业主委员会委员与普通志愿者不同，他们是被赋予权力的志愿者，而且服务的内容和自身利益相关。担任业主委员会的工作要付出时间和精力，而且开展工作并不容易；在“理性人”的假设下，就会出现有能力的业主没有时间或者没有愿望为全体业主服务，反而那些希望谋求某些不正常个人利益的业主有动力参选业主委员会委员。

业主委员会委员的服务也是一种体验商品，选举委员也可能发生逆向选择；如果对业主委员会委员的工作没有完善的监督机制，就可能发生道德风险。

对业主委员会的管理，一方面要靠道德自律，靠物业管理区域的整体文化氛围；另一方面要靠制度建设，法律、法规和各种规范性文件只能对管理的基本原则进行规定，设定一些底线。实践中什么样的制度能够行之有效，归根结底要靠广大业主共同摸索。

（二）业主或业主大会与物业服务企业

在签订物业服务合同之前，业主大会通过招投标，能够在一定程度上减少信息不对称，避免逆向选择。

在签订物业服务合同之后，物业服务费用的支付方式是业主激励物业服务企业的主要途径。目前常用的包干制和酬金制各有利弊。在包干制模式下，物业服务企业总收入固定，实际利润取决于成本的大小，因此物业服务企业有可能为了加大利润而减少必要开支。在酬金制模式下，物业服务企业的酬金收入与成本分离，有利于对物业服务企业的监管，但是由于物业企业的酬金按照成本的一定百分比计算，酬金制没有激励物业服务企业降低成本的动力，物业服务企业反而有可能有意加大成本。

在物业服务费用的支付上，还应该探索更多的激励机制。比如，当业主对物业服务企业的满意度达到一定水平，或者物业服务企业在节约成本上作出重大贡献时，可以给予奖励。在经营性物业的管理上，可以采取承包或分成的模式等激励效果较好的模式。

但由于物业服务质量评价的特殊性，以上两种方式对信息不对称问题的解决都是有限的。

(三)物业服务质量评价的特殊性及其交易机制

1. 物业服务质量评价的特殊性。物业服务质量评价具有自身的特殊性,主要体现在:

(1)物业服务是一种体验商品,因此无法在服务提供之前完全预知服务质量。在体验商品中,还有一种更为特殊的后体验商品(post experience good)。普通的体验商品在消费的同时就可以判断服务质量,比如,理发、就餐等;而后体验商品消费者即使在消费时都无法判断其服务质量,往往要在消费结束一段时间后才能判断,比如,医疗和教育。物业管理中"共用部位共用设施的养护和维修"这一项服务就属于后体验商品,养护与维修质量的好坏通常在设施设备使用很长时间后才能体现,这段时间往往远大于物业服务合同的时间。如果物业服务企业发生更替,上家的设施设备管理工作质量还会影响到下家的工作质量。物业服务的这一性质为物业服务质量评价带来了极大的困难。

(2)物业服务的专业性。物业管理活动中,"对物的管理"(共用部位养护和维修以及共用设施设备的运行、养护和维修,安全防范,清洁,绿化,突发事件的处理,保险的选择和档案管理等)涵盖了多种专业性很强的工作,普通的业主不可能对每一专业领域的工作都有充分的了解,实际上只有业内专家才有能力评价其服务是否真正达到了合同约定的水平。

(3)业主评价的主观性。"为人服务"是物业管理的核心,但正因为业主不是专家,所以,业主对物业服务的评价通常是主观评价,是由表面观感和心理印象决定的。比如,业主看不到专业设备的运行和养护工作,只能看到上门服务的工程部员工的着装、谈吐和动作;业主不了解安全防范的各项工作标准,只能看到安保员工的仪容仪表以及对待自己的态度。因此,业主对物业服务的评价可能决定于很多与客观服务质量无关,但是对心理感受影响较大的因素。主观评价常常是因人而异的,很难统一。

以上特殊性决定了无论在物业服务提供之前还是之后,业主基本上做不到用客观统一的标准来对物业服务的质量进行评价。这就会使物业管理中信息不对称问题更为严重。

2. 体验商品的市场交易机制。对于如何缓解体验商品的信息不对称问题,提高体验商品的交易效率,经济学和公共政策研究领域中主要有两方面的思路:一是设法让消费者在付费之前尽可能多地了解商品质量;二是引入第三方参与交易。

研究发现,如果体验商品在重复消费时差异性越小、质量越稳定,消费者就能够在一次或少量消费后充分了解其服务质量。因此如果能够将服务设计为内容相同、服务质量稳定的产品,将有利于促进市场交易。物业管理行业制定服务标准,物业服务企业进行标准化的意义也在于此。物业服务复制的差异性越小,消费者就越容易判断其服务质量,显然,消费者会倾向于选择对服务质量更有信心的产品。

对于专业性较强的体验商品(比如,科学研究、教育、医疗、律师服务、会计、房地产估价等)来说,更有效的交易机制是引入第三方参与市场交易。第三方参与市场有以下几种主要的形式:

(1)资质管理,即市场准入制度,包括从业企业的资质和从业人员的职业资格管理。资质管理实际上保证了服务质量的最低要求。

(2)中介。对于消费者不可能频繁购买的产品(比如,房地产)就会出现专业的第三方中介(机构或个人),收集产品质量信息,为消费者提供服务。典型的例子就是房地产经纪人、房屋面积测绘机构、房屋质量鉴定机构等等。

物业管理中的专项维修资金由银行建立专户管理,也可以看做是一种中介服务。业主大会是维修资金使用的决策机构,物业服务企业是维修资金使用的执行机构。但是维修资金本身并不在业主大会或者物业服务企业自己手中,而是在银行设立专户储存,银行只根据既定的规章制度对资金账户进行操作,并公布资金收支情况。这就通过第三方形成了相互制约,避免了业主委员会或物业服务企业监守自盗,从而保障了资金的安全,保护了全体业主的利益。

(3)信息服务。信息服务主要指以各种形式反馈产品消费后的质量信息,比如,为消费者收集某类产品使用信息的刊物,以及为从业人员提供信息的专业刊物、网站等。物业管理行业的信用档案实际上也属于此类服务。

(4)保险。由保险公司来分散因服务质量不佳而带来的风险,比如,产品质量保险、职业责任保险和某些行业建立的先行赔付的保证金等等。

第三方参与市场交易的根本目的是减少信息不对称,在整个行业中创造一个良币驱逐劣币的市场。否则,不是消费者的利益得不到保护,就是生产企业无法健康发展。我国目前主要还是由政府主管部门来扮演第三方角色。随着市场经济的发展和对政府行为的约束,行业协会应该在行业管理中发挥越来越重要的作用。

附录1:中华人民共和国物权法(节选)

(2007年3月16日第十届全国人民代表大会第五次会议通过)

第一编　总　则

第一章　基本原则

第一条　为了维护国家基本经济制度,维护社会主义市场经济秩序,明确物的归属,发挥物的效用,保护权利人的物权,根据宪法,制定本法。

第二条　因物的归属和利用而产生的民事关系,适用本法。

本法所称物,包括不动产和动产。法律规定权利作为物权客体的,依照其规定。

本法所称物权,是指权利人依法对特定的物享有直接支配和排他的权利,包括所有权、用益物权和担保物权。

第三条　(略)

第四条　国家、集体、私人的物权和其他权利人的物权受法律保护,任何单位和个人不得侵犯。

第五条　物权的种类和内容,由法律规定。

第六条　不动产物权的设立、变更、转让和消灭,应当依照法律规定登记。动产物权的设立和转让,应当依照法律规定交付。

第七条　物权的取得和行使,应当遵守法律,尊重社会公德,不得损害公共利益和他人合法权益。

第八条　(略)

第二章　物权的设立、变更、转让和消灭

第一节　不动产登记

第九条　不动产物权的设立、变更、转让和消灭,经依法登记,发生效力;未经登记,不发生效力,但法律另有规定的除外。

依法属于国家所有的自然资源,所有权可以不登记。

第十条～第二十二条　(略)

第二节　动产交付(略)

第三节　其他规定

第二十八条　因人民法院、仲裁委员会的法律文书或者人民政府的征收决定等,导致物权设立、变更、转让或者消灭的,自法律文书或者人民政府的征收决定等生效时发生效力。

第二十九条　因继承或者受遗赠取得物权的,自继承或者受遗赠开始时发生效力。

第三十条　因合法建造、拆除房屋等事实行为设立或者消灭物权的,自事实行为成就时发生效力。

第三十一条　依照本法第二十八条至第三十条规定享有不动产物权的,处分该物权时,依照法律规定需要办理登记的,未经登记,不发生物权效力。

第三章　物权的保护

第三十二条　物权受到侵害的,权利人可以通过和解、调解、仲裁、诉讼等途径解决。

第三十三条　因物权的归属、内容发生争议的,利害关系人可以请求确认权利。

第三十四条　无权占有不动产或者动产的,权利人可以请求返还原物。

第三十五条　妨害物权或者可能妨害物权的,权利人可以请求排除妨害或者消除危险。

第三十六条　造成不动产或者动产毁损的,权利人可以请求修理、重作、更换或者恢复原状。

第三十七条　侵害物权,造成权利人损害的,权利人可以请求损害赔偿,也可以请求承担其他民事责任。

第三十八条　本章规定的物权保护方式,可以单独适用,也可以根据权利被侵害的情形合并适用。

侵害物权,除承担民事责任外,违反行政管理规定的,依法承担行政责任;构成犯罪的,依法追究刑事责任。

第二编　所有权

第四章　一般规定

第三十九条　所有权人对自己的不动产或者动产,依法享有占有、使用、收益和处分的权利。

第四十条~第四十三条　(略)

第四十四条　因抢险、救灾等紧急需要，依照法律规定的权限和程序可以征用单位、个人的不动产或者动产。被征用的不动产或者动产使用后，应当返还被征用人。单位、个人的不动产或者动产被征用或者征用后毁损、灭失的，应当给予补偿。

第五章　国家所有权和集体所有权、私人所有权（略）

第六章　业主的建筑物区分所有权

第七十条　业主对建筑物内的住宅、经营性用房等专有部分享有所有权，对专有部分以外的共有部分享有共有和共同管理的权利。

第七十一条　业主对其建筑物专有部分享有占有、使用、收益和处分的权利。业主行使权利不得危及建筑物的安全，不得损害其他业主的合法权益。

第七十二条　业主对建筑物专有部分以外的共有部分，享有权利，承担义务；不得以放弃权利不履行义务。

业主转让建筑物内的住宅、经营性用房，其对共有部分享有的共有和共同管理的权利一并转让。

第七十三条　建筑区划内的道路，属于业主共有，但属于城镇公共道路的除外。建筑区划内的绿地，属于业主共有，但属于城镇公共绿地或者明示属于个人的除外。建筑区划内的其他公共场所、公用设施和物业服务用房，属于业主共有。

第七十四条　建筑区划内，规划用于停放汽车的车位、车库应当首先满足业主的需要。

建筑区划内，规划用于停放汽车的车位、车库的归属，由当事人通过出售、附赠或者出租等方式约定。

占用业主共有的道路或者其他场地用于停放汽车的车位，属于业主共有。

第七十五条　业主可以设立业主大会，选举业主委员会。

地方人民政府有关部门应当对设立业主大会和选举业主委员会给予指导和协助。

第七十六条　下列事项由业主共同决定：

（一）制定和修改业主大会议事规则；

（二）制定和修改建筑物及其附属设施的管理规约；

（三）选举业主委员会或者更换业主委员会成员；

（四）选聘和解聘物业服务企业或者其他管理人；

（五）筹集和使用建筑物及其附属设施的维修资金；

（六）改建、重建建筑物及其附属设施；

（七）有关共有和共同管理权利的其他重大事项。

决定前款第五项和第六项规定的事项，应当经专有部分占建筑物总面积三分之二以上的业主且占总人数三分之二以上的业主同意。决定前款其他事项,应当经专有部分占建筑物总面积过半数的业主且占总人数过半数的业主同意。

第七十七条　业主不得违反法律、法规以及管理规约,将住宅改变为经营性用房。业主将住宅改变为经营性用房的,除遵守法律、法规以及管理规约外,应当经有利害关系的业主同意。

第七十八条　业主大会或者业主委员会的决定,对业主具有约束力。

业主大会或者业主委员会作出的决定侵害业主合法权益的,受侵害的业主可以请求人民法院予以撤销。

第七十九条　建筑物及其附属设施的维修资金,属于业主共有。经业主共同决定,可以用于电梯、水箱等共有部分的维修。维修资金的筹集、使用情况应当公布。

第八十条　建筑物及其附属设施的费用分摊、收益分配等事项,有约定的,按照约定;没有约定或者约定不明确的,按照业主专有部分占建筑物总面积的比例确定。

第八十一条　业主可以自行管理建筑物及其附属设施,也可以委托物业服务企业或者其他管理人管理。

对建设单位聘请的物业服务企业或者其他管理人,业主有权依法更换。

第八十二条　物业服务企业或者其他管理人根据业主的委托管理建筑区划内的建筑物及其附属设施,并接受业主的监督。

第八十三条　业主应当遵守法律、法规以及管理规约。

业主大会和业主委员会,对任意弃置垃圾、排放污染物或者噪声、违反规定饲养动物、违章搭建、侵占通道、拒付物业费等损害他人合法权益的行为,有权依照法律、法规以及管理规约,要求行为人停止侵害、消除危险、排除妨害、赔偿损失。业主对侵害自己合法权益的行为,可以依法向人民法院提起诉讼。

第七章　相邻关系

第八十四条　不动产的相邻权利人应当按照有利生产、方便生活、团结互助、公平合理的原则,正确处理相邻关系。

第八十五条　法律、法规对处理相邻关系有规定的,依照其规定;法律、法规没有规定的,可以按照当地习惯。

第八十六条　不动产权利人应当为相邻权利人用水、排水提供必要的便利。

对自然流水的利用,应当在不动产的相邻权利人之间合理分配。对自然流水的排放,应当尊重自然流向。

第八十七条　不动产权利人对相邻权利人因通行等必须利用其土地的,应当提供必要的便利。

第八十八条　不动产权利人因建造、修缮建筑物以及铺设电线、电缆、水管、暖气和燃气管线等必须利用相邻土地、建筑物的，该土地、建筑物的权利人应当提供必要的便利。

第八十九条　建造建筑物，不得违反国家有关工程建设标准，妨碍相邻建筑物的通风、采光和日照。

第九十条　不动产权利人不得违反国家规定弃置固体废物，排放大气污染物、水污染物、噪声、光、电磁波辐射等有害物质。

第九十一条　不动产权利人挖掘土地、建造建筑物、铺设管线以及安装设备等，不得危及相邻不动产的安全。

第九十二条　不动产权利人因用水、排水、通行、铺设管线等利用相邻不动产的，应当尽量避免对相邻的不动产权利人造成损害；造成损害的，应当给予赔偿。

第八章　共　有

第九十三条　不动产或者动产可以由两个以上单位、个人共有。共有包括按份共有和共同共有。

第九十四条　按份共有人对共有的不动产或者动产按照其份额享有所有权。

第九十五条　共同共有人对共有的不动产或者动产共同享有所有权。

第九十六条　共有人按照约定管理共有的不动产或者动产；没有约定或者约定不明确的，各共有人都有管理的权利和义务。

第九十七条　处分共有的不动产或者动产以及对共有的不动产或者动产作重大修缮的，应当经占份额三分之二以上的按份共有人或者全体共同共有人同意，但共有人之间另有约定的除外。

第九十八条　对共有物的管理费用以及其他负担，有约定的，按照约定；没有约定或者约定不明确的，按份共有人按照其份额负担，共同共有人共同负担。

第九十九条～第一百零五条　（略）

第九章　所有权取得的特别规定（略）

第三编　用益物权

第十章　一般规定

第一百一十七条　用益物权人对他人所有的不动产或者动产，依法享有占有、使用和收益的权利。

第一百一十八条～第一百一十九条　（略）

第一百二十条　用益物权人行使权利，应当遵守法律有关保护和合理开发利用资源的规定。所有权人不得干涉用益物权人行使权利。

第一百二十一条 因不动产或者动产被征收、征用致使用益物权消灭或者影响用益物权行使的，用益物权人有权依照本法第四十二条、第四十四条的规定获得相应补偿。

第一百二十二条～第一百二十三条 （略）

第十一章 土地承包经营权（略）

第十二章 建设用地使用权

第一百三十五条 建设用地使用权人依法对国家所有的土地享有占有、使用和收益的权利，有权利用该土地建造建筑物、构筑物及其附属设施。

第一百三十六条 建设用地使用权可以在土地的地表、地上或者地下分别设立。新设立的建设用地使用权，不得损害已设立的用益物权。

第一百三十七条～第一百三十八条 （略）

第一百三十九条 设立建设用地使用权的，应当向登记机构申请建设用地使用权登记。建设用地使用权自登记时设立。登记机构应当向建设用地使用权人发放建设用地使用权证书。

第一百四十条 建设用地使用权人应当合理利用土地，不得改变土地用途；需要改变土地用途的，应当依法经有关行政主管部门批准。

第一百四十一条 （略）

第一百四十二条 建设用地使用权人建造的建筑物、构筑物及其附属设施的所有权属于建设用地使用权人，但有相反证据证明的除外。

第一百四十三条～第一百四十五条 （略）

第一百四十六条 建设用地使用权转让、互换、出资或者赠与的，附着于该土地上的建筑物、构筑物及其附属设施一并处分。

第一百四十七条 建筑物、构筑物及其附属设施转让、互换、出资或者赠与的，该建筑物、构筑物及其附属设施占用范围内的建设用地使用权一并处分。

第一百四十八条 建设用地使用权期间届满前，因公共利益需要提前收回该土地的，应当依照本法第四十二条的规定对该土地上的房屋及其他不动产给予补偿，并退还相应的出让金。

第一百四十九条 住宅建设用地使用权期间届满的，自动续期。

非住宅建设用地使用权期间届满后的续期，依照法律规定办理。该土地上的房屋及其他不动产的归属，有约定的，按照约定；没有约定或者约定不明确的，依照法律、行政法规的规定办理。

第一百五十条～第一百五十一条 （略）

第十三章　宅基地使用权(略)

第十四章　地役权

第一百五十六条　地役权人有权按照合同约定，利用他人的不动产，以提高自己的不动产的效益。

前款所称他人的不动产为供役地，自己的不动产为需役地。

第一百五十七条　设立地役权，当事人应当采取书面形式订立地役权合同。

地役权合同一般包括下列条款：

(一)当事人的姓名或者名称和住所；

(二)供役地和需役地的位置；

(三)利用目的和方法；

(四)利用期限；

(五)费用及其支付方式；

(六)解决争议的方法。

第一百五十八条　地役权自地役权合同生效时设立。当事人要求登记的，可以向登记机构申请地役权登记；未经登记，不得对抗善意第三人。

第一百五十九条　供役地权利人应当按照合同约定，允许地役权人利用其土地，不得妨害地役权人行使权利。

第一百六十条　地役权人应当按照合同约定的利用目的和方法利用供役地，尽量减少对供役地权利人物权的限制。

第一百六十一条　地役权的期限由当事人约定，但不得超过土地承包经营权、建设用地使用权等用益物权的剩余期限。

第一百六十二条　土地所有权人享有地役权或者负担地役权的，设立土地承包经营权、宅基地使用权时，该土地承包经营权人、宅基地使用权人继续享有或者负担已设立的地役权。

第一百六十三条　土地上已设立土地承包经营权、建设用地使用权、宅基地使用权等权利的，未经用益物权人同意，土地所有权人不得设立地役权。

第一百六十四条　地役权不得单独转让。土地承包经营权、建设用地使用权等转让的，地役权一并转让，但合同另有约定的除外。

第一百六十五条　地役权不得单独抵押。土地承包经营权、建设用地使用权等抵押的，在实现抵押权时，地役权一并转让。

第一百六十六条　需役地以及需役地上的土地承包经营权、建设用地使用权部分转让时，转让部分涉及地役权的，受让人同时享有地役权。

第一百六十七条　供役地以及供役地上的土地承包经营权、建设用地使用权部分转让时，转让部分涉及地役权的，地役权对受让人具有约束力。

第一百六十八条　地役权人有下列情形之一的，供役地权利人有权解除地役权合同，地役权消灭：

（一）违反法律规定或者合同约定，滥用地役权；

（二）有偿利用供役地，约定的付款期间届满后在合理期限内经两次催告未支付费用。

第一百六十九条　已经登记的地役权变更、转让或者消灭的，应当及时办理变更登记或者注销登记。

第四编　担保物权

第十五章　一般规定（略）

第十六章　抵押权

第一节　一般抵押权

第一百七十九条～第一百八十九条　（略）

第一百九十条　订立抵押合同前抵押财产已出租的，原租赁关系不受该抵押权的影响。抵押权设立后抵押财产出租的，该租赁关系不得对抗已登记的抵押权。

第一百九十一条～第二百零二条　（略）

第二节　最高额抵押权（略）

第十七章　质权（略）

第十八章　留置权（略）

第五编　占　有

第十九章　占有（略）

附　则

第二百四十六条　法律、行政法规对不动产统一登记的范围、登记机构和登记办法作出规定前，地方性法规可以依照本法有关规定作出规定。

第二百四十七条　本法自2007年10月1日起施行。

附录2:国务院关于修改《物业管理条例》的决定

中华人民共和国国务院令第504号

现公布《国务院关于修改〈物业管理条例〉的决定》,自2007年10月1日起施行。

总　理　温家宝

二〇〇七年八月二十六日

国务院关于修改《物业管理条例》的决定

根据《中华人民共和国物权法》的有关规定,国务院决定对《物业管理条例》作如下修改:

一、将第十条第一款修改为:"同一个物业管理区域内的业主,应当在物业所在地的区、县人民政府房地产行政主管部门或者街道办事处、乡镇人民政府的指导下成立业主大会,并选举产生业主委员会。但是,只有一个业主的,或者业主人数较少且经全体业主一致同意,决定不成立业主大会的,由业主共同履行业主大会、业主委员会职责。"

删除第十条第二款。

二、将第十一条修改为:"下列事项由业主共同决定:

"(一)制定和修改业主大会议事规则;

"(二)制定和修改管理规约;

"(三)选举业主委员会或者更换业主委员会成员;

"(四)选聘和解聘物业服务企业;

"(五)筹集和使用专项维修资金;

"(六)改建、重建建筑物及其附属设施;

"(七)有关共有和共同管理权利的其他重大事项。"

三、将第十二条修改为:"业主大会会议可以采用集体讨论的形式,也可以采用书面征求意见的形式;但是,应当有物业管理区域内专有部分占建筑物总面积过半数的业主且占总人数过半数的业主参加。

"业主可以委托代理人参加业主大会会议。

"业主大会决定本条例第十一条第(五)项和第(六)项规定的事项,应当经专有部分占建筑物总面积2/3以上的业主且占总人数2/3以上的业主同意；决定本条例第十一条规定的其他事项，应当经专有部分占建筑物总面积过半数的业主且占总人数过半数的业主同意。

“业主大会或者业主委员会的决定，对业主具有约束力。

“业主大会或者业主委员会作出的决定侵害业主合法权益的，受侵害的业主可以请求人民法院予以撤销。”

四、将第十九条第二款修改为：“业主大会、业主委员会作出的决定违反法律、法规的，物业所在地的区、县人民政府房地产行政主管部门或者街道办事处、乡镇人民政府，应当责令限期改正或者撤销其决定，并通告全体业主。”

此外，根据《中华人民共和国物权法》的有关规定，将“物业管理企业”修改为“物业服务企业”，将“业主公约”修改为“管理规约”，将“业主临时公约”修改为“临时管理规约”，并对个别条文的文字作了修改。

本决定自2007年10月1日起施行。

《物业管理条例》根据本决定作相应的修订，重新公布。

物业管理条例

（2003年6月8日中华人民共和国国务院令第379号公布 根据2007年8月26日《国务院关于修改〈物业管理条例〉的决定》修订）

第一章 总 则

第一条 为了规范物业管理活动，维护业主和物业服务企业的合法权益，改善人民群众的生活和工作环境，制定本条例。

第二条 本条例所称物业管理，是指业主通过选聘物业服务企业，由业主和物业服务企业按照物业服务合同约定，对房屋及配套的设施设备和相关场地进行维修、养护、管理，维护物业管理区域内的环境卫生和相关秩序的活动。

第三条 国家提倡业主通过公开、公平、公正的市场竞争机制选择物业服务企业。

第四条 国家鼓励采用新技术、新方法，依靠科技进步提高物业管理和服务水平。

第五条 国务院建设行政主管部门负责全国物业管理活动的监督管理工作。

县级以上地方人民政府房地产行政主管部门负责本行政区域内物业管理活动的监督管理工作。

第二章 业主及业主大会

第六条 房屋的所有权人为业主。

业主在物业管理活动中，享有下列权利：

（一）按照物业服务合同的约定，接受物业服务企业提供的服务；

（二）提议召开业主大会会议，并就物业管理的有关事项提出建议；

（三）提出制定和修改管理规约、业主大会议事规则的建议；

（四）参加业主大会会议，行使投票权；

（五）选举业主委员会成员，并享有被选举权；

（六）监督业主委员会的工作；

（七）监督物业服务企业履行物业服务合同；

（八）对物业共用部位、共用设施设备和相关场地使用情况享有知情权和监督权；

（九）监督物业共用部位、共用设施设备专项维修资金（以下简称专项维修资金）的管理和使用；

（十）法律、法规规定的其他权利。

第七条　业主在物业管理活动中，履行下列义务：

（一）遵守管理规约、业主大会议事规则；

（二）遵守物业管理区域内物业共用部位和共用设施设备的使用、公共秩序和环境卫生的维护等方面的规章制度；

（三）执行业主大会的决定和业主大会授权业主委员会作出的决定；

（四）按照国家有关规定交纳专项维修资金；

（五）按时交纳物业服务费用；

（六）法律、法规规定的其他义务。

第八条　物业管理区域内全体业主组成业主大会。

业主大会应当代表和维护物业管理区域内全体业主在物业管理活动中的合法权益。

第九条　一个物业管理区域成立一个业主大会。

物业管理区域的划分应当考虑物业的共用设施设备、建筑物规模、社区建设等因素。具体办法由省、自治区、直辖市制定。

第十条　同一个物业管理区域内的业主，应当在物业所在地的区、县人民政府房地产行政主管部门或者街道办事处、乡镇人民政府的指导下成立业主大会，并选举产生业主委员会。但是，只有一个业主的，或者业主人数较少且经全体业主一致同意，决定不成立业主大会的，由业主共同履行业主大会、业主委员会职责。

第十一条　下列事项由业主共同决定：

（一）制定和修改业主大会议事规则；

（二）制定和修改管理规约；

（三）选举业主委员会或者更换业主委员会成员；

（四）选聘和解聘物业服务企业；

（五）筹集和使用专项维修资金；

（六）改建、重建建筑物及其附属设施；

（七）有关共有和共同管理权利的其他重大事项。

第十二条　业主大会会议可以采用集体讨论的形式，也可以采用书面征求意见的形式；但是，应当有物业管理区域内专有部分占建筑物总面积过半数的业主且占总人数过半数的业主参加。

业主可以委托代理人参加业主大会会议。

业主大会决定本条例第十一条第（五）项和第（六）项规定的事项，应当经专有部分占建筑物总面积2/3以上的业主且占总人数2/3以上的业主同意；决定本条例第十一条规定的其他事项，应当经专有部分占建筑物总面积过半数的业主且占总人数过半数的业主同意。

业主大会或者业主委员会的决定，对业主具有约束力。

业主大会或者业主委员会作出的决定侵害业主合法权益的，受侵害的业主可以请求人民法院予以撤销。

第十三条　业主大会会议分为定期会议和临时会议。

业主大会定期会议应当按照业主大会议事规则的规定召开。经20%以上的业主提议，业主委员会应当组织召开业主大会临时会议。

第十四条　召开业主大会会议，应当于会议召开15日以前通知全体业主。

住宅小区的业主大会会议，应当同时告知相关的居民委员会。

业主委员会应当做好业主大会会议记录。

第十五条　业主委员会执行业主大会的决定事项，履行下列职责：

（一）召集业主大会会议，报告物业管理的实施情况；

（二）代表业主与业主大会选聘的物业服务企业签订物业服务合同；

（三）及时了解业主、物业使用人的意见和建议，监督和协助物业服务企业履行物业服务合同；

（四）监督管理规约的实施；

（五）业主大会赋予的其他职责。

第十六条　业主委员会应当自选举产生之日起30日内，向物业所在地的区、县人民政府房地产行政主管部门和街道办事处、乡镇人民政府备案。

业主委员会委员应当由热心公益事业、责任心强、具有一定组织能力的业主担任。

业主委员会主任、副主任在业主委员会成员中推选产生。

第十七条　管理规约应当对有关物业的使用、维护、管理，业主的共同利益，业主应当履行的义务，违反管理规约应当承担的责任等事项依法作出约定。

管理规约应当尊重社会公德，不得违反法律、法规或者损害社会公共利益。

管理规约对全体业主具有约束力。

第十八条　业主大会议事规则应当就业主大会的议事方式、表决程序、业主委员会的组成和成员任期等事项作出约定。

第十九条　业主大会、业主委员会应当依法履行职责，不得作出与物业管理无关的决定，不得从事与物业管理无关的活动。

业主大会、业主委员会作出的决定违反法律、法规的，物业所在地的区、县人民政府房地产行政主管部门或者街道办事处、乡镇人民政府，应当责令限期改正或者撤销其决定，并通告全体业主。

第二十条　业主大会、业主委员会应当配合公安机关，与居民委员会相互协作，共同做好维护物业管理区域内的社会治安等相关工作。

在物业管理区域内，业主大会、业主委员会应当积极配合相关居民委员会依法履行自治管理职责，支持居民委员会开展工作，并接受其指导和监督。

住宅小区的业主大会、业主委员会作出的决定，应当告知相关的居民委员会，并认真听取居民委员会的建议。

第三章　前期物业管理

第二十一条　在业主、业主大会选聘物业服务企业之前，建设单位选聘物业服务企业的，应当签订书面的前期物业服务合同。

第二十二条　建设单位应当在销售物业之前，制定临时管理规约，对有关物业的使用、维护、管理，业主的共同利益，业主应当履行的义务，违反临时管理规约应当承担的责任等事项依法作出约定。

建设单位制定的临时管理规约，不得侵害物业买受人的合法权益。

第二十三条　建设单位应当在物业销售前将临时管理规约向物业买受人明示，并予以说明。

物业买受人在与建设单位签订物业买卖合同时，应当对遵守临时管理规约予以书面承诺。

第二十四条　国家提倡建设单位按照房地产开发与物业管理相分离的原则，通过招投标的方式选聘具有相应资质的物业服务企业。

住宅物业的建设单位，应当通过招投标的方式选聘具有相应资质的物业服务企业；投标人少于3个或者住宅规模较小的，经物业所在地的区、县人民政府房地产行政主管部门批准，可以采用协议方式选聘具有相应资质的物业服务企业。

第二十五条　建设单位与物业买受人签订的买卖合同应当包含前期物业服务合同约定的内容。

第二十六条　前期物业服务合同可以约定期限;但是,期限未满、业主委员会与物业服务企业签订的物业服务合同生效的,前期物业服务合同终止。

第二十七条　业主依法享有的物业共用部位、共用设施设备的所有权或者使用权,建设单位不得擅自处分。

第二十八条　物业服务企业承接物业时,应当对物业共用部位、共用设施设备进行查验。

第二十九条　在办理物业承接验收手续时,建设单位应当向物业服务企业移交下列资料:

(一)竣工总平面图,单体建筑、结构、设备竣工图,配套设施、地下管网工程竣工图等竣工验收资料;

(二)设施设备的安装、使用和维护保养等技术资料;

(三)物业质量保修文件和物业使用说明文件;

(四)物业管理所必需的其他资料。

物业服务企业应当在前期物业服务合同终止时将上述资料移交给业主委员会。

第三十条　建设单位应当按照规定在物业管理区域内配置必要的物业管理用房。

第三十一条　建设单位应当按照国家规定的保修期限和保修范围,承担物业的保修责任。

第四章　物业管理服务

第三十二条　从事物业管理活动的企业应当具有独立的法人资格。

国家对从事物业管理活动的企业实行资质管理制度。具体办法由国务院建设行政主管部门制定。

第三十三条　从事物业管理的人员应当按照国家有关规定,取得职业资格证书。

第三十四条　一个物业管理区域由一个物业服务企业实施物业管理。

第三十五条　业主委员会应当与业主大会选聘的物业服务企业订立书面的物业服务合同。

物业服务合同应当对物业管理事项、服务质量、服务费用、双方的权利义务、专项维修资金的管理与使用、物业管理用房、合同期限、违约责任等内容进行约定。

第三十六条　物业服务企业应当按照物业服务合同的约定,提供相应的服务。

物业服务企业未能履行物业服务合同的约定,导致业主人身、财产安全受到损害的,应当依法承担相应的法律责任。

第三十七条　物业服务企业承接物业时,应当与业主委员会办理物业验收手续。

业主委员会应当向物业服务企业移交本条例第二十九条第一款规定的资料。

第三十八条　物业管理用房的所有权依法属于业主。未经业主大会同意,物业服务企业不得改变物业管理用房的用途。

第三十九条　物业服务合同终止时，物业服务企业应当将物业管理用房和本条例第二十九条第一款规定的资料交还给业主委员会。

物业服务合同终止时，业主大会选聘了新的物业服务企业的，物业服务企业之间应当做好交接工作。

第四十条　物业服务企业可以将物业管理区域内的专项服务业务委托给专业性服务企业，但不得将该区域内的全部物业管理一并委托给他人。

第四十一条　物业服务收费应当遵循合理、公开以及费用与服务水平相适应的原则，区别不同物业的性质和特点，由业主和物业服务企业按照国务院价格主管部门会同国务院建设行政主管部门制定的物业服务收费办法，在物业服务合同中约定。

第四十二条　业主应当根据物业服务合同的约定交纳物业服务费用。业主与物业使用人约定由物业使用人交纳物业服务费用的，从其约定，业主负连带交纳责任。

已竣工但尚未出售或者尚未交给物业买受人的物业，物业服务费用由建设单位交纳。

第四十三条　县级以上人民政府价格主管部门会同同级房地产行政主管部门，应当加强对物业服务收费的监督。

第四十四条　物业服务企业可以根据业主的委托提供物业服务合同约定以外的服务项目，服务报酬由双方约定。

第四十五条　物业管理区域内，供水、供电、供气、供热、通信、有线电视等单位应当向最终用户收取有关费用。

物业服务企业接受委托代收前款费用的，不得向业主收取手续费等额外费用。

第四十六条　对物业管理区域内违反有关治安、环保、物业装饰装修和使用等方面法律、法规规定的行为，物业服务企业应当制止，并及时向有关行政管理部门报告。

有关行政管理部门在接到物业服务企业的报告后，应当依法对违法行为予以制止或者依法处理。

第四十七条　物业服务企业应当协助做好物业管理区域内的安全防范工作。发生安全事故时，物业服务企业在采取应急措施的同时，应当及时向有关行政管理部门报告，协助做好救助工作。

物业服务企业雇请保安人员的，应当遵守国家有关规定。保安人员在维护物业管理区域内的公共秩序时，应当履行职责，不得侵害公民的合法权益。

第四十八条　物业使用人在物业管理活动中的权利义务由业主和物业使用人约定，但不得违反法律、法规和管理规约的有关规定。

物业使用人违反本条例和管理规约的规定，有关业主应当承担连带责任。

第四十九条　县级以上地方人民政府房地产行政主管部门应当及时处理业主、业主委员会、物业使用人和物业服务企业在物业管理活动中的投诉。

第五章　物业的使用与维护

第五十条　物业管理区域内按照规划建设的公共建筑和共用设施，不得改变用途。

业主依法确需改变公共建筑和共用设施用途的，应当在依法办理有关手续后告知物业服务企业；物业服务企业确需改变公共建筑和共用设施用途的，应当提请业主大会讨论决定同意后，由业主依法办理有关手续。

第五十一条　业主、物业服务企业不得擅自占用、挖掘物业管理区域内的道路、场地，损害业主的共同利益。

因维修物业或者公共利益，业主确需临时占用、挖掘道路、场地的，应当征得业主委员会和物业服务企业的同意；物业服务企业确需临时占用、挖掘道路、场地的，应当征得业主委员会的同意。

业主、物业服务企业应当将临时占用、挖掘的道路、场地，在约定期限内恢复原状。

第五十二条　供水、供电、供气、供热、通信、有线电视等单位，应当依法承担物业管理区域内相关管线和设施设备维修、养护的责任。

前款规定的单位因维修、养护等需要，临时占用、挖掘道路、场地的，应当及时恢复原状。

第五十三条　业主需要装饰装修房屋的，应当事先告知物业服务企业。

物业服务企业应当将房屋装饰装修中的禁止行为和注意事项告知业主。

第五十四条　住宅物业、住宅小区内的非住宅物业或者与单幢住宅楼结构相连的非住宅物业的业主，应当按照国家有关规定交纳专项维修资金。

专项维修资金属于业主所有，专项用于物业保修期满后物业共用部位、共用设施设备的维修和更新、改造，不得挪作他用。

专项维修资金收取、使用、管理的办法由国务院建设行政主管部门会同国务院财政部门制定。

第五十五条　利用物业共用部位、共用设施设备进行经营的，应当在征得相关业主、业主大会、物业服务企业的同意后，按照规定办理有关手续。业主所得收益应当主要用于补充专项维修资金，也可以按照业主大会的决定使用。

第五十六条　物业存在安全隐患，危及公共利益及他人合法权益时，责任人应当及时维修养护，有关业主应当给予配合。

责任人不履行维修养护义务的，经业主大会同意，可以由物业服务企业维修养护，费用由责任人承担。

第六章　法律责任

第五十七条　违反本条例的规定，住宅物业的建设单位未通过招投标的方式选聘物业服务企业或者未经批准，擅自采用协议方式选聘物业服务企业的，由县级以上地方人民政府房地产行政主管部门责令限期改正，给予警告，可以并处10万元以下的罚款。

第五十八条　违反本条例的规定，建设单位擅自处分属于业主的物业共用部位、共用设施设备的所有权或者使用权的，由县级以上地方人民政府房地产行政主管部门处5万元以上20万元以下的罚款；给业主造成损失的，依法承担赔偿责任。

第五十九条　违反本条例的规定，不移交有关资料的，由县级以上地方人民政府房地产行政主管部门责令限期改正；逾期仍不移交有关资料的，对建设单位、物业服务企业予以通报，处1万元以上10万元以下的罚款。

第六十条　违反本条例的规定，未取得资质证书从事物业管理的，由县级以上地方人民政府房地产行政主管部门没收违法所得，并处5万元以上20万元以下的罚款；给业主造成损失的，依法承担赔偿责任。

以欺骗手段取得资质证书的，依照本条第一款规定处罚，并由颁发资质证书的部门吊销资质证书。

第六十一条　违反本条例的规定，物业服务企业聘用未取得物业管理职业资格证书的人员从事物业管理活动的，由县级以上地方人民政府房地产行政主管部门责令停止违法行为，处5万元以上20万元以下的罚款；给业主造成损失的，依法承担赔偿责任。

第六十二条　违反本条例的规定，物业服务企业将一个物业管理区域内的全部物业管理一并委托给他人的，由县级以上地方人民政府房地产行政主管部门责令限期改正，处委托合同价款30%以上50%以下的罚款；情节严重的，由颁发资质证书的部门吊销资质证书。委托所得收益，用于物业管理区域内物业共用部位、共用设施设备的维修、养护，剩余部分按照业主大会的决定使用；给业主造成损失的，依法承担赔偿责任。

第六十三条　违反本条例的规定，挪用专项维修资金的，由县级以上地方人民政府房地产行政主管部门追回挪用的专项维修资金，给予警告，没收违法所得，可以并处挪用数额2倍以下的罚款；物业服务企业挪用专项维修资金，情节严重的，并由颁发资质证书的部门吊销资质证书；构成犯罪的，依法追究直接负责的主管人员和其他直接责任人员的刑事责任。

第六十四条　违反本条例的规定，建设单位在物业管理区域内不按照规定配置必要的物业管理用房的，由县级以上地方人民政府房地产行政主管部门责令限期改正，给予警告，没收违法所得，并处10万元以上50万元以下的罚款。

第六十五条　违反本条例的规定，未经业主大会同意，物业服务企业擅自改变物业管理用房的用途的，由县级以上地方人民政府房地产行政主管部门责令限期改正，给予警告，并处1万元以上10万元以下的罚款；有收益的，所得收益用于物业管理区域内物业共用部位、共用设施设备的维修、养护，剩余部分按照业主大会的决定使用。

第六十六条　违反本条例的规定,有下列行为之一的,由县级以上地方人民政府房地产行政主管部门责令限期改正,给予警告,并按照本条第二款的规定处以罚款;所得收益,用于物业管理区域内物业共用部位、共用设施设备的维修、养护,剩余部分按照业主大会的决定使用:

(一)擅自改变物业管理区域内按照规划建设的公共建筑和共用设施用途的;

(二)擅自占用、挖掘物业管理区域内道路、场地,损害业主共同利益的;

(三)擅自利用物业共用部位、共用设施设备进行经营的。

个人有前款规定行为之一的,处1000元以上1万元以下的罚款;单位有前款规定行为之一的,处5万元以上20万元以下的罚款。

第六十七条　违反物业服务合同约定,业主逾期不交纳物业服务费用的,业主委员会应当督促其限期交纳;逾期仍不交纳的,物业服务企业可以向人民法院起诉。

第六十八条　业主以业主大会或者业主委员会的名义,从事违反法律、法规的活动,构成犯罪的,依法追究刑事责任;尚不构成犯罪的,依法给予治安管理处罚。

第六十九条　违反本条例的规定,国务院建设行政主管部门、县级以上地方人民政府房地产行政主管部门或者其他有关行政管理部门的工作人员利用职务上的便利,收受他人财物或者其他好处,不依法履行监督管理职责,或者发现违法行为不予查处,构成犯罪的,依法追究刑事责任;尚不构成犯罪的,依法给予行政处分。

第七章　附　则

第七十条　本条例自2003年9月1日起施行。

附录3:业主大会规程

建设部

建住房[2003]131号　2003年6月26日

第一条　为了规范业主大会的活动,维护业主的合法权益,根据《物业管理条例》,制定本规程。

第二条　业主大会应当代表和维护物业管理区域内全体业主在物业管理活动中的合法权益。

第三条　一个物业管理区域只能成立一个业主大会。

业主大会由物业管理区域内的全体业主组成。

业主大会应当设立业主委员会作为执行机构。

业主大会自首次业主大会会议召开之日起成立。

第四条　只有一个业主,或者业主人数较少且经全体业主同意,决定不成立业主大会的,由业主共同履行业主大会、业主委员会职责。

第五条　业主筹备成立业主大会的,应当在物业所在地的区、县人民政府房地产行政主管部门和街道办事处(乡镇人民政府)的指导下,由业主代表、建设单位(包括公有住房出售单位)组成业主大会筹备组(以下简称筹备组),负责业主大会筹备工作。

筹备组成员名单确定后,以书面形式在物业管理区域内公告。

第六条　筹备组应当做好下列筹备工作:

(一)确定首次业主大会会议召开的时间、地点、形式和内容;

(二)参照政府主管部门制订的示范文本,拟定《业主大会议事规则》(草案)和《业主公约》(草案);

(三)确认业主身份,确定业主在首次业主大会会议上的投票权数;

(四)确定业主委员会委员候选人产生办法及名单;

(五)做好召开首次业主大会会议的其他准备工作。

前款(一)、(二)、(三)、(四)项的内容应当在首次业主大会会议召开15日前以书面形式在物业管理区域内公告。

第七条　业主在首次业主大会会议上的投票权数,按照省、自治区、直辖市制定的具体办法确定。

第八条　筹备组应当自组成之日起30日内在物业所在地的区、县人民政府房地产行政主管部门的指导下，组织业主召开首次业主大会会议，并选举产生业主委员会。

第九条　业主大会履行以下职责：

（一）制定、修改业主公约和业主大会议事规则；

（二）选举、更换业主委员会委员，监督业主委员会的工作；

（三）选聘、解聘物业管理企业；

（四）决定专项维修资金使用、续筹方案，并监督实施；

（五）制定、修改物业管理区域内物业共用部位和共用设施设备的使用、公共秩序和环境卫生的维护等方面的规章制度；

（六）法律、法规或者业主大会议事规则规定的其他有关物业管理的职责。

第十条　业主大会议事规则应当就业主大会的议事方式、表决程序、业主投票权确定办法、业主委员会的组成和委员任期等事项依法作出约定。

第十一条　业主公约应当对有关物业的使用、维护、管理，业主的共同利益，业主应当履行的义务，违反公约应当承担的责任等事项依法作出约定。

业主公约对全体业主具有约束力。

第十二条　业主大会会议分为定期会议和临时会议。

业主大会定期会议应当按照业主大会议事规则的规定由业主委员会组织召开。

有下列情况之一的，业主委员会应当及时组织召开业主大会临时会议：

（一）20%以上业主提议的；

（二）发生重大事故或者紧急事件需要及时处理的；

（三）业主大会议事规则或者业主公约规定的其他情况。

发生应当召开业主大会临时会议的情况，业主委员会不履行组织召开会议职责的，区、县人民政府房地产行政主管部门应当责令业主委员会限期召开。

第十三条　业主委员会应当在业主大会会议召开15日前将会议通知及有关材料以书面形式在物业管理区域内公告。

住宅小区的业主大会会议，应当同时告知相关的居民委员会。

第十四条　业主因故不能参加业主大会会议的，可以书面委托代理人参加。

第十五条　业主大会会议可以采用集体讨论的形式，也可以采用书面征求意见的形式；但应当有物业管理区域内持有1/2以上投票权的业主参加。

第十六条　物业管理区域内业主人数较多的，可以幢、单元、楼层等为单位，推选一名业主代表参加业主大会会议。

推选业主代表参加业主大会会议的，业主代表应当于参加业主大会会议3日前，就业主大会会议拟讨论的事项书面征求其所代表的业主意见，凡需投票表决的，业主的赞同、反对及弃权的具体票数经本人签字后，由业主代表在业主大会投票时如实反映。

业主代表因故不能参加业主大会会议的，其所代表的业主可以另外推选一名业主代表参加。

第十七条　业主大会作出决定，必须经与会业主所持投票权1/2以上通过。

业主大会作出制定和修改业主公约、业主大会议事规则、选聘、解聘物业管理企业、专项维修资金使用、续筹方案的决定，必须经物业管理区域内全体业主所持投票权2/3以上通过。

第十八条　业主大会会议应当由业主委员会作书面记录并存档。

第十九条　业主大会作出的决定对物业管理区域内的全体业主具有约束力。

业主大会的决定应当以书面形式在物业管理区域内及时公告。

第二十条　业主委员会应当自选举产生之日起3日内召开首次业主委员会会议，推选产生业主委员会主任1人，副主任1—2人。

第二十一条　业主委员会委员应当符合下列条件：

（一）本物业管理区域内具有完全民事行为能力的业主；

（二）遵守国家有关法律、法规；

（三）遵守业主大会议事规则、业主公约，模范履行业主义务；

（四）热心公益事业，责任心强，公正廉洁，具有社会公信力；

（五）具有一定组织能力；

（六）具备必要的工作时间。

第二十二条　业主委员会应当自选举产生之日起30日内，将业主大会的成立情况、业主大会议事规则、业主公约及业主委员会委员名单等材料向物业所在地的区、县人民政府房地产行政主管部门备案。

业主委员会备案的有关事项发生变更的，依照前款规定重新备案。

第二十三条　业主委员会履行以下职责：

（一）召集业主大会会议，报告物业管理的实施情况；

（二）代表业主与业主大会选聘的物业管理企业签订物业服务合同；

（三）及时了解业主、物业使用人的意见和建议，监督和协助物业管理企业履行物业服务合同；

（四）监督业主公约的实施；

（五）业主大会赋予的其他职责。

第二十四条　业主委员会应当督促违反物业服务合同约定逾期不交纳物业服务费用的业主，限期交纳物业服务费用。

第二十五条　经三分之一以上业主委员会委员提议或者业主委员会主任认为有必要的，应当及时召开业主委员会会议。

第二十六条　业主委员会会议应当作书面记录，由出席会议的委员签字后存档。

第二十七条　业主委员会会议应当有过半数委员出席，作出决定必须经全体委员人数半数以上同意。

业主委员会的决定应当以书面形式在物业管理区域内及时公告。

第二十八条　业主委员会任期届满2个月前，应当召开业主大会会议进行业主委员会的换届选举；逾期未换届的，房地产行政主管部门可以指派工作人员指导其换届工作。

原业主委员会应当在其任期届满之日起10日内，将其保管的档案资料、印章及其他属于业主大会所有的财物移交新一届业主委员会，并做好交接手续。

第二十九条　经业主委员会或者20%以上业主提议，认为有必要变更业主委员会委员的，由业主大会会议作出决定，并以书面形式在物业管理区域内公告。

第三十条　业主委员会委员有下列情形之一的，经业主大会会议通过，其业主委员会委员资格终止：

（一）因物业转让、灭失等原因不再是业主的；

（二）无故缺席业主委员会会议连续三次以上的；

（三）因疾病等原因丧失履行职责能力的；

（四）有犯罪行为的；

（五）以书面形式向业主大会提出辞呈的；

（六）拒不履行业主义务的；

（七）其他原因不宜担任业主委员会委员的。

第三十一条　业主委员会委员资格终止的，应当自终止之日起3日内将其保管的档案资料、印章及其他属于业主大会所有的财物移交给业主委员会。

第三十二条　因物业管理区域发生变更等原因导致业主大会解散的，在解散前，业主大会、业主委员会应当在区、县人民政府房地产行政主管部门和街道办事处（乡镇人民政府）的指导监督下，做好业主共同财产清算工作。

第三十三条　业主大会、业主委员会应当依法履行职责，不得作出与物业管理无关的决定，不得从事与物业管理无关的活动。

业主大会、业主委员会作出的决定违反法律、法规的，物业所在地的区、县人民政府房地产行政主管部门，应当责令限期改正或者撤销其决定，并通告全体业主。

第三十四条　业主大会、业主委员会应当配合公安机关，与居民委员会相互协作，共同做好维护物业管理区域内的社会治安等相关工作。

在物业管理区域内，业主大会、业主委员会应当积极配合相关居民委员会依法履行自治管理职责，支持居民委员会开展工作，并接受其指导和监督。

住宅小区的业主大会、业主委员会作出的决定，应当告知相关的居民委员会，并听取居民委员会的建议。

第三十五条　业主大会和业主委员会开展工作的经费由全体业主承担;经费的筹集、管理、使用具体由业主大会议事规则规定。

业主大会和业主委员会工作经费的使用情况应当定期以书面形式在物业管理区域内公告,接受业主的质询。

第三十六条　业主大会和业主委员会的印章依照有关法律法规和业主大会议事规则的规定刻制、使用、管理。

违反印章使用规定,造成经济损失或者不良影响的,由责任人承担相应的责任。

附录4:业主临时公约(示范文本)

建设部

建住房[2004]156号　2004年9月6日

第一章　总　则

第一条　根据《物业管理条例》和相关法律、法规、政策,建设单位在销售物业之前,制定本临时公约,对有关物业的使用、维护、管理,业主的共同利益,业主应当履行的义务,违反公约应当承担的责任等事项依法作出约定。

第二条　建设单位应当在物业销售前将本临时公约向物业买受人明示,并予以说明。

物业买受人与建设单位签订物业买卖合同时对本临时公约予以的书面承诺,表示对本临时公约内容的认可。

第三条　本临时公约对建设单位、业主和物业使用人均有约束力。

第四条　建设单位与物业管理企业签订的前期物业服务合同中涉及业主共同利益的约定,应与本临时公约一致。

第二章　物业基本情况

第五条　本物业管理区域内物业的基本情况

物业名称____________________;

坐落位置____________________;

物业类型____________________;

建筑面积____________________。

物业管理区域四至:

东至____________________;

南至____________________;

西至____________________;

北至____________________。

第六条　根据有关法律法规和物业买卖合同,业主享有以下物业共用部位、共用设施设备的所有权:

1. 由单幢建筑物的全体业主共有的共用部位，包括该幢建筑物的承重结构、主体结构，公共门厅、公共走廊、公共楼梯间、户外墙面、屋面、__________、__________、__________等；

2. 由单幢建筑物的全体业主共有的共用设施设备，包括该幢建筑物内的给排水管道、落水管、水箱、水泵、电梯、冷暖设施、照明设施、消防设施、避雷设施、__________、__________、__________等；

3. 由物业管理区域内全体业主共有的共用部位和共用设施设备，包括围墙、池井、照明设施、共用设施设备使用的房屋、物业管理用房、__________、__________、__________等。

第七条　在本物业管理区域内，根据物业买卖合同，以下部位和设施设备为建设单位所有：

1. ____________________；

2. ____________________；

3. ____________________；

4. ____________________。

建设单位行使以上部位和设施设备的所有权，不得影响物业买受人正常使用物业。

第三章　物业的使用

第八条　业主对物业的专有部分享有占有、使用、收益和处分的权利，但不得妨碍其他业主正常使用物业。

第九条　业主应遵守法律、法规的规定，按照有利于物业使用、安全、整洁以及公平合理、不损害公共利益和他人利益的原则，在供电、供水、供热、供气、排水、通行、通风、采光、装饰装修、环境卫生、环境保护等方面妥善处理与相邻业主的关系。

第十条　业主应按设计用途使用物业。因特殊情况需要改变物业设计用途的，业主应在征得相邻业主书面同意后，报有关行政主管部门批准，并告知物业管理企业。

第十一条　业主需要装饰装修房屋的，应事先告知物业管理企业，并与其签订装饰装修管理服务协议。

业主应按装饰装修管理服务协议的约定从事装饰装修行为，遵守装饰装修的注意事项，不得从事装饰装修的禁止行为。

第十二条　业主应在指定地点放置装饰装修材料及装修垃圾，不得擅自占用物业共用部位和公共场所。

本物业管理区域的装饰装修施工时间为________________，其他时间不得施工。

第十三条　因装饰装修房屋影响物业共用部位、共用设施设备的正常使用以及侵害相邻业主合法权益的，业主应及时恢复原状并承担相应的赔偿责任。

第十四条　业主应按有关规定合理使用水、电、气、暖等共用设施设备，不得擅自拆改。

第十五条　业主应按设计预留的位置安装空调，未预留设计位置的，应按物业管理企业指定的位置安装，并按要求做好噪音及冷凝水的处理。

第十六条　业主及物业使用人使用电梯，应遵守本物业管理区域的电梯使用管理规定。

第十七条　在物业管理区域内行驶和停放车辆，应遵守本物业管理区域的车辆行驶和停车规则。

第十八条　本物业管理区域内禁止下列行为：

1. 损坏房屋承重结构、主体结构，破坏房屋外貌，擅自改变房屋设计用途；

2. 占用或损坏物业共用部位、共用设施设备及相关场地，擅自移动物业共用设施设备；

3. 违章搭建、私设摊点；

4. 在非指定位置倾倒或抛弃垃圾、杂物；

5. 违反有关规定堆放易燃、易爆、剧毒、放射性物品，排放有毒有害物质，发出超标噪声；

6. 擅自在物业共用部位和相关场所悬挂、张贴、涂改、刻画；

7. 利用物业从事危害公共利益和侵害他人合法权益的活动；

8. ____________________；

9. 法律、法规禁止的其他行为。

第十九条　业主和物业使用人在本物业管理区域内饲养动物不得违反有关规定，并应遵守以下约定：

1. ____________________；

2. ____________________。

第四章　物业的维修养护

第二十条　业主对物业专有部分的维修养护行为不得妨碍其他业主的合法权益。

第二十一条　因维修养护物业确需进入相关业主的物业专有部分时，业主或物业管理企业应事先告知相关业主，相关业主应给予必要的配合。

相关业主阻挠维修养护的进行造成物业损坏及其他损失的，应负责修复并承担赔偿责任。

第二十二条　发生危及公共利益或其他业主合法权益的紧急情况，必须及时进入物业专有部分进行维修养护但无法通知相关业主的，物业管理企业可向相邻业主说明情况，在第三方（如所在地居委会或派出所或__________）的监督下，进入相关业主的物业专有部分进行维修养护，事后应及时通知相关业主并做好善后工作。

第二十三条　因维修养护物业或者公共利益，业主确需临时占用、挖掘道路、场地的，应当征得建设单位和物业管理企业的同意，并在约定期限内恢复原状。

第二十四条　物业存在安全隐患，危及公共利益或其他业主合法权益时，责任人应当及时采取措施消除隐患。

第二十五条　建设单位应按国家规定的保修期限和保修范围承担物业的保修责任。

建设单位在保修期限和保修范围内拒绝修复或拖延修复的，业主可以自行或委托他人修复，修复费用及修复期间造成的其他损失由建设单位承担。

第二十六条　本物业管理区域内的全体业主按规定缴存、使用和管理物业专项维修资金。

第五章　业主的共同利益

第二十七条　为维护业主的共同利益，全体业主同意在物业管理活动中授予物业管理企业以下权利：

1. 根据本临时公约配合建设单位制定物业共用部位和共用设施设备的使用、公共秩序和环境卫生的维护等方面的规章制度；

2. 以批评、规劝、公示、__________等必要措施制止业主、物业使用人违反本临时公约和规章制度的行为；

3. ____________________；

4. ____________________。

第二十八条　建设单位应在物业管理区域内显著位置设置公告栏，用于张贴物业管理规章制度，以及应告知全体业主和物业使用人的通知、公告。

第二十九条　本物业管理区域内，物业服务收费采取包干制（酬金制）方式。业主应按照前期物业服务合同的约定按时足额交纳物业服务费用（物业服务资金）。

物业服务费用（物业服务资金）是物业服务活动正常开展的基础，涉及全体业主的共同利益，业主应积极倡导欠费业主履行交纳物业服务费用的义务。

第三十条　利用物业共用部位、共用设施设备进行经营的，应当在征得相关业主、物业管理企业的同意后，按规定办理有关手续，业主所得收益主要用于补充专项维修资金。

第六章　违约责任

第三十一条　业主违反本临时公约关于物业的使用、维护和管理的约定，妨碍物业正常使用或造成物业损害及其他损失的，其他业主和物业管理企业可依据本临时公约向人民法院提起诉讼。

第三十二条　业主违反本临时公约关于业主共同利益的约定，导致全体业主的共同利益受损的，其他业主和物业管理企业可依据本临时公约向人民法院提起诉讼。

第三十三条　建设单位未能履行本临时公约约定义务的，业主和物业管理企业可向有关行政主管部门投诉，也可根据本临时公约向人民法院提起诉讼。

第七章　附　则

第三十四条　本临时公约所称物业的专有部分，是指由单个业主独立使用并具有排他性的房屋、空间、场地及相关设施设备。

本临时公约所称物业的共用部位、共用设施设备，是指物业管理区域内单个业主专有部分以外的，属于多个或全体业主共同所有或使用的房屋、空间、场地及相关设施设备。

第三十五条　业主转让或出租物业时，应提前书面通知物业管理企业，并要求物业继受人签署本临时公约承诺书或承租人在租赁合同中承诺遵守本临时公约。

第三十六条　本临时公约由建设单位、物业管理企业和每位业主各执一份。

第三十七条　本临时公约自首位物业买受人承诺之日起生效，至业主大会制定的《业主公约》生效之日终止。

承诺书

本人为____________________（物业名称及具体位置，以下称该物业）的买受人，为维护本物业管理区域内全体业主的共同利益，本人声明如下：

一、确认已详细阅读__________（建设单位）制定的“×××业主临时公约”（以下称“本临时公约”）；

二、同意遵守并倡导其他业主及物业使用人遵守本临时公约；

三、本人同意承担违反本临时公约的相应责任，并同意对该物业的使用人违反本临时公约的行为承担连带责任；

四、本人同意转让该物业时取得物业继受人签署的本临时公约承诺书并送交建设单位或物业管理企业，建设单位或物业管理企业收到物业继受人签署的承诺书前，本承诺继续有效。

承诺人（签章）

__________年____月____日

《业主临时公约(示范文本)》使用说明

1. 本示范文本仅供建设单位制定《业主临时公约》参考使用。

2. 建设单位可对本示范文本的条款内容进行选择、修改、增补或删减。

3. 本示范文本第三条、第三十七条所称业主是指拥有房屋所有权的房屋买受人,其他条款所称业主是指拥有房屋所有权的建设单位和房屋买受人。

主要参考文献

[1]左令. 物业管理与产权理论[J]. 中外房地产导报,1999,(1).

[2]左令. 物业管理与公共选择理论[J]. 中外房地产导报,1999,(2).

[3]左令. 物业管理与委托—代理理论[J]. 中外房地产导报,1999,(3).

[4]梁彗星,陈华彬. 物权法(第二版)[M]. 北京:法律出版社,2003.

[5]王利明. 物权法论[M]. 北京:中国政法大学出版社,1998.

[6]全国人大常委会法制工作委员会民法室编著. 物权法(草案)参考.[M] 北京:中国民主法制出版社,2005.

[7][美]丹尼斯·缪勒. 公共选择理论[M]. 杨学春等,译. 北京:中国社会科学出版社,1999.

[8]汪翔,钱南. 公共选择理论导论[M]. 上海:上海人民出版社,1993.

[9] Weimer. *Policy Analysis: Concepts and Practice.* New Jersey: Prentice - Hall Inc.

[10][法]让 - 雅克·拉风,大卫·马赫蒂摩. 激励理论:委托—代理模型[M]. 北京:中国人民大学出版社,2002.

图书在版编目(CIP)数据

物业管理/季如进主编.—2版(修订本).—北京:首都经济贸易大学出版社,2008.1

(房地产经营管理丛书)

ISBN 978-7-5638-0931-8

Ⅰ.①物… Ⅱ.①季… Ⅲ.①物业管理 Ⅳ.①F293.33

中国版本图书馆CIP数据核字(2007)第173120号

物业管理(修订第二版)

季如进 主编

出版发行 首都经济贸易大学出版社

地　　址 北京市朝阳区红庙(邮编100026)

电　　话 (010)65976483 65065761 65071505(传真)

网　　址 http://www.sjmcb.com

E-mail publish@cueb.edu.cn

经　　销 全国新华书店

照　　排 北京砚祥志远激光照排技术有限公司

印　　刷 北京建宏印刷有限公司

开　　本 787毫米×980毫米 1/16

字　　数 490千字

印　　张 25.75

版　　次 2004年10月第1版 **2008年1月修订第2版**

2018年9月总第10次印刷

书　　号 ISBN 978-7-5638-0931-8/F·519

定　　价 45.00元
